每一代人都要发现自身的历史，从中寻找到生活的坐标与意义。

——《东方历史评论》主编　许知远

中学生写家史有助于培养孩子们的文化意识，保存底层社会记忆，为民族留下宝贵的历史资料。这个活动很有意义，组织者义务辅导参赛师生如何进行历史研究，特别是口述史研究，从娃娃抓起，既提升了学生的史学素养和文学技能，又培育了他们的现代公民意识。作为大赛评委和专家志愿者，我愿意为此多尽一份努力。

——华东师范大学终身教授兼国际冷战史中心主任　沈志华

中学生写史的意义，在于向下一代传递一个正确的人生观，所有学科一律平等，甚至在某种程度上说，历史学还是一切学术的基础。因此，历史学应该从培养青少年的兴趣做起，让中学生尽早介入历史学的实践，就是培养他们对历史学的兴趣。

在东方历史公益持久努力下，我们不敢说每一个参与写史的中学生都能成为历史学家，更不敢说他们必将成为伟大的历史学家，但我们可以这样说，假如这些中学生继续这方面的训练，引导有方，让学问与自己的生命历程结合在一起，融为一体，那么他们中一定能涌现出一批优秀的历史学家，丰富中国历史学。

——中国社会科学院近代史研究所研究员　马勇

青少年在自主的历史探索中追寻亲友的生命痕迹、感知历史的深度；他们学会敬畏历史、敬畏生命，也在内心中构绘自我的青春图景。书写身边的历史，留下人生的轨迹。

——浙江大学人文学院历史学系教授　陈新

曾经，那些写在教科书里的、遥远的历史，虽然也能引起我们的共鸣，却总难牵扯我们的灵魂——在历史面前，我们似乎总是一个旁观者。而在这本中学生所写的历史书里，作者与读者都共同浸润在那些与我们生命血脉相连的历史当中。

——广东省东莞市教育局教研室历史教研员　夏辉辉

当我们与老人们谈起往事，通向历史深处的大门就会渐渐打开。在那个被封闭的世界里，你的探索会让记忆之花在幽谷开放。一个新的世界便会在众多探索者的心中建立，共和国也将会迎来新的春天。

——扬州中学特级教师　王雄

热烈祝贺第二届全国中学生历史新作大赛优秀作品的编辑出版。通过阅读同学们的一篇篇历史新作，我们可以触摸到大量的、历史教科书中所看不到的鲜活历史，引领我们走进真实的历史个案现场，感受了大历史中小人物、小家庭、小群体的命运沉浮。

相信您在读完本书后，会和我一样，为同学们对历史的思考与见解而感到惊讶，为同学们的历史探究精神感到由衷的高兴。

——教育部基础教育课程教材发展中心　何成刚

每个人、每个家庭、每个家族的历史都是国家历史、民族历史和人类历史的组成部分。中学生写史，探寻祖辈的足迹，感悟社会的变迁，传承民族的文化，留下集体的记忆。

——华南师范大学历史文化学院教授　黄牧航

新千年出生的"潮男""潮女"们对时尚、电玩、现代资讯有种天然的熟悉、亲近同时容易从中获得成就。但是，历史距离他们太遥远，如何培养孩子们对历史的情感？引导他们去了解自己家族的历史，认识自己学校的历史，在了解过程中感受历史、感悟历史、敬畏历史、传承历史！

——广东省教育厅教研室历史教研员　魏恤民

课本上
不说的历史 [2]

最熟悉的陌生人

李远江 | 主编

中国青年出版社

目 录

001_ 序一 | 捡拾大历史抛下的底层记忆 | 任志强

003_ 序二 | 寻找历史的认知 | 徐庆全

奋 斗

008_ 陈彰宁 | 上东山

022_ 钟晓晴 | 追求幸福的人

033_ 田芳宁 | 我爷爷的奋斗史

038_ 张卓君 | 沂蒙山的儿子

045_ 陈林丹 | 用小水电打造幸福家园

054_ 徐　彬 | 我家住房和生活的变迁

059_ 陈佳芊 | 坎坷人生，不甘平庸——追忆曾祖父的如梦浮生

064_ 大家都来聊家史

战 火

068_ 王婷娴 | 那段青春里的夜行歌

075_ 辛钰菲 | 人性，超越国界闪烁着光辉——记一段不一样的中日历史

079_ 钱智坚 | 伯爷的战争

087_ 吕　政 | 一心报国的老兵

092_ 温勇辉 | 这是一种抹不去的伤痕

097_ 王雨婷 | 乱世中的抉择

102_ 大家都来聊家史

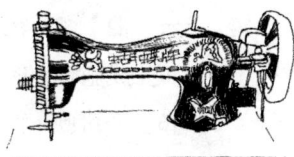

青 春

106_ 刘　丹 | 电影——岁月的留声机

114_ 谭小炫 | 我的知青岁月——大姑妈的口述史

121_ 陈丽莎 | 站在精英教育金字塔底层的孩子们

126_ 陆梦婷 | 爷爷奶奶的知青事——我不曾知道的历史

132_ 曲　越 | 那些年，父亲用过的名字

138_ 成施晓 | 时光踩过的路

146_ 杨可欣 | 时间的味道

150_ 周子琪 | 开往春天的列车——爷爷的足迹

160_ 大家都来聊家史

漂 泊

164_ 高　明 | 为了牵着你的手

180_ 邢珂嘉 | 飘

186_ 邓云溪 | 烽火余生

194_ 李俊娴 | 伊人走过——记姥姥经历的历史

200_ 吴　懿 | 被饥饿笼罩的一生——大时代下外婆的命运

206_ 陈艺灵 | 被一场水灾改写的历史

213_ 李钰姗 | "支内"二三事

218_ 胡怡雯 | 所谓人生

222_ 杨玉超 | 回到生根的黄土

228_ 励洲蓬 | 在风雨飘摇中踽踽前行

234_ 大家都来聊家史

画 像

238_ 邓　丹 | 永远的追忆——我的曾祖母

246_ 施沛然 | 爷爷的"官"道

252_ 冯宝枢 | 人生非戏——伯公的风雨岁月

260_ 徐一丁 | 三舅公的"右派"人生

273_ 夏文璐 | 我的外公和山东曲艺

284_ 贾斯琪 | 曾外祖母坎坷的一生

290_ 彭　竞 | 赠与我太阳的烛火

295_ 陈周颖 | 岁月无声，人世有言——还原一段鲜为人知的历史

302_ 陈君仪 | 那个带领我们走过风风雨雨的人

309_ 大家都来聊家史

家 门

314_ 王喜麟 | 人世沉浮，几度春秋——记老字号"新盛泰"的兴衰

326_ 陈颖莹 | 金簪雪里埋，柔水三世慨

337_ 王　颖 | 土地，土地

343_ 周岷科 | 百年绝三师，千年空一叹

349_ 常思宇 | 再回首已百年身

354_ 修钰颖 | 我那小小的医生世家

361_ 叶婉婷 | 身出名门磨难多——外婆的家族回忆录片断

365_ 张　樾 | 路

372_ 大家都来聊家史

375_ 大赛评委

376_ 第二届全国中学生历史写作大赛获奖名单

380_ 第二届全国中学生历史写作大赛指导奖

383_ 第二届全国中学生历史写作大赛组织奖

P28. 1937. 7. 7 日军借口士兵失踪,要求进入宛平城搜查,遭中国守军拒绝。日军随即进攻宛平城和卢沟桥。

P61. 杜聿明见大势已去,率三十多万人弃徐州溃逃。解放军迅速将其包围,全歼敌军,淮海战役A胜利结束。

P91-92. 1950. 10. 以彭德怀为司令员的中国人民志愿军开赴朝鲜与朝鲜军民并肩抗击美国侵略者。

P93. 土改使全国大无地或少地的农民获得了土地和大量生产资料。农民生产积极性提高,农业生产迅速恢复和发展。

P101 工商业社会主义改造是对资本家占有的生产资料实行收买政策。……但是对一些工商业者的使用和处理不够适当,以致遗留了一些问题。

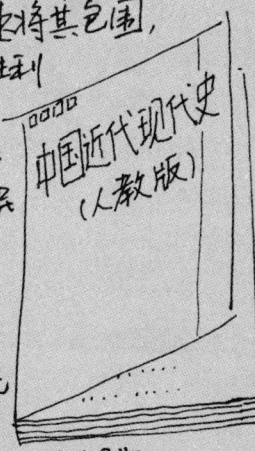

中国近代现代史
(人教版)

P109. 总路线,大跃进"和人民公社化运动反映了人民要求迅速建成社会主义的愿望,在探索中对国情认识不足,夸大主观能动性,急于求成,给社会主义建设带来严重困难。

P110 ① 反右倾"斗争
② 自然灾害
③ 苏联毁约
⇒ 1959-1961年的严重困难

P115. 1966.
① "五一六"通知
② "十六条"
标志了"文化大革命"全面发动。

P125. 1977. 邓小平重新恢复工作,号召尊重知识,尊重人才……扭转了多年对知识分子实行的"左"的政策。1977年底,在"文革"中被废弃的高考制度得到恢复。

P130. 家庭联产承包责任制是在土地公有制基础上把土地长期包给各家各户使用,农业生产基本变为分户经营,自负盈亏,使农民获得了生产和分配的自主权。

◎我的历史笔记

⊙我的读报笔记

1967.6.18《我国第一颗氢弹爆炸成功》中国有了原子弹,有了导弹,现在又有了氢弹,这就大长世界各国革命人民的志气……标志着我国核武器的发展进入了一个崭新的阶段。

1973.5.1.《"友谊之路"盛开友谊花——记坦中两国工人和技术人员团结战斗修建坦赞铁路事迹》参加铁路修建工程的坦中两国工人和技术人员在完成艰巨工程的过程中,团结一起,战天斗地,谱写出一曲友谊之歌。

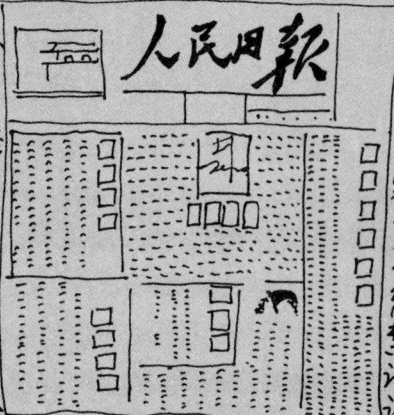

1973.9.14.《智利发生反政府叛乱的军事政变,阿连德总统在总统府同政变部队进行了坚决的英勇斗争,以身殉职。》十时三十分,政变部队开始向总统府发动猛烈进攻,……十二时,政变部队进占总统府。

1982.5.19.《广东部分地区暴雨成灾,京广路清远英德段中断》暴雨中心的清远县,从12日凌晨开始,持续降雨13个小时,降雨量达600多毫米。

1979.2.18《越南反动当局对我国武装侵犯步步升级》从去年八月到现在,越南当局不顾我国的多次呼吁和警告,派遣武装力量,侵犯我国边境地段一百六十二处……截止发电时,战斗仍在进行中。

1957.4.10《继续放手,贯彻"百花齐放,百家争鸣"的方针》无论在什么时候,对于人民内部的不正确的思想,不能够采取压服和禁止的办法,而只能采取讲道理、开展批评、进行说服教育的办法。

1957.6.8《这是为什么?》国内大规模的阶级斗争虽然已经过去了,但是阶级斗争并没有熄灭,在思想战线上尤其是如此。

除了教材和报纸
历史还能更加鲜活……

捡拾大历史抛下的底层记忆

任志强

历史本应是一面镜子，用来对照和借鉴，让后人可以从中找到一些社会发展的规律，减少制度建设上的错误。但如果这面镜子的本身有许多的凹凸不平，又有许多的污垢，照出来的形象也会是扭曲的。

过去的历史大多是官吏们记录的，这些历史都按统治者的意愿和政治诉求进行了修正，于是多多少少都被染上了许多本来没有的颜色。历史也就失去了真实。

然而，那些真正的历史——其实往往被称为野史却在民间流传。许多真实的故事通过民谣、小调或艺人口中的史诗一代一代地传承着。

从秦统一之后的焚书坑儒，到后来战火中的多次焚烧，以及每朝每代的修史，无论庙堂还是民间都流传着许许多多不同版本的记录。虽然现在无法用现代技术去一一证实过去的历史，但研究人员总是能用逻辑分析去佐证真伪。许多民间版本的历史都已被证实。

自"五四"运动之后，中国的传统文化受到了巨大的冲击，打破了皇权之后的历史也被用不同的文化和主义各说各话地记录着，也成了最有争议的一段历史记录。不仅是在官与民之间流传着不同的版本，在两岸之间也流传着不同的版本。这一切也许都有待于统一之后才能找到共识。

"文革"前三十年似乎成了社会讨论的禁区，然而"文革"却影响着不止一代人。虽然官方可以禁止公开出版物的讨论，但却无法禁止民间的私语。毕竟每个家庭、每个社会组合中都有许多人是从那个时代的苦难中一步一步走来的，这段岁月无法从他们头脑中消失，这些坎坷也会由这一代人的言行影响着他们的家庭，影响着他们的下一代，甚至再下一代。

历史不仅发生于宫廷变革之中，更多是由民众的生活所积累。最真实反映社会现状的，恰恰是不同阶层民众的生活群像，是不同角度的感受，是血与泪的凝聚，悲欢离合的累积。没有了这些社会的基础，又哪来的上层建筑？

历史就是每个人的生活经历，当每个人真实地记录下你身边发生的一切时，当每个人真实地记录下你生活的感悟时，就会让社会多一分了解，多一分公正，少一些谣传，少一些扭曲。

任何社会最可怕的就是只有当权者的声音，任何历史最可怕的就是只记载着社会顶层的活动，似乎只有精英才能创造历史，似乎这个世界只为他们而存在。

最可贵的是那一双双童龄人的眼睛和他们用没有被污染的心灵所感受的真诚，从与家庭和长辈的共同生活中，看到、听到、想到的一切。虽然这不是他们的亲身经历，却有着血肉的联系，虽然这不是他们的直接参与，却有着血脉相通的心意。

应感谢中学生写史活动的组织者，感谢资助人，让这些《课本上不说的历史》能真实地展现于这个曾经混乱的社会。既能让年轻人重新认识他们的父母，也能增进他们对历史的尊重，对长辈的尊重，以及对家庭的尊重。

当年轻的一代开始关注父母和家庭的传奇时，这一段历史才会再现在社会的现实中，也唤醒了老几代人的沉睡。人们不应只看到眼前，眼前的一切其实都是过去的沉淀。从过去吸取更深的营养会让后几代人更茁壮的成长，不会再迷失方向，不会在历史的长河中彷徨。

不管历史曾经让多少人困惑，写出来就会让更多的人从痛苦中走出来，跨入一个新的天地。让这面历史的镜子，既照亮今天，也照亮未来。

不仅是年轻人，也包括那些曾经从这条长河中蹚过的人都能共同分享过去的记忆。这个世界才会在多元的善爱中清楚地看到明天的光芒。

序二
寻找历史的认知

徐庆全

由李远江发起的"中学生写史"活动，已经有两年了；作为这个活动的阶段性总结成果，第二本书《课本上说不出的历史2：最熟悉的陌生人》也已编辑完成。我和远江是校友，一直关注并积极支持这件事，远江因此嘱我作序。我也借此谈谈我对他所做的这件事的认识。

在远江发起这场活动的时候，他还在《看历史》杂志做编辑。他到我家里来，详细地谈了关于发起这场活动的想法。他说：我当了多年中学历史教师，我们教给孩子的都是一套格式化的东西，这套东西除了应付考试外，无助于孩子们对历史的了解，我想改变这种现象。远江认为，真实的历史存在于每个中国人的日常生活里，存在于每个中学生的父辈、祖辈的记忆里，发起一场让中学生写史的活动，让中学生去和自己的父辈、祖辈对话，不仅是追寻被时代洪流淹没的个体记忆，也是在"寻根"——寻找和父辈、祖辈的亲密感。

远江说完后，我立刻觉得，这是一个绝妙的创意，随即也勾勒出这样一幅画面：这群无缘和年轻时的长辈相识的孩子，通过这样的采访，会发现自己正穿越时光隧道，成为父辈或祖辈历史的在场者。孩子们在教科书上学不到的历史，也会以"听妈妈讲那过去的事情"的方式逐渐变成栩栩如生的背景，深深地影响他们对历史的认知。

当然，我看重的还不是这幅画面，而是隐隐觉得，"中学生写史"活动，很可能会对我们传统的修史观念发起挑战。

按照中国古老的传统，历史要由官方统一修才成，所谓"官修"是也。若官方不"定一尊"，会乱国的。孔子作《春秋》，"乱臣贼子惧"，"乱臣贼子"因"定一尊"而惧，则无缘乱国也。修史的原则盖有二：一曰"有粗有细"；二曰"宜粗不宜细"。"有粗有细"者，民间及乱臣贼子的活动必须"粗"，而统治者群的历史则细之又细。"宜粗不宜细"者，则是当统治者群的历史会为后世诟病时的权宜之计。两者所遵循的原则都是："为尊者讳，为贤者讳"——当然，"尊"、"贤"二者，在后世往往都会移位。于是乎，修史就成为统治者独有的权力，而历史就成为构筑意识形态的重要组成部分——当构筑意识形态的意义超越探究客观历史的意义时，用历史构筑意识形态就会演变为一定程度的用意识形态来构筑历史。这，我姑且称之为"国家威权史观"。"国家威权史观"下，历史只有一个话语体系，那就是与之相对应的"国家话语体系"。这种体系下"定一尊"的历史读本，超强制地规范着人们的集体记忆。远江让父辈和祖辈同孩子们一起成为历史的在场者，让孩子们自己去认知历史，自己去书写教科书以外的历史，这场活动本身就会对"国家话语体系"的历史书写进行补充。

再说远一点，早在上个世纪八十年代，出于拨乱反正的需要，在"文革"中被颠倒的历史需要颠倒过来，一些人开始写回忆录，开始为干枯的历史补充一些水分，与"国家话语体系"相对应的"民间话语体系"，渐有生存的空间，且如春草的生命力，"更行更远"。不过，严格说起来，这种"民间话语体系"还是以"宏大叙事"的方式展现，距离真正的"民间"叙事还差得远。现在，远江所发起的"中学生写史"的活动，才真正进入到民间叙事的层面。我相信，这场活动会越办越有人气，越办越有生气。因为人毕竟是可以思维的动物，对于孩子的父辈和祖辈来说，国家读本所规范的记忆与其经历不同，会成为他们给孩子进行历史口述的动力。而孩子也在这种记录中感受历史的真实，会促使他们涌起探求历史真相的勇气。

我们已经说了很多"从娃娃抓起"的话，但从来没有说过，书写历史应该从娃娃抓起的话。而这句话倒是真应该经常说起的。因为孩子们只有知道"我们从哪里来"，才能知道"我们向哪里去"。

如果不是自己的孩子，父辈、祖辈的故事也许没有人愿意倾听，更不会有人去记录。孩子们对父辈、祖辈的访问，也是一个再度构建自我意识的过程；

记录父辈、祖辈的历史的同时，也是发现自我、发现 DNA 所带来的个性表达的过程；更是对"国家话语体系"的规范记忆补充的过程。

现在，这场活动因为有"北京彩虹公益基金"的资助，更加有序地、持久地进行着。我希望，李远江和他的团队继续前行，也希望更多的中学生投入到这场活动来；同时，还希望更多的父辈、祖辈们让孩子和自己一起感受历史现场。这样，"民间话语体系"才能壮大，在补充"国家话语体系"的同时，将历史延伸至未来。

奋 斗

现如今，生活中不乏鼓吹通过奋斗而出人头地的
"励志成功学"，但同学们笔下的"奋斗"显然
更为真诚。当年的历史境遇让不少长辈的奋斗显
得更像是一种求生自救，甚至一种逃亡，比如《上
东山》中追求新生活的一家人，《追求幸福的人》
中不惜以身试法奔向自由世界的姑姑；此外，在
任何历史时期，追求卓越的人也并不鲜见，比如
《沂蒙山的儿子》中的飞行员姥爷，《用小水电
打造幸福家园》中的谢伯伯。同学们对自家长辈
虽不无溢美之词，但笔触大多真切诚恳，有的更
是诙谐幽默，读来趣味横生。

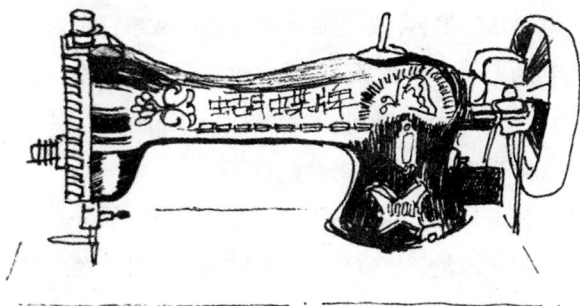

上东山

陈彰宁丨江苏省无锡市第一中学
指导老师丨那晓筠

县中在东山

"东山"，如同"西湖"一样，是一个没有多少"技术含量"的地名。九州之内，"东山"必多矣。比如说，苏轼就曾在赤壁之下吟道："少焉，月出于东山之上，徘徊于斗牛之间……"不过，在本文中，在南京人民尤其是江宁区人民的心目中，"东山"却是唯一的。它是位于南京主城以南的"东山镇"，江宁区政府所在地。这个东山镇之所以得名，乃是源于一个历史故事：东晋太傅谢安隐会稽东山，在金陵南郊的土山上建别墅。就是在这个东山别墅里，谢安与谢玄运筹帷幄，取得了著名的淝水之战的胜利。此后,这座土山便被称作"东山",一个小城镇也慢慢地在它脚下发展起来。

至于我要在这里记述的"上东山"的故事，要从1983年的初秋说起……

开学了，琴子跟着挑着行李担子的爸爸，告别妈妈和弟弟、妹妹，踏上了由横溪开往东山的班车。公交车在石子路上前行，每一分每一秒都在颠簸，车上的所有人都昏昏欲睡，琴子也不例外，她把手搭在窗框上，望着家乡的田垄村舍从窗前掠过，心里在想："东山"是个什么样的地方？

售票员每隔一段路就报站，一路上琴子听到了许多陌生的地名。终于，她听到了这个地名："东善桥到了，有没有要下车的？"

"东善桥？"琴子立马站起来，推推身旁正在打瞌睡的爸爸，"爸，快起来，'东山'到了！"

车上醒着的乘客听了这话，先是一愣，然后都忍不住笑了。有位叔叔拍拍琴子："小姑娘，这是东善桥，东山是要坐到底站的，还有一段路呢。"琴子看看周围笑吟吟望着她的大人们，脸一下子涨红了，坐回位子上，心里埋怨起爸爸来："你怎么不早说坐到底站就是东山呢？"

琴子的大名叫张霞，村子上的人都叫她琴子，她是江宁县（现更名为江宁区）横溪乡（现更名为横溪街道）横溪大队（现更名为横溪村）谷村张家荣的大女儿。这一年，她考上了江宁县中，对于这一人生重大关口，她的脑子里用她自己的话说是"稀里糊涂"的。中考结束，她的自我感觉就不是很好，考试结果也正如她所料，没能发挥出自己的最好水平。然而，她到底是考上了县中，从同村长辈们与自己妈妈的谈话中，她听见了这样的说法："你家琴子就要跳出农门了……"什么叫"跳出农门"，她好像有点懂，又有点不懂，因为横溪中学的老师给毕业班的学生讲过，最优秀的初中生是能够考上中专或是县中的，前者能够转户口、吃"红本子"，后者则很有可能考上大学——他们都跳出了"农门"。可是"跳出农门"意味着什么呢？越想越浑……

还有，县中在哪儿呢？有人说它在"东山镇"，有人说它在"东山城"。东山城？不是只有一个南京城吗？东山城是从哪里冒出来的？"城"难道还不只有一个？这些，自然也是越想越浑了。

东山厂多

1987 年，虚岁 16 岁的张金芳初中毕业了，她来到东山找工作。这是她第二次上东山，第一次上东山是三年前，那时她的大姐到江宁县中读书，她和爸爸妈妈一起去看过姐姐。在那之前，她从没到过东山，也没听说过——哦，不，好几年前，弟弟庭义发了高烧，曾经去东山的县医院看病，有这么回事。总之，金芳对东山知之甚少。过去村子上的大人的确不怎么说起这个县城，讲到城市，无人不知的是南京城。每家每户要买些油盐酱醋、锅碗瓢盆什么的，会在横溪街上搞定；如果要买"三大件"什么的稀罕货，就得到南京城去，像大姐的眼镜就是在南京排了好长的队才配到的。至于东山，除了县医院之外，似乎和村子里的人就没有什么关系了。

也有例外，像金芳的爸爸张家荣，因为一直是生产队里的农技干部，就曾经在东山的农校上过农业课，也曾经到东山参加过一些会议。当年在县中门前，爸爸就指着脚下的马路对金芳说："这条路叫'一马路'，以前是石子路，现在已经是柏油路了。土山脚下、一马路两边这一带是东山最热闹的地方。"爸爸还指给她看一栋很高的楼，有七八层高，告诉她：那是整个江宁县最高的房子，叫作"腾江大厦"。

"腾江"，腾飞的江宁。从上次来县中看大姐到这一次的三年里，一马路两边好像有了挺大的变化。最明显的变化就是农田变少了，房子变多了。江宁腾飞了吗？金芳不能确定。她能确定的是，在人们的交谈中，"东山"这个地名是越来越容易听到了，大家都觉得东山的厂很多，在她的同龄人或更年长的人当中，留在村子里继续种地的人少，去外面闯荡、打工的人多，而离家打工的主要目的地就是东山。为什么打工的首选目的地不是南京呢？这也很容易理解。南京太大了，一个乡下人，两眼一抹黑，也不知道该到哪里找活儿干。更重要的是，在像南京这样的大城市里，厂都是国有的，它们首先要满足城里人的就业需要，一个农村人很难在那里落脚，就是落了脚也永远做不了"正式工"，或者叫"合同工"。

东山就不一样了，金芳听长辈们说，自从"分田到户"以后，东山逐渐兴起了很多镇里办的集体厂，做些机械、服装、鞋帽这样的小东西。东山很小，拿东山"红本子"户口的人总共也没多少，所以这些厂都面向整个江宁县招工。一个农村人到这种厂里打工，是按日计工资的，保险、养老金一样都没有，叫作"临时工"，或者叫"农民工"。但是，既然大家都是农民工，也没有谁会看不起你，而且这些集体厂都挺红火的，收入也不低，比种地是强多了。

在和金芳差不多大的姑娘、小伙儿中间，去东山找活儿干的人真是太多了。而金芳又是从小体弱多病，爸爸妈妈都觉得她不适合种田，也支持她去东山打工。于是，她坐上摇摇晃晃的班车，来到了东山。

那时候的东山有很多田

金芳在东山的第一份工作是打磨电焊工戴的防护镜的镜片，她干了三四个月。第二份工作则是在江宁鞋帽厂的流水线上做拖鞋。后来，横溪大队（这是习惯性称谓）的小店缺少营业员，又把金芳叫回了乡下。金芳在小店里一干就是三年，但最后还是辞掉了这份工作，仍旧上东山到鞋帽厂打工。为什么不继续在大队小店干下去呢？回忆往昔，她这样解释：

"我当时跟爸爸妈妈解释的理由是：在小店里干太苦了，总共就两个营业员，两班倒，样样都要劳神，天天都要当心，太烦了。其实，主要倒不是辛苦。我们一共两个营业员，另外一个姐姐结了婚了，她晚上都要回去住，我就一个人在店里过夜，一个小姑娘这样子很不安全的。"

"怎么不安全呢？又不是在荒郊野外。"我感到不理解。

"我年轻的时候长得还算挺漂亮，人也挺活泼，那时候有好多男孩子追求我的。平时坐在店堂里就有人来搭讪，有的人明明就是有老婆的了。晚上门关着，也有人从门缝里塞情书进来。我虽然平时挺活泼的，其实对这种事情最保守了，我觉得害怕。再说我还太年轻，我自己觉得还没到谈婚论嫁的时候。"

于是，带着这份别样的烦恼，金芳再度"逃离"了横溪，回到江宁鞋帽厂，这时是 1991 年，她 21 岁。阔别三年后重回东山，她很明显地感到整个镇区里农田减少了很多，不少原来的村庄成了"城中村"。这些日子里，东山本地人也越来越多地改变了营生，由种地吃粮转为租房子吃房租。

"虽然农田少得很快，但跟现在比还是多得多了。现在是根本就一点儿田都没有了。那时候是这样的，每年都有新的大马路修通，马路一通，路两边很快就盖起了房子，但是在沿马路的房子背后，可能就是大大小小的农田了。"

与此同时，金芳未来的丈夫王信涛也从汤山镇来到东山找工作。因为他在上初中的时候就跟着自己的知青妈妈转成了城镇户口，他便得以在南京第三钢铁厂当了一个正牌的热风工。老三钢，今天已不复存在，它的旧址在河定桥北的秦淮河岸边。

"当年的三钢占了很大一块地面呢。不光是厂房又大又多，而且还有职工宿舍和幼儿园。"王信涛指着《南京地图》，向我描述着那时的东山，"还有，你看，现在的东山街道办这一带，以前都是江宁化肥厂的鱼塘。每到冬天，他们就把鱼捞上来当作年货发给工人，我们看着都羡慕。现在，你到那里去看，车水马龙，早就找不到鱼塘的影子了。"

男娃要争气

1992 年 10 月底，张庭义告别了爸爸妈妈，进了东山一家高考复读班。这一年高考，他落榜了。

公布成绩那天，他拿着成绩单，回到家中，对正坐在门口洗衣服的妈妈说："妈，我没考上。"

出乎意料的是，妈妈却显得很平静："没关系，多大事啊。你努力过了就行了，考不上照样能过日子。"

就这样，庭义操起木匠家伙，学起了木工，准备接受命运的安排——在农村做一个手艺人。然而，在另一头，有人在为改变他的命运而操心，这个人不是别人，就是他的母亲姜孝萍。实际上，当这唯一的儿子带来他没有考上大学的消息时，孝萍表面上平静地安慰着他，内心却是翻江倒海……

"怎么办？我家庭义就去学手艺了？我这辈子在农村种田可是种怕了，儿子还干这个？要体体面面的像个人样，念书可是唯一的出路啊！一年考不上，能不能再考一年？男娃要争气……"

主意已定，孝萍便让在东山上班的小女儿金芳去托人、找关系，终于为庭义弄到一张复读班的课桌。这样的复读班，只有东山才有，农村的学生如果考不上大学，一般就放弃了。

既然妈妈和姐姐已经为自己安排好了，庭义便抓住这又一次改变命运的机会，结束了一个月的木匠学徒生涯，开始了自己的复读生活。这从 1992 年到 1993 年的一年里，他的生活是单调的：白天在复读班里听课、复习，晚上和一个同学一起在租住的小屋里休息，一天三顿饭则在小姐姐张金芳工作的鞋帽厂的食堂里解决。

"那一年我的日子也是围着弟弟转的。中午一下班，我就第一个冲到食堂去打好热腾腾的饭菜。一般是打八两饭，我吃二两，庭义吃六两。他在那一年里可是能吃能睡，有的同学比他刻苦多了，但是很可惜，最后还没他考得好。"金芳对自己那段陪读生活也是记忆犹新。

当时，中国仍然实行每周休息一天的工作制度，为了在家里多住一晚，金芳和庭义常常会在星期六晚上回谷村。回家的路，是一条双向二车道的公路：宁丹路。路两旁栽着柳树，两人骑着自行车，在这没有路灯的路上，要蹬上两个小时才能到家。这条把横溪与东山连通的路,在两人心目中早已不再神秘,在这条路上的行走也已成为他们生活中不可分割的一部分。

买户口

从1991年开始,有一样新生事物逐渐变得无人不知,无人不晓,它叫作"买户口"。金芳在鞋帽厂里天天都能听到姐妹们念叨这个词,不管是在车间还是在宿舍。俗称"红本子"的城镇户口,现在可以用钱购买了,当然,要价颇高,是8000元,而金芳当年每月的收入只有两百多元。

买一个东山的户口,意义何在呢?

金芳给的答案是这样的:"我们这些农村人跟吃'红本子'的人差太多了。他们有医保、养老金,请个长假、产假什么的,工资照拿。同样在一个厂里,我们只能做一天拿一天钱,福利一样都没有。就是在食堂里打饭,他们有粮票的人花的钱都比我们少呢。另外啊,我身边一起工作的姑娘们都到了谈婚论嫁的年纪,你要是想和一个东山镇上的小伙子结婚,就是高攀了人家,很有可能面临来自男方家里的阻力,问题多了。"当我询问很多长辈时,得到的都是类似的答案。

因此,很多姑娘都回家去向父母要买户口的钱。这个时候,虽然农村已经分田到户十多年了,但是家家都不算宽裕,而且普遍的自建楼房活动已经使许多家庭的多年积蓄被掏空了,即使还有一些钱,也是"为儿子准备的",因此,金芳看到、听到了很多未婚姑娘与父母吵嚷、叫板的事情。

最终,很多姑娘成功了,崭新的"红本子"也因此成为长销不衰的"高价商品",它的价格也在逐步攀升。对于买户口,金芳是后知后觉的,她并没有跟风,然而在她身边,买户口已经是蔚然成风。几年后,她还是加入了这股浪潮,向父母要钱买了一个户口,这是1995年,"红本子"的价格已经涨到13000元。

一年后,一家新的鞋厂开工,厂长向金芳和其他一些技术过硬的工人伸出了橄榄枝:"到我们厂来吧。只要你有了东山户口,一来我们就给你转正。"金芳接过了这根橄榄枝,由此成为了一个"合同工"。

至此,对于张金芳来说,"上东山"的历程已经大功告成就。从户籍上讲,她成了一个东山人,虽然在心理定位上,她至今仍自以为是横溪人。实际上,她和厂里其他所有买户口的姐妹们都不清楚，早在1992年的中共十四大就提出的建立社会主义市场经济体制的改革目标意味着什么。它意味着，城里人独享的粮票等计划经济体制下的购物凭证将不复存在；它也意味着，农村户口的工人（即"农民工"）也将能与用人单位签订正式劳动合同，成为享受各种福利待遇的"合同工"。手里攥着崭新的"红本子"的姑娘们不可能料到，变化会来得这么快。

"没过几年，户口就变得没那么重要了。现在想想呢，也谈不上后悔，因为那时候大家都在买，谁也没想到呀！"说这话时，张金芳表情平静。

眼看着三钢倒闭，眼看着开发区兴起

1996年，当张庭义从华东冶金学院（现更名为"安徽工业大学"）毕业，来到南京第三钢铁厂时，他怎么也不会想到，"失业"这个在学生时代学到的同"资本主义"联系在一起的词语，竟会同自己有关，不过换了一个叫法："下岗待业"。

"我第二次高考也不咋的，但是很幸运地得到了'委托培养'的名额，在毕业后定向分配到了三钢工作，那可是'皇帝的女儿不愁嫁'。钢铁工人，多牛啊。"如今叙说时，他的脸上并没有我所设想的自得神色。

"现在想想，那时的国企真是人浮于事。既然我是你委托钢铁学院培养的，现在我毕业了，你应该迫不及待地让我干活了呀。可是，不是这么回事儿，我等了整整一个月才开始上班，成为一名炉前维修工。谁想到呢，也就干了一两个月吧，三钢竟然开始破产倒闭了。"

"没有什么前兆吗？"我很好奇。

"哪有什么前兆！我们是知道国企要改制，要自负盈亏，要加入市场经济，可谁知道第一步就改到我们普通职工头上来了呢。要请你下岗，当然是先从我们年轻人开始了。"

就这样，庭义与他未来的小姐夫王信涛成了三钢首批下岗的职工，拿到一笔"买断工龄"的补偿金，变作"自由身"。在这之后的两年里，他们仍可以拿到每月130元的工资，这叫作"失业保险金"。

揣着这笔"卖身钱"，这些小伙子们开始了新的漂泊征程。张庭义先是在一家私营小厂干了一年，后来才托人找到一家大企业，安顿下来。王信涛则去过更多的企业，尝试过更多的工种，现在也在张庭义工作的那家企业安顿下来。

漂泊的是儿子，心焦的是妈妈。对于庭义的妈妈姜孝萍来说，儿子经过一年的复读考上了钢铁学院，又来到了三钢，本已不用自己操心了，可谁想到，三钢竟然会倒了呢！世道变了，城里人不再是"天之骄子"，你得自己找活干，要是找不到，想回来种地又是不可能了。怎么办，她还指望这个儿子给家里争气呢……

自从庭义下岗后，妈妈孝萍就心心念念地想着这件事，为儿子找工作的事发愁，用她自己的话来说是："每天早上眼睛一睁，我就吓一跳：怎么办呢？儿子的事情怎么办才好？"

幸运的是，母亲的焦心状态持续得不算很长。让张庭义、王信涛安顿下来的是一个新的地方："南京江宁经济技术开发区"。给他们新的稳定岗位的，更是一种全新的企业：外资企业。

"1992 年开始建了这个江宁开发区，选在了东山镇的西面，秦淮河对面，一下子就让东山的城市范围越过了秦淮河。像我们这一辈人，可以算是看着开发区'长大'的。这个开发区成立得比较早，所以很快吸引到不少外资企业，最先进来的应该是台资企业，我工作的公司则是一家美资企业。像我们这些下岗工人，一开始是有人去上访、闹事的，时间一长，很多人就被开发区什么的'消化'了。"如今的外企白领张庭义这样表达江宁开发区的意义。

事实上，开发区的功劳远不仅限于吸纳下岗工人，帮助江宁度过改革的阵痛。在这世纪之交的大变局中，东山的确有很多老厂倒闭了，但更多的新厂在马路宽阔的开发区里拔地而起。江宁开发区和随后开建的江宁科学园在政策的扶持下，承接了国际上的产业转移，很快成为拉动整个江宁经济增长的主要力量。同时，这些工业园区提供了越来越多的工作岗位，成为全江宁青壮年人的向往之地。两大园区一个在西，一个在南，也是东山城区大踏步扩张的两大引擎。如今，金芳、庭义和他们各自的配偶都在江宁开发区工作。每天从住宅小区到开发区的上班路，他们骑电动车都要花上二十多分钟，曾几何时东山镇"土山脚下一条街"的袖珍格局成了一个传说。

买房子

2000年底，张金芳回到横溪娘家时，带给爸爸妈妈一个消息：东山的竹山路上，有一个叫"天泰花园"的小区在低价卖房子，因为这个小区建完以后一直没卖出去多少房子，瓦匠们都急着要工钱呢。

金芳自己，是准备买一套房子的。自从她和王信涛结婚以来，他们夫妻俩就一直在"城中村"里租房子住。租人家的房子有很多不方便，他们便想到问房东把房子买下来（当然，这种购买不被法律认可）。谁知价格已经谈妥了，房东却因为另外有人开出了更高的价格而变卦，于是两家闹了矛盾，小夫妻俩只得卷起铺盖搬走，重新找房子住。金芳是个爱干净的人，邋遢的房子她看不上，因此他们又费了一番周折才在竹山路上重新安顿下来。这时，商品房早已开始买卖，金芳便一有工夫，就在新租的房子附近找有没有合适的商品房小区，终于，她找到了"天泰花园"。

妈妈姜孝萍得知这个消息，则显得"纠结"一些。一方面，庭义还没有恋爱对象，对婚房的需求还不算十分迫切；另一方面，早在1990年乡下就造了两层楼房，就是给儿子"抬媳妇"用的。是让儿子在家里"抬媳妇"还是资助儿子在城里安家？当妈妈的想了想，选择了后者。

金芳选中了在七楼的门对门、户型一模一样的两套房子，每套的价格是五万多，两家各买一套，这样她和弟弟可以相互照应。张家荣和姜孝萍夫妻两个，在1990年盖楼房的时候就用光了家里的积蓄，之后又是供儿子上大学，又是给小女儿买户口，到2000年，还不能一分不差地拿出五万块来。所以，张家荣到村委会讨来了自己几年来还没有结清的工资，又向亲戚借了一些钱，总算凑齐了房款。另一头，金芳他们小夫妻两个的房款也是东拼西凑弄成的。

东山的新建住宅小区，不论大小大多叫"花园"，但名虽如此，"天泰花园"却根本算不上"花园"，它只是一排排公寓楼和与之配套的一排排一层高的储藏室，建筑谈不上造型，小区内也没有环境设计。金芳和庭义作为顶层住户，还将遇到屋顶漏雨等麻烦。纵是这样，当钥匙终于到手时，他们的心里是有一种很强的踏实感的，因为这将是除了乡下的家之外，他们第二个可以称为"家"的地方。

之后的几年里，两个小家庭将在这里生活，各家的孩子也将在这里出生。

2002 年，张金芳的儿子晨晨和张庭义的女儿瑶瑶一前一后相继呱呱坠地，两家都请来孩子的奶奶帮忙带孩子。当已经成为奶奶的姜孝萍抱着自己的孙女瑶瑶在居民小区里转悠时，她会不无惊讶地发现：有很多跟自己差不多年纪的中老年妇女在做着相同的事——帮子女带小孩。大家见面，只要打一个招呼，就能大概从口音判断出对方是横溪人、丹阳人，还是汤山人。这些奶奶们的人生轨迹是很相似的，她们都是农村妇女，大多将多年辛勤劳作挣来的钱用来买了东山的房子，现在又都来到东山帮助儿女带孩子。而她们未来的人生轨迹，则会有所不同，有的奶奶从此就留在城里与子女的小家庭一同生活，打理子孙的饮食起居；另一些奶奶，比如像姜孝萍这样的，则在孙女上幼儿园后回到乡下，继续忙自己的农活。

东山，她很熟悉

当慧敏背上行囊，坐上"金丹线"去学校报到时，她全然没有二十几年前大阿姨（张霞）到县中去时那种新鲜感。这条在丹阳和东山金宝市场之间来回行驶的公交线路，她是乘了不知多少次了，而终点站东山，她也早就很熟悉了。

虽然慧敏的家在横溪乡下，但是她从小就常常上东山"度假"。所谓"度假"，是住在小阿姨（张金芳）、舅舅（张庭义）家里。在小慧敏的眼里，东山跟横溪是很不一样的：横溪到处是田，东山却没有田；东山的房子很高，横溪的房子很矮；东山的晚上很亮，横溪的晚上则一片漆黑；到了夏天，横溪常常停电，东山却很少这样；东山有很多好玩的地方，可以买到很多东西，横溪则只有一条街；横溪的人，好多是自己认识的；东山则除了舅舅、阿姨之外没几个认识的人……

慧敏很清楚地感觉到，从小到现在，东山是一年一个样，越来越气派，横溪的变化当然也很大，但相比较起来就小多了。在慧敏的村子上，父母一辈的人基本上是留在乡下的和上东山打工的各占一半；但是与她同一辈的人，就绝大部分都去了东山，不管学历高低。

这不，慧敏自己也正在向东山进发。她参加了 2009 年中考，被坐落在"江宁大学城"的江宁职业教育中心录取了，从此将开始又一个三年的学业。周一到周五是住校学习，双休日她可以坐上"金丹线"回家，也可以和留在东山的好朋友们一起逛逛"步行街"、"女人街"。她甚至可以乘上地铁到南京城里去——随着地铁1号线南延线的开通，从东山到南京的时空距离被大大缩短了，东山彻底成为了大南京的一部分，越来越多的南京城里人也到东山来买房子，慧敏就常听到阿姨、舅舅发出这样的惊叹："房价涨得真是吓死人！"

将来毕业以后，到哪里去工作呢？慧敏想过这个问题，但还没有想好。东山的就业机会更多？回横溪或许也行？管他呢，将来再说吧。

我是东山人

张金芳的儿子晨晨和张庭义的女儿瑶瑶，如今都已经11岁了。这两个小朋友是生在东山、长在东山的，当有人问他们"你是哪里人？"的时候，他们会毫不犹豫地回答："我是东山人！"

当然，从小在"金丹线"上行走的他们也都清楚：自己不是"正宗"的东山人，事实上，"正宗"的东山小朋友是很少的。

"我们班上的同学大多是有老家的。每次放假回来，我们就会凑在一起说自己老家好玩的事。比如我们横溪的西瓜最有名了，我就跟同学们说那西瓜怎么样又大又甜，还有在田里搬西瓜有多好玩。他们听得都两眼放光。"瑶瑶这样说。

"我就跟同学讲汤山的温泉澡有多舒服。"晨晨也抢着说道。

"这么说你们是离不开老家喽？"我问道。

"那当然喽，乡下很美，空气很新鲜，地方也宽敞，有许多农作物，有虫子，还有蝙蝠，好玩的东西可多了。"瑶瑶表示赞同。

"还有，我们可以从乡下带各种各样新鲜的蔬菜上来，还有草鸡蛋，这些用钱都不一定买得到。"晨晨也表示赞同。

"但是，我怎么听说你们在老家待不住，时间一长就无聊了？"我反问道，"瑶瑶，你现在回谷村的次数变少了，奶奶可是生气了哦。"

两个小朋友没有回答，显得有些不好意思。其实，他们从小习惯的就是城市生活，乡下的文娱活动明显没有城里丰富，乡下的爷爷奶奶也不如城里的爸爸妈妈和他们更有共同语言，而且他们朋友圈子也在城里。对于距离东山几十公里的老家，他们只是拥有一份天生的好感，不可能像他们的父母一样："离家的时间一长，心里就不舒服。"

火热的"金丹线"

上文所述"上东山"历程中的所有人物，都是我的亲人。张家荣、姜孝萍是我的外公、外婆，张霞是我的妈妈，张金芳是我的小阿姨，王信涛是我的小姨父，张庭义是我的舅舅，慧敏是我的表姐，晨晨和瑶瑶则是我的表弟和表妹。

我出生在1994年，自从我记事起，就知道母系亲人住在两个不同的地方，横溪和东山。这十几年来，我乘坐过很多次"金丹线"，这真是一条火热的公交线。

如果你选择在节假日搭乘一班"金丹线"，一上车你就会发现：人真是不少，他们中有年轻人，也有年长者，有市民打扮，也有农民模样，白皮肤与古铜色皮肤相间杂。传入你耳中的，是响亮的南京话（我不能分清横溪话、东山话之间的细微差别），有可能还有鸡鸭的哀鸣——这种声音从车厢地面上传来。没错，用化肥袋子、竹筐子装着的新鲜果蔬、活鸡活鸭常常会占掉车上的几块地面，在拥挤的时候会让一些乘客更难立足。

江宁大地在车窗外掠过。在被统称为"东山"的庞大新兴城区（囊括了东山、秣陵、东善等几个街道的全部或部分）和陶吴、横溪、丹阳等至今仍大体保留田园风光的区域之间，你很容易看到一大块"天苍苍，野茫茫"的荒野，仿佛这块地方从来就是这样的荒无人烟。而那一条条将大地分割开的沥青马路，则又提醒着你：在不久的将来，"东山"的触角或将伸到这里……

【后记】

城市化，绝不是一个新颖的话题。

我虽是一个无锡人，但因为妈妈是南京江宁人，而且母系亲人都在江宁，所以对江宁的城乡情况有一定了解。从记事起，我就零零碎碎耳闻目睹了一些"上东山"的故事，课堂学习、课外阅读和2010年参观上海世博会的经历，也都使我对"城市化"这三个字有了更深的体悟。事实上，在今日中国，广阔天地之间到处都是观察城市化的绝佳样本。

我选择了东山作为样本。东山在近三十年里发生了根本性的变化，这种变化是具有普遍意义的：昔日大郭，不如今日小邑；昔日县城，今已纳入省城。千万个"东山"汇成一股洪流，人类历史上最波澜壮阔的城市化进程就发生在我们身边，其实，是我们就置身其中。

在这洪流之中，东山又有它的独特性。在改革开放之前，由于省城造成的"灯下黑"，这座离南京并不远的县城长期处于发育不良的状态，以致不少江宁人只知有省城，不知有县城。而改革开放之后，东山的巨变则得益于紧邻南京的区位优势：当原有南京城市格局已经不能满足其城市发展需要时，江宁及其首府东山自然成为大南京扩张的首选之地。

一个月来的采访、考察和阅读让我有了如下几点感想：

其一，轰轰烈烈的造城运动，缘由多端，如户籍政策的放开，如经济开发区的设立和建设，如发达国家和地区的产业转移，又如所有一切成就的原因：改革开放……然而，我好奇的是，城市所集聚的如此之多的物质、能量、财富，从何而来呢？从1949年到2011年，中国的城市化水平由7.3%提高到51.3%，刨去相对少量真正土生土长、"根正苗红"的城里人，是绝对多数的乡下人或曾经的乡下人为如雨后春笋般拔节的一座座城市供应着一切。乡村哺育城市。假如在一个个楼盘破土动工之时，没有来自老一辈农民胼手胝足辛苦积攒的资助，城市的繁华，将从何而来呢？

其二，今日我观青年学生的文学创作，此种文章多矣：主旨在于首先怀念昔日在乡村与祖辈相厮守的童年岁月，继而哀伤于不久之后竟被父母拖进城市，进而控诉像怪兽一样的城市对农村的吞噬。我曾经为此种文章所感动，但是当此轮采访结束后，我开始怀疑，这种站在城里人立场上的"黍离之悲"，到底经不经得起推敲。因为我们不妨假想，若这个小作者没有在小时候被父母拖进城市，而是顺利地在老家长大，那么当他成年后，他是会选择留在农村还是进城呢？答案多半还是后者。对于绝大多数农村人来说，进城绝不是一件令人伤感的事，至少它意味着更丰厚的经济利益，而且，还不只是经济利益。当我的小阿姨那一辈年轻人要努力"买户口"时，一个"城里人"的身份在他们心目中的分量是很重的。今天的城乡差别没有当年那么大，但仍然是存在且明显的。"城市是乡村的向往"（阎连科语），信非虚言。如何评价这场人类历史上最波澜壮阔的造城运动？我以为，只有站在最广大人民的立场上，而不是"小市民伤感"，才能得到合乎实际的结论。

当然，明确"城市是乡村的向往"不意味着我们就放弃了冷静的忧思。

比如，长辈对往事的追忆让我明显感觉到中国的城市给乡村设了一道高高的门槛，过去是这样，今天仍然没有根本改观。当年铁板一块的户籍制度造成了许多让人哭笑不得的荒唐事，今天则是高企的房价让人望而却步。既难进城，何谈"城市让生活更美好"？

又如，虽然农村的发展进步也是明显的，但是与城市相比就差了一大截。今天，同在一个江宁区，当东山的居民能够随时乘上快捷的地铁进南京城游玩时，横溪的居民还要为夏天时常突然到来的拉闸限电所困扰。乡村曾经哺育了城市，而城市对农村的反哺还很不够。

再如，当许多发达国家的特大级城市都把稳定农业生产，保证市民能接触到田园风光作为首要任务时，我们是否也可以开始思考：现代化的道路是否只有城市化这一条？在城市化中要给乡村、给未来预留多少空间？

追求幸福的人

钟晓晴 | 广东省中山市实验高级中学
指导老师 | 刘刚

最初的闯荡

时间已经是很久之前了。19 世纪 80 年代，我的太太公钟振桐，出生在香山县一个贫穷的农民家庭。当时社会动荡，人民生活困苦。在那时由于生活太过艰苦，在婚后六年，生育了一儿一女之后，钟振桐抛下妻儿，毅然登上了前往加拿大卑诗省（Victoria, BC）的船，去投靠当时在卑诗省的姐姐，希望以自己的努力，来改善当时一穷二白的家庭状况。前路漫漫无所知，但我的太太公就凭着对美好生活的热切追求和无畏无惧的闯荡精神，走上这条注定是艰难的道路。

在 20 年代初，珠三角还未形成向外大规模迁移的热潮，于是钟振桐和当时他的同伴，就成为早期的移民。14813 公里的距离，让这次海上旅行变得格外漫长。一个多月的颠簸后，钟振桐最终到岸了。初到卑诗省，人生地不熟，在打过几份散工后，钟振桐在当时华人所建的庙里当了一名庙祝，专门在寺庙里管香火。每日打扫寺庙卫生、看守寺庙就是他的工作。那时华人在加拿大的生存状况恶劣，因为祖国国力衰微，华人普遍遭受歧视，只能干一些又脏又累的活，如修筑铁路，当种植园工人，给饭馆打工等，每天担惊受怕，怕丢掉来之不易的工作。于是钟振桐或出于无奈，或出于对工作的珍惜，在庙祝这个工作位置上一做就是几十年，尽管他兢兢业业，恪守在岗位上，但因为庙祝这份工作的特殊性，只能让他勉强得到温饱。对家乡的无限思念和现实与理想之间的差距带来的痛苦，无时无刻不在压迫着当时充满一腔奋斗热血的他。他没有勇气写信回家，于是，在香火氤氲的寺庙中，蹉跎成一位白发老人。

在外漂泊的游子们，都有一个共同的愿望，就是老时能够叶落归根，钟振桐也不例外。于是，在他接近 70 岁那年，他决定打点行装，回到阔别已久的祖国去。在卑诗省打工多年，钟振桐的收入只能让他在这个繁华的城市活下去，并没有更多的钱能剩下。当时，他的姐姐在卑诗省拥有一家小种植场，便给了钟振桐一笔钱，让他带回家去。

几十年过去，回家的路依然没变，只是那条小路被来往的人踩得更宽了。三辆单车载着两个皮箱和一袋行李，颠簸在羊肠小径上，隐约可看见前方芭蕉林后的茅屋。村子里静静的，家里的房子也是静静的。钟振桐放下行李，这时候的他已经是个古稀老人了。一位乡里路过，看见这似曾相识的老人，岁月模糊了记忆，但浓厚的乡情却是擦洗不去的，乡人终于认出了这就是多年前外出打工的钟振桐，于是便跑上山去，通知钟振桐的妻子儿女。光阴岁月如水逝去，钟振桐当初一双年幼的儿女早已成家立业，而他的儿子钟桂清的儿子——我爷爷，当时也已经是一个能帮家里干活，分担家庭重担的 6 岁的孩子了。爷爷回忆起钟振桐回家那天的情景，至今还记忆犹新，尽管他也已经是个高龄老人了。

他说："果时（当时）正系（是）榄成熟的时节，我同我阿婆在后山上，一人挎着一个篮在摘榄。突然一个人跑上来喊：'某某，你老公返来啦！'我阿婆顿时吃了一惊，放下篮子赶紧跑回家去。"

太太公带回来的箱子

"我阿爷拎咗（着）三大袋嘢（东西）返来，系企村口度租咗三辆单车车返来的（在他村口那里租了三辆单车骑回来的），果阵时（那时候）单车就相当于依家（现在）的出租车。"

"他的行李有茶壶、瓦罐啊，仲（还）有一件好长好长的风衣哟，足足去到膝头咁（那么）长。"爷爷一边笑着一边用手比划着。那时候我们这里都是种田的贫苦人家，干活时都是穿着短裤。而且我们这里属于亚热带气候，全年温暖湿润，因此这件长风衣让我爷爷他们大大开了眼界。

"返来冇几耐（没多久）啊，我阿爷就用他拿返来的钱整咗（建了）一间砖瓦屋，就是现在的祖屋。我地（我们）终于唔使（不用）再住茅房了。"爷爷感慨地说。

那间祖屋，至今还完好的保存着。我的伯伯、姑姑和爸爸，也都在这间屋子里出生和长大，连我小时候也在里面住过一段时间呢！不过现在已经用作存放物品，祭奠祖宗之用了。

太太公一生的奋斗史，也就这么结束了。和当时无数在外闯荡的游子一样，他在外受了很多苦，

我家的祖屋

饱受孤单思乡之痛。尽管辛勤工作，却未能达到理想。在那种环境下，没有文化没有技能，就算能外出工作，也还是只能去做工资低廉的工作，但家里总算能住上坚固的房子了，而我们家追寻幸福的人，也还在前进着。

风雨后的阳光

19 世纪 80 年代初，一个 47 岁的壮年男子站在一艘巨大的轮船上，身边是他年仅 7 岁的儿子。眼前是一片茫茫的深蓝的大海，海风拂过海面带起了波浪，也吹开了他的思绪——不过多久，我就要到一个完全陌生的地方去了啊！而我的妻子还独自一人在家中。生活艰难总是让人那么的无奈！

我的舅公太是一个开朗、健谈的老人，年轻时他是一个精力充足、乐于助人的青年。在 20 多岁的时候，他在现在位于岐江公园的粤中船厂工作。当时船厂生产炮船、炮艇和货船，工人们经常要用高强度的劳动来参与生产。那时候机械水平还不是很高，生产一艘船要比现在现代化的大型船厂付出更多的汗水。

在船厂工作不久，舅公太就认识了他的妻子——一位美丽的姑娘。单位分给了他们一套房子，婚后，他们搬入新房，开始了两人的生活。尽管当时他们收入不多，但生活也是甜甜蜜蜜的。

很快，他们的儿子出生了，这个家庭在开心之余，又添了隐隐的忧虑——抚养儿子需要很多的钱，可是现在的工资，根本无法应付未来的开支。

问题总有解决的方法——很快，舅公太从亲戚那里打听到，许多人远渡重洋到南美洲的委内瑞拉打工赚钱，环境要比待在内地好很多。可是舅公太是家里唯一的顶梁柱，如果他到外国去，家里的舅母太就无法一个人照顾孩子的。经过一番权衡，舅公太安慰好妻子，决定带上这时已经 7 岁大的儿子，走向他乡寻找财富。

"到了委内瑞拉后，我就企（在）一间华人餐馆里当服务员，就系（是）上菜收碗之类的，每天都在重复做哩（这）个，因为语言不通，都没有能力去做其他工资高嘅（的）工作。"

"后来我又陆续转了几份工，不过都是些体力活，每个月的工资我都按时寄翻屋企（家里），好让妻子不要咁（那么）担心，不过现在屋企（家乡的）

生活条件也已经改善很多了。"

语言是华人融入当地社会的一个大问题，因为语言不通，所以在委内瑞拉的华人大多聚集在唐人街，大家互帮互助，构成了一个小社会。舅公太在当时同胞们的帮助下，逐渐适应了外国的生活。但有个问题一直压在他的心上——儿子的上学问题。

"后来儿子送进了当地的学校读书，就没什么担心的了，不过就是几挂住（很想念）家里的，因为屋企（屋里）只有我老婆一个人在家。"舅公太说到这里的时候，看了眼旁边的舅母太。其实远到外国的人除了赚钱之外，都还有个共同的愿望：融入当地的居民。当儿子顺利适应当地环境并说得一口流利的委内瑞拉话时，舅公太心里也踏实许多。这时他们俩都是白发苍苍的老人了，回忆起往事，总有着当时分离的心酸。当时舅母太一个人在家，生活孤独寂寞，因为丈夫不在身边，她的心情终日担心、抑郁，最终患上了精神疾病。为了排解寂寞，她收养了一个女儿，到现在，女儿也已经有30岁了。

"后来儿子长大了，接手了当地一间餐馆。我就放心了，所以就去澳门办了居留证，做了一个澳门人。但系（是）好快我就搬返家乡，同我老婆住在一起，一直到依家（现在）。"可惜的是儿子自从去了委内瑞拉后，就甚少回来了，舅公太即使想念时也只能拿出照片去回忆儿子的模样。

现在的舅公，再也不用为生计担心，也不用为子女的生活而操心了，因为他们各自都找到了工作与生意。家里雇了一个保姆照顾他们夫妻的生活起居，一切和和稳稳，安居乐业，颐养天年。

"没有当初的闯荡，哪来现在的幸福日子！"舅公太感慨地说。

像舅公太那一代当初出国的年轻人，都从不向困难低头。因为他们知道，幸福是由自己去寻找的，有了双手，什么都可以创造出来，只要你愿意。没有永远的困境，只有永恒的奋斗。因为，阳光总在风雨后！所有由艰辛浇培的树都会结出最甜美的果实。

少女的勇气

20世纪80、90年代，珠三角地区的人向港澳偷渡的风潮如火如荼。两岸巨大的经济差异，让许多人顾不上危险，决意前往。那个时候，民间有句歌谣：

"辛辛苦苦干一年，不如对面八分钱。"港澳的繁华无不在刺激着人们的神经，于是，一波又一波的人潮想尽各种方法，冒着各种的风险，就是为了到达那近在咫尺，却又难以触摸的"天堂"。

1986 年，当秋天刚来临的一个早晨，一个刚满 17 岁的少女，放下了农活，告别了家里父亲与弟兄，跟随着同村的乡里，偷偷地来到了白藤头，跟蛇头会面。

他们正在紧锣密鼓地准备着今晚的秘密行动。

一艘狭小的木船停靠着岸边的隐秘处，杂草和树林掩盖着它。当一切食品和工具准备好时，蛇头召集了全程的七个人，最后一遍重申了这次旅途的危险："我们这次，能成功就成功了，不成功那就只能看造化了。"七个人中，有的是之前已去过但遣返回来的，有的是偷渡失败再接再厉的。而少女是年龄最小的，她还不清楚什么，只知道前方会有未知的事情在等待着她，恐惧，似乎这时还未懂得去感受。

天渐渐暗了，天空拉上了夜的帷幕，月亮躲在云后，露出淡淡的光晕。晚上六点多，一行人挤上那小木船，拿起船槁，在水上荡开了一圈圈涟漪。夜很静，偶尔河两岸有点点灯火，忽隐忽现。划船的水声在寂静的夜晚显得格外清晰，一切似乎还很安全。

就这样划了五个小时，蛇头转过身来，压低声音说："快到了。"船上人们的心一下子就提高了，马上就要成功了！不多久，皇后宫赌场隐隐出现在前面，似乎只要伸手就可以碰到。这时，蛇头似乎发现了什么，急忙转过来："快！每个人拿个船桨一齐划！我地（我们）一齐冲过去！"原来是岸上驻扎的水警发现了这只偷渡船，他们用扩音器大声地警告，随后坐上警艇，紧追木船。在伸手不见五指的夜晚，后有追兵的情况下，船上的人极度惊慌，尤其是少女。于是他们更加出力去划，带起的浪花使小小的木船摇摇晃晃，而船上的洞开始渗水，险象环生。众人害怕却还是一气地拼命往前划。一边是被捕入狱，一边是光明前岸，成功与不成功，就在这紧急瞬间。

警艇发出的声音越来越近，照射灯在海面上不停地扫过。希望变成了绝望。警艇追上，将船上的人带上艇，逐一搜身录口供，并且很快就找出蛇头，带走了。

短短的六个小时，少女经历了如此惊险的场面，心里满是害怕与惊惶。想起家里的亲人，禁不住哭了起来。当晚偷渡的七个人就被带到澳门监狱，那里同样拘留了许多像他们一样的人。经过拍人头像、登记资料的程序后，狱警就将他们带入监仓，四人一仓，扣押三日。

那个少女，就是我的姑姑，我们家唯一的女孩。回忆第一次入狱，姑姑说："第一次入监，真系几惊（真的很害怕）。但系（是）当时监仓的环境也不是很差，三餐准时有，早餐系（是）面包和咖啡，午餐和晚餐就和平时吃的差不多，也没有受太多苦。"

因为澳门每天偷渡被捕的人数很多，所以三天后他们就分地转押回各自的归属地。

姑姑先和乡里被带去了珠海山场。"那里的环境真系（是）又混乱又邋遢，饭菜仲（还）非常差，真系（是）同澳门冇（没）得比。我们一行在那里又被困了3日，要有家属来交钱先才可以放人走。"爷爷在收到自己女儿被抓的消息后，东家走西家借，好不容易才凑齐了500元，这才终于见到了女儿。而那些没有亲人来接的偷渡客，只能待在珠海山场，继续忍受恶劣的环境。

第一次偷渡经历，就以这样的失败告终了。当时这样的人不计其数，每次一次失败就是再一次的爬起。惊险的画面每天都在上映，但人数从未减少。但，到底是什么让人们冒着危险去港澳？

姑姑给了我属于她的答案。

"小时候，我们这附近的都很穷，大家都是靠着种地为生。种地很辛苦，一年三百几（多）天都没得休息。我们这些农家的小孩，哪个不是四五岁大的时候就跟着爸妈下田插秧？"

"当时有亲戚从香港澳门回来，每次回来都大袋细（小）袋的带回来好多衣服和食品，而且他们一个个都白白净净的，不用吃劳力的苦，当时边个唔（哪一个不）羡慕啊！"

"有时候聊天，就听说谁家谁家的孩子又偷渡成功到了对岸了，自己的心都不会再安稳与耕田种地了！"

姑姑这三段话，简单明了的给出了三个理由：第一、为了摆脱务农生活；第二、亲戚朋友的样本；第三、周围人们的影响。但总结起来，都是一个主题：为了追求更好的生活。这三个硬邦邦的理由，又有谁能抗拒？正像蜜蜂不会放弃对花朵的追求，向日葵不会放弃对阳光的追逐，这一切都是人的本能。

转眼间春去秋又来，1994年，姑姑已是一个25岁的大姑娘了。这一年，姑姑决定再搏一搏，做最后一次争取。

晚上八点，珠海横琴。

"那次我们是五个人，设备也不是小木船了，换了一艘大渔舱。一路上都冇（没）人发现，冇几耐（没多久）就开到去路环船厂码头，蛇头叫我地（我们）上岸，有私家车来接我地（我们），一车接三个。"

"车经过澳氹大桥，周围有警察在巡逻，司机叫我地（我们）趴低，唔好俾（不要给）警察发现。之后开到去目的地要有人来接，交了钱才可以走。"

那一日，姑姑的表叔来交了 3000 元，带走了姑姑，姑姑终于来到了澳门！

似乎像梦一般，多年面对着土地与平房的姑娘，第一次坐上了电梯，看到十几层楼高的大厦，偷渡时的恐惧与疲劳被抛诸脑后，心里满是兴奋的甜蜜。充斥着琳琅满目商品的超市、高大庄严的教堂，熙攘的人群，一切都来得太快了！距离如此相近的两地，但现实的差距却是落后与现代的巨大差别。

"当晚表叔就带我去松山那边卫康超市买生活用品，第一次进超市真的是大开眼界啊，才知道内地的商品真的是那么贫乏！住在单位里每天早上都可以听到鸟叫。"

姑姑的表叔早在 60 年代去了香港，后来拿了身份证去尼加拉瓜做鱼翅生意，90 年代回澳门买楼，在外国和澳门之间跑动。表叔的经历，就是当时内地的人到港澳和外国拼搏的典型例子，有了表叔的帮助，姑姑找到了第一份工作——保姆。

当时澳门还没回归，许多葡人还在澳门居住，姑姑在一家葡国人里当保姆，主要工作是照顾家庭喂养主人家的狗。姑姑从小手脚伶俐，干起活来爽快利落，主人非常喜欢。"当时工资有 1800 元葡币一个月，一共干了四个月。"但是因为语言不通，姑姑于是乎便辞去工作，转去另一家当保姆。

第二份工作是照顾一个一个月大的宝宝，主人家在黑沙环，工资是 1600元葡币一个月。"那时候我照顾宝宝一直到两岁半，期间都挺好的，就是工资太低了。那时候家里很需要我的帮助，于是乎只好又去找工作了。"

就这样换了几户人家后，姑姑最终给一对在新马路住的夫妇当保姆。这对夫妇的丈夫是澳门人，做石油生意，而妻子则跟姑姑是同乡，来自石岐。那时候加上姑姑那对夫妇家里共有保姆两个，姑姑负责照顾孩子，而另一个则是负责买菜，就这样干了两年，工资是 2300 港币一个月。在澳门当地，一个黑市保姆（即没有合法证件进入澳门工作的保姆）的工资是 1500~2000 葡币，本地的保姆是 3000 葡币，有无澳门居住证，还决定了收入的高低和生活的尊严。

"其实偷渡后在澳门生活得很辛苦，因为没有证件根本不敢上街，在澳门七年，每一天都很压抑，总害怕自己会被抓回家，就算上街也会低着头，看到警察心就会跳得很厉害。"

姑姑一直因为自己的偷渡身份而不敢交朋友或外出娱乐，回想起那段岁月，姑姑总是感叹自己最美好的青年时光就这样在恐惧和沉闷中度过了，心目中的天堂，也只因能为家庭带来改变而感到些许的安慰。

"那时我只能写信回家，信是写了一封又一封，再想家里也没办法，七年都不能回家啊！"家乡离澳门现在只有一小时的车程，在当时无证回家却无异于出国回家那么难。"赚到的钱我就寄回家，自己也存了些，也只有想到这个的时候才开心点，感觉自己的辛苦是值得的。"

那时偷渡去澳门的人大多数是妇女，男的占小部分，因为女性好找工作。当时澳门赌业尚不发达，主要是以制衣厂为主，辅以海味、金器和商场。那时内地的妇女三八节妇女都离开了，只剩下老人家。后来因为澳门无证居民实在太多，管理成为了一个问题，所以澳葡政府再 80 和 90 年代进行了三次特赦。一次是 1982 年 3 月，第二次是 1989 年 1 月，最后一次是 1990 年 3 月 29 日（也称 "3·29" 行动）。那时候偷渡的小孩只要是 18 岁以下的就可以在当地读书，凭学生证可以成永久居民。而我的姨婆，就是我姑姑的姨妈就在 90 年代特赦中成了澳门居民。在最后一次特赦中，澳门几乎万人空巷，只要当日能够去到跑狗场的人，就能够取得澳门合法居民证。得知特赦消息的人纷纷赶去平时只有周末赛狗才开放的跑狗场。就连内地的人也当日马上决定游泳过海。总之路上是堵塞的车、奔跑的人。在就快关门时，还未进门的人像疯了般拼命奔跑，有的去翻越栏杆，有的人甚至还是湿漉漉的刚从海上上来。而没能进去的人在围墙外面抱头痛哭。墙内墙外的人，命运就这样被隔开。

姑姑也想碰碰运气，看是否能再遇到特赦。可是等了又等，特赦的消息迟迟不见踪影。岁月不等人，姑姑早以 30 开头了，婚嫁的事情已经近在眉睫，于是在 1999 年，姑姑决定自首，遣送回家。

怀揣着存下的 8000 元，姑姑回到了家乡。这时候内陆的变化早已是天翻地覆。原先大片的土地早就被工厂代替，泥泞的路也铺成了水泥地。这时候大批的人从外省大量用来这里打工，建出租屋成了一个方便快捷的赚钱方法。于是家里和姑姑商量后，决定用姑姑寄回来的钱也建了出租屋，从此家里不需要耕田也有了稳定的收入。而伯伯也通过打拼拥有了自己的事业，生意正在逐步上升，总之，家里是越变越好了。

姑姑回到家后，通过介绍很快也和一个从秘鲁回来的人结婚了，并生下了一个可爱的儿子。七年的偷渡打工生涯，就这样真正的结束了。虽然没能成为一个澳门人，但改善家庭的愿望最终实现了。但姑姑始终有个遗憾——"改革开放后大陆处处是商机啊，回想在澳门最青春的几年浪费了，如果当时留在内地可能发展会更大。现在开始抓住机会做生意，虽然没能大富大贵，但生活也舒心自在。"

无论在哪个年代，命运都是掌握在自己的手里的。自助者天助，生活会眷顾那些无畏追求梦想的人们，正因为对幸福的渴望，所以，我们从未害怕，从未彷徨。跌倒了再站起，前路永远会有未知的梦，只等着我们踏出脚步，去解开梦的密码。因为对未来的美好期望，所以我们在路上不断拼搏！前辈们的敢闯敢拼精神，永远是我们受用无穷的财富，我相信，新时代的我们，一定会在新的道路上，越走越远，勇敢地追寻自己的幸福！

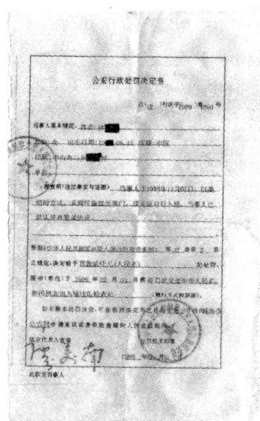

姑姑因偷渡而"获得"的处罚决定书

【后记】

在我们这里，几乎每家每户都有在港澳的亲戚或者华侨，就连学校都可以见到"某某华侨捐助"的字样。可以说，华侨和港澳移民对我们珠三角地区贡献非常大，这种文化也深深地影响了我们。

小时候，经常听亲戚朋友讲，谁在外国干了一番什么事业，而谁又是千辛万苦地偷渡到港澳，最后过上怎样的生活。家里也留下了当时大量的照片和信件，这一切不禁引起了我对那些年、那些人背后的故事的好奇心，于是我开始从我的姑姑、舅公太、爷爷、爸爸那里去了解，去追寻那些艰辛的故事。

确定对象之后，我先给自己定下了写作的原则。一、要遵照事实，不能胡编乱造；二、要尊重隐私；三、未明的地方要尽量去查明白。

第一次询问的对象是我的姑姑。她曾经在 80 年代和 90 年代两次偷渡去澳门，在打工七年后最终选择了回内地。回忆起年轻时的事情，姑姑显得很释怀，并讲了很多那时大陆人是怎么偷渡去港澳的，到了港澳之后干什么行业，工资是多少。尽管已经过去二十年了，可是姑姑依然记得非常清楚。

我讲述的时候，她还提到了许多名词和地方。比如特赦、蓝带证、珠海山场等。后来我经过百度搜索，才知道原来澳门曾经三次对无证人员进行过特赦，最后一次也叫作"329"行动或"龙的行动"，而蓝带证则为当时暂时居留证等等。在姑姑的讲述过程中，我还留意到了许多问题，比如：当时内地偷渡到港澳的人数到底有多少？港澳的原居民在当时又占着多大的比例？港澳政府对于无证移民是怎样的态度？这些问题我也在网上找到了大致的答案。

关于舅公太的经历，是我暑假去拜访他时聊天所得，还有一部分要谢谢我的爷爷和爸爸告诉我。舅公太现在已经是一位七十多岁的老人了，在爸爸跟他聊天的过程中，舅公太始终十分健谈，而且还拿出相册来，让我们看他的结婚照和儿子女儿的照片。因为年龄大了，舅公太关于某些经历也只能大致讲过，而当年的经历给现在生活带来的影响是显见的，因为生活要比以前好了很多，还雇了一个保姆来照料二老的生活。

追寻历史，能带给人启示。前辈们兢兢业业、拼搏奋斗的精神也深深地刻在了我的心上。听着故事，宛如过往一切还如昨日般清晰。一个家族，只有记住家族的历史，谨记家族的精神，才能生生息息，发展壮大。我相信，国家也是这样，这样的奋斗，无论是过去还是现在，一刻都没有停止，我们都正在奋斗着，为幸福而向前奔！

我爷爷的奋斗史

田芳宁 | 江苏省无锡市大桥实验学校
指导老师 | 邱亮

    我的老家在太行山下，地处豫北，是中国的粮仓之一。在"以粮为纲"的口号下，农耕长期以来一直占据着极其重要的地位。爷爷生活的村庄叫"席家洼"，当地有肥沃的黑土，这在隶属黄土平原的山地中，确实是难得一见的奇迹。可惜解放后，这些良田不过是充作公地，或种苹果或栽园艺，并未给当地百姓带来多大益处。

    爷爷出生在 1935 年，名叫田合德，字卫东（后来自己起的时髦名字），家里排行老三，有两个哥哥、一个姐姐、一个弟弟。爷爷的祖上也算个殷实人家，曾经拥有二层小楼。到太爷爷那辈，据说是由于赌博把家给败光了，爷爷也就没有受教育的机会了，只能去给村西北的北关西唐家地主家放羊。这样，一家的年收入是养不活家人的，只有出去打工。村西邻是还算富裕的山西长治，太爷爷、大爷爷、二爷爷全都到长治打工干泥水匠了。打工挣的钱，三人勉强糊口，又要省下点钱带回家里（这种生计方式，在村里一直延续到 1985 年左右）。所以，解放前的那段日子，家里生活还是相当清苦的。

    由于村北边是刘邓大军所在的晋冀豫太行山解放区，1945 年就解放了。"土改"后十四五岁的爷爷也到山西打工去了。旧社会学徒的生活，是十分艰苦的，而爷爷吃苦耐劳，加上他性情活泼开朗，风趣幽默，很快便从师傅那儿学到了全部技艺，不久后就拿到了匠人的最高工资，家中境况略有好转。

    随着抗美援朝战争打响，家中的三兄弟全部加入了志愿军。爷爷因为是匠人，就被分到了工兵部队，负责对枪炮的维修。当时新中国刚成立，物资极度匮乏，他们的任务，就是踩着没到大腿根部的积雪，去"打扫"战场，捡回些丢弃的枪炮零件，把它修好后，再补充部队。由于双方对峙，阵地都埋伏有狙击手，为了能捡到美国的先进枪炮零部件，他们往往离美方阵地很近，爷爷头部右侧就曾被子弹擦伤。在部队，爷爷费尽力气学了120多个字，又为了与老乡搞好关系，学会了简单的朝鲜日常会话用语，最终获得了三枚先进奖章。因为文化程度太低，爷爷只能当到排长。此番经历，爷爷不仅长了见识，还顺利地成为了党员，这种政治背景在之后的社会动荡中无疑成了最有力的盾牌。

后来，爷爷从部队转业了，由于是国家急需的技师级人才，又是党员，爷爷被直接分到了上海机床厂工作，直至成为八级钳工。当时，全国实行严格的户籍管理制度，家中妻女的户口无法调动，加上新中国成立后的几年农村大力恢复生产，家乡的农民已经过上了"五亩地两头牛，老婆孩子热炕头"的生活，爷爷思乡之情甚浓，强烈要求回老家创业。于是，爷爷就又从上海机床厂回到家乡做"驻队干部"，帮助检查和促进革命工作。爷爷在家乡的多数村庄都驻过，后又回到自家村上当小队长、党组长。

邓小平曾说过："中国人不是被打怕的，而是被穷怕的。"经济困难时期，饥饿成了常态，当了数年干部的爷爷觉得还是把经济搞上去实惠。于是，爷爷决定发挥自己八级钳工的一技之长，鼓动大队支书，买了辆8马力的手扶拖拉机，农忙时犁地，农闲时搞点运输。计划经济下，运输都由国营企业负责。而当时买车最主要的是要会修车，社会上没有专门修车的车行，国营运输公司的修理工是不给私人修车的。另外，汽车配件都是专供的，零件坏了，买不到，只能自己做一个。因此，有八级钳工水平的爷爷才如此信心满满。然而，信用社没有先例，觉得贷款风险很大，大队支书心中也没数，不敢买车。最后爷爷立了"军令状"，大队才勉强用那几乎是大队所有积蓄的1000元买了辆拖拉机。干了一年后，爷爷就向大队交了3300元钱——相当于村财政收入的两倍。

尝到了甜头的爷爷，决定将大队的车让给别人，自己以小队的名义再买辆拖拉机。当时绝对不能以个人的名义跑运输，那是犯"走资本主义道路"的严重政治错误。爷爷为人仗义，比他小的同辈人都叫他"三哥"，搞运输后也算是附近的小名人，因而信用社也敢给爷爷放款。不久，这种做法被各个小队效仿，一下子村上就了有五六辆拖拉机，在爷爷的带领下，浩浩荡荡驶向了尚未开放的运输市场。经过一两年的经营，村上从小队到大队都有了相当的积蓄。约是1975年，"席家洼"村开始重新规划村落布局，修上了只有城里才有的水泥混凝土街道路面，点上了只有城里才有的路灯，老学校推倒重建，村里还请电影队每周给村民放场电影。因此，"席家洼"被评为了卫生文明村，成为了中国农村面貌大改变的典型和代表。外宾每次到林州市就参观两个地方，一个是著名的人工天河——红旗渠（也是祖辈们修的），另一个就是整齐划一、洁白干净的"席家洼"村。

集体的富裕并未根本上改变大家贫穷的境况。当时的农村仍实行集体所有制，靠运输赚得的钱都归集体所有，而这部分钱是不能分给个人的，只能花在集体的开销上，所以才有了"文明村"的建立。那时，爷爷家的经济状况并没有怎么改变，虽然有少许精神和物质的奖励，但远远无法还清房债，进而保障全家的正常生活。于是，爷爷重新操起了丢弃多年的行当——泥水匠（高级瓦工），到建筑工地去当临时工。由于技术好，干劲足，爷爷的工资十分丰厚。从早晨六点干到晚上七点，年终也赚了1300元钱，在年均收入只有一两百元的当时，也算是脱贫致富了。家里不仅还清了所有的外债，还剩下千余元的存款，孩子们过年也都换上了新衣裳。

虽然收入还可以，但爷爷觉得干得太累，自己满脑子的主意没处用。就辞了工，和几个兄弟凑钱外加贷款买了辆四五千的大拖拉机，合伙搞起了私人运输，日子一天天红火起来，没几年就成了"万元户"。为了和新兴的大卡车竞争，爷爷又把大拖拉机卖掉，凑钱跑到长春一汽，买了辆解放牌大卡车（最老式的），驶上了致富的快车道。刚开始跑运输时，还有被判"长途贩运、投机倒把"罪的风险。之后不久，国家就出台了关于准许私人运输的政策，各级主管部门因为可收管理费，也就不去追究了。

1986年，50多岁的爷爷不再年轻，当时私人运输市场的利润空间日益缩小，业内竞争愈加激烈，爷爷再一次转移了目光。为了给子孙留下一份产业，爷爷把车卖掉，转行开小型化工厂。从找项目，到反应罐图纸的设计，从工厂的建设，到设备的安装调试、试生产，爷爷均亲自安排、校验。在那个物资匮乏的年代，产品的销路根本不成问题，所以厂里只设了采购科而无销售科。正当工厂逐步走上正轨之时，爷爷却积劳成疾，旧病复发，竟是在父亲高考前的4月份匆匆辞世。

十年以后，"席家洼"成为了名副其实的运输村，方圆十里均是跑运输的专业户。如今，"席家洼"周边的小厂更是遍地开花，它们以自己微弱的力量簇成城镇化的浪潮，给家乡带来了翻天覆地的变化。

回顾爷爷的一生，最亏欠的是自己的家庭。奶奶的遭遇像极了《平凡的世界》里孙少安的妻子秀莲，一辈子为丈夫孩子操心，终是没扛住，很早就去世了。而爷爷自己并没有完成养育两儿到成人的任务，生前的有些做法也确实冒进。不过，没有闯劲哪能成就一番事业？无论如何，爷爷的一生虽不算轰轰烈烈，倒也跌宕起伏，他虽没文化，但生性活泼，敢想、敢干、会干。

我们的生活中总有这么一类人像爷爷一样，是探险者，他们在实践中不自觉的"引领"了时代的潮流；也总有一类人，他们是后继者，冷静而睿智地分析时代的走向。前者，是为了实现自我生命的不断超越，是不顾忌历史环境、社会局限的。而后者则容易迷茫，他们需要时代指引自己，他们的生存是为了在这个时代里不至于落后而发展自己。我想，历史的乐观或许仅是基于个体生命的向上性；而历史的悲观或许只因人性中对环境适应的滞后性。而时代就是在这些或拉或推的正正反反的作用力下，以一种既不冒进也不保守的步幅向前发展。回首历史，时代的发展都源于劳动者对个体价值的不懈追求，只有彻底解放了个体，加上正确的政策引导，我们才能发现社会本身的发展趋势，方能践行自身与时代的追求。

【后记】

爷爷在父亲18岁就去世了，所以，写这篇文章前我对爷爷知之甚少，只是偶尔从父亲口中听到一些关于爷爷的逸事。这次的写作为我深入了解爷爷的一生提供了一个很好的契机，为此我与父亲做了长时间的交谈，并对一些细节进行了详细的查证。这些经历，不仅让我了解了爷爷生活的时代，也让父亲于几十年后平心静气地回顾自己父亲的一生中，获得了更多的理解与感悟。

写作之前曾细读过路遥所著的《平凡的世界》，不同于其他的一些伤痕文学作品，《平凡的世界》展现了最普通的劳动者在那个特殊年代中表现出来的生命力。这种力量深深吸引着我，它是个体的迸发，却不只是对混乱社会的反抗。的确，我也曾为一些人物的命运扼腕，但作品本身所蕴涵的力量却使我满怀希望。我们知道，英雄可以开拓一个时代，却不能主宰时代。生活不是冒险，也不是沉沦。那么，平凡人生命的意义何在？时代的力量又究竟是什么？

伴随这些问题，我开始搜索关于爷爷的生活经历。不难看出，爷爷的几次转变均是为追求更好的生活水平。从解放前在山西打工维持生计，到从部队转业成为机床厂钳工，后来又做了"驻队干部"、买拖拉机搞运输、转行开化工厂……种种经历不仅使他增加了阅历，也使他对社会有了更深的认识。不同于从小接受文化教育的其他人，爷爷在社会这所大学里学到的更多是生存技能、社交技能。一方面，爷爷是个"粗人"，平日里记账全凭自创的图案标记；另一方面，爷爷也是个"细人"，他与时代紧密相连，虽不是所谓的"弄潮儿"，爷爷准确独到的判断力却令人钦佩。所以，教育能改变人，却未必是人生成就多寡的决定因素，因为教育往往充当着一定经济、政治的附属。在爷爷那个特殊的年代，教育的普及度本就不高，加上政治背景复杂，教育更是逐渐成为政治斗争的工具，充满着无情与无奈，成为了一代人的伤痛。

平凡并不意味碌碌无为、腐朽堕落。那些振臂高呼麻木而疯狂的日子并未因呼啸的呐喊有丝毫进步，那些被后人屡屡称颂、赞不绝口的坚持与平淡也并未铲除人们心中潜藏的偏执与浮夸。所见所闻每每与自我的所作所为大相径庭，真我的迷惘与徘徊一次次向人们展示现实与理想的天壤之别，这一切是否是因为我们忽视了内心最质朴的需求？这种自我的漠视逼迫人们一次次走向极端，在幻想出的"完美世界"里苟且偷生，或是在自我的质疑里郁郁寡欢。"求木之长者，必固其根本"，若曲解或忽视那"质朴"的根本，何谈成长？

平凡的人物对生命有一种特殊的笃定。他们无意于过分远大的抱负，只兢兢业业地经营好自己的人生，那种朴素的追求、积极的作为赋予其独特的力量，这力量让更多的人自信地面对自己的人生，并最终汇聚成推动时代前进的浪花。集体的魅力固然惹人注目，但个人的魅力同样精彩。

沂蒙山的儿子

张卓君 | 山东省济南市山东师范大学附属中学

指导老师 | 侯新磊

一、乱世乞儿

1937—1945 年的中国是个不寻常的历史时期，日本侵华战争让中国人民处于恐慌的阴影之下，社会局势动荡不安，各地百姓苦不堪言。

1940 年初，在沂蒙山区沂南县苗家曲村，刚迎接完农历新年不久的二月初二这一天，天气格外的好，随着一声响亮的啼哭声，我的姥爷降生在了这个世界上，接受世间的洗礼。老话说："二月二龙抬头"，乡里乡亲都说这是个好兆头，这孩子以后肯定有出息。这话要在平常人的耳中定是喜不自禁的，而在这个家，却不是那么响亮。姥爷的父母心里总有个地方在隐隐作痛，贫穷——和当时大多数贫穷的家庭一样，生活十分困难，家里人的温饱都是个问题，有了这个孩子以后该咋办？

靠着乡里乡亲吃"百家饭"，靠着很小的年龄就沿街乞讨，姥爷顽强地活下来、长大了。有一次我跟爸爸妈妈回老家，听老辈的人讲，由于家境贫寒，姥爷才三四岁的时候，就跟着他的父亲上街乞讨，让乡里人难以忘怀的是，别人乞讨都是低头耷拉眉的一副可怜相，姥爷跟在父亲的后面不但昂首挺胸，竟然还咿咿呀呀哼着不知从哪里学唱的儿歌，让乡亲们印象很深。

到了该上学的年龄，姥爷家里围绕是否送姥爷上学接受教育进行了多次讨论。去上学，就意味着要东凑西借筹一笔学费，这对这个穷苦的家庭来说，无疑是雪上加霜；不去，没有什么文化，以后也不会有什么出息，整个家族就没有翻身的日子。幸运的是，姥爷的父亲很有远见，一咬牙把姥爷送进了当时最好的学堂。家里为了筹集姥爷上学的学费东凑西借，全家人勒紧裤腰带过日子，男的能外出打工挣钱的都出去打工挣钱了，女的能外出要饭的也都出去要饭了，把所有的希望寄托在姥爷身上。幸亏后来解放了，姥爷家里的生活才有所改变。这段记忆，姥爷刻骨铭心，他常对爸爸妈妈说："我是靠着吃乡里乡亲百家饭才被养活，靠着很小的年龄就沿街乞讨长大的，多亏了老家那些乡里乡亲，多亏了沂蒙山那些施舍我的好心人。我是沂蒙山的儿子。"

姥爷很争气，上学后学习成绩总是名列前茅，外加年少贫穷的家庭生活和在外乞讨的生活经历，小小年纪的姥爷早早地学会了感恩，待人和善，受到老师和同学们的欢迎和喜爱。可能是受解放后不久抗美援朝等当时社会环境的影响，姥爷对军事非常感兴趣，尤其是空军。他不断补充自己的知识，立志要考空军飞行员。姥姥告诉我，姥爷从小就喜欢手工制作，最喜欢的就是折纸飞机模型，而且做得有模有样，和同学们比赛，姥爷折的纸飞机总是飞得又高又远。

谁还没个年少轻狂的时候，姥爷当时的梦想大家也就是象征性的说几句鼓励的话，然后一笑而过，谁也没当回事，然而谁知——姥爷以后真的当上了空军飞行员。

二、蓝天雄鹰

空军飞行员的选拔非常严格苛刻，不仅要求身体素质过硬，心理素质也要过硬，而且还要参加统一的笔试和各种身体、心理测试，三项都合格才可以过关。这还不算完，过关以后还要继续参加各种各样的训练，进一步提高身体素质和心理素质。姥爷很幸运地被选中了，而且是以绝对优异的成绩胜出的。我无法想象当他收到录取通知书的时候内心是怎样的欣喜若狂，这个天大的喜讯对整个家庭来说无疑是具有重大转折意义的。这是一个新的开始，姥爷却不知道以后还会有更多的挑战等待着他。

"你的姥爷是一个非常能吃苦的人。"妈妈告诉我，"受小时候家庭的影响，他对自己的要求非常严格，他知道这一切来之不易，所以他比别人更加珍惜这个机会，就更加努力地训练。"我看着姥爷的照片，仿佛看到了他当年在基地艰苦训练的场景。

部队军纪非常严格，飞行员学习的东西很多，对每一架战机都要研究得非常透彻，也就是说，他们不仅要学习"飞行员应该怎样飞行"，也要学习"战斗机的机械原理等技术知识"，这更加考验了飞行员的学习能力。"飞行员是一个很难做的工作，在飞机飞行的过程中，飞行员的每一个举动都决定着他们的生死。"爸爸严肃地告诉我。我看着放在姥姥家高高柜子顶端的铝质战机模型，这些都是姥爷当年从部队上带回来的，上面有部队的味道，有姥爷的味道，他们见证了那些和姥爷一样的飞行员一次又一次完成的飞行任务，它们诉说着那些和姥爷一样的飞行员经历的困难和艰辛。

空十二师独立大队是一支飞行技术一流的队伍，飞行员都是精心挑选的优秀军人，经常参加重要的军事演习、战备值班。姥爷进入部队以后，被分入了空十二师独立大队，在艰苦的飞行训练中，他严守军纪，刻苦训练，得到大家的一致好评。姥爷的飞行技术是这只队伍里面拔尖的，得到了上级领导的信任，组织上安排他任夜航大队大队长，这是对他的极大肯定，是当时不可多得的殊荣。但是，飞夜航也有极大的危险性，对飞行员的技术要求更高，需要飞行员精力高度集中，这不仅考验他的身体素质，更考验他的心理素质。我很佩服姥爷，可以在晚上驾驶飞机带领同伴进行演练。姥姥说，姥爷很伟大，是我们家庭的骄傲。接着她还给我讲了一件鲜为人知，使我们整个家庭感到震惊和后怕的一次"氢弹事件"。

大约在上世纪60年代，中国的军事力量逐渐壮大，刚刚研制出了氢弹，处于试验阶段。姥爷很荣幸地被挑中执行氢弹投弹试验的飞行任务，只是后来发生的事情是所有人都始料不及的。当一切准备就绪的时候，姥爷将飞机开到实验场地上空，按照指令投下了氢弹。当氢弹落地的时候，不知是姥爷的飞机飞得太低还是氢弹的威力超过了大家的估计，飞机一下子被爆炸产生的浓浓烟雾和耀眼夺目的光芒吞噬了，控制室在那一瞬间像时间停滞了一般，所有人的心都提了起来。当所有人都认为姥爷可能牺牲的时候，奇迹出现了，姥爷驾驶的飞机从烟雾中钻了出来，并顺利返回到了机场。姥姥说："当时所有的人都在欢呼雀跃，姥爷被队友们簇拥着送回来，那种浓烈的战友情谊呵，至今难以忘怀。几乎每个人都在对姥姥说'大难不死，必有后福'。"姥姥这时候才知道事情原委，抱着姥爷大哭不止，旁人怎么劝都劝不住。

几乎每个中国人都知道抗美援朝战争，却没有多少人知道抗美援越战争。姥爷是抗美援越中的一名飞行员，多次出色地完成上级交给的飞行任务，得到了中央军委的好评。因姥姥患脑血栓，对这段记忆很模糊，只听她断断续续地回顾姥爷给她说起过——那是一段非常难熬、非常紧张、压力很大的日子，空军并没有直接参加战斗，而是为了保卫祖国西南边陲，支援抗美援越斗争，执行战备值班任务。

那段时间，姥爷和他的战友常常是在狭小的机舱内几个小时、几个小时地挨过的。我和同学上课时坐在宽敞的教室里，坐几个小时都觉得累，不知道姥爷他们在那狭小的空间里是怎么熬过的。我不禁对姥爷和他的战友那顽强的毅力和为保卫祖国不惜牺牲自己一切的精神肃然起敬。1982 年 5 月 27 日，姥爷所在的空十二师独立大队被中央军委授予"飞行安全红旗独立大队"称号。这是多么响亮的称号啊，是飞行大队中极高的荣誉，是对飞行员极高的赞美，是对他们飞行水平的极大肯定。

三、金融新星

姥爷在部队当了 20 年的飞行员，在 40 多岁的时候转业到了地方——济南农业银行工作，具体参加工作的时间姥姥和妈妈都记不清楚了，而姥爷已经过世多年，也很难再了解一些细节。

"你姥爷当初进银行忙得不行，为了尽快熟悉银行的业务，他虚心向同事请教，从点钞开始学起，晚上坚持学习金融理论知识，一本《政治经济学》都被他翻得卷了页。"妈妈骄傲地告诉我。妈妈曾经教过我点钞，要先把钞票的一端夹到中指和无名指之间，再把钞票的另一端绕到大拇指和食指之间，用大拇指轻轻按住，然后用右手拇指和食指点钞，力度和速度都要适中，这样才不会把钞票弄散或者是由于太紧而没办法数清，学起来也不是那么简单的，更何况银行对于点钞的速度要求不是我们所能够想象的。

基本功都学会以后，姥爷开始大量补充自己有关经济金融的知识，阅读大量的书籍并且参加公司组织的员工培训等等，借此让自己的能力不断增强。姥爷常说，每个行业都有很多人，但是想要把一件工作干好是很不容易的，要成功，要有所收获，就要比别人付出更大的努力。只是当时我还小，不太能明白姥爷话中的深意。

姥姥告诉我："你姥爷生前对什么工作都很上心，在自己的岗位上兢兢业业地工作，通过不懈的努力，最终当上了行长，但是他工作上的事情却很少让家里人知道。"姥姥呵呵地笑着说："我呢，生了你妈和你小姨，两个女孩，没指望她们帮你姥爷什么忙。后来不知道她们怎么想的，大学毕业了都想往银行去，去接你姥爷的班。"

夕阳的余晖透过网状的窗帘暖暖地洒在姥姥长满皱纹的脸上，暖暖的金黄色把姥姥微笑的脸映得就像十七八岁的少女。每次提起姥爷，她的脸上都会染上两抹红晕，像高原上开得正艳的格桑花，显得那么幸福、美好。我翻看着手中厚厚的几本相册，也笑了。

姥爷好像任何时候都很忙，退休以后也随时有什么老干部会议，他就用一个小紫砂壶泡上一壶茶，拿着这小壶慢悠悠地下楼开会，在楼下和老干部们闲聊的时候，时不时地从壶嘴那嘬上一口茶，很惬意的样子。那些爷爷有时会打趣一下他："老高，又把茶壶端下来啊！"姥爷也只是轻轻地笑笑，不置可否。

姥爷在工作的时候会喝酒抽烟，但是退休以后就烟酒不沾了，除了逢年过节才会喝上两口，和子女们一起热闹热闹。姥爷在工作应酬的时候把自己的身体弄坏了，就教育爸爸妈妈他们一定要爱惜自己的身体，不要为了工作把革命的本钱都丢了。这对后来爸爸妈妈忙碌的工作起到了很大的作用，他们在应酬的时候总会把持一个度。

随着现代社会的发展，高楼大厦拔地而起，济南的那些弄堂和老式街道也所剩无几了，姥爷之前待过的银行也早就已经拆除了，换成了新的高楼，一点也看不出来以前的影子，但是我总觉得那里还留有姥爷的味道，毕竟，那里是他挥洒汗水辛勤耕耘的地方。

"你姥爷很想看着你们考上大学，成家立业，但是现在是看不到啦。"姥姥看着姥爷的照片，眼眶有些泛红。"谁说的，姥爷只是换了个地方，在那边能看得更清楚更仔细呢。"我看着照片里的姥爷，安慰道。照片里的姥爷穿着军装，英姿飒爽，气宇轩昂，尽显军人本色。

从姥姥家出来，暮色已经悄然降临，地上散乱着燃放过的大红色的烟花爆竹皮。我想，过去的事已经过去了，它们成为历史，成为老人讲给晚辈代代相传的家族故事，这些故事远比虚构的童话故事要迷人得多，因为这是属于我们自己的故事，是时间无法抹去的痕迹，且未完待续，或许在未来的某一天，我们会对着儿女说我们经历过的事情，再看着他们去创造自己的历史。

【后记】

在讲述有关姥爷的故事时，我回忆起了许多小时候和他在一起的场景。姥爷最令人佩服的是他对待工作的严谨、认真的态度。在他的飞行生涯中，他驾驶飞机从没有出过任何技术上的差错。他所达到的境界尤其值得我们晚辈认真地加以总结和学习，努力朝着这个方向奋进，让自己也成为一个严谨和认真的人。姥爷一直在强调态度问题，他说："态度决定一切，这句话可是一点也不假。"记得小时候我去学画画的时候，姥爷帮我买了最好的画笔，他说，好笔用在手里，画出来的效果也会好一些。他从来不直接告诉我们注意自己的态度，而是用自己的实际行动告诉我们待人处世的方法，这些远比那些大话空话要更实用，也更让我们接受。

姥爷相信人生的另一个真理就是"努力就会成功"。小的时候我学过很多东西，跳舞、画画、主持、钢琴，姥爷叫我不要轻易说放弃，他说："我相信努力一定会成功。"姥爷总是很宠爱我，很懂得对我各方面的指导。姥爷希望我和妹妹接受最好的教育，我们可以学到更多更好的东西，他小时候的教育条件远不及现在那么好，妈妈童年时期因姥爷工作忙，关注少，也没有学什么别的技艺，他一直觉得很歉疚，所以姥爷对我和妹妹寄予很大的希望。姥爷的成功完全是通过自己的努力得到的，当上空军飞行员、成为大队长，后来又从银行的一个小职员成长为农行的行长，都让我看到了努力的结果，也让我知道了努力并坚持下去就会有结果，这是支撑我持续加油不要放弃的动力。

姥爷说，想要获得成功就要比别人付出多一倍的汗水和泪水，那些成功的人哪一个不是靠自己努力打拼来的？每个工作门口都有成千上万的人在等着，谁能跨得过那个门槛，谁就是取得成功的那个人，但是至于进不进得去，就靠自己了。现在想想这些话，觉得姥爷说得很有道理。人一旦有了目标，就要付出最大努力，这样当我们老了的时候，才不会对自己年轻时的作为感到后悔和惋惜。

时代在发展，而坚持、努力、严谨，这些最淳朴的品质却在渐渐消失，然而这些确是我们最应该保持和争取的。

　　老人在讲述过去故事的时候总是显得那么年轻快乐，是因为那些是他们用自己双手播种下的种子，回头看看过去，我们才会发现，原来一直以为自己成熟了长大了，可是拿过去的自己和现在的自己相比，当时还是那么幼稚的。是不是在过去几年我们往回看历史的时候，我们也会发现现在的自己是一样的幼稚与无知？人，是不是在经历种种后才会成长？历史，会让我们把自己看得更清。

　　其实我一直感觉历史是一个离自己很遥远的东西，而且有些不敢让人接近，有一点冰冷，有一点冷酷。但是在我记录下这些生活的片段之后，我突然觉得它也好像是有血有肉、有生命、有呼吸的，难道构成历史整个血肉之躯的——不就是我们每个人所创造的历史碎片吗？碎片是单独存在的，但是将它们串联起来以后，你会发现其实它们是有着密不可分的联系的，因为我们正是历史的创造者。在历史的洪流中，每一个家庭的历史看上去都是那么渺小，那么微不足道，但是每个家庭的历史传统都是几代人一点一滴地延续下来、书写下来的，是每个家族精神力量的传承。正是有了每一个家庭的一小段历史，才汇成浩浩荡荡、汹涌壮阔的历史长河。

用小水电打造幸福家园

陈林丹 | 广东省清远市清城中学
指导老师 | 邓建英

引言

　　1983 年某天傍晚七点，山心村的村委会里，传出一阵熟识的歌声："万里长城永不倒，千里黄河水滔滔……"咦，这不是电视剧《大侠霍元甲》的主题曲吗？《大侠霍元甲》是改革开放初期广东率先引进的第一批香港亚视的电视连续剧，当时正在珠江电视台热播。但是，连南寨岗是一个贫穷的小山村，怎么也有电视呢？这跟寨岗镇的小水电，寨岗镇的谢有才（尊重主人公要求，使用化名）伯伯有着莫大的关系。

落户山心，初步奠定创业基础

　　连南县寨岗镇山心乡，是粤北地区一个偏僻的山城。老天爷得天独厚的恩赐就是青山绿水，但寨岗人很有头脑，很早就看中了他们地区丰富的水资源。1972 年高中毕业的谢有才伯伯，在当时已经算"读满书"，是一个文化人了。恰好生产大队正在筹办建立小水电（小型水电站的简称），生产大队长就把他派到大队的电站当总务，同时协助筹办小水电。

　　在大队电站的工作对年轻的谢伯伯来说，充满了好奇和挑战。他跟随连阳电厂出来的谢师傅，夜以继日地忙碌。谢师傅是最有资历的师傅，而他就是最忙碌、最勤奋、最好学的徒弟，两师徒跟电站的员工们通力合作，1973年5月，山心村的第一个小水电终于建成，这是连南县第一个大队级水电站，当小水电建成发电的时候，震惊了县领导和附近的村民，长期习惯了点煤油灯的村民们对这个新生事物充满了好奇，而谢伯伯则充满了兴奋和骄傲。

1979年底，乘着改革开放的春风，山心乡人建成了乡里的第二个小水电。从此，山心乡的人有了让别的乡村羡慕的条件——山心人一年的基本生活用电都不需缴费，山心乡也被评为全国小水电先进单位，奖励了一部电子管的黑白电视机，这稀罕的奖品让全村人兴奋不已，冷清的乡委会热闹起来，山心人吃完晚饭后，附近的人都喜欢到乡委会看电视。

而谢伯伯，经过短短几年在水电站的磨炼，他从一个仅有书本知识的意气书生，成为一个娴熟的小水电的安装师傅和筹建小水电的得力统帅，从一个毛头小伙，成长为一位家乡建设的带头人，1983年，他被群众公推为山心乡的副乡长。

精心调研，辞职下海筹建私企

山心乡的小水电之路，早就影响了连南县这一带的村民，在这个穷乡僻壤中，有眼光的人都冀求以兴办小水电脱贫致富。山心村的小水电，起步很早，村里的用电早就很富足了，能开发的水资源也开发完了。政府部门的工作，给谢伯伯的创业带来了很大的制约，他只能眼巴巴地看着隔壁乡的小水电一座座地兴建起来，甚至连他最在行的装机维修工作也没办法参与，只能偶尔去支援一下邻近的乡镇。

邓小平爷爷"让一部分人先富起来"的号召给谢伯伯很大的触动，他相信，凭借自己办小水电的经验和技术，他一定会如愿以偿的。1987年3月，他毅然向寨岗镇区公所辞去了山心乡人民政府副乡长的职务，专门从事水电的安装和维修工作。

1989年，几个"先富裕起来"的朋友约他合伙开小水电，谢伯伯估摸了一下形势和条件，他感到成功的可能性很大，他觉得办一座小水电需要以下条件：

第一，技术条件。对此，他最有信心。多年来，他跟随兄长一样的谢师傅工作，掌握了全套的本领，从测量、施工、安装到材料方面，每一个程序他都清清楚楚。

第二，地域条件。这个也不难，多年的乡村基层干部的经历，使他踏遍了周围的山山水水，哪个地方适合建立小水电，他早就心中有数。

第三，市场条件。这也不是问题，随着改革开放的深入，农村用电正在扩大，资源还处在严重缺乏阶段，市场绝对不会存在问题。

那么，困难在哪里？资金！这就是问题所在！也是谢伯伯一直不敢动的原因。他家人口多，除两个姐姐出嫁外，上上下下有十几口人。父母健在，还能劳动；大哥因为早年家穷没读过什么书，至今单身；一个弟弟刚结婚，也有一个小孩；一个妹妹也已经工作。这些人基本不需要他负担了。但他自己已经是三个小孩的爸爸，还有一个小弟在读书，这些人是他不得不考虑的。而家里的钱一直以来只是够用而已，基本没什么积蓄，目前该拿什么来当成本？

他奋斗了几个日夜，对市场充分预计了一下：建立一个500千瓦的小水电估计需要投资60万，他的三个朋友承诺各出15万，需要他自己投资的大约是15万，他觉得完全可以通过向朋友借钱、材料的赊购、到工地做工，还有安装业务的收入等方法解决。

一切都筹划妥当了，该是向家里"摊牌"的时候了。那天晚上吃过晚饭，他把孩子们安排好之后，就拉上妻子，关起房门，跟老婆说明自己的想法，并告诉妻子：我要跟朋友合伙办小水电！

就跟他估计的一样，老婆一下子呆了，15万的投资？他的资金缺额太大了！他的妻子无法想象。按照女人的想法，当一个村书记，虽然收入少，但家庭和睦，生活安稳平静，她已经很满足了，但他竟然辞去公职去打工。辞职打工还算好，至少还不用承担风险，凭他的技术，生活也的确改善了。但是现在一下子要抛弃一切的安逸，要去熬一段辛苦艰难的日子，去追求一个未必能实现的理想……她根本没办法接受！

凭着他对自己老婆的理解，他知道她是口硬心软的。他拿出早就准备好的材料，跟她分析成功的可能，跟她说将来的美好，跟她说孩子们的需要，跟她说朋友的成功。就这样，磨了几天几夜的嘴皮，妻子终于咬咬牙，同意了。

1990年2月21日晚上，两个人做出了他们这一生最伟大的一项决策：豁出去，把小水电办起来！

当时，他握住老婆的手说："辛苦两三年，我们就有幸福了，这两年，家，靠你了！孩子，靠你了！"

老婆很理解他的想法，回娘家帮他借来1万块，然后把家的重担挑起来了。这一年，谢伯伯正式走上了自主创业的道路，紧锣密鼓地筹办他的第一个私人小水电。

自主创业，建成私企小水电

1990年，中国改革开放的春风才刚刚把偏远山区吹暖，私人投资的企业一般都只有几万块，但创办一座小水电却要60万！这谈何容易呀？！

这几年，他老婆真的没得说的，家里家外一把手。为了支持丈夫，她只有把曾经有过的小媳妇的爱美之心、怕苦之心收起来了。为了让三个孩子都能上学，她不得不拼命工作，除了种好责任田之外，为了增加收入，家里还养了两头猪，一群鸡，农闲的时候，她还去帮人做泥水工，真的是吃足了苦。

谢伯伯创办小水电的地方是连南县白茫镇黄连村（现在已经撤销，并入大麦山镇）。尽管朋友的经济比他宽裕很多，但资金也是陆陆续续才到位的，而他本人真正的资本只有妻子从娘家借来的1万元和自己跟朋友借的3万元。资金缺口有二三十万，困难大，压力沉重。

为了更好地解决资金不足的问题，他一面积极筹建自己的小水电，另一面拼命去赚钱：帮别人的小水电装机、维修；到工地做工，把能赚到的钱全部投入到自己的小水电的建设中；同时，他又利用他当村支书多年的关系，赊账购买材料，暂欠部分工程款项。好在他一直为人踏实，商家都信得过他，尽管拆西墙补东墙的事常常存在，但还算顺利。

当然，尴尬的时候还是有的，谢伯伯说："那时，我有时候身藏几万元甚至几十万元，有时又身无分文。拿到工资，往往过不了几天甚至当天就把它花光。偶尔回家看望父母、家人、妻子、孩子，也常常是囊中羞涩，两手空空。"

那时候，谢伯伯总是感到英雄气短，恨不得自己是孙悟空再世。

困难的日子倒是不算太长。1991年底，他的小水电终于建成并开始发电了。如何把"电"变成"钱"？那就必须并入国家电网。并入国家电网并不是太容易的事，手续有点繁琐。事实上，当时他们是"先上车后补票的"，水电站建成发电后，才找了有关人员，完成了各项手续的申办。谢伯伯创业所借的钱，也是在小水电有了收益之后的几年才陆续还清的。

造福乡梓，股份合资小水电

1992 年，中国的改革开放在城市开始向纵深发展，中国的股份制改革进入实质性阶段。1992 年的寨岗镇山心村，也处在一个激烈变动的年代。当时的村支书刚好任期完满，需要重选村支书，40 上下、年富力强、富有创造力的谢伯伯成为村民们期盼的对象，他们派人来邀请谢伯伯重新担任村支书。

私人办企业总有种种的限制，因此谢伯伯也一直关注着国家政策的变化和地方企业形势的发展。他在肇庆的怀集看中了一个办小水电的地方，但是需要的资金更多，他自己觉得无力经营。重新当上村支书，对他来说是一个机会，他觉得，自己做村支书、办企业都有经验，应该为家乡做点事。为此，1992 年冬，他又走马上任了。

重新当上村支书的谢伯伯上任后，首先对全乡的财政和生产状况做了一个全面的统计，又召集了乡干部对今后的发展进行了研讨，并抛出了他自己的计划：动员全乡人民筹集资金，到肇庆怀集去开发小水电。

谢伯伯首先在乡干部中进行宣传，专门请了一个水电专家分析条件，专家指出：

第一，在当今世界公认的三大绿色能源水能、风能、太阳能中，水能排在第一位。被人们称之为 21 世纪环保型"光明产业"的小水电，其发展"钱景"十分看好。

第二，小水电是具有"周期短，见效快，覆盖千家万户，促进农民增收效果显著"的农村中小型基础，受国家保护。

第三，怀集境内群山高耸，峰高谷深，溪流纵横，内河流域众多、水力资源丰富，县内流域面积 100 平方公里以上的河流有 13 条，具备发展小水电的优越地理条件。

谢伯伯自己也从政策层面作出分析：省委省政府发布了 (1992)16 号文《关于进一步加强水利水电建设的决定》，改革开放以来，该县多层次多渠道引进外资和民资兴建水电站，积极推进农村电气化建设，机会难得。

有些干部当场提出：资金从哪里来？谢伯伯说：集资，1000元一股。有收益之后就按照股份分红，有钱的可以多出，多出的就多分红。

这个新鲜的提法，就如在乡里发出了一颗重型炸弹，全村人都震撼了。当时全国的股份企业才刚刚走入实质性阶段，集体和私人搞股份的企业不多，全乡很多人不理解，不敢尝试；也有胆子大的，听了专家的分析，看见谢伯伯之前成功创办了一个小水电，也认为是可行的。就是在这种情况下，谢伯伯他们一边积极宣传动员，一边收集敢于入股的村民资金。

从1993年开始，为了选择一处合适的发展地点，谢伯伯跟着专家，带着干粮，踏遍了怀集的山山水水。同时开始进行申报、筹建等一系列的工作。1994年已经基本成熟了，但天公不作美，1994年，连南县遭遇了百年一遇的大洪灾，全县人民都把抗洪救灾摆在第一位，谢伯伯也不例外，灾后的恢复工作也花费了他不少的精力和时间。

1995年，谢伯伯和朋友合资的小水电因为线选和管理费等有不合理的地方，遇上了比较大的麻烦。虽然小水电正在赢利，谢伯伯也不得不把它卖给了国家，尽管卖了100多万，从账面上是赚了，但装机成本，报装费用也升级了，他实际上是亏本了。

卖掉了自己的小水电，也有一个好处，那就是让谢伯伯把自己更多的精力和资金投入目前的集体和私人合资的小水电中，他经常骑着摩托车走几十里的山路到工地上指挥、鼓劲，密切注意工程进度和需求，还亲自动手装机；他还得常常跑政府部门，办理各种手续，协调各种关系。经过半年多的艰苦奋战，1995年6—7月间，一个装机容量800千瓦，

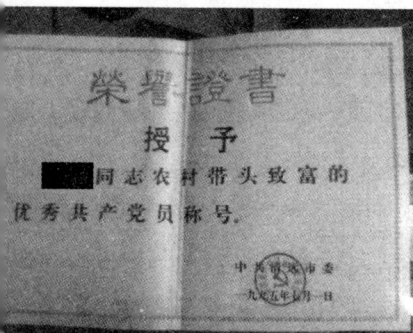

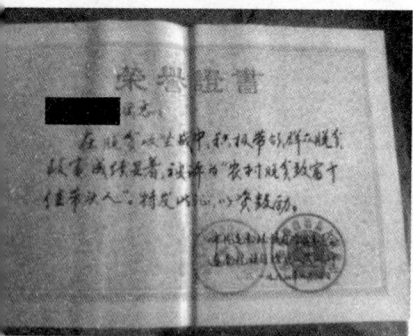

谢伯伯的获奖证书

造价 200 多万元的小水电终于建成。这是连南县第一间集体和个人的集资小水电。这一年年尾，参股人员首次拿到每股 350 元的分红，个个喜笑颜开，其他因为观望而没入股的人就暗地里后悔了。

1998 年，谢伯伯又带领全乡人民建成了第二个私人和集体的股份制企业。有了上一个小水电的经验，这一回的创建就顺利多了，村民们争相入股，入股资金太多了，没办法收完，只好采取抽签入股的形式。

从 1992 年到 1999 年，是谢伯伯"宦海"中的顶峰时期，这时期，他是连南地区的名人，说起谢有才，从政府官员到普通老百姓，几乎无人不识。1995 年 7 月，他被中共清远市委评为"农村带头致富的优秀共产党员"，1997 年 7 月再次被中共连南瑶族自治县委员会、连南瑶族自治县人民政府评为"农村脱贫致富十佳带头人"。

栽培后代，父子传承幸福家

2000 年，谢伯伯已经接近 50 岁了，他希望趁着自己还能干，好好打拼几年，为后代做一个榜样，留下一点基础。为此，谢伯伯再次辞职。跟他的朋友在广陵创办了三个 10000 千瓦以上的小水电。大儿子正好初中毕业，他就没让他读高中，而让他去广东省水电学院学习，假期就到他们的小水电厂实习。2006 年，他宣布退休，一切让儿子处理，儿子实在处理不了才出面。儿子很争气，他在广西、贵州等地又创办了几个小水电站。

目前，他在清远的豪华住宅区广信花园买了房子，儿子、女儿都买在附近。但他一年中至少有三分之一甚至一半的时间留在连南老家。他在连南寨岗山心的家是一个大家庭，父母健在，四兄弟都没有分家。家里收拾得干净整齐，洋溢着社会主义新农村的气象。

自从创办小水电之后，家里的环境改善不少，他家一个最奇特的现象就是洗衣机多，总共有 7 台，父母与大哥一台（大哥因为早年贫困拖下来后就一直没有结婚），三兄弟、他的两个儿子、一个侄儿各有一部，就是结婚的肯定都另外买洗衣机。大哥和三弟在山心工作，除大哥外，三兄弟都另外买了房子，但大家都愿意回家跟父母一起。为了出行方便，他们都买了小车，他本人开的奥迪轿车是儿子给他买的。去年生日，儿子又给他买了平板电脑，现在他就在连南、清城两地走动，有空就上上网、喝喝茶，聊聊天，生活很悠闲。

我在电话里由衷地说："谢伯伯，你这一生算是一个传奇啦！"谢伯伯很谦逊，他说："其实没有什么，我只是想让我们两顿吃得好点。"我说："但是，跟你出来工作的时候比，你们家真的变化很大"。

"我的家庭倒是很值得写的，因为在今天四代同堂兄弟不分家的家庭已经很少见了。"谢伯伯爽朗地笑，"这二十几年，大家都在变化呀，我个人的变化不算大的。总的来说，能有今天，要谢谢邓小平，谢谢改革开放，才给了我一个打拼的机会，才有了山心人的传奇。"

【后记】

我写这篇文章是一个很偶然的机会，邓老师本来是让一个师姐写的。听说老师把师姐带到谢伯伯的家，做了一个专题的采访，然后一直等师姐的文章出来。也许因为师姐已经高三，文章一直没出。

8月2日，老师要指导另一位同学的作文，我没事做，就跟着这个同学去见老师，老师很高兴，马上拉着我，给我阐述故事内容，并要求我把文章写出来。听了老师的叙述，看到手头的资料，我有点激动，对于家里的父母"没什么历史"的我来说，我觉得谢伯伯真的很伟大，我是带着豪情壮志接过这个任务的。

但是事实很糟糕，我把老师的叙述和访问笔记整理出来，一看只有一千多字，我很惶恐，我觉得我太笨了，我没有办法把谢伯伯的光辉形象写出来，为此我感到很失落，很茫然。

邓老师通过QQ了解了我的状况，也给了我一些指导，但我还是没有方向。最终，老师让我直接到她家，指导我阅读了去年的一些学生作品，还让我浏览了《大清留美幼童记》和《回忆父亲张自忠》，还有《看历史》杂志里的《海墙》等文章，让我了解历史写作该如何发挥，还跟我说："历史写作讲究真实，你做到了。但真实的历史需要表现，我们不可能把历史就如此干巴巴地罗列出来，我们需要讲求的是表现历史。"

然后，邓老师问我："除了我罗列的这些史实，哪些方面可以表现历史？例如，文化可以吗？""什么文化？"我还是有点不开窍。"比如电视剧。"

我一下子醒悟过来了，材料中有奖励电视机的史实，而参与清远5·12特大水灾调查时，何主任讲过，他印象最深刻的是当时正在播放电视剧《大侠霍元甲》。后来，我又上网查证了时间，这就有了本文的引言。原来写历史也需要很多的表现手法，需要很多的联想的——这是我在本次作文中的第一个感想。

在写作的过程中，邓老师一直提醒我注意写作的主旨是"大时代下个体命运的变化"，一直在引导我思考在改革开放的形势下主人公有哪些变化。直到我豁然开朗，把谢伯伯本身的素质变化、家庭变化，还有村庄村民的变化找出来，才放心让我回去修改。她还教会我输入关键词在百度找资料，去印证和补充谢伯伯的口述。为了细节的准确，她给我留了谢伯伯的电话，让我直接打电话访问谢伯伯，怀集创业那一段，就是我在网上找的资料，再找谢伯伯印证过的。写作过程必须多方面获取资料，这是我在写作过程中获得的第二个感悟。

谢伯伯为人比较低调，他一直认为，他的成功是很微小的，而且尽管有个人努力的成分，但这跟时代的造就、朋友的帮助、乡村的培养分不开。他还交代：我从没有把奖状拿出来过，这没什么值得炫耀的，你写的时候，不要透露我的名字。从邓老师给我的资料中，我看到谢伯伯非常热心家乡的公益事业，祠堂的捐款，清明节拜祭祖宗，他出的钱总是最多的。

我家住房和生活的变迁

徐彬｜北京市潞河中学
指导老师｜刘娜

吃完晚饭，我坐在客厅漂亮舒适的沙发上和爷爷聊起了家常。柔和的灯光洒在房间的每个角落，各种类型的家具摆放得整整齐齐，在雪白的墙壁的衬托下更显美观。对此我已经司空见惯、不以为然，而爷爷却感慨万千。他不禁絮絮叨叨地向我讲述起他的人生，我们的"家史"。

清苦的童年与第一次建房

爷爷出生在1943年，用爷爷自己的话说是"生在旧社会长在红旗下，多少尝到了些旧社会的苦瓜尾巴"。之后家里又添了两个小妹（即我的大姑奶奶和二姑奶奶），家里就有父母（即我的老爷子、老太太）和三个孩子。老爷子解放前本在现丰台区卢沟桥附近开了一家小杂货铺，解放时因家中有十几亩地，就迁了回来。

当时没有房子，只好和乡亲们串房檐住，寄人篱下。一家五口人主要靠老爷子一人耕种来维持生计。

老爷子自己种地缺牲口、大车等工具，遇到不少困难，所以我家早早就加入了农业互助组织，各户把自家的土地、牲口、大车等农用资料全部入社，作为股份，年终合作社除了按股份分红外，每家劳力还要按到合作社付出劳动的多少发给报酬，体现了社会主义按劳分配，"多劳多得、少劳少得、不劳不得"

的分配方式。当时年终每户人家要能分上几十元现金全家都会美滋滋的。

除了种地，家里还会养一两头猪、养几只鸡下蛋来换取些柴米油盐酱醋茶、针头线脑等生活用品补贴家用。那时的人没什么太大的奢求，粗茶淡饭能填饱肚子就谢天谢地了。至于顿顿白米白面、鸡鸭鱼肉，那是做梦娶媳妇——想得美。

对中国人来说，如果一家人没有个属于自己的房子就不像是一个家了，所以虽然条件艰苦，老爷子和老太太还是决心盖一座属于自己的房子。盖房子需要钱，家中又实在没有太多结余，怎么办？老爷子老太太自食其力，在宅基地上就地取土，再掺上花秸（打麦剩下的麦梗）用水和泥再脱成坯，生是自己手砌了三间土房，这是1951年的事情。

房子建成了，可是老房子的条件是很艰苦的，爷爷现在回想起来仍然感慨万千。

房子是老式窗户，窗户很小，室内终年阳光不足，再加上房子的地基低洼，所以一年四季屋地总是湿乎乎的，有些杂物粘在地上扫都扫不动。

平时做饭烧水全用柴锅，再加上窗户小，每次烧火屋内就浓烟四起，呛得人喘不过气来，一把鼻涕一把泪，痛苦难当。烧火做饭还有一件大事，就是准备柴火。为了这些柴火，爷爷和两个姑奶奶放学就得去野外拾茬头（收玉米高粱时地面留下的秸秆），老爷子和老奶奶秋天的时候起早贪黑去村外搂树叶。秋收后生产队分柴火，限时间得运出。每到这个时候，男女老少齐上阵，孩子哭大人叫。青青绿绿的秸秆分外沉重，推的推，拉的拉。田地中杂草丛生，地面又松又软，运出地块得使出吃奶的力气，爷爷现在想起来还直说累。

冬季没有暖气，得自己生炉子取暖，爷爷用水桶自造的火炉又没有烟囱，为防止煤气中毒总得不断搬进搬出。那时候没有玻璃，所以年年得糊窗户纸，到了冬天，西北风下来刮得窗户纸呼呼作响，有时候风大把窗户纸吹破了，冷风直往里灌，到了白天还得重新糊纸。

老房子里老鼠也多，平日老鼠跑来跑去，炕洞里、家具柜下到处打洞，倒出成堆的土，晚上老鼠还在纸糊的顶棚里咚咚的赛跑，家人不胜其扰。

至于墙院，是用庄稼秸秆、树枝搭成的篱笆，大门也是自己用树枝编出来的。爷爷就是在这个简陋的房子里度过了他的童年和少年时期。

拮据的青年与第二次建房

到1965年的时候，爷爷家中经济还十分拮据。衣食住行十分落后，爷爷渐渐长大了。爷爷这一年参加了工作，单位离家8里多，上下班就只能靠步行，即便到单位后再去下乡也得靠自己的"11路"。那时谁家要有自行车，别人就会刮目相看。为了能买辆自行车，爷爷还和老爷子闹过一次，逼得老人没办法，东筹西借凑了80元买了一辆老牌飞鸽车。如今，爷爷每次回想都会为当年的不懂事懊悔不已。

工作之后的爷爷也到了该成家的年龄。难题又来了，当时农村谈婚论嫁，男方家里如果没几间房，女方是不愿嫁过来的。所以老爷子、老太太省吃俭用，1968年在两个姑奶奶的帮助下扒掉了3间土坯房，又盖了5间外砖里坯的房。好在当时人与人之间有深厚的阶级感情，谁家有个大事小事大家都会帮忙，要是谁家盖房，本家不用花工钱和饭钱，干完活后各自回自家吃饭，因此开支并不多。

新房盖好后，爷爷奶奶于1970年成了家。爷爷奶奶结婚时，奶奶的娘家陪嫁老式箱子两个，老爷子把两小间房子中间用旧窗框一隔，两面糊上纸，外间做洞房，里间放杂物。洞房中找木匠打了个三屉桌（现一条腿已经残缺）。爷爷奶奶坐公交车去县城，找个饭馆吃顿面条就算旅游结婚了。单位为爷爷奶奶送的贺礼是一尊毛主席石膏像，5张"马恩列斯毛"伟人头像。那时老爷子一直引以为豪的是为爷爷奶奶打的一个松木大墙柜，这个墙柜厚90厘米，长有3米，高有1米，确实能装很多衣服。可现在放在家里又笨又重，想贱卖都没人买。

这两次盖的房子因为都用了土坯，所以年年都需要抹房，如果不抹，雨季就会漏水。据爷爷说，抹房子是一件很累很麻烦的事情。首先得脱坯、扒炕、搭炕，把旧炕坯放入土围子中，掺上麦芋用水和泥，再运到房顶，摊匀抹平。运泥的时候，有的房檐上站个人用布兜提，有的立上梯子用盆或桶往上扛，一般人都干不了。特别是脱坯，它是最累农活——"挖河、打堤、拔麦、脱坯"四大累之一。最要命的是房子就算抹了也不能保证不漏，一旦漏水全家就会四处躲藏，动用盆盆罐罐四处接水，有时候漏得严重还会发生危险。有一年，村里的一户人家因为房子漏雨而坍塌，砸死了三口人，其中还有一名孕妇。所以很多人家到了夏天，赶上连阴雨天都提心吊胆。

生活的好转与第三次建房

1971年和1973年，我的父亲和姑姑先后出生，作为家庭支柱的爷爷奶奶共同养家糊口。开始只有爷爷在乡机关工作，每月才挣27元。改革开放后，1984年奶奶去了乡办的厂子工作，两口子的工资加起来有一百来元。我家在联产承包时分到的8亩地，春种、夏管、秋收全靠爷爷奶奶上班之余来完成。遇到要浇水时难度更大了，时常半夜不睡，干到天亮，一身泥水分不清哪是汗水哪是泥水。夏天的夜里蚊虫叮咬，更是苦不堪言。虽然辛苦，但日子却一天天有了起色，爷爷奶奶就想进一步改善条件，也是为了过几年父亲成家准备好条件。在1987年爷爷奶奶扒了那5间房，盖了7间砖房（这回里外全是砖）。第三次盖房改变了农村的老格式（农村的老格式是七尺五的柱子，丈五五的柁，一明两暗，明就是一进门是外屋，两边没锅台，左右有两个门，连着两边的卧室，卧室就是两暗）。这次新房是6米的柁，3米的柱子前面出廊子，后面有背房，檐子由挑檐改成了老檐带飞头，新房子显得格外大方气派。

2006年以父母为主又盖了6间东西厢房，装修了一遍主房，使之成了一个完整的四合院，甬路两旁还能种上些菜自给自足。而家里主房、厢房外墙都镶的五颜六色的彩砖，室内地面铺的地瓷砖，各种家具：沙发、席梦思床、组合柜、电脑柜应有尽有；家用电器：彩电三个，空调两个，电脑、洗衣机、冰箱样样俱全。厨房里有电饼铛、电饭煲、抽油烟机等家电，使过去做饭时烟熏火燎的景象一去不复返了，家庭前后的对比真是天壤之别。

几十年的时间，经过三代人的奋斗，我家由最初的居无定所，到现在安居乐业，家庭的每一次变化都有深深的时代印记，每一次发展都和太爷爷、爷爷和爸爸的辛勤劳动分不开。在本文结束的时候，我想向那个逝去的时代致敬，向家里的所有长辈们道一声感谢！

【后记】

说来历史实在是个太过飘渺的概念，我总觉得历史事件总该是惊天动地的，沧桑复杂的。我的身边有历史么？我问自己。说实话，在我的印象中，我们一家都平凡极了，没有什么丰功伟绩，也没有过什么作奸犯科，实在是太过平凡了。

采访中，爷爷讲起家里过去的事时总是十分怀念。他眯着眼，用已经浑浊的双眼迷离地望着远方，似乎能穿透岁月看见曾经的场景。我仿佛看见了老爷子光着已冻得紫红的脚，在寒风中踩着麦秆、泥土正在脱坯，老太太在布满浓烟的小厨房里用大锅煮着面糊糊，幼年的爷爷在泥泞的田地里施肥，两个姑奶奶手里做着活……接着，一栋栋不同的房子拔地而起，几经变迁，才成了现在的模样。

莎士比亚说："历史就在每一个人的生活中。"不错的，房子是中国人认为的安身立命之本，它的发展与变化直接体现了一个社会的发展历程。我虽未曾亲身经历，却仍能从爷爷的片言只语听出曾经生活的艰辛，能吃饱饭这就是爷爷曾经的理想了。但如今看来却是如此的微不足道。吃不饱饭的时代早已经过去，如今追求的是吃得好，用的好，玩得好。

也许正因如此，所以每个老人都喜欢说："想我们那个时候……你们多幸福呀！"确实，我们是幸福的，没有了繁重的农务，各种科技在我们生活的各处体现，让生活变得更加舒适便捷，各种福利也让更多的人过上了好日子。以前，在不知道这些经历的时候，我还不能深刻体会，但如今将现在与爷爷口中的历史比较，那真的是变化太大了。正是有以前一代代人的努力，我们这一代人才有如此幸福的生活。

历史是一个人，一个家族，一个国家的根。岁月无情，过去的岁月终究不能再现了，只能从岁月留下的痕迹中一点点推断，历史是人类过去的知识，是我们的一笔财富。通过如此近距离的接触历史，现在，我才觉得原来历史就在身边，触手可及了。

坎坷人生，不甘平庸
——追忆曾祖父的如梦浮生

陈佳芊 | 江苏省无锡市锡山高级中学
指导老师 | 刘仲夏

> 我脑海中浮现出他手捧一本破旧的古书，坐在老屋门口长椅上的画面，长椅的一边是他，另一边是一只印有"某某大队字样"的茶杯，长椅下趴着一条老黄狗……
>
> ——题记

当岁月的齿轮慢慢向后划过，留下了道道痕迹，我顺着痕迹慢慢找寻他如梦的身影……

他就是我的曾祖父。在我的印象里，他是一个又瘦又矮的小老头。他右手拽一条长长的板凳，左手拿一个白瓷茶杯，把板凳往老房子的门口一放，从胳膊肘里掏出一本书，然后就一屁股坐下来，开始看书，无论是清晨还是傍晚，不管旁人的交谈，更不在乎夏蝉聒噪的鸣叫。

久而久之，我产生了一个问题：他为什么总喜欢看书呢？那一辈的老人不是最喜欢"擦老空"（聊天）了么？借着这个机会，我问了爷爷。爷爷回答道："在你曾祖父这辈中没几个人识字，他呀，可是最最欢喜看书的。再说，他年轻时曾当过先生的呢！"

怀揣梦想的"先生"

先生？！哦，就是教师的意思，怪不得我小时候每次见他都是在看书。我正想着，爷爷的一声叹息打断了我的思绪。"他20岁就开始当先生的。那是一九四几年到一九五〇年吧！在小学里上课，要教语文、数学、英语。咦？也不知道他是怎么学的英语，大概是向与他在一起的另一个先生学的。"听得出，爷爷说到这里的时候对曾祖父是一种敬佩。"还有，他的字可是写得非常好，每到过年，他就会写一些对联，除了自己贴在门上，还有要送给邻里，大家都夸他的字写得好！"一个识字的、会写书法的、还有知识的"先生"，当今是很受人敬佩的，我想，在当时更是如此。

结果却并不与我的想法一致，爷爷听了我的话，笑了两声："那年头做先生，赚不到钱啊！那时候家里都比较穷，几个要上学的？所以，那时候当先生，哪像现在有这么好的待遇啊！在那个时候，他一个月的工资是12个银元（当时一个银元相当于一块钱），要养我们三个小孩，要供我们上学，还要指养家糊口，哪够啊，正应了'十只黄猫九只雄，十个先生九个穷'这句古话。然后，他辞了'教书匠'这个苦差事，去开鱼池了。"

曾祖父在当时虽为教师，却不甘平庸，他勇敢地去追求梦想——开鱼池。

实现梦想的"打鱼郎"

鱼池？！曾祖父是在1949年着手准备的，那年也是他最后一年教书。他把自己所有的积蓄都投入进去，以一种拼一拼的想法去开垦鱼池。据爷爷说，曾祖父的鱼池是开在一个名叫塘六圩的地方，占地七亩，鱼池东临西万游石桥，西临大丰多大河，北面是竹园，鱼池周围有桑树。接着，他在那里修了条大船，养鱼……这样，爷爷及他的姐妹光靠吃鱼都能吃饱了，卖鱼得来的钱也能用来上学了。

当然，自己开鱼池是很苦的。一大清早，天还蒙蒙亮的时候他就起来了。他挽着裤脚、穿着套鞋，背上拖着一条大大的渔网，手里拿着几个空桶就出门了，我的曾祖母跟着他一起去。曾祖母在撑船，他就站在船头撒网、捕鱼、扔饲料。接着他还要用扁担挑着鱼走几里路赶到集市上把鱼卖掉。他个头矮小，又要干力气活，他的背就越来越驼，人也就越来越矮了……

"1956年，我四年级的时候生了场病，也算是场蛮大的病了，父亲带着我去北塘的一位名叫张子明的老医生看病，足足有一个礼拜之久。看病没有钱，白天，父亲就把鱼塘里养大了的鱼全捞出来卖了，每天晚上拿着卖鱼得来的钱给我付医药费。"爷爷又回忆起了这样的一件事，他接着道："晚上看完病接我回家，他牵着我的手走在路上，每天都会问我：'今天还痛么，想不想吃什么？'"

梦想幻灭的"苦难人"

"1958年，那真是一个疯狂的年代，人民公社吃大锅饭了，吃饭不要钱了。一到吃饭，所有人就拿着盆子去大食堂，那时的口号是'鼓足干劲生产，放开肚皮吃饭'，大鱼大肉尽管吃。你曾祖父池塘里养的鱼，好不容易养大了，全拿食堂去了，一哄全吃光了，后来鱼塘也交公了……还有家里的东西也全都拿出去了，就连锅子、铲子也都拿去'大炼钢铁'了，家里的生活又过不下去了，学又上不起了……"好不容易有了起色的鱼池，一下子竹篮打水一场空，就好像从山上一直落到山底。

上帝总会把你的希望之门关闭后，给你留一扇窗。那么，上帝给曾祖父留的"窗"就是"渔业大队"。那是1959年左右，人民公社组织成立的，集结了周围几个村养鱼有经验的人。这个组织把曾祖父心中刚灭的那团火又燃了起来，于是，他随着那些志同道合的伙伴，走向了更广阔的天地。"渔业大队"的鱼池共有十几亩，有一个拥有十几条船的船队，每天，一群人一起撒鱼苗、喂鱼、捕鱼。

"他一辈子干的最快活的事就是在这个时候了，那是在1960年吧，他们的船队经过安镇，抵达江西附近的长江流域，去长江里捕鱼苗。这一下，他们捕了好多好多的鱼苗，满载着又经过安镇回到无锡。这件事，我父亲常跟我提起，我也曾听村上的老人们说起过……"原来，曾祖父还有这样的经历，听爷爷讲后，我仿佛能想象出曾祖父在长江里忙碌的身影。

说到这里，爷爷停顿了一下，过了会儿，他继续道："疯狂的'大跃进'后，遭遇了'三年自然灾害'，以前滥吃滥用，把家底都吃光了，现在不要说吃肉了，就连饭都吃不饱了。你奶奶烧的粥汤水，只有几粒米，那真的是饿啊……为了一家老小不被饿死，你太公就想办法去河里捉鱼摸虾……1962年的正月里，我的爷爷不行了，你曾祖父他特地去城里买了六个'高级饼'，自己只吃了半个，剩下的都带回来给爷爷吃，爷爷没吃完，就含笑走了……然后到了1962年的上半年就分了自留田，你曾祖父就在田里种了菜啊、瓜啊，他又到河里去摸虾、摸蟹去卖。1972、1973年'渔业大队'解散了，所有的鱼池都平了。到1982年分田到户了，那时候你曾祖父已经65岁了，种不动地了，他还经常到田头做一些力所能及的轻活……直到他80几岁，他还自己种种蔬菜瓜果，拿来给我们，让你们第四代人都吃上了他的菜。"我听着，陷入了沉思。曾祖父，他是以一种怎样的心态来面对种种苦难的呢？关于这点，我在他的旧书上看到了他写上的一段话："人穷志不穷，正义贯长虹，人愁志不愁，忠义照千秋。"

说到这里，基本上结束了，后来的二十几年，曾祖父以平淡的心境在农村过着安闲逸乐的生活，伴着他的是一本书，一杯茶。我脑海中浮现出他手捧一本破旧的古书，坐在老屋门口长椅上的画面，长椅的一边是他，另一边是一只印有"某某大队字样"的茶杯，长椅下趴着一条老黄狗……

光阴易逝，年华易老。"等到他活到70几岁，1995年的时候，政府在他曾经开鱼池的那片土地上又重新开垦了一个比他开的还大的鱼池，有几十亩地。"还是在那片土地上，轮回般的，鱼池又被再次开垦出来，一如他的梦想。"到他90岁，政府每个月有100元的补贴给他，逢年过节还发杯子、茶壶、被子……他说，他终于过上了好日子了，自

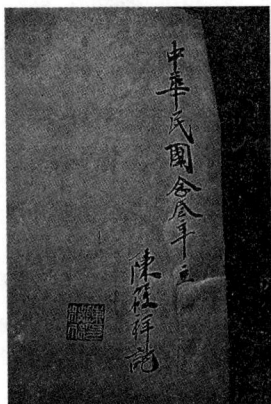
曾祖父的题字

曾祖父留下的《康熙字典》

己的心愿也完成了……去年，我在整理老房子的时候，找到了他平时一直看的几本书，还有一麻袋的旧书，特别是有四本《康熙字典》保留了下来……我还在他写字桌的抽屉里发现了几只旧笔，是用报纸包着的，还用一个细细的麻绳绑住的，我留下了两只。"旧笔，抒写了他生命里曾走过的那段岁月，或者说，许多时光在毫端的挥洒中过去了。

我的曾祖父，名叫陈筱祥，生于1918年9月18日，他在经历了九十多载春秋后，于去年冬天与世长辞了。

他的一辈子就像是一场悲喜剧，剧终了，人走了。

【后记】

说起大时代中的个人命运，我想起了我的曾祖父，好像是有一种神秘的力量，冥冥中指引着我，让我去揭开他尘封的面纱，还原他的一生。我没办法与他进行面对面的交流，只能通过我爷爷的讲述来了解他的一生。

从爷爷不太愿意提起他已故的父亲，到他讲到曾祖父当先生时所表现出来的敬佩之意，到曾祖父开鱼池时爷爷的惋惜之情，再到人民公社、"大跃进"时爷爷的无奈及"三年自然灾害"的痛楚，所幸的是，最后还有一个比较完美的结局。从爷爷的讲述中，我深刻体会到"坎坷"两字的含义，看见了一个站在历史转角的不甘平庸的青年，经历了一番他的如梦浮生。

1918年，五四运动爆发的前一年，曾祖父出生了。他原本是一个不平凡的人，生在农民家庭却天资聪颖，学业优异，做了当地一所小学的教书先生。在他幼年时还经历了日本侵华战争及解放战争，终于天下太平了，他却因教师待遇过低，怀揣梦想去开鱼池，好不容易能养家糊口安心度日了，疯狂的"大跃进"、人民公社化运动来了，之后又有了"渔业大队"，"文革"又让一切化为乌有。等到日子终于好过了，他却已经步入暮年了。

时光无情，来去匆匆。

站在滔滔的历史长河中，他的一生就好比一粒沙，渺小而短暂，但能彰显他生命的价值。大约一个世纪的历史跨度，这位老人经历了太多太多，他亲眼见证了近一个世纪的历史，他不甘平庸的精神激励着我们的脚步。

大家都来聊家史

《爸爸的奋斗史》

郭浩 | 陕西省凤翔县凤翔中学

到了 2008 年，一场突如其来的地震毁了我们的家。于是在政府的号召下，我们的家由原来的土房变成了宽敞明亮的小二楼。可是，却也欠了几万元的债务。

一直到四年后的今天，爸爸还清了所有的欠债，也拥有了一辆自己的汽车和三轮车，原来的摩托车已经退休，原来的黑白电视机早已去收购站报到，现在家用电器也一应俱全。一日三餐都很丰盛，再也不是当年那些单调的面条了。爸爸妈妈的嘴里还会时不时地蹦出 "Good morning！ Good bye！" 等一些英语。

《母亲的一路花开》

韩雪玢 | 宁夏自治区银川市育才中学

生活几近将母亲逼上了绝路，但母亲总能在最绝望的时候发现最美丽的惊喜。1997 年的春天，母亲开垦了一片荒地，种起了西瓜。辛辛苦苦，起早贪黑，在蝉鸣迭起的正午，母亲仍戴着草帽在瓜丛中汗流浃背。一个夏天的辛苦劳作没有付诸东流，秋天来的时候，母亲终于从大片大片绿油油的西瓜中看到了生活的希望。那一年，母亲的脸上又重新绽放出了笑容。可岁月之刀却已在母亲昔日光洁的额头上留下深深的刻痕。

《人生就是奋斗》
谢理｜上海市控江中学

三年的高中学习，使谢东的知识增加了，眼界扩大了，思想境界提高了。他想，为什么家里一直这样穷？是因为国家穷；为什么国家穷？是因为文化落后，科学技术落后；为什么文化、科学技术落后？是因为整个民族的教育严重滞后。因此，一个人要改变命运，一个家庭要摆脱贫困，一个国家要富强，必须提高文化素质，必须大力发展教育。因此，他立志当一名人民教师，在高考选报志愿时，毫不犹豫地填报了师范专业。

《上学的路》
毛润琳｜北京市汇文中学

"可是我家里不让我上学。"姥姥向老师说。老师跑到家里作动员，说书本可以借给她。虽是家里同意了，上学还是有一搭没一搭。父亲也许是觉得家里妹妹都能读书，偏偏姐姐不行，确实很不公平，某天赶集给姥姥带回来一根大楷、一根小楷和几张纸。姥姥激动不已，兴奋地辗转反侧，一下子滚到这边，一下子滚到那边，怎么也睡不着。于是便起来做饭、喂猪，等把猪喂好了，天还未亮。耳边传来母亲的呵斥声："天还不亮就去上学啊！去！把豌豆都摘了再去！"

《听长辈讲那过去的故事》
周栩｜湖北省宜昌市第十三中学

我站在时光的角落，暗数那些经历了悠久时间冲刷的掌纹，沉默，再沉默，却不敢为这有丝毫伫足，我不想被历史抛下，我只愿轻轻的触摸那些让我指尖有些许颤抖的历史。

《外祖父回忆三年饥荒》
唐子阳｜北京市十一学校

三年的饥荒让人们意识到了农业的重要性，但要恢复生产又是谈何容易！荒废的农田在我眼中满目疮痍，没有一点生机，庄稼生长的耕作层上面尽是杂草、树枝、石块。清除杂物可不是件轻松的事，当时机械化才刚起步，农村大多还都要靠人力。政府尽全力下发的救济金，对我们来说也是杯水车薪。重建时期，生活不比三年大饥荒时好多少。

《我家三叔的股票投资》
陈灿成｜广东省肇庆市第一中学

以他当时对股票的了解，他知道如果股票赚钱，可比银行的利息高很多。三叔认为，选一所业绩好的公司，就是等它几年，也能赚不少了，三叔心动啊！存有一万多，何不买个股票呢？很快三叔下决心要买股票，要"挣些钱，改善一下生活，更好地养家"，也想"利用自己的才华，拼搏一下"（三叔中学时是数学课代表，对数字特别敏感）。当然三叔也挣扎过，万一这钱放出去泡汤了呢？但他真的没有多想，他只记得证券公司里那些人喊"赚了"的声音有多大，笑得是多开心，总之，就"搏"一下吧！

《知识改变命运》
单英杰｜山东省青岛市青岛大学附属中学

转眼到了高小毕业，我姥爷已经长成14岁的英俊少年，可那时因"大跃进"带来的灾难已经开始，老百姓的日子过得非常艰难，学校里有许多学生的父母为了多挣工分补贴家用，不支持孩子读书学习，要求孩子辍学回到村里干活。但我姥爷的祖父、祖母对我姥爷说："孩子，不念书就没希望，我们只要能撑得住就不能让你辍学！"望着两位瘦弱的老人，我姥爷含泪背起书包又踏入了初中的校门。

《二十年的艰苦卓绝》
陈逸君｜广东省东莞市东莞中学松山湖学校

此时的兴宁，很多人都争先恐后地走出去创业，学生在恢复高考之后也逐渐可以考个好大学，可以念书了。也是从这个时候开始，再也没有粮票、油票、单车票、肉票、菜票这些东西了。一切计划经济下的副产品都走远了。

这时爷爷的家里总算是有钱可以自己买一点牲畜来养，多种点粮食给自己吃，再也不用上缴国家来再分配。再分配，分到最后其实什么都没有了。

战 火

少年人对战争的兴趣源自对正义的向往，对胜者的崇拜，对武器的好奇，自古而然，无可指摘。然而本篇目下的获奖作品描写战火，却大都意在反战，有对战争中人道主义的讴歌（《人性，超越国界闪烁着光辉》），有对战争恐惧的描摹（《伯爷的战争》），有对尸骨遍野的哀婉（《那段青春里的夜行歌》），有对战争起因的怒斥（《这是一种抹不去的伤痕》）。这都是不同于传统"战争爱国主义教育"的难能可贵的反思。

那段青春里的夜行歌

王婷娴 | 江苏省扬州市扬州中学
指导老师 | 梅冬

丢失的奖状

"当时那么大的台风，船整个被掀得翻了过来，连锅啊碗啊的都被冲走了，证件和奖状当然也丢掉了。"爷爷端起茶杯喝了一口，语气平淡地回答了我的第一个问题。那是一张二等功的奖状，是爷爷在战火中得来的，但在战争结束后的一次行船事故中丢失了。相对于我止不住的惋惜，爷爷显得更加释然。也许，对于他来说，珍贵的只是他青春里的那段经历，而那张奖状，只不过是见证人之一。

爷爷名叫王恒俊，家里世代行船，个个都是游泳好手，因此爷爷从小水性就很好，年少时最爱挑战 1000 米长泳。解放战争打响后，家里的船都被解放军部队征用，用来装运粮食、武器和西药，爷爷也跟随家中的长辈一起被编入了"华中运粮大队"，从此开启了他青春里的战争记忆。

空袭下的死里逃生

各地征用来的船只从淮阴（今江苏淮安）启程，驶往邳县装粮。天开始蒙蒙亮的时候，船队到达了一片空旷的田野，贮存粮食的库房便在远处的小山坡上，船工们纷纷下船，顾不上休息便匆匆走向指定的仓房领粮。王恒俊也跟着叔叔下了船，但他却走走停停，一边走一边偷瞧不远的大路上疾行的一支解放军队伍。

这是一支奔赴前线支援的军队，他们不舍昼夜地赶路，不少人已经面有疲色，可是没有人要求停下来休息，因为他们知道晚到一秒钟就有可能失去一位战友，所以他们不敢想，更不敢停。就在这时，远方的天空中出现了三个小黑点，当它们逐渐靠近，轰鸣声也逐渐变大，愣住的人们才意识到那是国民党空袭的战斗机。极端的恐惧顿时笼罩了这片天空下的每个人，运输队的船工们惊慌失措四处乱转，直到有一位带头向船队跑去，其他人才醒悟过来紧跟着钻进船舱。

飞机早就发现了这支急行军队伍，扫射很快开始了。王恒俊跟随叔叔藏到了船舱里，吓得将一床被子顶在头上，好像这薄薄的棉被是防弹衣，裹上它就是藏进了铜墙铁壁。子弹夹着风声呼啸而下，很多落在了河水中，激起一片片的水花，但更多的是落在大路上的解放军队伍中。但奇怪的是，训练有素的解放军们却不知躲避，而是冒着枪林弹雨继续疾进。王恒俊裹在被子下偷偷抬眼，解放军们像暴雨中的野草大片大片地倒落，他的心顿时揪了起来。

飞机很快掠过，但接着打了个转重新袭来，王恒俊只见大路上土尘横飞，树枝拼命地摇动，贴紧船面的身体清晰地感觉到水花打在木板上的大力，真好像是暴风雨来临一般。这时队伍中才吹响小号，号声一响解放军们纷纷躲避，或藏在树下，或藏在大石块后面，四围没有遮挡的便就地卧倒。子弹从他们身边擦过，在地面上留下一个个弹坑。

小钢炮被迅速架好，一发一发直冲盘旋着的飞机。没多久，飞机便远走了，留下一路的弹壳和尚未飘散的尘烟。王恒俊大着胆子揭开被子站起来，发现运输队竟奇迹般地没有人伤亡。大路上，被打散的队伍重新整合，战士们纷纷爬起来抖落身上的灰尘，王恒俊仔细地数着，有些人再也没有站起来。除了留下部分医护人员照理伤兵外，队伍很快又继续前进。伤兵们和那些牺牲的战士们一道，被交给了当地的民兵团。

王恒俊所在的船队也没有留在原地，而是迅速地装运好粮食，出发前往下一个目的地。在这过程中，王恒俊再也没有任何停歇，眼神也不再飘向那条大路，不是不敢，而是不忍，不忍见那泥泞黄土上永远沉睡的英魂。

之后接连几夜，王恒俊都没能入睡，闭上眼睛总会浮现出满地的血红与断肢残臂。

脚下的坟场

满载粮食的船队顺流而下，很快到达了宿迁，这时的王恒俊已渐渐平静下来，毕竟身处乱世，他早已调整好心态面对战争与死亡。一天夜里正好轮到王恒俊拉纤，河边的烂泥地潮湿黏软，一脚踩下去很容易整只脚陷进去，王恒俊便学着其他人专挑沙滩地走。

周围静得出奇，拉纤的船工们闷头用力，没有人顾得上交谈说话。王恒俊逐渐感觉走在沙滩地上脚下也是软绵绵的，很不对劲。借着月光，他仔细看了看脚下，一截苍白的东西露在外面，定睛再瞧，他愣住了。那是一个人的脚。"天哪！底下有尸体！"王恒俊猛地怪叫起来，声音在空旷无人的夜里扭曲着钻进船工们的耳朵。

一片死寂。

"这里也有！还穿着皮鞋！"有声音突兀地打破，"看来是之前徐州战役里打死的国民党，被水冲到这里来了。"尾音隐去，众人再一次低头不语，王恒俊紧紧地抿着唇，他觉得自己的大脑已经停止运转了，导致他区分不清心里的感受是恐惧还是悲凉。再说了，悲凉什么呢？

船工们并没有停步，运载粮食是有指定期限的。脚下有尸体，绕开走就是了，哪有战争不死人呢？王恒俊机械地向前走着，眼前再次浮现那场空袭后的断肢残臂，他们也是这样安静地躺着，生机被抽离得干干净净。

天亮后，船工们才向当地的居民们打听到，这的确是上游冲下来的尸体，到了这段河道便被冲上了沙滩地，曝尸荒野。老百姓们不忍心，就动手把他们埋葬了。

王恒俊听一个老汉说起这些尸体，他说这些穿军装的好多都还是娃娃，叫人看了心里受不了。这个老汉，在这场战争中被这些娃娃们打仗逼得七天八夜不敢回家，家里走丢了几个人，遍寻不着。可是面对害他家破人亡的这些娃娃，他说心里受不了。

王恒俊的心再一次揪起来。

任务找上门

船队还没有到达泰州，负责运输队的胡指导员和赵教导员忽然找到王恒俊，领着他和其他船上熟识水性且机灵的小伙子一起上岸见一个人。

那是一位商人，名叫朱为清，王恒俊称他为朱先生，朱先生要运几船粮食到江南国民党占领地出售，因此指导员便挑出几个年轻小伙子帮他运粮。其实，那些粮食是共产党交给他的，朱先生的任务就是将这些粮食出售，然后用得来的钱打点国民党上下，买下并运回稀缺的枪支和西药。这个任务非常艰难，但朱先生的一位表亲是国民党江阴要塞司令部的师长，这为他提供了许多便利，因此当共产党人找上他请他帮忙时，朱先生义不容辞地答应了。

而王恒俊，经历了两次的直面死亡，在明知这次任务危险的情况下，也压根没有想到过拒绝的话。

看似顺利的过程

朱先生是一位精明的商人，卖粮、收钱、打点上下、拿到货物、装载，每件事都办得滴水不漏。王恒俊在一旁啧啧称叹。朱先生大概40多岁，长相俊美，一股子书卷气，根本看不出来是在生意场上摸爬滚打的，可是他的交际手腕却是十分高明。王恒俊一直猜测，他那位做师长的表亲可能已经被说动投诚，不然师长不会最后还特地派遣两艘军舰护送他们去泰州。

但不管怎么样，船队很快就要启程了，王恒俊再也没有时间瞎想了。他们将得到的枪支弹药藏在船舱的最角落，然后在上面厚厚地覆上一层石灰，表面看起来万无一失后，他们出发了。

命悬一线的行船与搜查

有护航舰陪同，一路无事。可天不遂人愿，护航舰到达泰州后便返航了，朱先生也在中途下船，直接到终点与王恒俊他们会合。接下来的路要靠王恒俊他们自己走下去。为了保证安全，他们再也不能像之前那样正常作息了，王恒俊开始了白天休息、晚上行船的昼夜颠倒。一路上他提心吊胆，没有哪一天可以安然入睡，就算睡着也会时常被噩梦惊醒，他经常梦见的就是自己被人一枪射穿的情景，而后便是大片大片的血红，空袭后那段时间的梦魇再次缠上了他。

由于世代行船，王恒俊对这一带的水路非常熟悉，闭上眼也能知道哪里有岔道，因此他们一路行来走的都是小路，尽可能地避开盘查的关卡。夜里行船时，木桨下水都不敢抖出哗哗的水声，只能缓缓地破开水面，在水下轻轻地移动。船身偶尔晃动的吱呀声都能让王恒俊吓得屏气息声，立刻停下手上的动作向四周查看情况。高高的芦苇、深深的夜色掩去了船队的踪迹，倘若能这样安全地抵达终点该有多好啊，王恒俊立在船头痴痴地想。

可惜，愿望再美好终究也只能是愿望。

王恒俊在一觉醒来后发现船上静悄悄的，其他人都上了岸，有的靠在大树上发呆，有的拿根树枝在沙地上写写画画，不同的举动，同样的不安。原来，前方高邮处的那道关卡是无论如何也绕不过去的，没有支流，没有岔道，不能让，只能过。

船队的人犹豫了很久，最后有人将手中的烟掐灭，带头上了船。既然该来的总归要来，再怎么迟疑也无法躲过，那么便迎头直上吧。王恒俊跟在那人身后上了船，朱先生是好人，好人会有好报的，好人也会保佑我们的，他在心里这样安慰自己。

顺水而下，船很快便被拦在关卡前，王恒俊挤出微笑上岸与盘查的士兵打招呼。站岗的士兵们很快扛来几把铁锹，他们握着铁锹一下下地往石灰粉里铲，试图发现什么。每铲一下都好像铲进王恒俊的胸膛里，他的脸色越来越沉，感觉自己的心已经鲜血淋漓支离破碎。有一个年纪与王恒俊差不多大的士兵检查得尤为仔细，他甚至踩上了石灰粉，一步步地向船舱深处走去。王恒俊必须深深地掐自己的手心，才能忍住上前将他一把推开的欲望。

所幸，士兵们并没有搜查出什么，再加上船工们在一旁说好话，王恒俊他们很快便被放行了。船行得更快了，冷风一吹，王恒俊才感觉到身上发凉，原来衣衫都被汗水打湿了。

冒险终将结束

过了高邮的关卡，下面便一路顺畅了，到达终点将军火交付给来接收的朱先生，至此，任务算是圆满完成，王恒俊长长地舒出一口气。任务结束后，朱先生就离开了，王恒俊也归了队，继续参加接下来的运输任务，每次都是有惊无险，不必细说。直到渡江战役胜利，王恒俊被评为二等功，那段青春里的夜行歌才算真正奏完。

但，结束的是歌，还在继续的，是生活。

【后记】

应该说，我与爷爷的关系并不亲厚，在这次的故事叙述前，我并没有与爷爷耐心地坐下长谈过。因此，在连续好几天两三个小时的长谈里，我了解到许多，思考了许多，也感悟到许多。

我的爷爷王恒俊只是一个普通得不能再普通的人，他不是战士，没有显赫的军功，没有跌宕起伏的经历，甚至，连唯一的奖状也丢掉了，我一度苦恼应不应该写出他的故事。甚至我想，如果他在当年的战争中扮演的是解放军指导员或是朱为清先生的角色，那么他的故事才会更具可读性和代表性吧。

可是，我仍然将爷爷的这段经历写了出来。我不想说爷爷这个平凡人的历史折射出了祖国的命运，也不想说祖国的历史正是由像爷爷这样千千万万的平凡人创造的这类套话，因为我的理由很简单，我写，只是因为我被震撼了，很简单但很纯粹，来自内心的颤动总是与那些未知却强大的力量有关。

试想，一个与你朝夕相处的人，你熟悉他的脾性与爱好，你们的生活有着无限的交集，但突然有一天，你发现他的世界里还有你不曾参与过的、遥远的、你以为只能通过书本或影视触摸的历史，你身前的这个人便成为连接战争与现世的媒介，你将再也无法回避或者忽视那一段历史，因为它活生生地把最真实的部分袒露在你面前。那样的心灵触动和惯性崩塌是语言所无法描述的，正如我现在的激动是你所无法感受到的强烈，文字与感觉永远有隔阂。

对于那段往事，爷爷并没有什么明确的政治立场。战争，对于最平凡的老百姓来说，没有谁对谁错，没有敌我分明，他们完全可以用自己的善良或是冷漠当作价值观，就像那位老汉，他不在乎那是国民党的战士，不在乎那是战争的牺牲品，他只知道他们是娃娃，是可怜的，不应该死无葬身之地。爷爷也是一样，他经历了那场战争，但是并没有一直陷在战争的创伤里，因为他从来没有把悲伤上升到阶级、民族、国家的高度，他的悲伤仅仅只是悲伤，走出来，一切就都好了。

以前，人们说历史是国家的历史，现在，人们说历史是由我们这些最平凡的老百姓组成的。可是，历史不能收录每一个人的故事，也不是每段历史都是由经历过的本人来书写，比如我写爷爷的故事，就免不了会加进个人感情。我知道，这样来要求，历史便永远失其纯粹性与真实性，未免太过极端。

我只是希望，历史可以站在上帝的角度去记录，尽量公正，尽量毫无立场，不要让读者被太强烈的个人情感牵动，不要让我觉得己方获得胜利就是顺应天理，敌方牺牲就是死有余辜。我希望，历史不该是潜移默化笼络人心的手段，而是总结过去、指导未来、传播纯粹的真善美的方式。那样，才可以让我们这些青少年避免深受极端民族主义或是民族虚无主义的影响，摆正价值观，做一个大写的人。

豆蔻梢头少年狂，可笑荒唐，却是字字诉衷肠。感君听我夜行歌，素手铫煎，请君但饮一壶香。

人性，超越国界闪烁着光辉
——记一段不一样的中日历史

辛钰菲 | 山东省青岛市第二十四中学
指导老师 | 谭秀贞

> 谨以此文怀念我的太奶奶和田中次郎先生，以及中日人民之间的美好友谊，愿中日人民之间的友谊常在。
>
> ——题记

死里逃生

1923年，太奶奶在一个名叫广饶的小县城里出生，太奶奶曾对我说过，她这辈子最快乐的时光大概就是在她的童年中度过的。时光总是令人琢磨不透，幸福还没来得及回味就已从身边溜走——战争开始了！

1941年冬天，太奶奶参加革命，成为了一名战地护士，在硝烟和炮火中，她走在生与死的边缘。有好几次，炸弹甚至就在她身边爆炸，炸弹的碎片也曾在她身上留下不可磨灭的记号。但在战场上的日子，留下的也不都是令人恐惧的记忆，至少还有一段美好的中日友谊。

1942年深秋，战争的洗礼已经让广饶那个美丽的小县城人心惶惶。清晨，一层薄雾笼罩在卫生队的上方，在一间不足十平米的小屋子内，弥漫着死一般的沉寂。这次，这个刚成立不久的卫生队又要接受生与死的考验。这次任务凶多吉少，大家都心知肚明，太奶奶参加革命虽然还不到一年，但是大大小小的救援却参加了不少，可这一次，心里却有些忐忑，虽然如此，心中那一股强烈的责任感还是让这几个初出茅庐的年轻人义无返顾地拿起了药箱。

这项任务，要比往常凶险得多，这次要去隔壁的一个村子执行任务，鬼子刚在那个村子扫荡完毕，可能在路上还有埋伏，所以太奶奶他们只好从小路出发。深秋棉花都已成熟，田野里却还是白花花的一片，战争却搅乱了农民生活！

大约到村口还有几十米，太奶奶一行人遭遇了正准备撤退的敌人。

情急之中，卫生队的一个老医生把太奶奶推到了棉花地中，嘱托她不要出来，手无缚鸡之力的护士和医生就这样被捕了。正午的太阳火辣辣的，太奶奶一直躲在棉花堆里，手攥成拳头，一动也不动。鬼子似乎还不死心，明晃晃的刺刀在棉花堆里刺来刺去，太奶奶吓出了一身冷汗，不由得活动了一下身子。这时，一个鬼子向她走来，太奶奶屏住了呼吸，一步、两步……脚步逐渐逼近，却突然停住了。她隐约听到有两个日本人在对话（应该是长官在询问士兵有没有异常），太奶奶握紧了药箱，准备殊死一搏，可那个鬼子没有把她从棉花堆里揪出来，而是踹了她一脚，示意她不要乱动。从两个鬼子的对话中太奶奶隐约听到那个救他的士兵叫"田中次郎"。后来，太奶奶打听出那个鬼子确实叫田中次郎，好像担任一个小职务，从此"田中次郎"这个名字就烙印在了她的脑海。

等到鬼子走远了，太奶奶才敢从棉花堆里挣脱出来，中午的毒日头明晃晃的，太奶奶跟跟跄跄的不知是怎么走到了那个村子。看到被扫荡了的小村庄，她努力稳定情绪，马上投入了救治伤患的任务中。

太奶奶在那次任务中立了功，可她却从卫生院院长那里得知，同行的 18 名医护人员全部遇难，幸存者只有她一个人。

找寻恩人

解放后，太奶奶一直想找寻当年的那个日本士兵，由于当时的政治局势，太奶奶暂时放弃了她的想法，用忙碌的生活来淡忘她那一段灰色的记忆。终于等到 1972 年，中日建交，太奶奶的这个想法愈加强烈了！

1974 年，太奶奶终于联系到了太爷爷以前在日本的一些朋友（太爷爷曾在日本留过学）。得知了这段故事，大家都开始参与找寻田中次郎。

2000 年底，姑姑在日本发展得不错，大伯一家就举家迁往日本。临走之前，太奶奶嘱咐大伯一定要找到田中次郎，为寻找太奶奶的救命恩人，姑姑多次在网上发布消息，也曾求助于新闻媒体，甚至发动大学时的同学帮忙出谋划策，可这些努力，还是没能换来田中次郎的消息。

2004 年，姑姑通过她的一位大学同学终于找到了这位田中次郎的线索，并通过线索找到了他的大女儿，可这时田中次郎先生已经去世两年了！几年前，太奶奶一直念叨着要去日本拜祭一下她的恩人，可太奶奶的身体一直不太好，大概找到恩人已经了却了她半个世纪的心愿了吧，她在 2006 年时安详地走了……

跨国友谊

田中次郎的子女回忆，他们一直觉得父亲是个"胆小怕事"的人，平时不太喜欢与人交往。后来才知道，这可能跟他当年被抓到中国参战时，因为年轻好胜，背负了好几条人命有关。我不清楚田中次郎先生是否见过那些寻找他的消息，如果见过，大概是他有意不愿和我们家人取得联系的吧。抗日战争失败后，田中次郎回到日本，从大阪搬到了香川县，就这样过完了自己的一生。

田中次郎先生喜欢写日记（后因子女搬家丢失了比较重要的几本，现在只剩下一部分晚年日记），他在日记中写道：

> 我并不喜欢战争，可是这是我必须要面对的，也是每一个大日本帝国的子民要面对的，我无心伤人，可我身不由己，晚年，我要在痛苦中度过，我要忏悔我所犯下的罪行……

现在我们依然和田中次郎的子女有联系，在中国春节来临之际，一定会收到田中次郎小孙女发来的 MSN 消息。姑姑说，在几年前，姑姑一家还曾前往北海道探望他的长女，他们一家人都非常的热情。在日本新年期间，姑姑一家总是能收到他们从北海道寄来的福袋和贺年卡，虽然在中国的我们没有收到，但那份祝福，却是送给我们这一大家子的。我想正是因为这两个甚至没有过语言交流的老人，我们家族才收获到了一段如此美好的跨国友谊。

【后记】

硝烟弥漫的年代　刻骨铭心的友谊

太奶奶的救命恩人一直很神秘、很低调，在大阪的姑姑曾登报寻找，无果。可就在几年后，他的儿女却出现在了我们的眼前。我曾好奇他们为什么不在发布寻人启事时联系我们，他们竟然给了我们一个意想不到的答案：他们不知道他们的父亲曾参与侵华战争，更不知道自己"懦弱"的父亲救过人。如果这个老人当时通过报纸联系到了我们，他一定会被中日人民所赞扬，可是他却没有，我想他的心中应该存在着矛盾与忏悔，才让他认为当年的救人行为是"理所当然"，我很好奇是怎样的一种忏悔让这个老人临终前才敢解开这个秘密，他又是怀着怎样的一种忏悔度过晚年的。

小的时候我总是把日本人理解成邪恶的化身，而太奶奶总是一遍又一遍地纠正我的错误，告诉我日本人中也有善良的人。在太奶奶的影响下，我读了鲁迅先生写的《藤野先生》，被鲁迅先生和藤野先生之间纯洁的跨国友谊打动，不知在太奶奶和田中次郎先生之间竟然还有一段更感人的故事。

此后我就觉得田中次郎是一个伟大的人，后来学习历史，了解了当时的背景，我更发现他身上的这种超越民族、超越国界的善良本质正是当代人逐渐缺少的。从他的日记中，我能看出他对和平的渴望。他的日记中曾提到，在他被掳到中国后，他也曾和其他日本士兵一样，盲目残杀中国人。可后来他迷茫了，看到失去父母的孩子，失去土地的农民，失去活力的中国，我想他知道了他是日本政府的帮凶！虽然手上已沾染了鲜血，但我明白，他迫切地想要洗净。我虽不能像鲁迅先生一样写出名垂千古的文章来纪念他，但我希望可以用我的笨笔来赞扬田中次郎先生那伟大的善良。

如今，我们生长在和平年代，不能体会那个年代的无奈与辛酸，但我们要铭记在心，和平是一群像太奶奶一样的革命者用生命、青春和鲜血换来的，也是一群像田中次郎先生这样的人用长时间的探索和晚年的忏悔所寻觅出来的答案。

太奶奶已离开我们很多年了，在写这篇文章时，我非常后悔我没有认真聆听她这一生的故事。人的这一生很短暂，可能刻骨铭心，也可能平平淡淡，无论如何不要丢了自己本身的那份善良。

伯爷的战争

钱智坚 | 广东省东莞市第二中学
指导老师 | 黄续梅

突如其来的征兵消息

1977年1月，村委会突然接到通知说要征募几名新兵。征募新兵的对象大多是未婚成年男子。我的伯爷那时25岁，应召去体检，体检合格，但名额已满。也许是上天要给伯爷一个建功立业的机会吧，隔壁村因为一个都征不到，名额给了我们村，于是伯爷当了兵。

"临走前心里肯定是舍不得家里人，虽然我也不是很愿意当兵，但既然部队选到了，就没办法了……"

现在伯爷是一名新兵了，让我来简单介绍一下他吧！

新兵钱树辉，男，25岁，户籍广东省东莞市，文化程度小学水平。属43军127师381团2营4连2排2班。于1977年1月入伍。

伯爷去的是湖北武汉军区。作为一名新兵，最辛苦的是开始训练的一段时间，每天高强度的训练使伯爷的身体有点吃不消，每天晚上都总想快点睡着，可是全身的肌肉酸疼得难以忍受，最后总是在疼痛中不知不觉地睡去的。有时候晚上站岗不能睡，只能偷空在地上坐一坐，好让明天的训练能够坚持下去。

"至于训练的项目有很多啊，除了普通的站军姿、跑步、跳蛙跳、俯卧撑之外，还有很多很多，像练习刺刀、射击等各种作战方式。总之你们学生军训现在有的，我们也有，没有的，我们还是有。"伯爷笑着说。

日子一天一天地过去，伯爷渐渐适应了兵营的生活，身体也没像刚来的时候那么酸疼，但另一种感觉却开始弥漫在这个远离家乡的新兵蛋子心头。

"人离开家乡久了就会开始想念家，特别是家人、朋友。刚当上新兵的时候，每天忙着应付那么多的训练，身体太累了，只想着休息，没有那么多时间来想念家人。现在已习惯了，没那么累，时间也就空出来了，就会经常想家，想什么时候能够回去……"伯爷感叹道，从口袋中摸出一包大中华。我起身，拿起桌上的电茶壶去接了一壶水，坐在底座上。伯爷晚上要上夜班，有喝茶的习惯。等我回来，伯爷已经点着了烟，淡淡的烟雾中再呈现出 1979 年时的画面。

启程

1979 年，越南军私自越过我国边境进入到广西，杀害了大量平民。同年，我国动用了 9 个军 29 个步兵师（分别为 11 军、13 军、14 军、41 军、42 军、43 军、50 军、54 军、55 军及 20 军第 58 师、广西军区独立师、云南省军区独立师、广西军区 2 个边防团、云南省军区 5 个边防团）、2 个炮兵师（炮 1 师、炮 4 师）、2 个高炮师（高炮 65 师、高炮 70 师），以及铁道兵、工程兵、通信兵等近 56 万兵力的解放军部队在约 500 公里的战线上对越南发动了突袭。越军以 6 个步兵师，16 个地方团及 4 个炮兵团，总兵力约 10 万人应战。昆明军区司令员杨得志担任西线云南边防部队总指挥。

杨得志，原名杨敬堂，1911 年 1 月 3 日生于湖南省醴陵南阳桥。原武汉军区司令员，调任为昆明军区司令员。伯爷改编为 43 军 129 师 386 团 2 营 4 连 2 排 2 班，担任机枪手的位置。

1980 年，伯爷跟随部队去到广西龙州，开始与当地民兵合作，一起进入越南境内，进行自卫反击战。

进入越南境内前，每个人都把自己的私人物品包好，写上军区的地址寄回去，尽可能地把身上的口袋都用来装子弹。同时，部队还发放几包压缩饼干作为临时的干粮。因为有其他营的农村士兵没见过压缩饼干，忍不住一下子全部吃完了，连长、排长还特意下了命令，不能提前把压缩饼干吃了，违者接受处罚。"幸好排长下令是在我吃之前，不然我也要挨罚了。不过我也没想到自己现在真的上了前线，周围到处是紧张的气氛，令人打寒战。"伯爷说道。

这时茶壶里的水已经煮沸了。伯爷喝茶的习惯很特别，直接往茶壶放入茶叶即可。我斟了一杯茶，递给伯爷，尝试着把眼前的这位温和安静的老人跟战场上的厮杀搏斗、浴血奋战联系起来。

初历战争

进入越南边境后，伯爷开始经常做一件事：挖战壕，有时还要挖地洞。那时敌军还没真正出现，不过也快了。

伯爷所在部队向着高平方向前进，在去高平的路上，伯爷经历了第一次真正的战争。

"我坐在刚挖好的战壕里，望着灰色的天空，突然班长叫我快点趴好，说有越南军向这边走过来。"

"我马上趴好，等待越南军的出现。在不远处逐渐冒出很多人影，所有人都屏住呼吸，等待着一个命令。'打！'迫击炮的炮弹和手榴弹一下子飞到了对面，然后是一片火光和烟雾。随后机枪声、步枪声都不断响起，我也连忙扣扳机，朝着前方不断射击。"

听到真正的战争，我的兴致被调动起来了，期待着伯爷给我来一段血脉贲张的描述，可是伯爷似乎不太理解我的心情。

"我第一次上战场很害怕。每当敌人向我这边射击，我都会害怕得躲起来几分钟。班长瞄了我几眼，看到我这样，就用脚踢了我一下，喊："笨蛋，干什么，射击啊！'我才重新抓住机枪。可是我仍是害怕，没想到过战争那么可怕，特别是每当子弹都打在我附近的土堆里时，我都有种进了一次地狱的感觉。"伯爷沉浸在往日的回忆中，并没在意我有点失望的表情。

"战役结束后，班长就叫我跟他走，我知道我一定会被狠骂一顿。没想到，见到排长后，排长没骂也没处罚我，而是跟我说了一番话，这番话我现在还记得。"伯爷停下来，端起茶杯喝了几口，眼光越过我，表情有点复杂。他在回想着当年排长的样子吗？我静静地等待着。

伯爷继续他的讲述："我记得排长先是搭了我一下肩膀，再跟我说的这番话。他说：'其实第一次上战场害怕是可以理解，我当年第一次上战场时也是很害怕，不过没你这么胆小。我简单跟你讲几句，作为一个士兵，他不能害怕子弹，子弹就是他的生命，他可以怕死但必须要有勇气去面对死亡。战场上常流传着一句话：如果你怕死，子弹就会追着你，但如果你勇敢地去面对，子弹都会绕着你飞。你自己好好想想，如果你不想下次仍然被骂或者直接死在战场，你最好有所改变。'"

"排长说的话对我影响很大。没有他，我也许永远都不是一个合格的士兵。没有他，我可能已经死在越南了，现在也不可能跟你讲这些，但是，没想到，这个对我讲这番话的人却没能活着从战场回来……"伯爷的声音低了下去。

不过，排长的话对伯爷确实起了很大的作用。在之后数次大大小小的战役中，伯爷都充分表现出一个机枪手应有的战斗力。"在一次冲锋的时候，有一颗火箭筒的炮弹从身旁飞过，我感觉到很热的气流，心里马上寒了一下。幸好炮弹只是飞过而不是爆炸。我庆幸我还活着，同时也感谢排长给我的勇气。我相信他说的话是真的。"

"谎言"的真相

伯爷的部队继续向高平推进，但是战争越来越艰难。在部队已经进入越南近二十天后，后勤的供给部队开始跟不上了。物资都是前线部队打完一仗或进入一些县村缴获的，这顶不了多久，而且当时的空军尚不成熟，不能进行空投物资，所以在这段时间伯爷的部队很多时候都是在到处觅食。要知道在越南到处晃是很危险的，因为越南的路实在不好走，到处都是山，而且山地都是比较陡的，山上的洞穴也特别多，并且一个洞穴里竟然还有很多洞，真的是"天外有天，洞里有洞"。不像我国南方一样，都是低山丘陵，洞穴也不是很多。因为地形的复杂，所以经常会遭受袭击。伯爷的班里原本有12个人，现在也只打剩下5个人了。"为了找饭吃就死了那么多人，觉得有些可悲，下一个不知道会不会是我。"伯爷说。在当时紧张的环境下，骂人成了一种宣泄压力的方式。不是骂越南兵就是骂自己的空军只是摆设，只能在家里飞。

就快到达高平时，伯爷又挖了一次战壕，这一次伯爷跟其他人都有些偷懒，战壕挖得不够深。这时排长走了过来，看见工事做得不够好。就跳上了战壕边上喊："这地挖得不够深，再挖一下。"所有人拿着铲子刚想动手时，突然一声枪响，站在边上的排长倒在了战壕沟里。所有人第一反应就是趴下，随后不断有炮弹在周围爆炸。伯爷顾不上排长，进入了还击。

战斗结束后所有人都内疚极了，觉得是自己害了排长，要不是战壕挖得不够深，排长也不会站到边上去，特别是伯爷。"排长对我说不怕子弹，子弹就会绕路飞。可是他却亲身验证了这句话不是真的，那到底算什么？我还能相信他吗？"伯爷感叹道。眼里泛起了泪珠。

我了解伯爷的心情，他骂的是残酷的战争。其实伯爷还是相信排长的，因为在往后的战争中他依然表现出勇敢的气质。每次看到战后遍地的尸体，他依然想起改变他的那个人。

血溅十七号桥

大概 2 月份，部队进入了高平，中越战争也进入了后期。伯爷的部队进入越南的目的是进入高平，守卫十七桥，等待其他部队安全撤离后炸毁大桥。

越南军也不是傻子，知道我方部队从十七号桥经过并撤退，事先在桥的一边布好了兵力。伯爷的部队则在桥的另一边与之发生战斗，"当时双方都是在桥的两边，你打一下我，我打一下你。"伯爷简短地说了一句。越南军的目的是堵住这座桥，当然能在中国部队撤退之前抢先把桥炸了也是个不错的选择。但是我国部队是不会同意的，至少在部队还没完全撤退前是不会同意的，你想先炸桥？跟你拼了！所以，越军曾有几次类似的行动都被伯爷的部队挡了回去，但越军也不让过去，这样一来就暂时陷入对峙局面了。

每天伯爷跟战友们在苦苦等待其他部队安全撤离。"经常都是睡几个小时就听说有情况，即使很长一段时间没有什么动静，我也不敢怎么睡着。基本上每一秒都在警戒，除了换班休息的时候，因为你不知道下一秒会发生什么事……"伯爷叹口气又吸起烟来，"我在守桥的时候都忘了今天是几号，明天是几号这些事，在部队没撤完之前我们不需要准确的时间。4 月 21 日，听班长说部队已经到达十七号桥的附近了，明天就开始撤退。按预定计划，撤退部队先发起攻击，然后我们作为掩护部队就一边过桥，一边攻击，两方部队配合，尽量把越南军打退几里。之后我们守住十七号桥一段时间，好让部队有时间撤退。"

"那时我基本上已习惯战争，不过我跟着别人过桥后，趴在一个山丘上，看到前面密密麻麻的人头在不远处动来动去。我还是第一次看到这么多的越南军，心里又开始害怕起来，像第一次上战场那时那样。毕竟之前打的都不是什么越军大部队，可是这次就是了。"伯爷站起来说。

显然，这场仗是伯爷参与的最重要的一场战役。他除了像往常一样握着机枪不断射击外，还要留意往自己身上招呼的子弹，因为机枪火力猛，有许多人都是先打机枪手，所以机枪手很吸引子弹。不过战争不光靠火力猛就行，还有许多其他的战友在进行强有力的进攻，这样一个团体才会有很强的战斗力，很高的生存率。

战斗持续了一天后，到了晚上整个部队更紧张了，大部分人都没睡，只是闭目养神而已。因为过了桥之后是越军的地盘了。

第二天天刚亮，新一轮的战斗又开始了。今天的战斗比昨天的更加激烈，因为双方都在抢时间，也许几秒的时间就可以决定战争的结局了。伯爷在庆幸自己还活着后马上又进入战斗。在下午的时候，接到消息说部队马上就撤退完了，再撑一下就可以了，接下来每个士兵都越发地奋勇。"我也暗中庆幸战斗就快要结束了，等到身旁突然响起一个声音：兄弟们把所有手榴弹都扔出去！于是除了机枪手外，每个拿着步枪的士兵都人手一枚手榴弹，拉线，用力地投了出去。因为爆炸声太大了，我把耳朵都捂住，然后脸朝地面趴着，之后抬头起来只看见前面一片都是烟。之后就听到有人喊撤退了，我也连忙抱起机枪就跟着别人跑，心里有种说不出喜悦和庆幸。"伯爷喝了一口茶接着说，"等我过了桥以后，工兵早已在桥墩的位置安放好炸药，雷管之类的。等我们全部过完桥后，'轰'的一声桥就断了，战争结束了……"

一切都该结束了

十七号桥被炸毁，这一天的时间是 1980 年 2 月 23 日。

任务完成了，接下来就该启程回国了。

就在故事将要结尾的时候，伯爷又给我讲了一段当时谁也没料想到的小插曲，这段小插曲给这场战争增加了一点好事多磨的意味。

"部队在经过谅山的时候，突然听说有一个越南军指挥部就在附近。于是我们进行大范围的搜索。每个人都在几个山头跑来跑去，炮弹也是一个山头接一个山头地不断轰，结果什么都没找到，半个越南兵都没有找到，累得半死的人倒有一大堆。后来听说消息是空军高空侦察得到的,大家齐打伙地把空军臭骂一顿。"谈及这段往事,伯爷笑了,语调有点激动。"不过骂归骂,不用打仗了,大家心里还是很开心。后来回去后,大家才知道空军根本没有进行什么侦察活动,至于消息是哪里来的不得而知,大概只有天晓得吧。"经过一大群人瞎折腾后,这下才真正是结束了。伯爷一路上都是唱着小曲回去的,他期待着未来新生活的到来。

大概 4 月中旬的时候,伯爷又重新回到了三年前他开始的地方——武汉军区。"真高兴又回到这儿,一切真的要结束了。"

一年时间足够改变一个人,不仅是人的外表,而且还有内心。一个人只有内心足够强大,在遇到困难的时候他才能勇敢地去面对。

伯爷在这次战争中没有被授予什么战功,因为战功是要有证据或受了伤才有的,而伯爷在战场上没受什么伤。伯爷在战争中肯定有杀敌,但关键要有人看见啊,打战时谁会盯着你给你数杀了几个敌人……但这一切他都不在乎,对于伯爷来说他最大的收获是勇敢和坚强。而在我的心中,他永远是一个英雄,一个不是可以用勋章来衡量的英雄。

【后记】

一个普通人的历史

在刚开始写这篇文章的时候,我满怀希望找到一段很精彩、很完整的历史叙述。于是我访问了很多长辈,可是他们却告诉我:"其实历史并没有你想象的那么精彩。虽然我们在那个年代生活过,但也有许多事情是我们所不知道的。我们在那个时候大部分时间只是一个农民,对于政府的事,国家的事,我们都不甚了解,也不知道如何评价。而且这已经过了三十多年,我们能说的就更加少之又少了。"

也许我早就应该想到这些问题,我本以为在那个精彩的历史舞台上必然有他们的身影,可是他们在大部分时间只是观众,在人手实在不够的时候才上台客串的临时演员而已。我无法抱怨他们忘记得太多,告诉我的太少,因为三十余年前的事，换做谁都很难记得清楚。在三十年前，他们根本没想到过自己曾站在历史焦点之一的舞台上，更没想到要把这段经历用文字的形式把它记载下来。生活总是要继续的，虽然偶尔也会对亲人朋友叙述起这段往事，但随着时光的流逝，有些东西已经湮没在遗忘中了。

一段碎片的历史让我难以拼凑起一个英雄的故事。况且伯爷很实在地告诉我："虽然当年越南侵犯我国边境，杀害了不少的同胞，我也很恨他们，想给他们一个狠狠地教训。但这毕竟是幻想而已，没必要真的上战场，战场是很危险的，到处都是轰炸、子弹、火堆、尸体……如果以自愿为原则的话，我是不太愿意当兵的，可是国家征兵没办法。我想当英雄，但我更愿意自己活下去……"

我初定描写一个英雄事迹的伟大计划搁浅了。我想到老师说的："历史并非是某些英雄人物创造的，虽然在历史的舞台上我们经常看到他们的身影。只有人民才是历史的真正推动者。"中越战争中当然不乏我想象中的那些英雄人物，但是更多的是像伯爷一样的小人物，他们在战场上浴血奋战，只是在尽一个普通士兵的天职而已。尽管伯爷看到其他战友在台上接受表彰和授勋时心里也有过些许的羡慕，但是他也没有过多地将此事萦系于心。虽然时代的潮流将他推上了历史的舞台，但他只是作为一个群众演员在尽自己的本职扮演着一个属于自己的角色。在家乡的时候，他是一位农民，他的本分就是种好庄稼，过好自己的日子；当他来到战场上，作为一名士兵，他的天职就是服从国家的利益，保家卫国。伯爷虽然并非是我们心目中认为的、电影和故事中看到的英雄，但是，如果没有如伯爷一样的普通人群的贡献，中越战争不可能取得胜利，历史也不可能进步。

采访结束了，看着伯爷头上的白发和脸上的皱纹，我的心中涌出了太多的感慨。这是一个中国土地上的千千万万的普通农民中极不起眼的一个，在任何一个角落，我们都能看到太多太多这样的相似的脸庞。不管他们经历过什么，他们当中很少有我们常识中的英雄。他们，有如一粒最普通不过的种子，撒播在中国这块广袤的土地上，不为人知地开花、结果，最后又不为人知地凋谢萎落，融入泥土当中。我的伯爷，只是历史中的沧海一粟而已，没有他，历史也不会改写，但是，如果没有他和那些跟他相似的普通人，历史一定会不同！

于是有了以上的故事：一个普通人的战争。

一心报国的老兵

吕政｜浙江省嵊州市嵊州中学

指导老师｜尹正陶

我的奶奶有一位大哥，他叫商贵吾。依照家乡的习惯，我得叫他一声爷爷。这位商爷爷 80 多了，身体却依旧健壮，大冬天的仍能下河游泳，直叫人惊叹。他的英语很好，所以每回我回到村子里，都要去他那请教一番。而商爷爷看到我来，也很是高兴，连用多个"Hello"、"Hey, boy"这样"潮气"的语言作为开场白。而后学习之余的闲谈，也让我知道了他的很多故事。

1924 年，虽然仍是军阀混战的年代，却已经有了革命的苗头。这一年，商爷爷出生在浙江省嵊县（1995 年撤县改市，现在称嵊州市，隶属于绍兴市）的农村里。因为社会环境的原因，他家人大都当过兵。受家庭氛围影响，商爷爷自小便锻炼身体，也萌发了一颗报国之心。少年时期，他因家境中等，便有机会进入当地镇上小学学习。在那里，他进一步受到爱国报国思想的熏陶，产生了参军上战场的想法。

1937 年"七七事变"后，日本的铁骑开始向整个中国践踏。那时侯，商爷爷才 13 岁，听到这个消息，很是愤恨。而他哥哥此时又成为黄埔军校第十六期的成员，在这样的影响下，商爷爷一从镇小毕业，便赶赴陕西汉中报考了抗日空军幼年学校。

抗日空军幼年学校是为长期抗战做准备的一所空军学校，其招生年龄也低，意在从小培养空军人才。商爷爷各方面都符合条件，于是在 1940 年 8 月顺利通过空幼的考试，成为空幼的第一期成员。

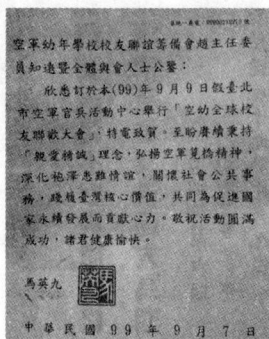

2010 年马英九致电贺"空幼全球校友联欢大会"。

怀着满腔的报国热血，商爷爷开始了在空幼的学习。不知不觉三年过去了，在主课中，商爷爷的语文与英语两科取得了十分优异的成绩。他的英语便在那段日子里训练成型，那时他已经能够轻松与美国人对话。然而却因为天生的数学迟钝，数学成绩一直很糟糕，报国热情里夹杂了一些烦闷。后来商爷爷又得知，倘若数学不过关，他便要推迟到空幼二期毕业，更有可能因为其数学成绩无限期延后毕业。在这样的情况下，商爷爷带着烦躁的情绪退了学。他希望的是能上战场杀敌报国，而不是一直待在学校里。

条条大路通罗马。退学后的商爷爷想凭着自己的英语优势，去报考空军军官学校第二十四期。若是报考成功，就可以去美国特训，便能够在短时间内毕业。为这次的报国机会，商爷爷做了充分的准备。他笔试成绩很优异，但天算不如人算，备考时他通宵看书，用的是古老的清油灯，燃灯产生的烟味吸进鼻内，引发了鼻炎，以致他体检未能通过。

这一次失败沉重地打击了商爷爷，但这并不能冷却他沸腾的热血。随着国内战争形势的发展，又大大增强他的报国热情。1943 年 8 月，他在重庆加入国民党军事委员会特种技术训练班。他原以为，这个训练班是可以开坦克的，能够与日本人作战。组织上也宣称这是"最革命的工作，最艰苦的工作，最不利于性命安全的工作"。但是商爷爷进入训练班后才吃惊地发现，这其实是戴笠军统的一个部门，主要负责教授通讯与密码技术方面的内容，速教速学，速成之后以尽快进入战争协助抗日。

抗战时期，军统的大部分工作还是配合战场上的抗日而进行的，算是间接参战报国。同时这也算是中美合作所的项目，因而商爷爷便留在了那里学习。那时美国方面的教练是黑格（音译）上校，中方是林国仁。因为商爷爷的刻苦努力，使得黑格上校不止一次对他竖起大拇指，夸赞道："This boy，good！"过了几个月后就正式工作，训练班里40多个人，美国方面要了20多人协助工作，这其中便包括商爷爷。那时候，他才20岁。

商爷爷的工作地点依然在重庆，负责破解日本方面的密码，条件十分艰苦，住的是黑房子，又被称为"最隐蔽的工作"。不过，当时一个美国同事将他的妹妹介绍给了商爷爷，他们俩便互相通信，商爷爷算是收获了一份甜蜜的爱情。现在回想起来，他还是笑呵呵的，但商爷爷始终心系前线。

1945年4月，趁着抗战士兵祭祀活动的三天假期，商爷爷偷偷跑了出来，去成都顺利地考入中国空军军官学校第二十七期。商爷爷幻想着去美国特训，然后学成归来光荣地驾驶着战斗机与日军作战。然而不久之后，日本就无条件投降了，举国欢庆。商爷爷去美国的希望便落空了。后来又逢国共内战，空军方面自然是归属国民党，但商爷爷要报的国不是谁的党国，而是人民群众的国，是中华民族的国。于是，他退出了空军军官学校。

那是1948年2月，迫于生计，商爷爷经他哥哥的介绍去了台湾，后又经哥哥同学的推荐进入台湾凤山陆军军官学校，凭借一篇出色的英语作文，被任命为英语教官。台湾天气多变，衣服容易发霉，每天训练结束后的晚上还要拉杠数百个，即我们现在熟悉的引体向上。这样强度的训练，商爷爷也是和学员一样，坚持过来。

到了1949年，随着人民战争的胜利推进，商爷爷开始不安了。4月，南京政府垮台。那一段时间，大量普通人也跟着去了台湾。在港口撤退中，出现了大量类似"太平轮事件"的生离死别。9月，一直在隶属国民党的机构中学习工作的商爷爷，却偷偷搭乘一位飞行员同学的飞机回到了大陆。10月底，他到了昆明，11月，昆明解放。对此他笑称：我一到昆明，昆明就解放了。之后，商爷爷先后考取了昆华师范学校和华北人民革命大学。

但是，由于商爷爷"算是"一直为国民党工作，尽管他并不是国民党成员，却还是在开国后被认定为成分不好，为此饱受歧视，待遇也不尽人意。在北京的华北人民革命大学学习期间，因为被调查出来有"历史问题"，商爷爷被迫接受再教育，于1953年调至青海劳改。后来他参加了青海话剧团工作，出演过《草原风暴》。但1964年又因为阶级斗争的扩大化，被迫回到祖籍嵊县农村锻炼。"文革"开始后，村里每次批斗，商爷爷总是第一个被拉出来的人，常常被迫做"喷气式"的动作。而商爷爷身子骨硬，熬了下来。"文革"时，儿时不懂事的父亲常去他家玩，却见他在黑魆魆的灶房里，拿着秧苗一次又一次练习插秧的动作。而第二天却又被批斗，说他不会插秧不接受再教育果然是反动派。

他是立志报国的战士啊，不是农民；他不懂政治，懂的只是爱国和如何报国！他的哥哥是黄埔军校十六期的陆军学员，也没有去台湾。

好在"文革"后便开始平反冤案，1980年商爷爷回到青海平反，1984年退休。在农村里，商爷爷仍坚持着锻炼，时不时义务教授村里孩子的英语，希望他们考入大学，做一个对社会有用的人。而又不知是哪一年，村里党支部书记不幸落水，商爷爷义无反顾地将他从水里救起。

商爷爷一直认为，是共产党带领着中国人民摆脱了半殖民地半封建的困境，带领人民走向了富裕，使中华民族站了起来。所以过去的事，他不去过多的计较。

他很喜欢英语，水平也很好。见到我们青年，不仅用英文开场白，谈话里也时不时夹着英文。我想，商爷爷到底是喜欢英语，还是怀念他学英语的那些年里，纯粹的报国热血呢？

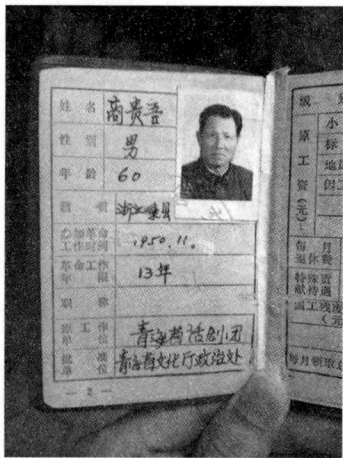

商爷爷的退休证

【后记】

自英语成为弱科后，每次回村子都被父亲要求去商爷爷那学英语。不过父亲第一次和我介绍商爷爷，说他是什么特务，跟美国人开过飞机，以至于我对商爷爷那段经历比他教的英语更感兴趣。因而英语我倒真没学到什么，故事倒是听了不少。

在民国时期，许多受过教育的人家都有着极高的爱国热情和强烈的报国思想，但是选择的路不同。马克思主义自然是最适合中国的道路，而共产党纪律严明，个人不搞特殊化，是当时一个好的选择。文化程度较高的人士自然会比较两党，比较三民主义和马克思主义来选择自己的道路。但是，文化程度低的人，他们不懂政治，也就不讲政治。哪一路军队先收人，就进哪一路，他们只知道可以上战场为国家斗争。更有甚者，纯粹是为了吃饭而去当兵，连民族大义都不管，哪里还管得上主义之争？

对于像商爷爷这样的抗战老兵，无论是官方或是民间都应该给予一定的关爱。没有党派之别，因为他们都是为民族的斗争洒过热血的人，没有他们，哪里会有我们现在的幸福生活。因为商爷爷有一块抗战老兵的奖牌，我便对他说：你是光荣的抗战老兵啊。商爷爷摇了摇手，笑着说：我哪里算什么抗战老兵，在前线冲锋的战士，保护滇缅公路的远征军，他们才算真正的抗战老兵，是真正的战士啊。

这是一种抹不去的伤痕

温勇辉｜江西省赣州市赣州中学
指导老师｜谢芳青

1949 年的 4 月，这本是春光烂漫的春季，幸福沐浴在温暖的阳光中。彼时空气中却弥漫着肃杀之意。自 4 月 21 日渡江成功，中国共产党拉大战线，全面进攻国民党。

在强大的攻势下国民党部队溃不成军，节节败退。看着日益减少的士兵和急剧萎缩的地盘，蒋介石知道大势已去，带着愤怒及不甘退守台湾，保存力量，以备日后东山再起。于是，故事便开始了。

被迫应征入伍

太阳用它的光和热抚慰着这片裸露在天空下的大地，春暖花开，麻雀在枝头叫个不停，烦躁或是兴奋也说不清，一群十六七岁的少年在尘土飞扬的大路上嬉闹、打骂着，一时扭打在了一块儿。天真肆意的笑声传出好远，响亮了整个村子。想到待会儿能够抓到一条条鲜美的鱼在河滩上烤着吃，他们就一个劲地吞口水，心里偷着乐。

这群少年都是趁着正午父母在家休息偷偷溜出来的。在平时这本是件平常的小事，可今天却遇上了一场改变他们命运的事件。

只见一群军人迅速从远处赶来。车轮翻滚、激起漫天尘土。这群未见过大场面的孩子一时慌了神，手足无措间他们便被包围了。

一个拿着手枪的军官指着他们说："你们都听好了，现在国家有难好男儿当精忠报国，现在你们都应征入伍，跟着我们打共产党，不听话的我就毙了他！"接着朝天上开了一枪，吓得林子里的鸟四散飞逃，手枪口冒着烟，顿时便有几个少年哭了起来。无奈，他们都带着恐惧扛上了枪，跟着军队走了。

可是谁知这一走便是漫长的一生啊！而这群少年中有一位便是我的三爷爷。

战场游子心

本是青春曼妙时，年少的他们本是叛逆和无忧无虑的。可三爷爷他们要面对的是残酷的战场。硝烟滚滚遮住了蓝天、炮声轰鸣，尖利的子弹划破空气呼啸而来。看着一朵朵妖艳的血花在战友的胸前、脑后绽开。一个个年轻生命的消失，恐惧占上了三爷爷的心头，凝成一片挥之不去的阴霾，谁又能肯定下一颗子弹不是飞向自己的呢？下一颗炮弹不是在自己周围炸开的呢？他那时无比的后悔，只要一坐下便会想家。在这段日子里，三爷爷作为一个无知的少年，总是在深夜偷偷地抹眼泪，他是恐惧战争、想家了啊！他和老乡们也想过逃，可是看到那一个个还未走远的逃兵，不一会儿就被打得血肉横飞，他们就胆寒了，也只有死了逃跑的心。

最后他们看到了海，登上了船，可那时十几个伙伴也只剩下了他们五六个。船越驶越远，前方是茫茫的大海，未知的未来，而后方却是生养他们的大陆，还有他们的父母、亲人。三爷爷跪在甲板上失声痛哭，泪水止不住地淌下，几个同乡围在一起，一个劲地流泪。

他们知道这一去，也许就是一辈子回不了家了啊！

回家的努力

到了台湾这人生地不熟的地方，三爷爷和老乡们相互帮助、互相勉励。他们知道现在台湾与大陆处于敌对状态，想直接回大陆是不可能的，海峡两岸断了一切联系。但回家还是有希望的，只要有足够的钱他们可以出国旅游，然后再转回香港，进入内陆。

心中有了期望，他们就会奋斗不止。那时他在部队服兵役，报酬还可以，他不抽烟，不喝酒，只一个劲地攒钱。艰苦的训练之余他还搞副业。他说当地人对他们态度不怎么好，也受气。三爷爷为了钱做过又苦又累的帮工，做过小买卖，上街捡过垃圾，还当过服务员……再多的伤痛、再多的怨气都被回家的热切所掩盖。回家近在眼前，又那么遥不可及。

多少个月圆夜他疯狂地怒吼，多少次深夜从梦中醒来脸上带着泪花，多少次鞭炮声鸣，而他却独自喝着闷酒啊！这是和平年代的普通人难以意会的伤痛，这是一种难以愈合的伤痕。事实总是如此残酷，只是一线之隔，却仿佛是生死两相望！

第一次回家的喜悦

1965 年，23 岁的他几经辗转，终于和同乡们踏上了祖国的土地。他们来不及激动，心急如焚地奔向了长途车，急切地赶往江西老家——宁都，那个小小县城里有他们七年来魂牵的故乡。当听到儿子回来了，曾祖母扔下锄头，眼里噙着泪花，急匆匆地往家里赶。娘俩一见面便痛哭在了一块儿，曾祖母抱着比她高出一个头的三爷爷，激动地重复着那句话："你怎么才回来啊！我以为这辈子都见不到你了呢！回来就好，回来就好。"三爷爷听着母亲的唠叨，看着老屋里的一切，望着久别重逢的故乡，幸福涌上心头，脸上露出七年来从未有过的笑容。

曾祖父还请来戏班子，唱了几天的戏，家里就像过年一样热闹。十几天后三爷爷走了，走时带了一些家乡的土特产、几瓶水和土，还有一双曾祖母熬了几夜纳出的鞋。全家人到车站送他，他当时没哭，走时看了又看、望了又望，走出好远才哭得稀里哗啦！这一去，又是几时回啊！

祭祀的伤痛

其实三爷爷后来还回过两次家。一次是在 1987 年，台湾当局迫于压力，允许老兵回大陆探亲。那时曾祖父已经逝世。回来后，三爷爷买了些纸钱，跪在坟前久久哭泣，嘴巴张着却说不出话来。他狠狠地给了自己几耳光，大声骂着自己不孝、没用。矮矮的坟头两边却是生死相隔，坟里头的曾祖父再也听不到三爷爷一句句痛彻心扉的呼唤。

过了几年，曾祖母也逝世了，他也未从台湾赶回。2004年4月4日，三爷爷重新回到了故土，带着他的夫人回家祭祀。清明扫墓，又是那个孤单的背影，又是那份游子的心。只是此时他已不再年轻。

他久久地跪在坟前点燃香烛和纸钱，泣不成声，无言地承受着巨大的伤痛，让人看着揪心。清明的烟雨，缠住青色的烟火，吹起一地的灰烬，飘向天堂，附着游子们深深的思念。

遗憾

去年三爷爷从台湾寄来了一些好吃的，奶奶说很贵，其实上面的英文我也不认识，只是吃时味道咸咸的，混着泪水咀嚼着，还尝出了思念的滋味。

现在他已经年近八旬。这一生也无法再回到故乡了。老屋的厅堂里还挂着一张彩照。那是几十年前他三儿子结婚时照的。照片里他穿着西装，微笑着看向前方，他仿佛告诉亲人："勿挂念，我很好。"但他眉宇中露出的忧伤，眼眸中的哀愁告诉我，这就是一种抹不去的伤痕。但愿人长久，千里共婵娟，希望每一个月圆都能家人团圆。

【后记】

偶然与必然

这篇文章耗费了我很大的心血。从一开始的确定主题，到文体的构思，再到事实求证。老师刚开始布置我便开始了忙碌。从这次经历中，我也学到很多东西，最重要的是两个道理：历史是客观存在的事实，容不得半点儿虚假；历史的大潮流中大人物是方向，小人物却只是浪花。

第一方面这次是深有体会。爷爷他们已经年老，具体的年份、事件记不清楚，还会忘记很多有意义的事情。这就害惨了我。我只能根据年份推测、上网查证、询问村里其他老人。遗憾的是，本文的故事经过不是从三爷爷口中得知，而是从大爷爷和奶奶的口述中得来。仅仅是为了使这篇文章更加真实地反映时代，我就花了九牛二虎之力，由此可见，那些做学问的史学家要付出多大的汗水和努力，才能还历史一个真实。

两党之争破坏的家族不计其数。一个个人间悲剧一直在持续着。我们都知道战争的可怕，不仅消耗大量财力物力，死去的人更是千千万万。当今的历史潮流是和平与发展，世界大战不可能发生，但局部战争却每天持续。这种抹不去的伤痕仍在扩散。

战争不是人民的本意，只是少数独裁者疯狂的野心。为了自己权力的扩大，一个个所谓的小人物就"死得其所"。如果白鸽真的代表和平，我会将它紧紧地抓在手心，捂住心窝，我要和平永相随，世界永无战争。希望所有的大人物与小人物一样都有颗平凡、热爱和平的心。

乱世中的抉择

王雨婷 | 江苏省扬州市扬州中学
指导老师 | 张娟娟

伍子与药

"伍子被抓了！"

前脚刚上船，一股紧张的气流夹杂着这句话席卷过来，简直令人猝不及防。

老若的心一下提了起来，伍子……

"这小赤佬又怎么着了？"不知谁说了一句。

老若放慢了脚步，不自然地伸手进口袋，他想，他知道伍子为什么被抓。手心上捏着几枚钱，硬邦邦的，冷飕飕的。就在前几天，他和伍子一起帮着"他们"运了些"东西"。

这事也不是一次两次的了，明知会冒点风险，但还是会去做，就当，就当是在补贴家用吧。心里总还是抱着些不会被发现的希望，谁知……

"听说……"

"好了好了，少黑七搭八，好好干活，兄弟几个忙完了去看看伍子！"

这个故事发生在 1939—1941 年间的无锡。老若是我爷爷的爸爸，我的曾祖父。当时他是一个船工，30 多岁。而"他们"是驻扎在无锡的新四军的一支，和当地的抗日武装结合，叫作江南人民抗日救国军。

也许行业会因战火而停歇，但是航运一定不会。尤其在那个交通并不发达的年代与地点，一个能够自由穿梭于不同地点的行业简直可以说是吃香。所以能够在船上做事，无论在外人看来还是自家看来，都是件值得骄傲的事。今天李嫂要帮带个衣裳，三叔想捎个话，后天张老头塞两个钱想运个椅子，当然，还有"他们"……

如果没有发生这个事，也许我的爸爸会听着他讲当年在船上是如何的风光，也许会听他豪放地说一句："我在大河上闯荡了一辈子。"

只是，没有如果。

伍子不过一个半大的孩子，嘴又硬，最后还是放了出来。邀功似的跑到老若面前，尽管脸上的肿还没有消去，跑起来还一瘸一拐的。

"老哥，我什么都没说哦，只是药被他们拿走了，真气人，下次我们得再藏好一点，哦？"

辞退

"辞退？什么事！"

大伙儿刚松了口气又来了伍子被辞退的消息，伍子一听就懵了。

日本人打他，他忍着，为什么老板也这样残忍？

辞退，辞退，那个时候没家的孩子如果再没了吃饭的活计，不知该怎样在这世上活下去。

老若看着伍子难以置信的惨白脸色，心里却想的是在船上干活的，多少年来看到的大河美景，想的是家里几口人每天看见他的尊敬与笑容。

回过神来，伍子脸上的青肿在他惨白的脸色上分外明显，老若心中一阵钝痛。

"走，找老板去！"

"伍子小，不懂事，老板——"

"什么也别说了，给'他们'运药，哼！留着脑袋已经很不错了，日本人在这儿兴风作浪，不好好小心着点过日子倒搞些死命白搭的破事，伍子说什么也不可能留下，出什么事我可担当不起！"

几句话似乎掐断了他们所有的希望。不知是伍子的，还是他们自己的……

几个人站在幽暗的屋子里，只有老板手上的卷烟一闪一灭。气氛一下子紧张起来。

"伍子的事就是我们的事，伍子走了，哥几个自然也要跟着。"一人突然说道，声音不大，但是很稳当。

"走？哼，威胁我？我告诉你，不管用！这年头，小鬼子越闹越凶，我也不打算留了，你们都走都好！"老板"啪"的弹了下烟灰。

"你……"

老若拦住了脾气最爆的阿三，因为他看见门口站着一个女人，那女人手上抱着一个孩子，那是老板的孩子，那是老板的一家。他心中的愤怒好像略略减轻了一些。

老板转脸看看他，摇头笑笑："老若啊，你家可三个小子呢，做什么决定前先想想他们，啊？"

靠墙的角落里传来一声冷哼："就这么点风声都担不起，哼，窝窝囊囊算什么中国人！老子不干了！"

然后有陆陆续续离开的声音。老板冷哼一声，脸色在烟头的闪烁中一明一暗。

老若没见过打仗，但见过伤员；没上过战场，但看过日本鬼子的残忍。他知道，药很重要，他知道，他该帮忙。

所以当初"他们"找他帮忙的时候并没有怎么犹豫，尽管知道要冒怎样的风险。甚至还象征性地收了他们的钱，好像作为一桩再平常不过的生意。也许，很多人都抱着与他相同的心思吧。

而当看到老板的女人和孩子时，当老板带着劝阻的语气说"你家的三个小子"时，不，不，也许还要更早些，在听说伍子被抓的时候，他就已陷入了一个深深的矛盾之中了。

伍子被抓打破了他心中的侥幸，而随即而来伍子被辞退的消息更是击毁了他最后的希望。

走吧，离开这儿。同为中国人，老板竟然这样不讲情面。可是，不能冲动啊，家里三个孩子都需要自己，丢了工作，又在这样的乱世里，该怎样活下去？

那么留下？

伍子的事与自己有关，伍子被赶走了，自己坦然留下？就算这样也可以，那以后呢？还帮忙运药吗？被抓住的话，不是死就是被辞退，不然呢，看着伍子走投无路，看着那些无法运走的药品，默不作声，就这样保住他的工作，他的生活？

老若第一次觉得自己是那样的弱小，弱小到什么都做不了，往哪里走都好像是万丈深渊。在家里，他就是天，甚至在外面，在船上也是说一不二的老大哥，可是现实如此轻易地击碎了他所有的幻象。

他是这个时代的弱者。他终于意识到。

但是，他也有尊严，即便是一个弱者的尊严。

老若拱拱手，像是下了一个无比艰难的决定："老板，保重。"

革命与退缩

"老若，我们一起走吧，参加革命，打得日本小鬼子屁滚尿流！"

伍子无数次说着这句话，老若脸色不好，很坚决地摇头。

家中老小不能没有他，没了工作，但是只要活着，总还有一线希望的，他要活，他的一大家子都要活下去。

伍子最终失望地走了，他不能理解老若，有辞了工作的骨气，为何没有参加革命的勇气？

然后呢？我问爸爸。爸爸好像还沉浸在那个故事里。

"然后？"爸爸笑笑，"然后，爷爷他就没有了工作，可还是活了下来，要不然也不会有我，我们了。"

"没了工作的爷爷在那几年的艰苦，我没问过。不敢，也不想。解放后他的几个儿子陆续出息了，像我父亲，就是你的爷爷，当了广播编辑，小叔叔做了煤炭工人，大叔叔是有名的工程师。而伍子，解放后再也没有打听到过他半点消息。可能，不在了吧。"

在现在谍战剧、抗日剧、英雄剧纷出的时代，他的做法是可以被看作懦弱的，甚至是自私的。然而，大家忘了，不是每个人都是英雄，不是每个人都能果断地抛妻弃子，义无反顾。

英雄的背后，更多的是老百姓，是那些被历史席卷着，不知何去何从的普通人，是那些无力扭转局势，只能拉扯着家人不致失散的可怜人。

而正是这些可怜人，虽然在强敌面前沉默着，但他们的骨子里依然是爱国的，在他们力所能及的范围内做着一个中国人应该做的事，这就是我们民族的后盾，这是一股拖不垮，打不烂的力量。

也许，我们也应该对他们说声谢谢，谢谢你们在那样艰难的世道里坚持下来，谢谢你们在那些黑暗的时光里依然没有绝望。

如果说，军人、士兵在那个年代是中国的脊梁，那么，他们便是中国的血脉，微弱，却不息！

【后记】

好像所有人都在讲英雄的故事，好像所有人的祖辈都是参加过各种各样战役，为新中国的成立立下许多功劳的人。

是吗？

至少我听到的曾祖父的事情，不是的。

这个故事爸爸很久之前就给我讲过，不长，却一直一直萦绕在心头。

动笔之前，我让爸爸一遍一遍地讲述，所有可以回忆起来的细节都丝毫不放过。听着听着，仿佛看见三十年前我的曾祖父坐在桌子前，一字一句说着他的那些年，那些经历，那些抉择，那些无奈。

说着说着，脑海里好像自动生成了画面，鲜活的人物，生动的方言，沉闷的气氛，身临其境的真实。

我想写写那些老百姓，那些无力抵抗大时代背景下命运洪流的人们，在面对压力时的艰难抉择。

我想写写那个时代的弱者，他们的牺牲，他们的尊严，他们的良知。

就像我曾祖父的离开，其实他没有必要那样做，因为即使他辞职了，老板也不会改变心意的，什么都不会改变。

可是他做不到袖手旁观。

最后，向所有做过牺牲，在那样的乱世中挣扎的最普通的人们，致敬。

大家都来聊家史

《红军背后的慈母情怀》

赵子瑄 | 山东省青岛市第二十四中学

细小的烛火，闪动着，在墙上映出一个疲惫的影子。太奶奶坐在桌边，一针一线地做着衣裳。灵巧的手指在针芒线影里穿梭来去。她面上平静，却依旧止不住叹上几口气。白天的事情历历在目，令她不由得思忖：现在正值危险时期，指不准哪天小鬼子把你抓去，说你私通国共两党，"啪啪"两枪要了你的小命。自己去救那位八路军战士，是在拿全家人的性命做赌注。自己夫妇二人都是地下党员，探情报、察敌情也不是一天两天，早把生命置之度外，可是自己那未成年的孩子呢？想到这儿，她不由得放下了手里的针线，望向床上的七个儿女，满眼尽是无奈和心酸。

《回不来的无声对白》

李佳欣 | 辽宁省沈阳市外国语学校

当八路军和太姥爷出现在家里时，太姥姥把孩子们护在身后，慌乱得如无头苍蝇。"姜新智，看看你干的好事，我就说我们早该脱离关系，这回好了，我们全家都完了。""大嫂，你说什么呢，姜大哥是我们的翻译官，我们队里有好多的重要文件都是姜大哥翻译的。姜大哥没和你们说吗？"一个士兵说。"对啊，姜大哥人多好啊，平时话少，人还那么优秀。虽然我们看不上那小日本，但是你说没有人懂这日本字也不行是不？"另外一个同行的士兵说道。

《那属于爷爷的峥嵘岁月》
游佳星 | 重庆市鱼嘴职业高中

"1951 年，我 30 岁。4 月的一天，我正在地里干活，突然队长急匆匆来找我说：'小游，你被选上喽！明天上午九点准时到队里集合。'当时，我听到这个消息高兴极了，连忙丢下手里的农具，跑回家去准备。那天晚上我躺在床上翻来覆去地睡不着，想象着当兵那种神气的样子，期待着第二天的到来。第二天一大早，我便早早地来到了队上指定集合的地方。在那里，我穿上了梦寐以求的军装，成了一名志愿军战士。"

《听老人讲过去的故事》
孙杰小组 | 山东省济南市山东师范大学附属中学

爷爷平平凡凡的一生，没有说立下赫赫战功，但是他为了党的事业贡献了他的一生。这一点上奶奶说自己受他的影响很深："我就想吧，人的一生很短暂，趁着能学习的时候好好学，基础要打好。不能瞧不起人，不管是学校还是以后到社会上，一定要平等待人，势利眼长不了。好人啊，一辈子都会好。"

《爷爷从军记》
范书城 | 江苏省扬州市扬州中学

"要说我人生有什么遗憾那就只有两点，一个是没把学上完，另一个就是当了 20 年兵却连身军装都没混到。"爷爷说着从衣柜里翻出一件打满补丁的棉大衣，告诉我这就是他的"军装"。说着不知不觉把那件大衣紧紧地攥在手里，便不再说下去了，仿佛自己又变回了当年那个无畏的农垦战士。

《总是关山旧别情》
张诗滢 | 山东省青岛市青大学附属中学

遍地狼烟的纷乱带来无法预知的改变。生、死，命悬一线；喜、怒，交替更迭。曾经，爷爷的世界充满温馨与快乐，不谙世事的幼儿是长辈们最好的开心果，这个小业主家的小少爷，或许会在长辈的疼爱宠溺中背着"之乎者也"乖觉地长大，或许也会"于国于家无望"。日寇的侵袭给中华民族带来了毁灭性的打击，跌宕的国运改变了无数人的人生，爷爷经历了苦难的少年阶段，曾经千娇万宠的小少爷变成了不名一文的穷小子，靠艰辛的劳动与父母兄妹相依为命，日益艰难的生计、低到尘埃的尊严、苦闷无助的绝望，凡此种种，是现在的我无法想象和描述的。

新中国的成立给了爷爷浴血重生的希望，参军、入伍，保家卫国，爷爷成了最可爱的人。那场战争，留给他的不仅仅是身体里永远不能取出的弹片，更多的是战友情、生死恨。爷爷的寡言少语不代表他的心已经冷却，我相信在爷爷的内心深处一定会为自己在战场上的勇敢而骄傲，为自己对祖国的奉献而自豪。

《真理中学的抗战岁月》

刘烨｜广东省揭阳市真理中学

这次日机轰炸中，学生许统鼎、工友洪弟罹难了。大家沉浸在悲伤中。林老师站起来，脸色惨白。小男孩儿觉得她从来没有这么高大。校园又一片寂静，人们都目不转睛地看着她。

"我的朋友们啊，"她说，"我——我——"但是她哽住了，她说不下去了。她转身面向一块大石头，捡起一小截粉笔，使出全身的力量，写了八个大字：

"危城讲学，砥砺后代！"

"危城讲学，砥砺后代！"校园里响起了雷鸣般的掌声，这掌声声震九霄，经久不息……

在那之后，学校师生以"危城讲学，砥砺后代"相勉励，重新振作精神，仍坚持继续上课，并开展抗日救亡活动。

青春

青春是美好的，但同学们祖辈的青春年代恰遭政
治运动席卷全国。所喜的是我们仍然看到，《电
影——岁月的留声机》中的青春不是献给了运动，
而是献给了电影；《站在精英教育金字塔底层的
孩子们》中的青春不是献给了伏案苦读，而是献
给了逃学；《爷爷奶奶的知青事》中的青春不是
献给了上山下乡，而是献给了爱情。青春就是有
这样苦中作乐的魔力，能用斑斓的理想融化冰冷
的现实。《开往春天的列车》中，青春这列火车
终于冲破艰险，苦尽甘来。

电影——岁月的留声机

刘丹 | 江西省赣州市赣州中学
指导老师 | 曾丽芳

拨动唱针，不甚清晰的声音缓缓从那台名为岁月的留声机里流泻出来。与时光对望的光影记忆，跨越百年漫漫长路而来。这是书写在历史深处的诗行，一段一段累积成不朽。褪色的只是放映机身的涂漆，闪亮的是胶卷里刻印下的音容笑貌；更迭的只有时代，经久的是银幕里演绎的相遇别离。这些古老的记忆在镜头下得以苏醒，继而永恒。

踽踽独行于历史的长巷，因厚重而吱呀作响的大门为我洞开，喑哑的钟声沉沉响起。汽笛声与电车声交织，驴打滚和炸酱面在蒸汽里香甜出炉，梨园里的露天看台谁在唱千古流传的经典选段、柔肠百转，四合院、胡同，曾经不可一世的盛世气象和近代气息的杂糅……这里是北京，1905。当中国开始铭记这一年……

主题旋律一：二大伯

1978—1990 年，江西省瑞金市壬田镇。1978 年乡里刚成立电影院，大妈写给当公社书记的堂弟一封举荐信，使得为生计所迫的二大伯刘占生放弃了教书育人的理想，转而当上了电影放映员，这是一个在当时"油水"颇多、令不少人眼红的职业。从清贫的教书先生到电影放映员，二大伯开始扛起机器，走乡串镇地放起了电影。

某个夏日的傍晚，晚风习习，较为开阔的坪地上早已聚满密密麻麻的人群。聒噪的妇人们坐在自带的长条凳上摇着扇子、哄着孩子，有一搭没一搭地扯闲天；多半赤裸着上身、劳作了一天的男人们早已凑好酒水、端着花生米迫不及待；少年孩子们拿着奢侈的滴着水的盐水冰棒迟迟不舍得吃，就等着电影开场，还因为个子小，在人群中四处溜达，试图寻找有利地形。架好了机器和幕布，这里就是简易的露天电影院。知道要来自己村放电影，村民老早就占好场地、远远就站着欢迎放映队了。二大伯耳朵上别着根别人递上的烟，穿着白色汗衫，检查着工作中的发电机（那时那里的农村家庭无电，发电机得自带），顾不上汗流浃背。一会儿的工夫，电影准备开演。巨大的照明灯先灭了，再是放映机的小灯亮起，雪白的光打到银幕上，许多人就会举起自己的手做各种手型，投射到银幕上的影像有像狗的，有像兔的，嘴和耳朵都能随意控制动起来，逗得孩子们非常开心。

　　放映开始，这才稍稍安静了下来。趁着大家聚精会神看电影的时候，二大伯和其他两个人轮着放胶片的当儿坐下来喝点酒，看自己已看过数十遍的电影，有时甚至连一部电影的台词和情节都能倒背如流。空暇时候，几个放映员甚至会一起比拼记忆。时常会有孩子缠着央求二大伯："再说说那部电影的情节吧！"二大伯口才不差又热心，常忍不住"剧透"，每每讲得绘声绘色、声情并茂，在孩子们心中威望不小。那时的放映机是国产的仿制苏联的货，16毫米式（后发展为36毫米式），单声道，胶卷录制，半自动，差不多每半个小时得人工换带。一部电影放映下来得换四五次，虽然不轻松，可是村民们看得津津有味的样子着实让二大伯心生欢喜，隐隐有了些成就感。电影内容初期大都为游击战、地道战，多为黑白，后来也时有彩色。

　　电影放映前甚至时常还会有"暖场"节目。无论是唱歌、说相声还是打快板，二大伯都能上手，引得观众们一片喝彩。"观众朋友请坐下……""苏区干部好作风……"诸如此类的调调一唱起，放映场地就已经围得水泄不通。看电影前的助兴表演，给对"娱乐"概念尚感模糊的那个年代的乡村增添了无穷的欢乐。

　　据二大伯回忆，电影放映完，放映队要离开时，甚至还有热心观众跟着车队走出十几里路，甚至跟到邻近村庄。"以前的生活哪有你们现在丰富！想看新片上电影院、随时上网也可以，要是闲着无聊看电视、旅游、健身……那个年代里放松就是大家口口相传一些笑料谈资，每天忙着劳作，连基本生活都困难，更不用提娱乐了。"二大伯如是说。

精神生活上的贫乏是埋头劳动也填补不了的空缺，放电影就成了这样空白中的一种期盼和劳累中的解脱。

"今天晚上有放电影的！"太阳还没下山的时候，当这样的话一句接一句在村子里传开的时候，家家户户的屋顶上都颇有默契的早早升起了炊烟，都赶着早些吃完晚饭，早些去占场地。孩子们也兴致高昂地四处蹦跶着通知亲戚邻居家的小孩儿，急急忙忙地扒拉过几口晚饭，就被嗡嗡作响的摩电机和嘎嘎转动的放映机勾去了魂儿。也有不少人赶着天刚擦黑才打着手电筒前往。孩子在田埂小路上踏空，一脚踩到泥泞的田里的情况总是时有发生，更有甚者心急赶去看电影，走小路时失足跌进水塘浑身湿透，叫人哭笑不得。

电影放完散场，夜已深。漫天的星光在头顶盛放，乡村的夜晚里独有与自然亲近的气息，那长一声短一声的蝉鸣，各种收凳子、呼喊自家孩子的声音和笑语交织，村民之间彼此无隔阂的交流和其乐融融的氛围，在多年以后大家回忆起来，都是心里最柔软、难以再重演的一份乡情。

就是这样，电影放映员在乡间总是能受到热烈的欢迎，所到的地方生产大队队长都会热情接待，常常被争着请到村民们的家里吃上一顿好酒好菜。凭着放电影成就的好人缘，二大伯还经常可以在供销社以平价（更低的价格）买到东西。虽然90年代起随着改革开放的逐步深入，电视机渐渐普及，二大伯1990年就辞了职被调去乡里当办公室秘书，如今退休在家，可是那些年里与电影结下的情缘，也成为了回忆里的一份珍贵。

电影，就这样在二大伯的生命里已经成为一段不可磨灭的生命轨迹。如今回忆起昔日和电影相伴的时光，那些热闹拥挤、大家积极性颇高争着看电影的日子，二大伯至今难以忘怀。

主题旋律二：爸爸

"日出嵩山坳，晨钟惊飞鸟……"几乎是同时，爸爸的哼唱与电影的主题曲同步响起，他有节奏地轻拍着沙发扶手，摇头晃脑地陶醉起来。已经是第 N 次了，只要电影频道一放《少林寺》，爸爸必定会拉着全家陪他一起看。面对不解且不耐烦的我，爸爸淡淡地微笑着说："这啊，有我青春的回忆在里面。"我愣住了。

1978年，当爸爸还是个少年，和所有普通的中学生一样，他也热爱看电影。爸爸当时所在的壬田中学每两个礼拜就会组织看一次露天电影。托他哥哥——也就是我二大伯的福，爸爸总是坐在全场最中间靠前的位置，背后是所有人羡慕的目光。那时电影院是镇上唯一的大型公共休闲场所，若是逢圩去乡里的壬田电影院，两角钱一张的电影票从来都不用买。这让爸爸心里一直有着一份小小的骄傲，每次看电影，都有同学刻意讨好爸爸，笑得一脸可以沁出阳光来。

那时的电影都有一个规律，浓眉大眼的一定是好人，贼眉鼠眼的一定是坏蛋，生产队长一律是抽着旱烟袋的彪悍大叔，穿黑绸马褂的铁定是汉奸……特别是小孩子，看电影最大的快乐就是看谁能第一个指出潜伏的坏人。

《渡江侦察记》《地道战》《高山下的花环》……爸爸都能如数家珍。除此之外，引进的一批外国电影如《虎口脱险》也深深地印在了这些热血少年的心里。《第一滴血》里史泰龙端着枪冲锋扫射的英勇身影让爸爸直到现在谈起来还热血沸腾。1982年，国产彩色电影《少林寺》在全国公映，1983年才在壬田镇上映，轰动一时。街头巷尾，人人传唱主题歌《牧羊曲》，小孩儿都能哼哼几句。男生们则精心拣拾枝棍，假想自己正对敌舞枪弄棍，爸爸也自不例外。

"那种盛况，真不亚于你们现在追星，不过我们是集体追李连杰这一个星。"爸爸说。

我当然可以想象，想象爸爸曾经是如何和同班男生逃了一节晚自习，而后偷偷溜到人家后院围墙，努力踮起脚尖再看一遍《少林寺》的景象。我还可以想象，看完电影后的爸爸走在回学校的路上，走靠着围墙在昏黄的路灯下，渴望自己赶快长大成为银幕中的大英雄的隐秘愿望。

电影对于爸爸的意义，就在于他现在有空时，可以一遍遍重温老电影，哼起《牧羊曲》的时候，还能再次咀嚼那种年少情怀。我也随着爸爸一起轻声哼唱："日出嵩山坳，晨钟惊飞鸟，林间小溪水潺潺，坡上青青草……"

主题旋律三：大伯

从大伯已经爬上皱纹的眉眼之间，依稀可辨当年的威严与英气，不然年轻时明艳的大妈怎么会嫁给他，从 1976 年开始，一牵手就牵了近四十年。

据说一开始看上大伯是因为他的才干，曾经隶属福州军区的 32340 部队，大伯任过连长、师部组织科科长。婚后他们就定居在赣州市章贡区，单位里有发电影票的时候，他们就常常一起手牵手到人民电影院或红旗电影院看上一场电影。

80 年代，是电影院的黄金年代，电影题材变得更加广泛。青年男女们恋爱，都时兴约在电影院见面。而对于大伯大妈来说，借着电影院里昏暗的环境，那些令人脸红心跳的浪漫因素才有了制造氛围的时机。通过一两部像《庐山恋》这样的电影，来传达对彼此那份细水长流、情真意切的感情。

那时的电影院，设备简单，不过和上初中时的爸爸在瑞金的镇上电影院里木制座椅不同，这儿的座椅是普通的海绵座。观众们常常会自备零食进场，当然爆米花是不变的主角。

几十年如一日的风雨相守就这么一路走下来了，其中有初期的甜蜜，更有生活的五味杂陈。即使是后来有了我的姐姐，即使是后来不再年轻，两人也没有中断过对电影院的光顾。到底是电影见证了他们情谊的日益坚定，还是他们的感情为电影的日益茁壮注入了特殊的内涵呢？

无论如何，电影于他们而言，就是一种充满柔情蜜意的介质。随着时日的加深，他们对电影的热爱随着爱情一同成长。

主题旋律四：我

灯光亮了，音乐响了，电影散场了，银幕上的故事戛然而止。人们纷纷起立，我还呆呆坐着，任自己泪流满面。

这是 2011 年 11 月，江西省赣州市章贡区唐人轩国际电影城。这里拥有超大的金属屏幕，一流的放映设备和进口的环绕电影音箱，阶梯式的座位毫无遮挡。舒适干净的环境里，没有拥挤不堪、没有嘈杂喧闹。

2011 年，胶卷电影早已被数字电影所替代，画面的精致、清晰、流畅已算不得完美，IMAX 和 3D 技术才是新追求；2011 年，《第一滴血》已经拍到第五部，还是 35 毫米变形宽银幕，《新少林寺》自有众星云集，方丈英姿依旧不减；2011 年，大伯和大妈舒服地坐在沙发上过二人世界，享受家庭影院的便捷与惬意；2011 年，我这个不折不扣的电影爱好者已经习惯于在互联网上追新片，只要我愿意，随时可以把喜欢的电影片段"快进"、"后退"地翻来覆去地看上好几遍，还可以及时地在网上写影评，和众多影迷们一起同步分享我的观影感受。

2011 年，《哈里波特与死亡圣器（上）》在唐人轩国际电影城刚刚结束同步的全球公映。这是《哈里波特》系列电影的最终章，陪伴哈迷们走过 10 年青春的帷幕终于落下。于我虽未有 10 年之久，可是这么多年的回忆里，满满的都是关于它的爱和感动，如今却终于到了向这个系列电影挥手告别的时候，我甚至看到有人从影院走出来竟忍不住失声痛哭。大概是快要"奔三"了的一个成熟漂亮的姐姐吧，却蹲在地上毫不顾及形象像个孩子一样抹着眼泪。也许说到底，都是电影承载那份感动，一直生生不息地蔓延，一点点累积，然后在某个瞬间直指你内心最柔软的角落。

站在影城门口，我忽而想起了所有这些与电影的情缘，一段段主题旋律穿越历史而来，此刻，就像是岁月的墙角那台老式留声机，与各种弦乐交织在一起，流成一片波动的蔚蓝。而电影记录的那些时光的遗迹——心情、记忆，在这片蔚蓝里溅起了微小的涟漪，折射出时代变迁的缩影。

尾随光影，一路倾听而来，有细微琐碎的收获，更有对岁月、对历史的敬畏感。时代再怎么风云变幻都终究逝去了，然而印记还在，记忆的流传是亘古不变的。而电影，就是一种感情的载体，也是这份记忆的见证，那些暗色的长长的底片，就是最好的物证。无论是大伯、二大伯、爸爸还是我，或刻

二大伯的朋友珍藏至今的胶片。盒中所装的就是当年备受欢迎、给乡村里一两代人带去欢乐的胶片电影。

骨铭心、或难以忘怀、或热血澎湃、或垂泪动容，我们都在看别人故事的同时，看到了自己，看到了生活的真实。

过去的已经过去，未来正在来。拨动唱针，岁月的留声机会不停地转动下去，以期把未来的故事继续珍藏。我知道我们与电影的故事，还未完待续。

【后记】

开始知道有历史写作大赛的时候，我就充满了期待，不想错过这个尝试的机会。可是起初在脑海里搜寻材料时我才发现，原来自己对家族史的了解一直都是大片空白，陡然就信心倍跌。因为想到家族史，就感到命题广阔，无从入手。爷爷在爸爸小时候就去世了，甚至连爸爸对他的印象都不深；而我的奶奶又是80多岁的高龄，因为身体状况原因只能卧床休息，在医院疗养，不便询问那些过去的事情。后来在老师几番对我们的动员、鼓励下，我开始了不竭的思索。一段时间内都耽搁着迟迟没有动笔。

直到某天的历史课，是讲有关中国近代生活的变迁的单元，有关电影的部分。作为一个电影迷，我一直听得津津有味。忽而就来了灵感，想起二大伯上个世纪80年代在农村的公社里当过电影放映员，就萌生了要写一篇通过展现电影的发展来反映中国一小段历史生活变化的文章，顺便还可以了解一下有关电影的更多知识。想到这里，我兴奋不已，甚至想即刻就开始着手准备。

由于时间久远，想要取证就变成了一件很艰难的事情，那个时候，无论是二大伯、大伯或是爸爸都没有想到过要保存下什么，所以这篇文章就是我根据他们的口述内容进行整理和安排完成的。作为一个住校生，在学校是没有什么机会上网的。文章进行到后面，由于时间的关系，我几次都是在教室里等到几乎大家都离开教室去吃饭的时间，用班级电脑继续写。大家都以为我是"特别有料写"，只有我自己知道，我只是出于对自己这次灵感的喜欢和对电影的热爱才一直这么坚持想要完成，已经与起初功利性的心情完全不同。

暑假的时候，我回了趟老家瑞金。见到了二大伯，和他面对面的完成了更多有关电影放映的交流。当我提出想要拍摄些物证的时候，二大伯告诉我，当年的放映机早都已报废，唯有一台至今还没被丢弃安放在当年接过二大伯他们放电影"事业"的人家里。可是在我来之前二大伯就找人打听过了，后来90年代电影放映员的职业已不再像从前那样吃香，待遇也不理想。那个人已经举家到外省打工去了，很久没再联系到。这令我也十分的遗憾，不能亲自拍下二大伯当年使用过的那台放映机。等我再回到赣州后，二大伯打来电话说他有朋友将当年放过的那些电影胶片都收藏了起来，拍了几张照片问我能否帮上忙。所以就有了如上正文中的照片。

向二大伯他们询问这些有关电影的往事时，从他们不尽沧桑的脸上，我读出了回味。尤其是二大伯，表现得非常激动，拉着我和我絮絮叨叨说了很多回忆，满脸都是笑容。在提到当年放映电影前"暖场"节目一事的时候，还忍不住直接就给我唱上了那么几句，令我既开心又感动。而我们家，也因为我一直和爸爸讨论这些有关电影回忆的事情，变得十分怀旧。妈妈也兴致勃勃地加入了我们的讨论，正文中写到的那些看完电影的乡村的晚上，充满了人情味和乡情味的回忆，都是妈妈切身的体验。这直接导致了我们家很长一段时间都热衷地讨论过去的故事。不论那曾经是什么样的时代，都是他们爱的时代。

而作为新时代的电影迷，我自然有和他们不一样的感受。现在在影院看电影也许没有从前"露天电影院"里人与人之间无隔阂的亲近感，但是能同时给我们带来文明舒适的私人空间和与众人一同体验银幕故事氛围的双重体验；现在一个人在家里上网看电影或许显得不那么热闹、有氛围，但是自有一份可自主选择的便捷和观影时的随心所欲。而这些，都是时代发展、文化发展所带来的。

如此想来，我们的家族和电影可谓是有不解的情缘。不管时代怎么变换，这份对电影的热爱却一直流传了下来。也要感谢这次大赛，有了让我们共同追溯家族历史记忆的机会，让我这个90后，也能和长辈们在有关电影这个看似很新潮、实质延续了一个世纪发展的话题中找到情感的共鸣。

完稿时我长长地舒了一口气，像是跟着他们的诉说，完成了一次历史的旅行。一个人的兴衰荣辱相对于浩大的历史而言，是多么的微不足道，然而又是这么千千万万个人的命运一起连接起了民族的命运，我不禁油然而生对历史的敬畏。电影只是历史的一小部分，却也是一个不可或缺的主题吧。更重要的是，对于我的家族而言，它也是不能回避的一部分。相较于这些，我的文字如此苍白和单薄，只希望自己真诚地传达出了感动。

我的知青岁月
——大姑妈的口述史

谭小炫 | 广东省佛山市顺德一中
指导老师 | 冯波

看着第二届中学生历史写作大赛的通知，我心中有了跃跃欲试的感觉，也想写写自己身边的人和事。可是主题呢？我把家族的亲人们在脑海中搜索了一遍，就想到了大姑妈。当年的她，承担着我难以理解的重担，更有着我无法重复的经历；而如今的她，给我触动最深刻的，就是历经人生之后的从容，还有她爽朗的笑声。

于是，我决定去采访她。

谭××（应受访人要求，文中隐去姓名），女，1954年生，小学文化，广东省佛山市顺德区大良人，是本文作者的大姑妈。1970年作为知青，随团远赴海南，在海南度过了七年的知青岁月，于1977年3月返回顺德。本次访谈就是她对那段岁月的回忆与思考。文中小标题为本文作者所加。

采访时间：2012年8月19日

你爷爷奶奶一共生了我们六个孩子，我是老大。作为大姐，责任自然要更重一些，要照顾爸妈，还要照顾弟弟妹妹。年轻的时候，确实吃过一些苦，不过现在想起来，都已经过去了，也不觉得苦了。

奔赴海南

1970 年，我们顺德还很落后，哪像现在这么繁华！那时没有什么像样的工厂或单位，工作的机会也就很少。小学毕业后，我就一直待在家里。不过，我也不能总这样闲着，再说我又是老大，所以，我必须出去找事做。可是，工作机会少，也找不到好工作，我就去工厂做季节工，其实就是打杂，像什么烧开水呀，给仓库消毒呀，给工人熬粥呀什么的。下班回去了还要上山捡柴火，捡完柴火回来还要做饭，要照顾家里人。

就这样工作了二十多天，到 7 月末的时候，上面来了通知，说毛主席号召知识青年们上山下乡，到农村去接受贫下中农的再教育。过了好多年我才知道，原来毛主席早几年就发了这个号召，只是到我们这批的时候已经过了两年多。不过，那时我也不清楚具体情况，跟自己有没有关系也不知道。

有一天，来了人通知我，让我去镇上的大礼堂开会，我不清楚是什么事，但还是去了。会上说要派我们去海南，让我们发挥热情，建设祖国边疆。可我什么准备都没有啊，海南也只是听说过，从来都没有去过，光知道那里很远很热。从心里讲，我是不想去的。我刚刚找到工作，家里还有爸妈和弟弟妹妹要照顾。可这也由不得你，非去不可。

我记得那一天是 8 月 1 日，我们一群顺德的年轻人，带着简单的行李，挤在车上，等着出发去海南各个农场。大家从来都没有去过那么远的地方，而且根本就不知道什么时候可以回来，走的时候都是哭哭啼啼的。我没有哭。我们都只知道去海南，具体去哪里却不清楚，对前途都是一片迷茫，只能跟着大部队。

安营扎寨

我们都是年轻人，心情很快就平静下来，就当集体旅游了。大家走的时候行李都很简单，连枕头都没有带。到了农场下车后，才知道情况比我们预想得要糟得多，满眼都是荒地，野草高过了膝盖。但是也没办法，只能听天由命了。

当务之急是要找地方住下来，但现成的住房是没有的，一切要我们自己动手。在我们之前，已经有当地农场的老工人到这里考察情况了，还自己搭了一间茅屋。我们就学着那些老工人，自己盖。不过农场里没有能做屋梁和房柱的

当年的合照

大树，只能走十几公里的山路去找，又没有车，要一根一根地背回来。虽然树木已经去掉了枝叶，可还是很重，扛在肩膀上像针扎一样，右肩受不了就换左肩，左肩不行了就换右肩。我那时才 15 岁啊。现在我肩膀上还有两个拳头大的茧，背也有点弯，还经常腰疼，都是那时候留下来的。

把树都扛回来了，还要去砍毛竹。竹子虽然轻点，但也有 3 米长，每个人要扛 60 根。竹子太长，扛在肩膀上不好控制平衡，走的又是山路，所以脚步总是晃来晃去，很吃力。过小溪的时候还要蹚水，水打湿了衣服也顾不上。咬着牙坚持着，巴不得快一点回到驻地，卸下这些该死的竹子，好好休息一下。接下来还要割茅草铺在屋顶上。我们把一捆捆的茅草扔上屋顶，让屋顶上的工人接住、铺好。另外还要用稻草和泥巴做土砖、糊墙。大家都只十几岁，放到今天都还是小孩子，又是在城里长大的，哪里吃过这样的苦啊！

忙了一天又一天，总算在荒凉的农场里有了住的地方。后来条件好了，才把茅草屋改成了砖瓦房。

垦地开荒

安顿下来，就要开始建设了。先要把驻地那片荒地开辟出来，荒草都要割掉。割草对我来说不是难题，在家里我就经常去山上割草捡柴火。不过，在这个又荒凉又炎热的地方，割草这个简单的事情却可以说是危险重重。有时候埋头割着割着，突然一只不知名的大蜥蜴"嚓"的一下窜出来，或者草丛里盘着一条花花绿绿的毒蛇，把你吓个半死。有些知青在劳动的时候，蛇都钻进雨鞋里了，可他们还不知道。到现在想起来都浑身哆嗦。幸好那时候我没被毒蛇咬到，否则怕是连命都没了。

在水田里劳动的时候，最讨厌的就是水蛭。因为田地荒芜了很久，没有清理过，所以水蛭很多。在水田里待上一会，抬起腿就能看到黑色的水蛭。水蛭本来是瘦长瘦长的，可是吸了血之后就变得又肥又胖，你都不知道它们是什么时候跑到腿上的，也不知道吸了多少血。用镰刀刮走水蛭，腿上的伤口就往外流血。当时还不觉得，过一会伤口就会很痒。不过，没有人停下手里的活，毕竟比起繁重的任务，被水蛭咬只是小事中的小事。

事情很多，指导员、连长、班长不停地分调生产任务，而且任务又重，比如打洞放金字架，还有用稻草和稀泥做土砖搭泥墙。工作就这样月复一月、年复一年地干着，心里想着什么时候可以探亲、可以回家，哪个星期天又可以休息、可以逛街，以后是不是可以回城找一份好工作、嫁一户好人家。但是也只限于想一想。

海南气候炎热，夏季里又经常有台风，所以刚开始搭的茅屋是住不长的，必须改建成砖瓦房。当然，建房的石头需要我们自己去山上采。我们两个人抬着一根又重又长的铁钎，头里尖尖的，在大石头上凿洞，另一个人往洞里灌水。洞凿得足够深了，就往里面填上炸药，再接上雷管。一放炮的时候，感觉整个山都在摇了，空气中到处都是硫磺和硝石的味道，到现在都忘不了。我们就在山上把石头简单地加工成石条或石块，然后一点一点运回农场里。

住的条件改善了，就该改善伙食了。反正田地多的是，我们就在农场里种水稻、种小米，还有绿豆、芝麻、玉米等。我们还养猪养牛，不仅可以有肉打打牙祭，还可以解决肥料问题，因为种橡胶树苗非常需要肥料。

重中之重

我们去海南最重要的任务就是种橡胶树。那时候，中国的橡胶大部分只能从马来西亚、越南这些热带国家进口，而飞机、汽车的轮胎又需要很多很多橡胶。所以，毛主席就决定在海南和云南重点发展橡胶事业。我们就是去做这个的。

刚到海南，我们就被派去红光农场选橡胶树种。那时候大家思想单纯，积极得很，心想这关系到咱们国家的橡胶事业，无论有什么苦，都要咬紧牙关挺住。我们站在橡胶园里，风一吹，就听见种子掉在地上"啪、啪、啪"的声音，大家就很开心地冲上去，一颗一颗小心翼翼地捡起来，脑海里浮现着种子长大后变成橡胶树的情景，觉得很兴奋。红光农场里还有好多参天大树，几个人才能合抱过来，太阳透过树叶的缝隙零零星星地洒在草地上，格外美。不过，潮湿的地面上都是水蛭，看了让人浑身起鸡皮疙瘩，那感觉，一辈子都忘不了。

海南经常刮台风，橡胶树的根又很浅，所以在种橡胶园之前就必须先种防风林。幸好有推土机，不用自己手工劳动。地推平以后，我们就丈量尺寸，用白灰在地上画上一个一个前后左右距离相等的点，从飞机上往下看，整整齐齐。然后就在这些点上种下防风树，再在密密麻麻的防风树中间种上橡胶树。

别以为种树就是挖个坑然后把树苗埋下去那么简单。我们农场缺水，所以只能赶在下雨的时候种，这是规定。我们女孩子哪怕恰好到了生理期也不能请假休息，必须跟着大部队出去劳动。那个时候人本来就很不舒服，又要冒着大雨在外面，浑身湿淋淋地在那里种树。唉，现在想想，还真是挺残忍的。就是这么辛苦，种下去的树也不会出胶水，必须通过嫁接，然后培育五年之后才能割胶。

谈到割胶，这又是一件辛苦的事情。橡胶树娇贵得很，不仅根基浅不好种，而且必须在凌晨三四点的时候就要去割胶，太阳一出来，就必须停下手里的活了。一个人只能割一棵树，一般就只有一小杯胶水，可惜质量却赶不上马来西亚的。不过，收获的时候还是很开心的，看着自己用辛勤的汗水，把一片荒地变成了沃土，心里就觉得很骄傲。现在也还忘不了这种感觉。退休后，自己在家里的花园种瓜种果，就觉得是一种乐趣，一种享受。

如果说不辛苦，那是骗人的。有时候自己也想不通，我们在顺德生活得好好的，为什么要跑到这么偏远的地方来受这样的苦？不过，看着别人，那些学历比我高的、年纪比我大的都能坚持下去，我为什么不能？就是靠着这样的信念让自己坚持了下来。

苦尽甘来

我们都是年轻人，又长期待在一起，自然就有谈恋爱的了。不过，我不想谈。因为我不想永远留在那个地方，我想回家。别人忙着谈恋爱的时候，我就一个人去干活，不让自己闲下来，也不给别人接近的机会。当年呀，我是大家公认的种甘蔗能手。我一个人管一片甘蔗田，甘蔗种得整整齐齐，旁边的水沟也整理得干干净净，连草都没有。在队里，我是剥甘蔗皮最快的人，还有谁比我快？我当时总是一个人干活，这样就逼着自己不能偷懒了，因为剥下的甘蔗皮丢在身后，一转眼就堆满了，任务量又大，必须赶紧完成。所以，我现在摆在家里的花盆，都要一列一列、整整齐齐的，不然我就不舒服。要是哪里有灰尘或者蜘蛛网呀什么的，我都会马上冲上去吧它们弄下来。

我真的不想在那里扎根，总盼着回家的机会，1977年3月，我终于回到了顺德。当然，回来也是有代价的，就是我退休时的工龄不满34年又一个月，只有30年，所以我现在的退休金要比其他满工龄的人少好几百块。不过那时也不在乎了，只要能回家就好。

回来以后，我自然要承担起整个家庭的压力。我要独自去背米，去上山捡柴火，半夜要去打水，确实很辛苦，到现在还落下了病根。睡到半夜里我总是惊醒，总感觉还有好多好多事没做完。你二姑妈是医生，经常劝我要学会放下，可我总是激动地对她说，哪里放得下啊？根本就放不下。半夜一睁眼，就想起家里的生计，压力大得不得了，做弟弟妹妹的当然不能理解。

回顺德的时候，我遇到了一位从浙江返城的海军，也就是你现在的大姑丈。那时候的女孩子对军人都很崇拜，又何况他又长得非常英俊。所以我在心底就对他很有好感。不久，我找到了一家单位，去上班的时候，刚好又碰到他，原来我们在一个单位里工作。你说巧不巧！而且他对我又很好，我就觉得这真的是天赐良缘了。一来二去，我们就谈恋爱结婚了。你看你大姑丈现在还经常不老实，老跟我疯疯打打的。

回顺德参加工作以后，比起那些年龄较大的工友，我总觉得下乡时干的农活，把我锻炼得非常有耐力，不管做什么工作都不会感觉太辛苦。现在退休了，家里都是我一个人清洁打扫的，花园的花花草草也都是我一个人打理的。天天如此，不用请清洁工，不用求别人，什么都自己做，而且从来不偷懒。这些事也都不辛苦，比起那时候的劳动，这些算什么？一句话，七年下乡没有白过，给我这一生积累了不少的人生经验，还有克服困难的斗志。你看，我现在还怕什么？什么都经历过了，就什么都不怕了。什么事都不会轻易说我做不了，而是说，这很简单啦，只要怎样怎样就可以了。这就是一种魄力。

现在电视里好多讲知青生活的节目和电视剧，书店里也有很多写知青的书。看到这些，我就不免会想到那个时候的人和事。虽然很辛苦，但如果能再回去看看曾经生活和劳动的地方，该有多么好。2005年的时候，有一起去海南的知青朋友提议重聚海南，这真是求之不得。所以，我就跟着大家一起去了。现在，那个农场已经改名叫"海南省国营金鸡岭农场"了。我们到的时候，看到大大的横幅，写着热烈欢迎我们的话，就感觉自己好像劳模或者英雄似的，非常激动。农场的变化也很大，过去种得很多的经济作物香茅，已经被胡椒、咖啡豆、菠萝蜜、龙眼等取代了，环境也比当年优美得多了。现在的海南又繁华又漂亮，又有那么多的外地人愿意来了。看到这些，当年吃的苦也就不觉得苦了。

【后记】

整个采访过程中，大姑妈都从头笑到尾，是那种大声的、爽朗的笑。我不理解大姑妈为什么会笑，因为我没有经历过她那样的时代和事情。不过，这并不妨碍我被她的豁达与超然所折服。

我不知道该用一个怎样的词去概括和形容历史，是荒唐？是无奈？还是其他的什么？但不管人们怎么去想，历史就这样发生了和发生着，它没有对，也没有错，对的或错的，都是人而已。

她们那一代人又是错是对呢？

用大姑妈的话说，七年的知青生活有痛苦、有遗憾，但也有收获，所以也不敢说是好是坏。她说当年的磨砺，让她更珍惜身边的人，还有当年的队友，也更能深切地感受到时代的进步。当然，记忆深处也还有孤独时的寂寞，想家时的眼泪。

是的，时代真的是在进步，每一代人有每一代人的青春。现在我生长在城市里，不用像大姑妈那样离开父母远赴一个陌生、荒凉的地方，我们有着属于自己的时代印记，高考、网络、个性……我从心底里敬佩我的大姑妈，还有那个时代的那一群人，因为每一代人都在为下一个时代的人奠基，我现在的生活就源于他们。

站在精英教育金字塔底层的孩子们

陈丽莎 | 山东省济南市山东师范大学附属中学
指导老师 | 孟伟

"我们是差生？！"

1978 年，正值盛夏时节，"我们的心里却像隆冬时分，冰凉彻骨。""那段日子的心情好像坐过山车一般，收到高中录取通知书时是兴高采烈的，可一报到却无比沮丧，因为我们被分到了最差的班！"

这批新入学的学生在自愿选择文理科以后，被按照中考成绩分成了五个班。一班成绩最好，师资最优，被视为精英班级。而被分到五班的学生，是这些班中成绩最差的，教学资源配备不如其他班，一入学就如被判了死刑，升学希望渺茫。以优异成绩考入重点高中的他们怎么也想不到，自己一入学竟成了差生。

1977 年，由于"文化大革命"的冲击而中断了 10 年的中国高考制度得以恢复，许多国人的命运因此发生了不可逆折的转变。高考制度的恢复使高中招生工作也步入正轨。1978 年山东师范学院附中（现山东师范大学附属中学）迎来了恢复高考后的第一批高中新生。五班的孩子以优异的成绩考入重点高中，他们怀揣着理想而来，迎接他们的却是按成绩分班的巨大打击。时代不同，境况各异，那时考取好的大学就意味着毕业后有好的工作分配。学子们拼命苦读为的不只是心中报效祖国的理想，考大学其实具有更为现实的意义，那就是有份好工作，有个好未来。因此高考竞争极为残酷激烈，用"千军万马过独木桥"形容毫不为过。然而，突如其来的分班打击却让他们看不到未来的希望。

山东师范学院附中校牌

被扔出窗外的拖鞋

一入学就被编到差班，"我们在学校里始终抬不起头来"。升入大学的希望稀薄得如同太空中的氧气，"大家都丧失了学习的热情，捣蛋成了我们在学校中唯一的乐趣"。坤子是当时最为调皮的捣蛋包。有一天早上，他照例上学迟到了。寂静的教学楼中除了老师洪亮的讲课声，还有阵阵诡异的声响由远及近地向五班教室逼近。"报告！"坤子没精打采的声音打断了老师讲课，当老师严厉的目光扫向坤子时，坐在前排的王晨突然爆笑起来。原来那诡异的声响是坤子脚上的拖鞋发出的。在刚刚经历"文革"之后步入正轨的中国校园中，竟有学生穿着拖鞋来上课，这种恶劣的行径激怒了任课老师。"啪！啪！"坤子的拖鞋被盛怒的老师扯下扔出了窗外。当光脚的坤子被任课老师"押送"到班主任陈老师那里时，他的脸上却没有一丝愧色。"我那时候真是自暴自弃了，觉得什么奔头都没有，不守规矩、调皮捣蛋倒成了常事了。"

面对学生们的集体消极情绪，班主任陈老师不厌其烦、苦口婆心地开班会劝解，找同学个别谈话，但最终都收效甚微。"其实，当时老师们都很负责，他们并没有放弃我们。但是，一次次的考试成绩、一次次的年级排名还是在提醒我们，我们是差生，升学没希望。这样怎么会有学习动力呢？"

面对现实的残酷打击，放弃学习的人已不在少数。一天下午自习课，坤子本想约上几个同学翘课出去玩。谁知，英语老师来到班里盯着大家背单词，背不出的就得晚回家。这可急坏了坤子，要知道平时他是从不学英语的，"学那玩意干嘛，我又不会出国"。谁承想国家发展如此之快，如今想要出国探亲的他正后悔当时没好好学外语——此是后话，当时的坤子可不管那么多，说时迟那时快，坤子竟趁老师不注意跳窗而逃。幸亏教室在二楼，他又"身手敏捷"，才没有受伤。

在众多心灰意冷、自行放弃的学生中有一个例外——晓春同学。"她是我们班的团支部书记，这孩子不算特别聪明，但她一直很努力地学习，同学们都去玩了她还在学。"但是上苍并未眷顾这个刻苦的女孩，第一年的高考她不幸落榜了。"这孩子考完后找到我，她说'陈老师，我还就不信了，为什么人家能考上，我就不行。我还要考！'"或许是老天想要考验晓春的决心，第二年她依然未能如愿。就这样，这个倔强的孩子连考四年，最后终于如愿考上了大学，她当时开心的笑容至今仍让陈老师记忆犹新。

班主任陈老师在做化学实验

往事如烟，顾盼唏嘘

虽然这个班的成绩是全年级最差的，但正是因为大家有同样的失意与苦闷，所以，同学之间少了竞争造成的隔阂，多了亲如兄妹的温馨。"陈老师那时候对我们就像对自己的孩子似的。"虽然班主任也曾批评他们，但孩子们记住的依然是老师真心的付出。1980年，这个只有三个学生考上大学的毕业班散了，分别的时候每个人的脸上都书写着沉重与迷茫。

捣蛋包坤子如今成了书店老板，坚毅的晓春步入商界成为了成功的企业家。在这个曾经的差班中走出了为山大捐赠了3000万的企业家，走出了大学老师，走出了银行领导……走出许多支撑这个社会的中流砥柱。时隔30载，当年的失意少年如今已拥有骄人的成就，重聚首，忆往昔，谁人知，他们曾有过那样两年荒废的青春。白云苍狗，造化弄人，如烟往事俱消淡，回首顾盼遗慨叹……

【后记】

荒芜的教育，谁之过?

校史为谁而书？学校由学生和教职员工共同组成，他们如同伦敦大本钟上的无数零件，少了谁，时钟都无法正常工作。因此，校史不应只是知名校友和个别名师的，它应是属于所有在那里留有记忆的人。

我的祖父曾在我的母校（山东师范大学附属中学）辛勤工作了30余载。从普通教师到教育工会负责人、化学组组长再到教务处副主任，可以说，他的成长与附中的发展是交织在一起的。起初，我的选题是通过描写祖父的个人经历体现学校的发展历程。但是，在与祖父交谈的过程中我发现了一块更为宝贵的新大陆——普通学生。这个群体一直被人们所忽略，在众多的史料中竟没有一丝一毫是涉及他们的，他们成为了金字塔底的无名基石。他们的青春、他们的过往只留在了他们的记忆中，无人知晓。

在与祖父沟通之后，我选择了因高考制度而受损害最大的一个班作为探究对象，同时，在他的帮助下采访了该班几个有代表性的学生。令人遗憾的是史料已无处可寻，就连他们的毕业照也已遗失，记忆成为了还原这段历史的唯一抓手。尽管如此，我们还是尽了最大的努力去还原真实，感谢每一个为此坦诚提供信息的人，他们为保存这段珍贵的历史献出了一份力量。

本该意气风发的少年过早地颓废，本应生机盎然的课堂失去光彩，本是教书育人的老师无奈妥协，本该创造天才的摇篮急功近利，这些错，谁之过？

教育是什么？蔡元培说："教育是帮助被教育的人给他能发展自己的能力，完成他的人格，于人类文化上能尽一分子的责任，不是把被教育的人造成一种特别器具。"雅斯贝尔斯说："教育是人的灵魂的教育，而非理性知识的堆积。"

由此看来无论是优等生还是后进生，在高考指挥棒之下接受到的都不能算是真正意义上的教育。

这些孩子是最无辜的受害者，而真正扼杀他们美好未来的却并不是学校。高考制度，这一评价和选拔人才的制度公平却也僵化，正是它扼住了无数孩子命运的喉咙，让他们的未来在绝望中挣扎。我们无法抹杀高考的巨大功绩，高考之所以带给我们思考正是因为它的毁誉参半又"后患无穷"。高分低能、缺乏创造力、成绩好却有人格缺陷……不胜枚举的问题一直伴随着高考制度，至今仍未解决。在那些个因为片面追求升学率而被学校提前判了"死刑"的班里，有多少可塑之才被荒废，又有多少像晓春一样的孩子在苦苦挣扎？

制度的改变非一日之功，所以在现行的体制下，人们寄希望于学校拥有足够的勇气和定力，不被高考牵着鼻子走，以为那样就会少牺牲一些学生的未来，多培养一批真正的人才。可是高考的指挥棒不变，评价机制不变，这样的学校又如何能够生存下去呢？

"少年智则国智，少年富则国富，少年强则国强，少年独立则国独立，少年自由则国自由，少年进步则国进步，少年胜于欧洲，则国胜于欧洲，少年雄于地球，则国雄于地球。"国运兴衰系于教育，高考依然在一定程度上掌握着教育的命脉，小到个人命运，大到国家发展，高考制度的作用如此之大，对于其中的弊端不反思，不作为，不改变，国之未来将驶向何方？

爷爷奶奶的知青事
——我不曾知道的历史

陆梦婷｜江苏省无锡市锡山高级中学
指导老师｜刘强

　　知青，这个对特定时期特定人群的历史名词，对于95后的我们来说是挺陌生的。而我却不一样，因为我的奶奶爷爷当年就是两名知青。

　　1965年9月11日，200多名知青在人民大会堂进行最后动员，离开无锡，爷爷奶奶就是其中的两个。当时，他们并不认识，奶奶是原来无锡市四中的一名毕业生，而爷爷则是在新街巷毕业的。在那个年代，为响应党"社教四清"的号召，无锡每个学校都有一批初出茅庐的学生自告奋勇的向遥远的边疆迈进。新疆，这个神秘又陌生，遥远又荒漠，气候恶劣，环境艰苦，地广人稀的地方，奶奶爷爷一待就是15年。他们最美好的青春就奉献给了那片土地。

　　1965年9月，爷爷奶奶要经过四天四夜的旅途，那时他们互相不认识，只一种信念改变一生。西去的列车，载满了远大抱负的热血青年。没有承诺，没有同情，有的只是一份自己对生命的希望与坚守。终于到了乌鲁木齐，紧接着就是被分派到了各个地区，据奶奶说，当时她被派到了玛纳斯县新湖七场，开始了她的知青生活。奶奶跟着先一批的知青坐着马车，奶奶回忆道："我们坐着老乡驾着的马车来到连队，一只只烟囱在冒烟，当地老百姓都住在地窝子里的。地窝子是从平地往下挖出两米多深的大坑，上面用红柳条和梭梭树盖棚，睡的是土炕，坐的是土凳，用的是土桌，吃的是窝窝头和高粱面。"

　　我不禁纳闷，条件这么艰苦，奶奶怎么会这么踊跃积极地去呢？经由了解才知道，原来当时有新疆来的人过来宣传，播放电影《天山上的红花》等，那迷人的景色着实把奶奶吸引住了，那时的青年抱着一腔热血就投身革命事业了。殊不知到了新疆才发现原来宣传的和亲身经历是如此不同。电影里都是讲的城里，然而他们都是去支援乡村，那里的艰苦是无法想象的。

然而即使条件再艰苦，爷爷奶奶还是熬过来了。我不禁想他们是如何相遇相知的？总爱刨根问底的我缠着奶奶给我讲述了他们的爱情故事。

原来他们都被分配到了新湖七场的小分队，开始两人并不认识，期间"文化大革命"爆发，一次奶奶回到无锡，碰巧爷爷也回来了。两个人冥冥之中好似就有段姻缘，从无锡开始，那时两人算是有过一面之缘。后来两人回到了新疆，不约而同的来到了"宣传队"，从小能歌善舞的奶奶进入了"舞蹈队"。当时的"文化大革命"进行得轰轰烈烈，新疆也不例外，一群十几岁的青年聚集到一块。奶奶跳起了"忠字舞"，爷爷则在那时参加了"朗诵"。两个人都在宣传队里一起到各个小分队演出。当时奶奶年轻貌美，可以算是美女级别了，《诗经》说"窈窕淑女，君子好逑"，爷爷当然也不例外，久而久之，爷爷终于在奶奶面前取得了好印象。两个人的交流也更频繁了些。

日子就这么一天天的过去了，1969 年 3 月 10 日初中文化的奶奶开始当起了教师。当时只是在新湖七场教五六个学生，语文、数学都只有奶奶一个人教。虽然当时的生产环境挺艰苦的，孩子们只能坐在土堆起来的凳子上，趴在土堆起来的桌子上打开课本学习，但他们还是坚持听讲。

那时，爷爷正在机耕队里开拖拉机，本就善于

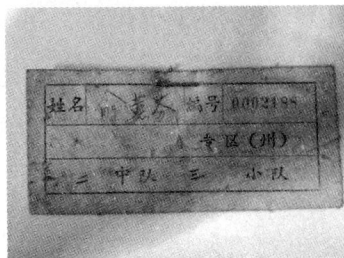

奶奶当时的"工作证"

交流的爷爷认识了当时分派到新疆来的军代表，两个人混得挺熟络。爷爷使了个小计谋，成功将奶奶"骗"到了手。他与军代表商量，将奶奶调到离厂部更近的二联来教书（其实本可以调到厂部来的，但当时爷爷奶奶还没结婚，这么大的调动太明显了）。本还纳闷为什么只调了她一个人的奶奶，在看到爷爷频繁出现在二联，聪明的奶奶也猜了个八九。爷爷向奶奶展开了追求攻势，当时的爱情是多么的简单纯美，然而并没有那么一帆风顺。

"文化大革命"最严重的那几年，一大群年轻人就迷迷糊糊地跟着人群去上街造反，爷爷也因此惹下了一些祸端。但那时他们连情况都没搞清，如今爷爷已经去世，无法得知那一段历史。隐约从爸爸那里知道，爷爷他们当时因为党派之间的斗争，各自有各自的阵营，而爷爷貌似是"造反派"，一次与"保皇派"产生了口角斗争，他们用拖拉机上的连环销子，把一根比竹子还粗的实心铁棍硬生生地打弯了。爷爷与另外三人被捉进了小黑屋，那群人好像要把爷爷活活烧死，幸亏爷爷那时年轻机灵，打破玻璃窗，死里逃生，连夜向好友借了钱回到无锡避过了风头。

不仅如此，据奶奶说，当时奶奶的母亲也成为了他们爱情的绊脚石。太外婆不同意这门婚事，她"门当户对"的旧观念根深蒂固。因为奶奶的母亲家本在苏州，是个大户人家，太外婆的父亲是苏州"申锡轮船公司"的经理，家中还挺富裕，太奶奶从小过着大小姐般的生活。据奶奶说："其实我的母亲还上过私塾，你想想看那时根本没有哪个家里的女孩子能读书的，我的母亲不仅上过学，还写得一手好字。在新疆的那十几年，我们都是以书信交流的。"也或许因为从小过着养尊处优的生活，旧时封建观念还是存在的。爷爷的家庭就没那么好了，爷爷9岁丧父，上面有个哥哥，两人相差19岁。爷爷的母亲是在人家家里做女佣养活他的，更为令我震惊的是，原来爷爷的母亲也在奶奶的母亲家里帮佣过，还伺候过太外婆。也或许是这个原因，两人的结合才会遭到种种阻挠。

但是爱情的力量是伟大的，1971年爷爷奶奶两个人私奔回无锡，领了结婚证。家里的阻挠还是没法断绝两人的来往，而爷爷奶奶也不断用自己的力量证明两人的结合是最正确的选择。

两人于1971年6月7日结婚，后回新疆——因当时户口证件都迁到了新疆，只得回去。于是1971年11月1日，奶奶正式调到场部小学教书。那里的教育事业也有了发展，从由奶奶一个人教五六个学生，到三个老师教十几个学生，再到后来的分年级、分班级、分学科地教学。奶奶就开始教一年级数学。从1969至1979年，她陪伴了一届又一届的小学生，教会了他们最基本的学习生活。

对于奶奶在新疆的生活我也挺想知道的。从小就学过谚语"早穿皮袄，午穿纱，抱着火炉吃西瓜"，这不，仔细一问才知道原来新疆的昼夜温差是挺大的，和我们无锡有两个小时的时差；昼短夜长，一天只需吃两顿饭；而且只分夏、冬两个季节。奶奶说："我们住的是用土堆起来的房子，你别看破，它可是冬暖夏凉。在那边生活挺奇怪的，像我们这边大夏天的都要把门窗打开，通通风还挺凉快，可在新疆，夏天都是紧闭门窗的，一是防风沙，二是最神奇的，就是好像把外面的热全都隔绝掉了，里面可凉快了。冬天也是如此啊！"

"那边的冬天冷吗？"我问道。

"嗯，还好，那边冬天最低温度有零下三四十摄氏度，但是那边是干冷，与我们这边最冷的零下几摄氏度没法比。但是那漫天的雪景也是蛮好看的！"说着说着，奶奶就流露出一些向往的情感。每每想到新疆，脑海里浮现出一段段的沙漠景象，我不禁脱口而出："奶奶，你们是不是出行都骑骆驼的啊？"

奶奶被我这么一问不由得捧腹大笑："我们那边不是沙漠，说实话，到了那边连骆驼都没见过呢，更别说骑了。年轻小伙子都是骑马的，而那群不敢骑马的小姑娘就坐马车。"

四十多年前，他们这群同喝太湖水的热血青年，踏上西出阳关的人生旅途。远离家乡，响应党的号

爷爷奶奶1971年6月7日领的结婚证

召，义无返顾地支援边疆建设。1978年末，十一届三中全会实现了新中国成立以来党的工作重心的转移。随着中央对知青政策的调整，全国各地上山下乡，支援边疆的知识青年的命运也发生了根本性的变化。70年代末，无锡对支边青年返回无锡的大门逐渐打开；80年代中后期，无锡市对知青政策逐渐宽松和人性化；90年代初，凡愿意回家的知青基本都调回了无锡，轰轰烈烈的支边运动也以绝大部分知青返回无锡而告终。

奶奶回乡还有一段有些沉痛的回忆。1979年4月，奶奶在新疆诞下了一个女孩，就是我爸爸和叔叔的妹妹。孩子十分漂亮可人，取名"陆珠"。但我的姑姑长到8个月的时候得了脑膜炎，夭折了。县里最大的卫生医院来专家检查，发现爷爷是病菌携带者，因为爷爷每天开拖拉机出去拉煤，接触各式各样的人，不免带了病菌。爷爷身强体壮自己没事，却在接触姑姑的时候把病菌带给了她，年轻的生命就这么没了。奶奶伤心欲绝时，政策逐渐开放，她想要回到家乡。

政策不放人，无奈奶奶只得去闹，扬言不放他们回去就把我姑姑抱去。那时姑姑已经走了，他们惧怕传染病菌，不得不答应了奶奶。而正因为奶奶这么一闹，其他在新疆想回无锡的知青们才都得以回来与家人团聚。奶奶叹了口气说："我当时就跟那群回来的人说，你们能回来是用我女儿的命换来的！"后来爷爷也回到了无锡。

五十年，弹指一挥间，悠悠岁月，如梦一般。当年的热血青年，如今都已年入花甲。然而，他们的心却常常牵挂着新疆，时刻怀念第二故乡，总想重返新疆，了却思念之情。

【后记】

一个台风的夜晚，家里停电了。闲来无事，一家老小围坐在自家搭建的庭院中，点着蜡烛，讲述着各自的故事。以前也断断续续听到些奶奶支援边疆的一些故事，每每勾起我的兴趣时，奶奶便欲言又止。这回，在我们的强烈要求下，奶奶原原本本地讲了他们这些知青的故事。刚开始，我还不懂什么是"知青"，用"百度百科"查了一下，原来是为了解决城市中的就业问题，从1950年代开始国家就组织将城市中的年轻人移居到农村，尤其是边远的农村地区建立农场。1955年毛泽东提出："农村是一个广阔的天地，在那里是可以大有作为的。"成为后来知识青年上山下乡的口号。从这一年开始共青团开始组织农场，鼓励和组织年轻人参加垦荒运动。

"文化大革命"的动乱使得中共领导意识到他们需要寻找一个办法将这批年轻人安置下来，以免情况失去控制。1968年12月22日毛泽东授意《人民日报》发表了题为《我们也有两只手，不在城里吃闲饭》的文章，其中引用了毛泽东"知识青年到农村去，接受贫下中农再教育，很有必要……"的指示，1969年许多年轻人因此下乡去农村。全国也开始有组织地将中学毕业生分配到农村去。从1971年开始，知识青年在农村的许多问题开始不断暴露出来，同时中共开始在城市中将部分工作分配给下放的知识青年。不过这样回到城市中的知识青年大多数是通过关系得到回城的机会的。

爷爷奶奶的这段历史就将我们家的历史谱写了出来，从中我了解到了他们知青的事，他们的爱情与困惑，工作与生活，变化与发展。知青的这段历史或许会随着时间的流逝，一辈一辈人的离去而渐渐被人们淡忘。然而，我希望我能记录下这些记忆，以供人们今后的回忆。通过这个活动，我与祖辈的关系更亲近了，奶奶也愿意在闲时，给我讲讲他们在新疆的故事、他们所经历的一个又一个的历史时期。我很愿意倾听他们的经历，那将会成为我"不劳而获"的财富。

那些年，父亲用过的名字

曲越｜广东省惠州市实验中学
指导老师｜张天琴

第一次改名

1958 年的深秋，来自西伯利亚的严寒似乎迫不及待地想席卷甘肃武威这座西北小城，这座小城的每个角落都开始刮起凛冽的风，落叶四处飘飞，扬尘弥漫了整个天空。在这个平常的季节、平常的日子，武威第十陆军医院的产房中，一个健康的男婴降临人间，他那啼哭声在医院的走廊里回荡着，同时也宣告着他一生的开始。而他就是——我的父亲。

祖母面色灰白地躺在床上，大汗淋漓，然而那一刻，她的脸上却洋溢着喜悦，因为这是一位母亲最幸福的时刻，站在一旁的祖父也为这个新生命的诞生愉悦着。待初生的儿子酣睡后，祖父坐回祖母的身旁，便与祖母商量起名的事情。

这时，祖父急忙从自己的布包兜里取出一本 1953 年版的新华字典，他翻了又翻，似乎一时找不到令他满意的字词。突然，他把字典一合，拍了一下桌子，一个名字在他的脑海中浮现了出来。

后来，祖母告诉我："你祖父一开始为你父亲取的名字我挺赞同的，因为你祖父说他那时迷上了哲学，而且当时部队里倡导并组织学习马克思主义哲学。你祖父认为哲学能陶冶人的情操，提升人的修养与悟性，而且能拓宽知识面。你祖父他希望你父亲能成为一个有知识、有涵养的人，毕竟你祖父出生于书香门第，于是就给你父亲取名'曲哲'。但后来，我真是越想越不对劲，"哲"

---

132 ｜ 课本上不说的历史 2

与"折"同音，难道让你父亲一出生就将面临着'曲折'之路？那怎么能行？不吉利啊！"

于是，在父亲出生了几天后，祖母叫来祖父，愤懑地表述了自己的想法。祖父听罢，也连连点头，随声附和。此时，祖父陷入沉思，他也不知道这个名字该如何改更好？但他偶然朝着医院花园中的怪石望去，稍加思索，突发灵感就改掉了父亲那个所谓不吉利的名字。这样，父亲就有了他的第二个名字——曲奇，意思是奇人奇才，非同一般。祖父希冀初生的儿子能够与众不同，有己所长。

第二次改名

父亲第二次改名是在他读小学时。

1970年的冬春之交，由于转业，祖父母早已把家庭从甘肃武威迁回了南京老家——浦口区石桥镇，此时父亲就读于石桥镇小学。父亲说，那年有一件事来得很突然，就在那个冬春之交，一位新来的班主任却促成了父亲的第二次改名。

父亲至今仍然清晰地记得那天发生的一切。他告诉我，那天看着班主任在拆读一封信件后神色变得凝重而伤感，他知道一定发生了什么，于是便注意到班主任走进了校长办公室。

父亲在南京石桥镇读书期间的生活照

"我当时其实没有过多的怀疑，虽然觉得原班主任有些反常，但是我没有太在意。真没想到，过几天我们就换了一个新的班主任，是从别的班调来的。当时我在班里担任班长，面对这突如其来的变故，真弄的我不知所措。"原来原班主任由于其母亲的病重，作为孝子，不得不请长假回乡探亲。

一天下课，我的父亲被新班主任叫过去了解班上的情况，父亲一番陈述后，便得到了新班主任的肯定与认可，得以继任班长之位。这个过程中，新班主任似乎对我父亲的名字提出了一个建议，他说："曲奇，你这个名与刘少奇同存'奇'字，刘少奇是受到批斗的走资派，是被打倒的人，作为班长，希望你的政治思想觉悟高一些，把名字改一下，以顺应潮流。另外，曲奇这个名字体现不出你做班长的威严，比如曲卫东，保卫毛泽东，不仅有威严，又符合潮流。"

父亲那天放学后一直在自己的座位上思考，思考改什么名字更能顺应潮流。父亲从小崇敬毛主席，他想了很多与毛主席有关的名字，但很久也拿不定主意。于是，父亲决定回家把事情一五一十地告诉祖父。

祖父坐在院子里的石凳上，眉头紧锁，然后缓缓的舒展开来，长舒了一口气，对我父亲说："你还小，政治上的东西少掺和，但是看你那么崇敬毛主席的份上，人又必须顺应历史潮流，就依你老师的意思叫你曲卫东吧！"

"曲卫东，多么神气的名字。"我父亲当时想。于是，我父亲也不知道从哪来的一股劲，跑遍了所有邻居和附近同学的家，目的只有一个，告诉大家他的新名字——曲卫东。

第三次改名

1983 年的冬季，南京飘舞着漫天的雪花，道路两旁的梧桐树披上了一层银装。就在这个时节，父亲从浙江湖州转业，回到了南京等待安排工作。

当父亲回到南京石桥镇，已经是黄昏了。父亲

父亲在浙江湖州的从军掠影（第一排左一）

打开那道熟悉的铁门，便看见了久别的祖母。祖母在院子里择菜，乍一看，食材十分丰富，这就预示着晚餐的丰富。祖母见我父亲回来，急忙放下手中的菜叶，上前拥抱。那天傍晚，我的叔叔和姑姑也都回来了，一家五口已经有一段时间没有吃过团圆饭了，早已耐不住性子，恨不得早日团圆了。

祖父很开心，他在那天的团圆饭上开了一瓶自己50年代初青南剿匪时保存下来的陈年白酒。"酒倒杯中，酒色有些泛黄，酒香沁人心扉。那顿团圆饭我今生难忘，因为它不仅使我获得了家人团聚的喜悦，更重要的是它成为了我的一个新节点。"父亲说。席间，我父亲和祖父谈起了工作的问题，祖父说："我有个老朋友是浦口区的组织部部长，以前经常来我们家，而且见过你，他对你应该有印象。你可以联系一下，看看他能不能给你安排工作。"

第二天，父亲起了个大早，按照祖父提供的地址，拜访石部长。

坐了40多分钟的公交车，一路颠簸，父亲终于来到了浦口区委组织部，但到了石部长的办公室却发现没有人。正当父亲准备离开的时候，石部长刚好回来了。"你就是卫东吧？我是你父亲的老友石叔叔。好久不见，都长成小伙子了。"石部长说。

"石部长，你好，这是我的履历，请您过目。"

石部长看完我父亲的履历时，他语重心长地对我父亲说："什么都好，就是你的名字有一股很浓的'文革'遗风。你看，中国改革开放了，'极左'的思潮已经消退，那些'卫东'街、'红旗'巷，现在都被要求改回它们原有的地名，我觉得你的名字也应该改一改了。"老部长很有文化底蕴，他开口就说："就叫文东吧！一是名字改动不大，二是寓意着文化的东方。"

当时父亲一想，觉得有道理，于是就拿着组织上开好的介绍信到派出所改了名，这样就有了我父亲第四个名字——曲文东。寓意是弘扬东方文化，同时希望自己的名字如同东方文化一样博大精深，能适应改革开放的历史大潮。这样，父亲的名字又一次跟上了时代的步伐。

名字的激励

自从父亲有了"文东"之名，对读书的渴望日渐强烈，父亲对我说："我这个名，应当配上一个有文化的人。"的确，在1983年父亲转业到地方，学历上写的是"高中"，对于日渐开放且重视学历的中国，这个"高中"学历似乎不再那么光鲜。高中毕业的人越来越多，高中学历变得普通，读大学成为越来越多追求高学历的人群的选择。当时，我父亲也清楚地看到了这一点。

1985年，在南京浦口区人民医院办公室搞行政工作一年后，父亲毅然鼓足勇气报名参加南京市的成人高考，从此他起早贪黑专心备考。父亲对我说："成人高考备考很辛苦，毕竟记忆力等方面不如学生时代，很多困难需要我去克服。那段时间为了考好，我发奋读书，早晨六点起床，晚上十二点入睡，就像鲁迅先生所说的'把别人喝咖啡的时间，用来学习知识了'。我深知，在这个崭新的时代，没有一个好学历就意味着落伍，就意味着工作和生活更为辛苦，我已经被'文革'耽误了，难道还要被安于现状的思想再次耽误吗？自从起了'文东'之名后就更加坚定了我获得更高学历的信念。"

逝者如斯夫，不舍昼夜。父亲终于踏入了他实现理想的考场，父亲对我说："那天的考试现场，人山人海，有许多戴着大框眼镜的人，我俨然是步入了知识分子的殿堂。当时考场里来了那么多戴眼镜的人，我心里就犯嘀咕，心想他们一定比我文化水平高吧？顿时就产生了一丝胆怯，但很快胆怯就被一股战胜困难的勇气打消了。我想，我准备了那么久，鹿死谁手还不一定呢？我只有跟他们拼了！尽力而为之，考出我自己真实的水平就行了吧。"

功夫不负有心人，父亲在那次成人高考中一举夺得南京浦口区第一名，他所熟知的几个中专生都没能考过他。父亲以全区第一名的成绩考到省委党校哲学班进行脱产学习。通过三年的脱产带薪学习，毕业后被分配到了南京市浦口区委党校工作，从此便开始了他的从教生涯。于是，他开始深入研习马克思主义哲学、政治经济学和党史。

在党校工作期间，父亲一个月就有八百多元的工资，不愁吃穿，家里还有一台摩托车，最重要的是父亲的能力得到了进一步的锻炼。有句话说的好，知识改变命运，我父亲就是一例，有了知识，"文东"之名也不枉配上了一个好主人啊！我父亲从此走上知识的讲台，成为党校一名优秀的讲师。

父亲常说，他走过的那些年代，虽一共起了四个名字，但这"四个名字"都打下了时代的烙印。现在要回顾那个年代的历史，以点带面，就拿老爸曾经用过的四个名字去作诠释，就能真实再现当年的历史。

【后记】

　　每个人都是自己的历史学家，我父亲就是他自己的历史学家，他的过往，他的悲苦，只有他自己最清楚。我父亲经常和我提起的就是关于他名字的故事，因为他觉得，他的前半生用这四个名字作诠释，再好不过。从父亲的第一个名字到第四个，每一个都有其独特的历史含义；从第一次改名到第三次改名，每次改名都有其特殊的历史缘由。父亲改名让我这个90后感到不解和繁琐，而现在看来这繁琐的魁首不正是父亲经历的那段"曲折"历史吗？虽然这些都是父亲的私人经历，但其折射出来的却是背后的大历史，每一次改动恰好又能衬托和反映出那些年代的历史图景。历史往往能通过以小见大的方式被找到，利用其中的关联性，就能通过小事物发掘出历史的大背景。

　　我是个历史迷，历史书与我形影不离。我读课本上的、课外书上的历史，但对于家族的历史，自己身边的历史却有些茫然。通过参加"全国中学生历史写作大赛"，我那颗好奇的心似乎重燃了，有了发掘身边历史的冲动和责任。这是我第二次参赛，我的热情不减、乐此不疲，源于心中抵抗失忆的强烈愿望。

　　文章最后，我想说：我们每一个普通人都应该用自己的行动，去记载和维护国家的历史、家族的历史。时刻认识与了解我们的国家和家族，虽然它可能饱含着荣耀和屈辱，但它们是紧密相联不可分割的整体。我们只有牢记真实的历史，才能让身处这个时代的我们不会出现记忆的断层，才能使属于国家、民族、家族的历史风雨无阻地延续和传承下来。

时光踩过的路

成施晓 | 北京市潞河中学
指导老师 | 刘娜

青春——吾家少年初长成

1958 年，江西省高安市，一个小村庄里。

少年以优异的成绩考上高安中学，他的眼神干净而明亮，熠熠生辉，充满朝气。16 岁，他的人生才刚刚起步。

他 7 岁时，新中国成立，到如今不过刚刚 9 年。这样一个刚刚起步的国家，对于这样一个朝气蓬勃、充满理想的少年而言，无疑是最大的动力。

高安中学，全省五个重点高中之一，他终于拥有了入学资格！父亲没读过书，吃了不少不识字的苦头，所以对知识很看重，曾经语重心长地告诉他要认真学习，要有文化，做一个有用的人。作为儿子，他想要替父亲完成未完的心愿，如今，他算是朝着这个心愿迈出了扎实的第一步。

以往的这些年，他都生活得比较幸福（相较于之后的日子）。他的父母都是农民，家里不算富裕但好歹也不愁吃不饱，外面一些地方打的那些个战役也都与他无关。只是这几月举国"大跃进"，搞得他学也没法上了，每天早上都跑到 50 里外去拉铁，回来已是晚上，学习只能自己加班加点。但现在考入了心仪的高中，那些苦和累仿佛都不存在了。如今的他，正希望借由高中再为自己的人生加一把力，做一个对社会有用的人。

梦想——花开花落不得久

"什么？！怎么可以这样？"少年惊诧而暗含慌张的声音回荡在空旷的校园，惊起一群鸟儿扑棱棱地飞向灰色阴霾的天空。

"我们怎么了？你啊，不能在这里读书的。"学校负责人惊讶地看着反应如此激烈的他，皱皱眉，诚恳地劝道，"不过就是回农村嘛，这也是为了乡村的发展，那不是你的老家吗？亲戚都在，人熟地熟的有啥不好？"

"可是我真的很想上高安中学！拜托你，求求你，请让我念书吧！"少年急得快要哭了，他对未来有过千百种想象，也想过若要有所作为必先要有一番磨炼，可从未想过会在梦想刚刚起步的时候，出现这种情况！

"哎呀呀，你这小子怎么这么多事！这里不要你，我们最多保送你去师范！以后回去当个老师，有什么不好……"负责人被少年的态度弄得烦了，他从未见过如此执拗的学生。"我还有事呢，大门认识吧？我就不送了。"撂下这句话，他不耐烦地转身离去了。

少年孤零零地站在空旷的校园，不知所措。一瞬天崩，一瞬地裂，理想与现实的激烈交战，他视若珍宝的理想被不留情地碾作一地细细的尘埃。

秋风乍起，随着低低的哀吼吹落一树枯枝残叶，沉沉地哀悼他残败的第十六季花期。而少年沉默地垂下头，用力地抿了抿嘴，随后昂首，大步流星地走出校园。

孩子——你是人间的四月天

几年光阴如流水一般逝去无痕，不经意间，少年已经成长为青年。

1964 年，已是 22 岁的他，比之当年轻狂年少时稳重了许多，不再总想些有的没的，他的目光更多落在现实上，现在，而不再是将来。

今年父母做主给他成了家，他并没有什么感觉。事实上，自从上高中被拒绝之后，他对待事情几乎都是这样，仿佛没有什么能在他心上留下痕迹。而曾留下最深痕迹的这件事，他不再提及甚至记起，自那以后，把它丢在回忆里最阴暗的角落。

这几年为工作奔波，他磕磕绊绊跌了不少跟头。此时正赶上"四清"运动，在一个小工厂管理财务的他也不由得更小心翼翼。"我得小心过活，以后父母还要靠我养活，而如今又有了妻子，这些都要靠我……"他常常想着。

时光就在日复一日的奔波劳作中溜走，1966年4月，青年有了第一个孩子，是个男孩儿，一个可以寄托期望的孩子呵！

当听到孩子的第一声哭啼时，青年綦的心里一震，那一刹那，他仿佛感到一束阳光照进了荒芜的人生原野，这么多年来忙忙碌碌的机械劳作一下子就有了意义。这个孩子的降临让他迷失的灵魂找到了新的方向，一条崭新的康庄大道自他面前延伸至遥远的未来。

未来，他看到了未来，那原本即将被他一辈子遗留在字典第502页和第275页的两个字，被这个孩子联系起来，终又相会。

他有了一个孩子，这是他生命的延续，是他曾经理想的复生和寄托，是他新的希望。

纷杂——苟全性命于"乱"世

1966年5月，"四清"运动还未结束，"文化大革命"又来了，世道愈发艰难，"战火硝烟"四起，批斗盛行，人人自危。一次到宜春出差，他亲眼看见一个人被人从旅馆楼上的窗户推下来，尸首他没敢看，想必也是不好看的。又是一个在"挺刘"与"倒刘"中选错了答案的无辜人吧，他深呼吸以平复猛烈的心跳，快步绕过那群人。

一个月前才刚刚有了孩子，家庭又添了负担。已成为家庭支柱的男人愈发地小心，谨言慎行，把"君子敏于事而慎于言"的古训实行得彻彻底底。客气和善，待人有礼，这使他在纷繁世事中保得一处存身之地。

"莲啊，"一晚，男人终于下定决心对妻子说，"我总这样出差也不是个事，总要借钱，而且在那位置上总被盯着也难过得紧。我想着吧，干脆辞了工，回来和你种地吧。"

朦胧的月色中，贤惠的女子温柔地笑了笑："一切都听你的。"

于是，男人辞工返家，做了生产队的会计，一段时间后，他又当了队长。

1970年和1975年，又有两个儿子先后出生，家庭负担日益繁重，生活更加拮据，孩子们有时也只能吃糠饼过活，鸡蛋只有过大节才能见到，就这样节省，年年还欠生产队的钱。

那时社会动荡，好在乡村比较偏僻，青年又算是比较有名望的人，担惊受怕中生活也安然度过。而那个重新给父亲带来希望的长子，也渐渐长大，成为一个很优秀的学生。

贫穷——无处话凄凉

彼时初中，孩子偏科厉害，数理化极好而英语极差。中考时，已是1981年，孩子不出意外让英语拖了后腿，没能考上高中。

但幸好他的数理化很棒，有老师特意找上门来，想带孩子去市里读书。男人失落的双眼一下子明朗了，可举目四望、家徒四壁，他的心在现实中又慢慢变冷，眼里漫上的一层迷雾或许叫作遗憾，或许，叫作绝望。

孩子很优秀，比之当年的他有过之而无不及，但他却没有钱供孩子上学，上高中要的费用并不少啊。当年，是学校扼杀了他的理想，而如今，却是他自己不得不亲手扼杀孩子的未来，顺带灭亡了他即将开花结果的希望。

这种事，教他如何跟孩子说？

现实并没有给他太多的考虑余地，那时是80年代初，"土地承包责任制"已经在村里实行，家里正缺青壮年劳动力。都说"穷人的孩子早当家"，事实的确如此，太多太多的挫折磨难让他们提前懂得这个世界。孩子非常懂事，他主动找了父亲，告诉父亲自己要放弃上高中。

晨光里，孩子逆光站立，面容淡然沉稳，脊背挺立如雨后新竹，充满生气和力量。男人坐在椅子上微微仰头看着他，有一刹那的失神，从这个孩子身上，他似乎看到了他当年没有的东西。

他死死地盯着孩子的嘴唇，看着它在一开一闭间为自己摧毁两个梦想开脱。他听到孩子的话，语音是他当年从未有过的平稳。孩子字字清晰："爸，我想我还是不要上高中了，没关系的，家里穷，还有两个弟弟要养，现在实行承包制一样可以多赚钱，上不上学没啥区别。"

孩子逻辑分明："您看，我偏科很严重，虽然数理化很好，但仍然考不上好大学，那就没意义了，还不如在家种地。"

孩子理由充分："两个弟弟不能一点文化没有，无论成绩好不好都要学些，不然他们将来一点出路也没有，我学得已经够多了。"

男人觉得自己被说服了，他忽然意识到当年的自己是缺了些什么。筑梦、踏实，两者都作为通向成功的条件，但它们是相辅相成缺一不可的。仰望星空的同时需要脚踏实地，他过得太舒服，他远没有孩子这样通晓人事。

他忽然有种莫名的不甘，明明是这么好的孩子，明明是这么有出息的孩子啊！令我骄傲的孩子，你可知道，你做出的选择可能会使你一辈子只能面朝黄土背朝天，为生计担忧，被贫困困扰！

他把这种担心对孩子一一言说，眼神焦急，情绪激动，这是自当年后第一次有什么在他的心湖激起如此大的波澜。可他悲哀地发现他的劝说是多么的苍白无力，他更加悲哀地发现他的内心是在同意孩子——即使他嘴上说着要借钱供孩子读书。认识到这些的一瞬间，男人已如泄了气的皮球，垂首不语，默默同意了孩子的意见。

当兵——初见天窗一点明

儿子辍学后在家里帮忙干农活，但他从来都没有放弃寻找一个机会，一个能走出去的机会，一个能完成父亲心愿的机会。为了这个机会，他默默等待着，这一等就是三年。

1984 年，年满 18 岁的孩子参军了。离别时，男人和妻子一路从村里送到南昌。分离时，妻子早已泣不成声，男人也不禁眼泪长流。

儿子很坚强，他没有哭，只是用那般不舍而无奈的目光，静静地看着父母。

男人看着儿子背着朝阳站立，脊背挺直仿佛永远不会弯折，恍惚觉得自己又回到了儿子劝说自己的那个早晨。男人用手背使劲抹去脸上的泪水，他不能让儿子走得这么挂念。

他暗自深吸一口气，扳过儿子使他面向即将离去的方向。"走！"他声音不大却语气坚定地说。儿子下意识向前走了几步，反应过来后又转回身，默默地看着父亲。

男人咬咬牙，大喊："你走啊！不要回头！"前面有你的光明，前面是你的前途，不要回头，快走吧！！！

儿子怔了怔，终于毅然决然地扭头离去。在他身后，他看不见的，是强忍哭声的母亲，和望着他离去方向久久失神的父亲。

儿子走后，男人终于了却了一桩心愿，他觉得这三年来压在心头的沉沉大石一下子消失了。与此同时，两个小儿子正逐渐长大，"土地承包制"加上一家人的辛勤劳动，生活渐渐好起来。不过，这在男人看来并没有什么，他已经是年近半百的人了，经历了半辈子的风风雨雨，对什么都看得淡了。能让他高兴的是，参军的大儿子去了北京，有了北京户口，还找了个读书很厉害的媳妇，所有的这些，都是作为父亲的他想都不敢想的。

1996年初，大儿子结婚了，婚礼很低调，只有双方父母和一些兄弟姐妹参加，但已经上了年纪的男人仍然很激动。他为儿子骄傲，也为自己激动，时光交错，两代人的追求和梦想，最终落在同一个句点上。

变化——天翻地覆慨而慷

"10，9，8……"在全国人民洋溢着喜悦的倒数声中，2000年的新年钟声回荡在华夏大地，奏响新世纪的第一乐章。

老人携着老伴和子孙走在平静的河畔，头顶深蓝的天空不时绽放绚丽的烟花。他身边是热闹的人群，人人周身萦绕着欢乐祥和的氛围，笑声中那仿佛要溢出的幸福感柔和了城市冰冷的棱角。

老人和老伴是今年被儿子接到北京来的，儿子和儿媳都很忙，只能拜托老人带孩子。北京的生活比乡下更滋润，发展也比乡下更快，如果说在村里的劳作还能依稀找到当年的感觉，那么北京的生活则与它一点相似处也没有。乘火车来到这里，老人感觉自己仿佛是在途中的隧道穿越了时空。这种繁华舒适的日子，总让他感觉置身梦中。

这里的日子太幸福了，是老人简直不敢想象的。这里有手机——可以揣身上带着走的电话，随时可以和千里之外的人聊天通话；这里有热水器，不用烧火就能把水烧热，真方便；这里还有电脑，那东西太高科技了，他不会用；这里还有空调，那玩意可比风扇管用多啦。这些东西，他以前在村里见都没见过。

不过，这大城市的生活他总是适应不来。这里每个人都把自己锁在小房子里，也没啥人可聊天；这里的人不知节俭，吃剩的饭菜都倒掉，衣服明明还没破就被仍在一边不穿了；还有那些年轻人追求什么发型衣服时髦啥的，他一点都不理解，那玩意儿有啥用？这里的生活节奏快，人们都是从年头忙到年尾，不像村里，不忙农活的时候悠悠闲闲多快活；这里的社会治安也不好，出门还要小心某些人偷抢，不像村里，大家都乡里乡亲的，谁也不好意思做这种事。

年轻时总想往外闯，可现在老人觉得还是村子里好。如今经济发展了，村里的生活已经很让他知足，而且村里空气清新，景色美，人也傻乎乎的好。他决定把孙女儿带大点后就回农村养老。

光阴流转，尘埃落定，当年那个高傲而倔犟的青年已年近古稀。回首曾经的过往，当年那些看起来难以忍受的艰难困苦，如今仿佛一场朦胧的梦，那么那么遥远又那么那么清晰。站在现在回首过去，老人心中早已没有了当初那么强烈的情感，一切都被时光编织的膜隔开一层，显出雾里看花的美感。

老人已经不在乎以前的大半辈子怎么过，老人只想以后的日子好好过，揣着自己在成长和磨难中得到的，大多数现代人没有的珍宝，好好过。

注：文中从少年到老年的主人公就是我的爷爷，他的长子就是我的爸爸。

【后记】

这次的写作确实让我认识到很多，尤其是关于那个年代，那个我几乎不曾投入精力了解的年代。

在此之前，我总是在关注着现在，展望着未来，读着我所谓真正"历史"的那部分史书，然后陶醉在"学识渊博"的称赞中，满足地对自己说，够了。却原来已放弃身边的珍贵回忆，与真实的历史几乎擦肩而过。

我在写作期间曾特地在字典里查了"历史"一词，大体来讲，它指"已过去的经历、事实及其记载"。突然意识到，原来时间走过每一分每一秒都是在创造历史，不光是那个年代，就连每个人的人生，都是一份历史。

赫尔巴特曾说，历史应该是人类的教师。

历史以过去的经历教育现在，正所谓前事不忘后事之师。它传下的不仅仅是治国良方、文韬武略，更多的还有为人处世的态度和做人的艺术。

我从爷爷以及父辈的成长经历中认识到：人人都要经历苦难，我们要从挫折中找到清醒，找到本真，学会担当，学会知足，学会看开。人生总会有不完美，而在我看来，人生的不完美是为了让人本身更臻于完美。没有痛苦的人不知道珍惜快乐，没有失去的人不知道满足得到，有了珍惜、满足这样的品质，对"不好"多一份忍耐，才能看到生命中更美丽的东西，人也才更加完善。

这次的历史写作是我从未有过的经历，它对真实性的极度追求（录音），让我在感到新奇之余，也认识到历史的严谨性。是的，人们可以随意写任何一个故事，它可以发生在任何一个时代，可以是多么光怪陆离的一个故事，只要它不是历史。而一旦被贴上历史的标签，那你笔下的文字就充满了时间的沧桑感和沉重感，并且，最重要的是，你要对你记录下的历史负责。这是我第一次有这样强的责任感。我要对我的故事负责。

不可否认，国民的命运是和国家紧密联系在一起的。一旦有了"山河破碎风飘絮"，就会有许许多多数不尽的"身世浮沉雨打萍"。所以，纵使现在的社会不能给你得以升华的磨难，也要感谢它为你提供的安稳家园。那是一个安全的小窝，没有战乱，没有饥荒，没有随时可能出现的明枪暗箭，你可以在午后暖暖的日光下晒太阳，小窝让你很幸福，有国才有家，国泰才能民安，这些以前我看起来很大很遥远的道理，变得如此亲切和生动。

最后，这次写作还引起了我关于人生、社会、国家的没有准确答案的思考。我们的国家在最近的三十多年里走过了一段不平凡的历程，这三十多年里，经济迅速发展，不管是人民的生活还是国家的实力，都有了翻天覆地的变化。生在这个时代的我没有觉得特别的不妥，但是这次在和爷爷、爸爸谈以前和现在不同的时候，他们不约而同的对已经逝去的那个年代表达了强烈的怀念，这只是他们单纯的怀旧，还是我们在发展经济的过程中确实丢失了什么东西？比如淳朴、比如诚信。在物质生活如此丰富的今天，爷爷和父亲对过去贫穷时代的怀念又让我在想：对于人的一生来说，到底最重要的是什么？物质还是精神？

不过几十年的时间，一个家庭再普通不过的历史，已使我受益良多，我越发感觉到那么幸运生在这个拥有千年漫长历史的国度。希望我以后能从历史中获得更多的智慧，也希望我们历史悠久的祖国在未来有更好的发展。

时间的味道

杨可欣 | 江苏省扬州市扬州中学
指导老师 | 张娟娟

十六年的光影斑驳间，我的奶奶几乎经历了她人生中最重要，也是最不能遗忘的时刻。时至今日回忆成文，也是对这段历史的最大安慰吧。

一、只有多情流水伴我行

1963 年，奶奶作为知青下乡江都渌洋湖，成为一支生产队的队长。当时农场下有生产队，每个生产队负责包不同的农活，例如种田、养蚕、养鱼等等。奶奶带领的队伍负责了十三四亩的的鱼塘，一旦农忙起来，整个场面足以激动人心。一个二十几岁的年轻姑娘，带领一批同事忙活如此大面积的渔场，从不嫌累叫苦，让所有人都对她佩服之至。如今说起来，奶奶脸上的喜悦和骄傲还溢于言表。

说起她的鱼，奶奶的眼睛里一直闪着光。她的鱼塘里有青、草、鲢、鳙四种，数量多到眼花缭乱，也根本无法去计算。四种鱼需要吃不同的鱼食，那时不可能有市场，奶奶每天四点起床，不忙着自己填肚子，先忙着为鱼找吃食。青鱼吃小螺蛳，一筐一筐的螺蛳就得往塘里倒；而鲢鱼和胖头鱼只吃水里的浮游生物，那塘子里的营养是不够的，奶奶必须从农场外去挑粪水下肥，这几乎是每天的功课，作为队长，她没有理由退缩。没有足够大的交通工具，化粪池里完全没有经过处理的粪水就直接一船船运来，且不说那味道人如何忍受，运来了还要倒进这十三四亩的池塘。有时可以站在船沿上，象征性地离那些东西远一些，但是到了最后，剩下的流到了船舱底部，就必须下到舱底，站在粪水中往外浇。一个姑娘做这些事情，50年以后再回忆，仍没有一点不愿与愤恨。当她做到最后，已然闻不到任何气味，抬起手，指甲里，袖子口，衣服边，哪里不是被浸得黑漆漆的，但是真正日复一日做完了这些，人又哪里还会有恶心的感觉呢？

草鱼只吃水草，奶奶说不上来那种水草的学名，但凭她多年的经验，一眼就能认出。水草是要从作为草场的天然池塘里割来的，一只大船，三个人，船尾一个男人撑篙，船头力气最大的男人割水草。这割水草，绝对是体力活。工具只有一根长竹竿，在伸入水中的那头两边各垂直绑上一把镰刀，这就成了一个简易的割刀。更手巧的是，这刀是活动的，一推向前，一拉向后，一推一拉之间，水草就被拦根砍断。听起来很容易，但没有经验的人可是完全不能上手的。

而奶奶呢，一般就站在船中间，用竹竿捞割下来的水草，再装载在船上。就这样，湿淋淋的竹竿铺满了厚厚的水草，抢一天胳膊下来谅谁也吃不消。有时草源丰富，那可就是大喜事了，一船人跳下河里，用身体去围捕那调皮的水草，抱得浑身汗水河水湿淋淋的，只有一股子青草味，但那满载而归的喜悦可以冲淡一切辛苦。有时不逢时，凌晨三四点天黑着出门儿，天大亮也没有一点草的影子，那可就糟了，回家晚不说任务也完不成，那种失望而又紧张，急切盼望草源，期望归家的心情，真是五味杂陈。

中午无奈的在船上吃午餐，拿出盒子打开，每人一斤米饭，上面只放了两片萝卜干，这就是每天出门的最大的犒劳。男男女女老老少少都不费事就吃了下去，连浪费都谈不上，哪还管是否食之有味？不敢说这些是否就能吃饱，吃完继续干活，忙活一下午，也许还是没什么收获，满心怅惘的一直摸黑接近零点。这一天下来，心里的感受，也许只有那回忆着，眼眶红着的人能明白吧。

奶奶的工作一直可圈可点，受人尊敬，当时的工资按照人的工作表现等级划分，最基本的工资15元一个月，奶奶一直是最高工资，但也只有24元一个月，加上爷爷也是另一支负责养蚕的生产队队长，一样的工资，养活一家足够了。虽然每天苦些，但总有收获，生活在自然间，四五年来，她总觉得这样的日子，总仍算是好日子。

二、人生看得几清明

1968 年，"文革"的气息终于蔓延进了他们的生活。奶奶因为各种原因，被人打压，她的同事，玩得很好的朋友，都无情地揪出了她。奶奶说这一段的时候很慢，也算详细，但不愿再往外说。我明白她的意思。

这整整一年受的苦，让这一生再无其他事能打击得了她。她还是顽强地经受住了，活下来了，并且也原谅了一些人，当然，她还记得一些人，一些事。这些经历总有一天会得到他们应有的公平的待遇。

三、等得归家洗客袍

1969 年，奶奶不再是生产队队长了。她说她也不敢再做了，更重要的是，她怀了我爸爸。那时生活生产已经极其的乱了，奶奶闲在家里休息也完全不耽误所谓的工作。这时候她只坐在家中挑挑河蚌里的珍珠。这段时间，也是她经历浩劫之后，难得的休憩与最幸福的时光。对于我的爸爸，奶奶总说，那时我想象不到什么未来，只能寄全部希望在你的爸爸身上。送他出农场到镇上的学校上学，对学习生活尤其苛刻，就是想让后辈不再经历这些生活。

1979 年 12 月 28 日，爸爸的 10 岁生日，那个晚上，爷爷奶奶还请了一众好友，大家一起难得来吃点好的庆祝一下。不曾想，最大的惊喜出现了，这突如其来的消息，让整个家庭欢呼雀跃："可以回城了！"可以回城了！整整 16 年啊，整整 16 年，远离自己的家，在一个陌生的农场里拼死拼活干了 16 年，现在，她不再是那个指点江山的生产队队长了，她不再是对着渌洋湖想六七十岁还能不能拖得动渔网的小姑娘了，也不再是工宣队口中的"分子"，不再是凌晨五点送儿子到渡口等船上学，却透过水汽看不到家的一名知青了……16 年来这些苦这些累这些汗水，什么也数不清，但现在，她的未来，她后代的幸福生活都在眼前。

三天后，1980 年的元旦，奶奶收拾了所有的东西离开了那里，渡轮鸣笛，终于是离开了，终于是回家了……

【后记】

语已多，情未了

"嚓嚓嚓……"奶奶一边切菜一边回答着我的问题，她是背对着我的，有时讲到兴奋处，掉过脸来笑得像个孩子，有时却撩起围裙擦擦眼角，我不可避免地注意到她红了的眼眶。奶奶一直是个很开心的人，笑起来都是咯咯咯的，直像个小孩子。

她的心永远都很宽，我的记忆中她永远没生过气永远没大过声永远没伤过心，我是什么心里话都可以和她说的，有时候她就是聆听我心声的唯一一个人。当我和她说起要记录这件事，她首先是有点不好意思地笑了，后来也说得眉飞色舞起来，这是我第一次见到她叹气伤感，会说："不提了。"惹得我有些觉得自己过分触及她的往事。最后奶奶说了这么一段话："你要是不提，我连时间都快忘了，哪有工夫去回忆这些东西，回忆事情具体是在是哪一年。有些事情你们这一辈永远也体会不到，到哪里去吃苦才能明白这么多事情，你长这么大也才第一次问起，能说到这些事儿。我真高兴呢，但是我希望我有时候说着哪些人害我的那些，就别提了，我忘了，都忘了，这么多年了，说出来听听就行了，我什么都不计较。"

历史就给这些发生的故事一个合理的位置，历史也终将给所有发生的故事一个公道的评判，这就是对创造故事的人最大的安慰。对，奶奶说的对，写下来就足够了，能分享就是快乐，而里面的内容，何必去深究，人和事，就不要刻意计较了吧。

做人六十几年，能达到这样，就是我奶奶这一生最大的福气。

开往春天的列车
——爷爷的足迹

周子琪｜山东省青岛市青岛大学附属中学
指导老师｜孙晓云

一根扁担，挑着全家

爷爷的祖籍在天津宝坻县，那是一个十年九涝的地方，光绪年间的一场大水冲得爷爷的祖辈一家背井离乡。"唉，还乡河（流经保坻县的一条大河）的水，不让人还乡啊。"爷爷的祖辈用一根扁担挑着全家，随着逃难的人群，沿着一条河艰难地向东走去，一直走到一个叫河头的小镇落下了脚。

河头这个小镇是因煤兴起的。1878 年，满清政府开办开平矿务局（现为唐山开滦矿务局），开办"未出数月，出煤极盛"。1880 年为运输开采出的煤炭，开挖了一条运煤河道，称煤河。当时的煤河，水面宽阔，商船密集，樯桅如林。运煤码头船来车往，每天运煤商船六十多只，装船挑夫一片繁忙。河中波水荡漾，鱼虾嬉戏，花木扶疏，朝霞掩映。两岸洋楼花坞，目不暇接，商铺货栈，日益繁荣。各方人士聚集于此，工业、商业、文化、教育随之逐步兴起，煤河两岸逐步形成河头镇，素有"小唐山"之称。

爷爷就出生在这个繁华的小镇上，一家人的生计完全依靠他的父辈在码头上当脚行（搬运工）出苦力维持。"小时候，我一年到头就一身衣服，夏天把棉花抽出来就是单衣，冬天再把棉花塞进去就是棉衣，这样的衣服还要补了再补。全家人终日辛劳，也只能在逢年过节的时候吃上顿饱饭。穷人的孩子早当家，我五六岁时就得帮家里拾柴火了，有时贪玩忘记了还要挨批呢！"上世纪40年代的中国，连年的战乱、灾荒，成千上万的穷苦老百姓在死亡线上挣扎，爷爷一家人过着衣不蔽体，食不果腹的日子，可这日子什么时候是个头啊？

家乡解放，告别苦难

当时，爷爷一家住在国民党县党部大墙东侧的一个狭窄的胡同里。1948年的冬天，县党部里的达官显贵带着大包小包的行李神色匆匆地登上了奔天津去的火车，没几天大街上的中央军也都没影了，街上一下子冷清起来。爷爷那时才五六岁，懵懵懂懂的，只记得大人们一见面都伸出巴掌，比划着一个"八"字，小声议论说："这个，要过来了。当心点，少出门。"可爷爷的长辈却说："咱家房无一间，地无一垄，怕什么？真要让八路抓走，那才好呢，咱就不愁没饭吃了。"

1948年11月，爷爷说记不住是哪一天了，只记得那时天已经冷了。傍晚，东边的唐山方向传来了密集的枪声，火光照得天边发了红。爷爷一家人都猫在一个屋子里，把破被浸湿堵在窗户上，用来挡子弹。那一宿，大人小孩都没敢睡。天亮了，枪声也停了，街面上静悄悄的。大人们扒着门缝向街上看，只见一队身着土黄色军服的士兵正打门前经过。哎呀，八路军真的来了！是不是又要打仗了！

孩子们早把大人的话忘到脑后了，一天到晚地围着八路军转，问这问那，有的还跟八路军学会了唱"三大纪律八项注意"。看到八路军军纪严明，对老百姓秋毫无犯，大人们也不再紧张，还主动给他们送水喝。当地老百姓说："咱们不是怕八路军，而是让打仗吓怕了。打完日本鬼子又打内战，整个国家满目疮痍，老百姓流离失所，'宁为太平狗，莫做乱离人'呢！"

当时，老百姓眼里的八路军，其实是东北野战军，即中国人民解放军第四野战军。1937年抗日战争全面发动后，中央军委发布命令，将中国工农红军改编为国民革命军第八路军。此后，八路军这个名字就在群众中留下了深刻的印象。1946年6月，国民党公开撕毁国共双方签订的停战协定，悍然大举进攻中原解放区，内战全面爆发。各解放区军民奋起自卫，解放区的部队也由八路军等陆续改称人民解放军。后来，这支部队又往西南方向开发了，据说是解放天津去了。

1948年12月12日，爷爷的家乡唐山解放了！终于从苦日子里熬出来了！

家家分了地，穷苦百姓从此不再挨饿了。那时爷爷快 6 岁了，虽然吃的是高粱面窝窝头，但也觉得是过上了天堂般的日子。码头上的脚行们也被组织起来，成立了搬运社，爷爷的父辈有了固定的收入，一家人终于告别了饥一顿饱一顿的日子。

三年过去了，爷爷 8 岁时，县实验小学招生，爷爷穿着他母亲用大人衣服改好的大襟褂子上学了。上学第一天，爷爷的父亲非常高兴，抚摸着他的头叮嘱道："你可得好好学，给咱家争口气啊！我没赶上好时候，吃了一辈子苦，你可不能再像我这样了！"虽然他老人家没什么学问，却很是尊重读书人，认为"万般皆下品，唯有读书高"，自己没条件念书，只能一辈子卖苦力，看到孩子能够上学他真是打心眼里高兴啊。在父亲的激励下，爷爷读书十分用心，加上天资聪颖，成绩一直名列前茅。

天灾还是人祸

1957 年，爷爷考取了河北省立丰南中学，学校就设在原国民党县党部大院里，离爷爷家仅有一步之遥。"我的初中生活是伴随着一个个运动度过的，从 1957 年的整风运动开始，紧接着是'反右派'斗争、全民大炼钢铁、人民公社、'大跃进'，一个接一个，就没消停过。"

1958 年 9 月，一场全民炼钢运动在全国各地展开，小高炉、土法炼钢成为快速提高钢铁产量的主要方式。全国参加大炼钢铁的人数达 9000 多万，修建小高炉 100 多万座，企业、机关、学校和农村都成了炼钢炼铁的战场。"男女老少齐上阵，真是人山人海，红旗飘飘啊！"

爷爷和同学们也投入到轰轰烈烈的大炼钢铁运动中。他们的任务是洗煤炼焦，就是把煤放在很大的一个筛子上，两个人扛着筛子一个人用水不断地冲洗，将煤中的灰分（燃烧后的残渣）冲掉，用洗好的煤来炼焦。"一天干下来，全身上下除了牙齿是白的，其他都是黑的。我们老师还写了首诗：'洗煤打冲锋，脸似黑包公，只要洗煤多，越黑越光荣。'"我想起小时候妈妈带我到她的奶奶家去，发现老人家里的抽屉、橱柜上都没有把手，当时问老奶奶，她说："都被拆下来炼钢了。" 当时上级号召"就是砸锅卖铁也要炼钢"，老百姓都积极响应。所以老奶奶的话是一点儿也不夸张的。

那个年代，虽然运动是一个接着一个，但是爷爷的学习却没有受到太大影响。"念初二时，因学习成绩优异，我还享受过政府的五块钱助学金，当时五块钱可不是一个小数目，有这五块钱我一个月吃饭就不用家里开销了。"提及往事，爷爷依然很自豪。苍天不负有心人，爷爷考上了唐山市最好的一所高中——唐山一中，也是当年那所初中学校里唯一一名考上这所高中的学生。唐山一中历史悠久，其前身是直隶永平府中学堂和华英书院，1902年建校，至今已有百年历史，李大钊1905年就在这所学校读书。

上高中时，正遭遇中国三年困难时期，人民困苦不可言状，饿毙者成千上万，人口出现历史少有的、也是新中国成立至今唯一的一次负增长。国家为应急救饥，在全国范围内发起了代食品运动。"人造肉"、"小球藻"等代食品相继出现。何谓"小球藻"？"小球藻是一种球形藻类，最初是用来当猪饲料的。那个年代能吃上一碗'小球藻'也实属不易。人饿极了什么都吃，树皮、草根、观音土，河南信阳地区竟然发生了人吃人的惨剧！唉！没有经历过的人是无法体会的。"想起那段令人痛心疾首的日子，爷爷的神情显得有些凝重。

黎明之前，出现了黑暗

1963年的春天终于来了，人们度过了困难时期，生活渐渐好起来了。这年的夏天，爷爷收到了号称"东方康奈尔"的唐山铁道学院（唐山交通大学）的录取通知书。"一进校门，大标语上写着：'欢迎你！未来的工程师！'我心里一下子亮堂起来。爷爷是穷怕了，特别渴望通过读书改变自己的命运，如今我的愿望终于实现了！"爷爷的脸上绽放出幸福的笑容。

据爷爷讲，唐山交大是培养我国近现代发展史名人的摇篮，该校英才辈出，先后培养出73名国内外著名院士，茅以升、竺可桢、林同炎、杨杏佛、黄万里等学生的名字足以让其无比自豪。同时，唐山交通大学也是我国著名大学（研究院）的渊薮，孕育了多所亲缘高校。1952年，唐山交大部分教授、专家支援组建了中国科学院，唐山交大的土木系水利组也调整到清华大学，调整后唐山交大更名为唐山铁道学院。

60年代，大学生大多比较贫困，衣物、鞋袜都没有多的，更不要说皮鞋了。不少学生平时只穿一双草鞋。"记得有一次，学校开运动会，开幕时要搞入场式，要求每个系出一个方队，穿戴整齐，比赛做广播体操。我们系也许是穷学生多吧，决定参加出场方队的队员统一着白上衣、蓝下装、黑布鞋。然而，衣服统一了，而鞋子却无法统一。因为有的学生只有一双布鞋或胶鞋，有的甚至只有草鞋。怎么办？最后，系里只好决定都不穿鞋，全部打赤脚。开幕式那天，当我们系的方队出场时，全场都大笑起来，不少同学边笑边喊道：'快看啊，赤脚大仙来了！'由于穿戴统一，做起操来，还非常整齐呢！事后，校领导认为，大学生打赤脚是不文明的表现，今后不准打赤脚了。对特别困难的学生，由系里补助，为他们买鞋子。这样一来，学校里的'赤脚大仙'才慢慢少了。"现在想来，当时大学生打赤脚，那是不得已啊！有钱买鞋，谁愿意打赤脚呢？

虽然当时的条件还很艰苦，但爷爷他们从来没觉得苦。爷爷说："这点苦算什么？我本来就是个苦孩子，能够上大学，还得感激我们的党。如果不是解放了，我哪能有今天呢！"因此，爷爷自然而然地把"清苦"当成一种"清修"，当成一种心灵的"陶冶"，在那个物质还相当匮乏的年代里，照样和同学谈理想、讲抱负、抒豪情，指点江山，壮志凌云。

爷爷非常珍惜这难得的学习机会，一直以"精勤求学，敦笃励志，果毅力行，忠恕任事"的校训自勉，发奋图强，孜孜不倦。正当他在知识的海洋中欢快地畅游时，1966 年 5 月，一声闷雷响彻了中华大地。《五一六通知》发表，标志着全国"无产阶级文化大革命"的开始，自此，中国人民陷入一场长达十年之久的的巨大灾难。唐山铁道学院在这场史无前例的浩劫中更是灾难深重。

仅 1966 年 6 月到 9 月，短短的三个月时间，唐院就有姚晳明、史家宜、姚富洲三位老师含冤去世。据不完全统计，在这期间，被点名批判的干部、教师有 400 多人，戴高帽、挂黑牌，进行侮辱性的游斗，最多时一次高达 150 多人，而当时全校教师共 607 人。

时光倒流，我们仿佛回到了那个不堪回首、是非颠倒的年代。6 月 19 日，一个令人震惊的、沉痛的消息传遍峨眉校区，第三届全国人民代表大会代表，电机系副系主任姚晳明副教授，不堪凌辱，自杀身亡，年仅 46 岁。

姚晳明老师是唐院中科院院士曹建猷教授的夫人，1942 年毕业于上海交通大学电机系，毕业后在西南联大任教。1945 年去美国麻省理工学院研究院深造。新中国成立后，放弃了在美国优裕的生活，与曹建猷教授一起，冲破重重阻力与困难回到祖国，来校任教。"姚晳明副教授是和我们一起参加建校劳动的老师，她对教学认真负责，对学生要求严格，是一位非常受人尊敬和爱戴的老师，竟然这样离我们而去，真是令人痛心啊！"直到今天，爷爷想起悲愤而死的老师，依旧心痛不已。

在"文化大革命"中，大多数人都经历了盲从、觉醒、抗争的过程，腥风血雨让人们慢慢觉醒了。1967年10月，党中央发出"复课闹革命"的通知，但是，许多教师还没有解放出来，头上还戴着"地、富、反、坏、右"、"牛鬼蛇神"、"反动学术权威"等大帽子。就是已经解放出来的教师，仍然心有余悸，生怕秋后算账，不敢上课。就是上课，怎么上、用什么教材等难题很多。"虽然一时还难以复课，但学生们热情很高，都想把失去的时光补回来。同学们开始自主学习，因此，经常会看到，一直到午夜，学校的图书馆还灯火通明。"

1963年夏至1968年年底，爷爷在校五年，读了三年书，搞了两年运动。据统计，当时唐院参加"文化大革命"的大学生共有五个年级3389名，他们都是经过全国统考选拔出来的品学兼优的学生。但是，在校期间他们大部分没有完成学业，对他们本人的发展是个损失，对国家人才培养更是重大的损失。

激情燃烧的岁月

1968年底，爷爷大学毕业了，被分配到了青岛四方机车车辆厂，踌躇满志地走上了工作岗位，开始了他其后为之奋斗了35年的铁路机车事业。四方机车车辆厂被誉称为中国机车车辆的故乡，如今已有百年历史。那时候，进四方机厂就等于捧上了"金饭碗"。

就在爷爷走上工作岗位的同时，援建坦赞铁路的工作已正式开始。四方机厂主要承担坦赞铁路建厂、提供机车车辆、培养非洲工程技术人员三项任务。"一到工厂，就看到处处都悬挂着十分醒目的标语，'誓为伟大祖国和伟大领袖毛主席争光！''要把最好的机客车送到非洲兄弟手中！'"由于爷爷是科班出身，技术过硬，所以还在实习期间，就被抽调参与援建坦赞机车的研制工作了。

爷爷翻开一本老相册，指着一张已有些泛黄的黑白照片说："这是当年我们机二连技术组的部分人员，拿着铅笔的这个人就是我。当时，援外是项政治任务，厂内开展了援外大会战。为早日完成任务，我们技术组人员和工人师傅同吃同住，加班加点，并提出了'完不成当天任务决不下战场'的战斗口号！"

就这样，爷爷和其他技术人员终于在 1970 年 9 月顺利完成首批援外 DFH2、DFH1 型液力传动内燃机车出厂任务。这是我国铁路运输设备制造行业自行设计研制的第二代内燃机车，也是我国第一次出口机车，成为中国机车发展史上的一个重要里程碑。为了表彰技术组"拼搏奉献、勇创一流"的精神，祝捷大会那天，工厂领导给他们戴上大红花，并称赞他们技术组是一支"能打硬仗的先锋队"。想起那一刻，爷爷的脸上充满了自豪，爷爷动情地说："那时你爸爸刚出生没几天，我还没顾得上抱抱他呢！这大红花啊，至少有你奶奶一半功劳啊！"爸爸是 1970 年 9 月 2 日出生的，与机车正式出厂至多差二十几天，对于爷爷来讲可谓是双喜临门。

1974 年，爷爷作为四方机厂援外专家组成员之一，第一次来到坦桑尼亚，成为了一名光荣的援外战士。专家组的职责主要是组织机车检修，并培养非洲当地技术人员。"那个年代出国可不是一件容易的事情，不但要根正苗红，而且得技术过硬。"

坦赞铁路是一条贯通东非和中南非的交通大干线，全长 1860.5 公里。从 1968 年勘探到 1976 年竣工整整花了 10 个年头。在此期间，中国先后派出工程技术和管理人员 5.6 万人次，共有 65 位中国专家、技术人员和工人为该工程献出了宝贵的生命。四方机厂先后共有 551 名工程技术人员奋战在非洲大地上。

"充满着野兽、蚊虫和疾病的非洲原始森林被称为绿色沙漠。条件的艰苦、环境的险恶给我们的工作带来了难以想象的困难。首先得自行解决住的问题，在达累斯萨拉姆，我们用铁皮、木柱子等建些简易房住。其次是要解决吃菜问题。专家组实行的是供给制，但不是按需供给，而是按量供给。为了减轻国家的负担，我们就自力更生搞菜园、养鸡养猪，说起来容易做起来难啊！土的上面是沙子，而海沙又很细，不能种植蔬菜，水容易渗下去，地里到处都能看见的白蚁包起起伏伏像小山似的，有 3～5 米高，稍不留意就会受到成群白蚁的攻击。大家先取出沙，然后换上土再种菜。这样经过土壤改良，种上了蔬菜，此后又搭起了猪圈和鸡栏，喂了猪、养了鸡。可真不容易呀！还要时刻想办法防止白蚂蚁、蚊虫、毒蜂、毒蛇等袭击叮咬。

"当地 2 月，火红的太阳将沙子烤得滚烫，稍不注意，蚂蚁、细菌钻进毛血孔，里面长有小蛆，我长了 10 多个疖子，发高烧 40 摄氏度，感染了急性肾炎，为了赶进度保质量只好边医治边工作。我们两年才发两套工作服，非洲气候异常，时而骄阳似火、时而暴雨倾盆，衣服很快就破了，只能破了补，补了又破地穿下去，衣服上补丁摞补丁是常见的事。为此，我们还自嘲地编了一个顺口溜：'远看像逃荒的，近看像要饭的，仔细一看，原来是援建坦赞的。'"

专家组的任务之一是培训非洲当地的技术人员，培训方式主要是对他们进行"传、帮、带"。坦桑尼亚的国语是斯瓦西里语，语言交流成为工作中的最大障碍。为了使非洲兄弟能在短时间内尽快掌握机车检修技术，爷爷开始废寝忘食地学习斯瓦西里语。就这样边学边教，边教边学，爷爷很快就能通过母语、斯瓦西里语加手势三结合的方式与当地技术人员进行交流了。在爷爷的带动下，专家组的大部分人很快克服了语言障碍。

"1976 年 7 月 14 日，坦赞铁路全线胜利通车。那天，坦、赞两国人民和我们援建的同志都是载歌载舞，喜笑颜开，热烈庆祝。"

1984 年年底，爷爷圆满完成了最后一项援外任务，回到了阔别已久的青岛。那时，爸爸 14 岁，叔叔才 5 岁。当两个孩子用陌生的眼神怯怯地看着他时，爷爷的眼睛湿润了。"我欠孩子太多了！"爷爷还未来得及好好弥补十年缺欠的亲情，新的工作任务又来了，爷爷又投入到大马力内燃机车（东风 4E）的设计制造工作中。在这期间，爷爷因工作勤奋，表现突出，先是光荣地加入了中国共产党，被评为工厂"八五"期间优秀科技工作者，后又被聘为高级工程师，从事技术管理工作。1988 年 9 月，邓小平提出了"科学技术是第一生产力"的英明决策，科技工作者迎来了又一个春天，爷爷开始领导一个团队，为铁路机车车辆工业的发展贡献着自己的力量。

有一个愿望

时光荏苒，转眼间，爷爷退休了。回顾曾经走过的路，一步一个脚印，踏踏实实。爷爷说："我们这一代人，可以说是与共和国同呼吸、共命运啊！虽然，过得相对艰难，环境苦、工作累、工资低、负担重，但是，我们却很豪迈，觉悟高、心胸宽、负责任、贡献大，撑起共和国一片蓝天。"

虽然爷爷离开了他热爱的工厂，离开了他为之奋斗一生的铁路机车事业，但是他却从未停止对铁路机车发展的关注。当他听到四方机厂制造出和谐号380A 高速动车组时，其自豪、喜悦之情溢于言表。

【后记】

小时候，我常缠着爷爷带我去看火车，看那一条条呼啸而过的钢铁长龙，承载着多少人的悲欢离合，承载着多少人的期冀梦想，蜿蜒驶向远方。每当此时，爷爷的眼眶也微微湿润。回首历史，爷爷的一生也像一列列车，行驶在时代变迁的轨道上，经历了童年时代旧社会的困苦磨难，盼来了新中国解放的一丝曙光，度过了艰苦求学、苦中作乐的勤学生涯，穿越了黑暗曲折、风雨如晦的党内错误时期，历经了学有所用、投身建设、援建友邦、报效祖国的激情岁月，真正步入了改革开放，注重科技，尊重人才的春天里。

为了真实记录爷爷的成长足迹，暑假期间我多次与爷爷奶奶促膝长谈，查阅了大量的历史资料，翻看爷爷珍藏的老照片，深入挖掘那些历史细节，力求充分展现时代浪潮下爷爷那一辈人的命运沉浮。

人，作为一个个体，在汹涌澎湃的历史长河里微小如沙粒，特别是活在政治风云变幻莫测的年代里，载浮载沉，每个人的生命都如离枝的枯叶，被卷入历史的洪流里。爷爷这一生的足迹，折射出我们国家发展的历程。

我们的民族经历过黑暗落后、民不聊生的旧社会，连年的战乱、饥荒，使得百姓挣扎在生死线上。1949 年，在中国共产党的带领下，全中国得到解放，广大无产阶级成为国家的主人，打土豪，分田地，贫苦的百姓终于有了生活的保障，像爷爷一样的穷孩子拥有了上学的机会，命运也因此而改变。

然而，正如列车不可能总是在阳光明媚的康庄大道上前行，会遭遇疾风骤雨一样，从 1957 年起，从"反右倾"运动，到"大跃进"路线的颁布，从人民公社化的改革，到大炼钢铁的进行，"文化大革命"最终爆发，十年浩劫，人鬼颠倒，"阶级"和"出身"成为衡量一个人品质和能力的唯一标准。与那些背负着"阶级"包袱的人相比，爷爷可能算是幸运的，但是大环境的恶化，求学深造的进程被切断，爷爷在唐山铁道学院的大学课程受到了影响，三年自然灾害期间，饭都吃不饱，人的基本生活都无法保障，但是爷爷始终坚持学习，因为他坚信，不管身处何种逆境，只要内心保有向上的信仰，相信正义的力量，持续努力，总会迎来光明。

1976 年，"四人帮"被粉碎，十年浩劫宣告结束。民族发展的进程又踏上了正轨。那时，爷爷已经学有所成，被分配到四方机车车辆厂，被三次派往非洲参加援建坦赞铁路的机车项目，为第三世界的铁路运输发展作出了贡献。如今，改革开放已走过三十年，新中国已写就了六十多年的历史，中华民族的列车正在以史无前例的速度向前奔驰。长大后的我陪爷爷回家探亲，乘坐着自主知识产权的现代化高铁，一路春光明媚，欢声笑语，已逾古稀的爷爷眼神中洋溢着自豪与欣喜。

大家都来聊家史

《半个世纪的遗憾》

施维丨江苏省扬州市扬州中学

那份爱深沉而厚重，跨越了半个世纪。

但他曾说，这半个世纪前的遗憾，成就了两个学者，所以他不后悔。因为两个视文学、视学术为生命的人，如果失去了既定的未来，他们都不再是那个他们。

塞翁失马，焉知非福。上帝若在你的生命中关上了一扇门，他一定会在某个地方为你打开一扇窗。你只需要好好地活着，哪怕平凡，哪怕你始终无法释怀。

人生未必事事如意，也不是人人都能拥有像杨绛和钱钟书那样的旷世爱情。

陪你走完后半生的，不一定是那个人。但你只要知道他在远方默默地关注你，其实就够了。

《那是我不能忘的梦啊》

战柯宇丨山东省青岛市青岛大学附属中学

"……在离阅兵式还有几天的时候，姥爷的部队接到上级取消阅兵式的通知。当时姥爷和战友们失望极了，听你姥爷说很多人还伤心地流下了眼泪，男儿有泪不轻弹啊！"这个消息对于姥爷和战友，无疑是晴天霹雳啊！姥爷的梦啊，那些艰苦训练的日子，那些心中的激动和喜悦，在国家领导人即将检阅的时刻，却瞬间碎了一地……

"当时是 1960 年，那时的中国，正处于严重的三年自然灾害时期，全国上下都闹饥荒，国家早已没有精力去举行阅兵式了，所以才临时取消了。"

《那些年，我们一起在内蒙的日子》
李叶 | 江苏省扬州市扬州中学

有时，他们静静地骑在马背上，任马儿时走时停。落日的余晖洒在他们身上，闪着金色的光芒。他们谈人生，谈理想，思念着儿时欢乐的时光，憧憬着彼此美好的未来。

有时，他们如初见时那般，他吹奏，她起舞。天地间仿佛只剩下她轻盈曼妙的舞姿，伴着那悠扬空灵的乐声。

又或者，有时候，他们一起给孩子们上课。原本因为语言不通而有些尴尬的课堂，似乎因了对方的存在而变成了纯粹的欢乐。

……

他们不曾说爱，兴许还是因为腼腆的缘故吧。但在彼此心里，对方已然成了最美的遇见。那时的爱情纯净到不掺任何杂质，一丝一毫的不纯念想都是亵渎。

《山坳里的"三线"往事》
李秋实 | 四川省成都市树德中学光华校区

……68 年的时候到了南溪县罗龙镇，当时按计划是在这个山沟里建化工厂，现在一想位置确实不好。刚开始的时候我们住在罗龙镇的大庙里，条件十分艰苦。天上下大雨，庙里下小雨，点的是柴油灯，屋里打的是大铺，男女分开各一边。当时吃的菜，全靠农民早上拿出来卖的一点，鸡蛋 4 分至 5 分钱一个。镇上有几个小店铺，一些日用品要到县城去买。随着日子一天天过去，工厂建好了职工宿舍，是'干打垒'（即用泥土与谷草混合材料，然后用石灰浆粉刷），我们从此搬进了职工宿舍，住的是上下铺。"

《他们的大学之路》
鲁嘉颐 | 江苏省扬州市扬州中学

1973 年，改变大伯伯命运的时刻到了，一张推荐上大学的申请表放到了他的面前。然而，与大伯同一个生产队还有一位南京知青，因为"家庭成分"不好，母亲又重病缠身，急需家人照顾。大伯高风亮节，把这个千载难逢的机会让给了这位南京知青。就这样，大伯与上大学失之交臂。

《在艰苦劳动中成长》
梁奕彤 | 广东省广州市铁一中学

姨公从 1965 年上山当知青，一干就是八年。他说："上山插队落农村的知青生活是艰苦的，却也锻炼了知青个人的意志，为今后的成长打下基础，同时赢得了淳朴真挚的友谊。直至今天，知青之间，知青与当地村民之间一直保持着友善的来往，困难互相帮，喜庆互相贺。不时我们会聚聚首，回忆一下往事，珍惜各自的今天，期望着下一代健康成长，为每个人的成功而高兴鼓劲。"

《记忆爱情》
谢诗琴 | 广东省东莞市东莞中学松山湖学校

乡下的葬礼举行得很隆重。家里大大小小的亲戚都来悼念。妈妈和小姨亲自为外婆画了最后一次妆容，淡淡的口红，细细的眉眼，柔柔的肌肤。我和姐姐在旁边看着，眼泪却不由自主地流了下来。

封棺那天，下了一场很大的雨，我们抱着外婆的遗像，浑身被淋得透湿。外公没有说话，坐在一旁，也不去看道士作法。我静静地走到外公身边，握住他的手，却发现外公的手很凉很凉。他拍了拍我，问道："走得还安详吗？"我点了点头，泪珠无声地滑下。"这个老太婆啊，美了一辈子，现在还那么美……"

漂 泊

世事蜩螗，我们的祖辈或因战祸、或因天灾、或因使命飘零四方，历尽沧桑。《飘》中的大姥爷年近古稀终与家人团聚，《被饥饿笼罩的一生》中的外婆再也不用担心忍饥挨饿，《被一场水灾改写的历史》中奶奶一家终于搬去韶关开始了新的生活，《回到生根的黄土》中的父母从越南艰难跋涉，终究回到了祖国。他们在路上磨砺成长，在路上垂垂老去。所幸他们都如向"创世纪"的故事一样重获新生，成为了不幸中的万幸者。

为了牵着你的手

高明 | 山东省济南市山东师范大学附属中学
指导老师 | 孟伟

楔子

1973 年 4 月　圣地亚哥

夏日的炎热渐渐走向尾声，凉风猛然地吹翻了潮湿的空气。

萨尔瓦多·阿连德坐在街边长凳上的、孤单的身影，正被沃尔金斯大街两侧的路灯映照在这片他最深爱的土地上。

但是很奇怪啊，像他这种人，怎么会形单影只地出现在这个城市最繁华的街道上呢？

不仅很奇怪，而且这样看来，作为国家元首的他，现在还很危险吧！

不过，萨尔瓦多本人好像丝毫不介意这一切，此刻的他正认真地翻看着手中那份厚厚的文件。

与他的沉稳和专注相比，在一旁的，身为秘书的白人男性，就显得紧张多了。

"那个……总统先生……"

萨尔瓦多·阿连德顿了顿翻页的手指，把视线从手中的文件上转移开："又怎么了？"

总统先生不耐烦地回问，让这位白人秘书的手心开始不住的冒汗。

"那个……我觉得我们还是回车上比较好，总统先生。"

秘书的措辞变得更加小心了。

总统先生静静地打量着自己的秘书，好像也通过那紧张的神情读懂了他的为难。

"好吧，那就回车上去吧。"

白人秘书将自己的手掌小心翼翼地挡在了阿连德的头顶和汽车的车顶之间，等总统先生的左脚完全进入车厢后，他缓缓地关上车门，然后快步地跑回副驾驶的座位上。

借着车顶的微弱灯光，阿连德那副眼镜后面的"探照灯"依然在手中的文件上探寻着什么，仿佛他手里捧的，是一部能引领人们脱离苦难的福音书。

"明天主持递交国书仪式的，是礼宾司的人吧？"

总统突然的提问吓了白人秘书一跳，他慌乱地翻着手中的日程表："啊，是的，总统先生。可是，这种事情，不用您操心的……"

萨尔瓦多·阿连德闭上了眼睛，把头倚在了座位上："当然要操心了，你要知道，给我递交国书的，不是来自朝鲜、古巴或者越南，而是一位来自中国的大使啊。"

那份总统一直翻看的文件上，反复出现着"中国"、"新任大使"、"Xu Zhongfu"等字样，总统如此操心的事，想必跟这几个词有关吧。

第一章

1972 年 12 月 安大略省 渥太华

我一直以为，习惯一个城市，是需要付出很多感情的。就像那个我从小就一直面朝的大海一样，天生的眷恋，天生的依赖，因此，也是天生的习惯。然而不知不觉中，快速地习惯一个城市，也成了一种习惯。

"小李！赶紧把门口的花篮摆放好了，一会儿加方外交部的代表会来参加仪式。"中夫把滑到自己手臂上的灰色围巾重新围好，一边安排着即将开始的庆祝仪式。

没错，我能学会快速地习惯一个又一个全新的地方，多半也都是因为他吧。

我呆呆地望着眼前那仿佛要直接飞入苍穹的高高的尖顶。那象征着西方文明的哥特式建筑，竟在这一刻，成为了中国在枫叶之国的大使馆驻地。

这份奇迹，跟他的努力，离不开吧。

"中夫！"虽然他在忙，我还是叫住了他。

"爱生！马上来。"

中夫交代好手上的文件，正要朝我走过来。一个深咖色风衣的背影，却阻挡了一个妻子和丈夫的视线。

我开始担心起来，因为，他那为了忙活庆功而上扬的幸福的嘴角，瞬间闭成了一条平整的地平线。

他向那个穿深咖色风衣的人点头示意，然后重新挂满微笑地向我走来。只不过，这么多年我怎么能看不出来，他什么时候的笑容是在勉强？

"今天真是个好日子啊……"

"岂止是个好日子，简直是个大喜的日子！"

中夫的神色显得很高兴。

"因为从今天开始，我们驻加拿大的使馆，就有了永久馆址了！这里就成了所有加拿大的华人与祖国联系的据点了！"

"是啊，今天也会很忙碌吧。"

"嗯，而且还有好多东西寄存在朱莉安娜大厦呢，等忙完今天，还得赶紧把东西取回来，毕竟在那个地方，也发生了很多事。"

"对啊，明天把东西取回来。后天还会很忙的吧？"

"啊？"中夫显然是没明白我的意思，他带着疑问回答着我的发问，"嗯，不会吧，后天就没那么紧张了，因为我们在加拿大的主要任务到今天就算完成了啊！"

"那别的任务呢？！"我生气地打断了他。

"爱生……"中夫显然是被吓了一跳，"你怎么了？"

"刚才那个人是昨天才到达加拿大的外交部官员吧，不是又给你带来什么新的任务了吗？"

"是来告诉我最近我可能会回国的。"

"真的！那么说，你可以回外交部工作了吗？"

中夫的沉默，让我的喜出望外变成了不值一文的尘埃。

"林平大使，离任回国了。他刚刚从智利回国，我回去可能就是交接一下，接受任命，然后接替他的位置。"这是一个多么晴天霹雳的转机啊！

中夫的解释，毁灭了我主动接受这一切的希望，我的漂泊生活又要继续了。我只能淡淡地回应他："智利吗，还好，离这里也不算远。你是不是被大家排挤啊，怎么老被派出来？"

他没有理会我在眼角挂着泪珠的情况下，胡乱开的玩笑。

"对不起，爱生，又要麻烦你，陪我走一趟了。"

我低下头，藏起了微笑，藏起了泪水，藏起了皱纹，轻轻地说："你客气什么啊，我都陪你走了半个地球了，从欧洲到亚洲，到非洲，再到北美洲，现在不就还剩下南美洲和大洋洲吗？"

"哈哈哈，还真是这样啊。"

"就是这样啊，所以，不管去地球上的哪个角落，我都会和你一起。"

没错，一定会和你一起的。

徐中夫先生与段爱生女士

1973 年 1 月 北京 中南海

阿尔梅达神色焦急地踱着步子，虽然他的翻译已经多次向他转告了中方工作人员的话：请他坐下。

这位来自南美的外长先生，哪还有坐等的心思，他凝重的神色告诉人们：他是来告急的。

他一直等候的那扇门终于打开了，周恩来快步地走上前，握住阿尔梅达的手："外长先生，欢迎您再次来中国！"

与周总理的热诚相比，阿尔梅达的脸上多了几分严肃。他提醒翻译好好翻译自己的话："总理先生，见到您我也很高兴，但我这次来，真的是来告急的！阿连德总统和他的智利人民，现在急需你们的帮助！"

周恩来轻轻地摆了摆手："外长先生，我明白您要说什么。最近贵国的代表团频繁地造访我这里，贵国的现状我已经有了大体的了解，所以，请您不要着急，我们坐下慢慢谈。"

"总理先生，"两人就坐后，阿尔梅达紧张的情绪没有丝毫的放松，"您知道，我国现在在经济发展方面遇到了巨大的问题。阿连德总统提出的'通过红酒和馅饼，实现社会主义'的改革措施，实施得并不顺利，遭受了巨大的阻力。从铜矿公有化、农业公有化以及公司公有化开始到现在，农业大幅减产，国营企业亏损，大量举借外债，通货膨胀严重。自从'空锅游行'和全国卡车罢工以来经济形势更是每况愈下。总理先生，我……"

"外长先生，"中国的总理先生又一次打断了阿尔梅达，"贵国的危机，不仅仅表现在经济领域上吧。"

阿尔梅达显然对这句话感到十分吃惊，他没有想到，周恩来总理对自己的国情已有了深刻的研究。

"是的，总理先生。现在，智利国内的社会和政治矛盾，也很尖锐。可这都是经济问题造成的后果啊！去年的时候，总统先生亲自去了苏联，可是……"

"外长先生，您不要担心，中国一定会给智利人民提供力所能及的帮助！但是，任何一个国家都会遇到改革不利和经济危机的情况，解决这些问题的关键，相信还是在你们自己身上。发展经济，步子要迈得稳一点，要以自力更生为主，争取外援为辅。过分的依靠某一个大国是靠不住的，美国是这样，苏联也是。"

"唉——"阿尔梅达长长地叹了一口气，"真能顺利解决就好了。"

第二章

1973 年 4 月 圣地亚哥 莫尼达官

虽然以前类似这样的仪式也参加过不少了，可我心中却依然充满了难以抑制的新鲜感。

这场在安第斯山脚下举行的递交国书的仪式。

萨尔瓦多·阿连德先生一眼就被认出来了，他身上的那套鲜艳的礼服，让他成为整个总统府最显眼的人。

当然了，他本来也是莫尼达宫的主人。

一直以来，我总是愿意相信：一个女人，无论她是 17 岁还是 70 岁，总会有"浮想联翩"的时候，并且，这些像电影一样出现在自己脑海中的联想画面，往往有一个固定的主角——自己钟爱的异性。

不过我可以确信，我的大脑中产生的感觉，绝不是什么所谓的"既视感"，这样的情况的确发生了：中夫潇洒地走向主席台，潇洒地朗读国书，潇洒地向异域的最高领袖递交国书。

"总统先生，这位就是段爱生，她是我随行的秘书，同时也是我的夫人。"

我还没有完全从刚刚盛大的场面回过神来，中夫和阿连德总统就已经来到了我的身边。

"啊！夫人您好，真是幸会！"

总统先生很绅士地伸出了右手，我也慌张地伸出手，轻轻地回握。

"徐先生，我经常听阿尔梅达外长提到您。"

我的注意力也随即转移到了两人的谈话上。

中夫热情地应答着同样热情的总统先生："我和阿尔梅达先生是很好的朋友，很早的时候就认识，总统先生听说过我？"

"当然！其实，我特别想感谢你！"

"感谢我？您为什么要感谢我？"

"啊，当然是因为中国给了我们很大的帮助啊！"

"哈哈哈哈！总统先生，那我就代表中国人民接受您的好意，中国人民愿意继续做智力人民的朋友！"

"智利人民当然也是中国人民的好朋友，我相信，智利会成为中国进入南美洲的桥梁的！就让绵延千里的安第斯山见证这一切吧！"

此时的我还完全无法想到，雄伟的安第斯山脉真的见证了这一切，一场维持了 40 年的朋友情谊。

1973 年 6 月 29 日 圣地亚哥 中国大使馆

我在想，北京现在都快热得不行了吧，可这里呢，反倒是越来越冷了。

　　断断续续响了一天的枪炮声让我不敢出门，办公室里的人都在焦急地等待着中夫回来。

　　"砰！"门被急速地推开，中夫大步流星地走向自己的办公桌，我赶忙把倒好的热水递给他，然而，他根本来不及做出接过水杯的动作："大家注意！我刚刚和新华社的记者朋友一起了解到了情

徐中夫先生与外国友人

况，今天，智利军的一个坦克团，开着坦克和装甲车冲向了智利国防部，预备袭击总统府。"

　　"什么！那总统怎么样了……"

　　中夫看了一眼大呼小叫的第二秘书，叹了一口气，说道："总统没事儿，陆军司令普拉茨把他们劝降了。不过，交火造成了 22 死 32 伤。机要员，准备向国内报告情况！"

　　"是！"

　　中夫随着屋里的声音而去，我犹犹豫豫的声带最后还是决定把心里的担心送出去："中夫！"

　　他回头淡淡地看了我一眼，那轻描淡写到不行的眼神，总让我感觉有什么东西在自己眼前被撕

碎了。

"中夫，会不会，出什么大事儿……"

"爱生，这件事，我过会儿再跟你说。"

这一瞬间，我全明白了，我明白了他在想些什么，也明白了他已经知道我在想些什么了。

我突然想起了自己曾经跟他说过的一句话："不管去地球上的哪个角落，我都会和你一起。"这句话翻译得直白点，就是"无论发生什么，我都不会离开你"这种常见的承诺吧。

1973 年 9 月 9 日 保加利亚驻智利使馆

聚会永远是充满了欢笑的地方。

今天晚上的愉快，肯定跟这座使馆的主人有关，因为今天是保加利亚的国庆宴会。

"29 年前的今天，保加利亚人民的反法西斯斗争胜利啦！"

"伟大的领袖季米特洛夫万岁！保加利亚人民万岁！"

大使激昂的发言引来了阵阵掌声，然后是彻彻底底的庆典的欢笑。

因为应邀前来的宾客很多，我和中夫看到了很多老朋友，当然，也看到了精神焕发的、这个国家的总统，萨尔瓦多·阿连德。

最近的形势很紧张，政变的传闻已经散播到了圣地亚哥的大街小巷，这倒让我忽然想起了许浑的那句诗："山雨欲来风满楼"。

即使如此，今天的总统先生心情也非常好。他和自己的海军武官一起前来，整场宴会，估计他是最健谈的了。

虽说邀请了不少人，但大部分朋友，还是来自社会主义国家的。我在想，如果有那么一天，驻外的他国使馆举办的国庆宴会，能一口气招待世界上 200 多个国家的朋友一起吃一顿饭该多好。可是这一天要能到来，得经过多么辛苦的努力啊。

和大家待在一起的气氛的确很热烈，可"快乐的时光总是短暂的"这种话，偏偏总爱在人们最不想见证它的时候被见证。只不过，这次上天开的玩笑有点过了，因为深夜的时候，整件事就向着完全相反的方向发展了。而且，过了这一天，我再没有机会见到这个国家的总统了。

第三章

1973 年 9 月

"唰——"

随着火柴的摩擦声，中夫嘴边的纸烟又一次被点燃了。一边吐着烟圈的他，一边又把注意力转移到了桌边的外出计划表上。

我瞥了一眼那已经被塞得满满的烟灰缸，最终还是忍不住提醒了一下这位始终皱着眉头的大使先生："我说，差不多了吧，中国大使馆都要变成烟囱了。"

我这不合适宜的玩笑并没有让中夫紧锁的眉头放松下来，确实，面对现在的特殊情况，我们每个人都一筹莫展。

中夫看了我一眼，没说什么，有点不舍地掐灭了刚刚点着的烟。

"别着急，总会有办法的，'车到山前必有路'嘛。"

"我还希望能'柳暗花明又一村'呢。不能再拖了，今天一定要想办法和家里取得联系，否则我们在这里太危险了。"

"你想怎么做，还是一个一个大使馆想办法拜托吗？"

"除此之外还能有什么办法？我们这里的通讯完全中断了，在恢复之前一定要赶紧把这里的情况告诉家里。可是现在军政府规定的外出时间，每天只有一小时，太短了，我们只能在这里瞎着急。"

"那也是没办法的事啊，你不用……"

他完全不再搭理我了，瞄了一眼手表后，他抓起公文包准备往外走。

"快到外出时间了，我得赶紧去准备了。今天我去秘鲁大使馆和阿根廷大使馆碰碰运气，爱生，你在这里好好等着，我一定得把这封电报发出去。"

我呆呆地看着他那凌乱的梳向一边的头发，我渐渐地明白了他现在所背负的东西：那是涉及所有现在居住在安第斯山脚下的华人同胞安危的一件事。

没有一个人例外，这几天每个人都很忙。不过，大家忙的事儿，大部分都是如何维持自己的生命。因为几乎所有的商店都关门了，所以一到每天的外出时间，使馆的工作人员几乎倾巢出动去排队买日用品。今天轮到我和司机、陈翻译一起去排队买油，因为没有"CD"牌照，一位新华社的记者朋友也和我们一起坐车出去。

要说，军政府对我们的干涉真的算是少的，我听说了一点消息，很多社会主义国家的大使馆遭到了军政府的攻击，很多使馆人员都被武装押解回国。只是，军政府很少干预中国使馆的事情，我们开着"CD"牌照的汽车上街，并没有遭到巡逻军人的刁难。

回到使馆后，我发现中夫已经先我一步回来了。只不过，他的状况还是那么让人担心。

"中夫，回来了？"

"……"

"怎么了？"

"爱生，现在麻烦了。"

"怎么麻烦了？"

"我刚从机场回来，朝鲜大使馆的人几乎是让军警押到飞机上的，这几天帮他们撤馆遇到不少麻烦。"

"然后呢，这就麻烦了？"

"更麻烦的在后面，保加利亚大使馆也撤了。"

"什么……"我感觉这句话从很远的地方向我飘过来，因为太远了，我感觉自己什么都没听清楚。

"先是古巴使馆人员被强行押解回国，然后是苏联撤馆、朝鲜撤馆，现在东欧只剩下罗马尼亚的商务处了。"

"我们……不撤吗？"我的声音比我刚刚听到的那个很远的声音似乎还要远，远到我自己都怀疑自己是不是说了这样的话，我自然知道说出这种话的后果。

"段爱生，你刚才说什么……"他居然那么生硬地喊出我的名字！

"没有，我什么也没说……"

"你知道吗，我们和其他国家的情况不一样，那些国家几乎是被军政府驱逐出去的，现在那么重要的时刻，我们是不能随便做出决定的。我已经向上级报告了，他们会给我们指示的。"

"可是！那个叫皮诺切特的家伙不是杀人犯吗！难道因为一个杀人犯对你手下留情，你就愿意和他继续待在一起吗？"我带着哭腔反驳道。

"爱生，你仔细想想，如果我们现在撤了，台湾会做出什么反应。不，还是说点实际的吧，如果我们现在撤了，那么在圣地亚哥的华人同胞怎么办？如果我们现在撤了，我们还怎么和智利人民继续交往下去，我们还会有机会和委内瑞拉、秘鲁、玻利维亚、巴西、巴拉圭、乌拉圭、阿根廷和整个南美洲建立友好的关系吗？"

"……"

"我不知道我们现在的坚持对不对，可是总有一天会知道的，但是知道这一切的前提是我们能坚持下去。有什么能坚持的东西，难道不好吗，爱生？"

我一句话也说不出来，只是等着中夫长篇大论后的叹气。

"唉……我知道这些天大家都很辛苦，我们不谈这种伤脑筋的事情了。小苏，今天买到什么好菜了，晚上做顿好的吧！"

旁边的秘书小姐听到大使叫自己，有些迷惑地看着他："这个……徐大使，你知道现在……"

她面露难色的表情让中夫像泄了气的皮球一样瘪了下去。

"砰！"就在这时，办公室的门突然被用力地撞开了！我们的外国司机神情激动地叫嚷着，手里还胡乱地比划着，像是疯了一样："Pollo！ Pollo！ Pollo！ Pollo！ Pollo！"

大家都有点吓傻了，只有中夫冷静地看向陈翻译："他说什么？"

陈翻译偷偷地坏笑着："他说他买到鸡了！"

办公室马上像炸开了锅一样，欢呼声此起彼伏！

中夫也对我露出了笑容："看吧，坚持一下果然是对的，我们现在能吃到鸡了。"

我使劲地戳了戳他，表示对他的抗议。

"哎？这鸡咱晚上怎么做啊，是清蒸啊还是做宫爆鸡丁啊！"

"哪有清蒸鸡的，怎么也得做盐水鸡吧。"

"人家那道菜是'盐水鸭'吧！"

"要不，还是听听徐大使的意见吧！大使？"

前一秒还是欢笑的气氛突然凝重了下来，我的心也跟着揪了起来。

"咳咳咳……咳咳！"中夫痛苦地咳嗽着，然后那猩红色的黏稠液体，浸透了白衬衫的衣领……

因为灯火管制，我只能摸着黑进到里面的房间。

政变以来，我们所有人都从宿舍里搬了出来，在办公室里打地铺，只不过中夫现在病成这样，我们特地搬了张床来，把他安顿在了里屋。

我悄悄地进去后，慢慢地摸着中夫的床沿。

"爱生吗？"

"嗯，你还没睡？"

"不是啊，已经睡过一阵了。"

"难受得睡不着吗？"

"不是不让你进来吗！我都咳出血了，弄不好是肺病啊！你赶紧出去。"

我再也止不住自己的泪水了，就任凭它砸在中夫那脆弱的手背上。

"爱生，你真是个傻瓜……被传染了怎么办？"中夫的这句话显然是带着笑容说的，估计是为了安慰我吧。

"我不会扔下你不管的，你也不会扔下我的……不是吗？"

医生和陈翻译在屋外交流着什么，一会儿，医生带着笑容告辞了，我赶忙问翻译："怎么样？他说什么了？"

"没事的，别着急，不是肺病。只是劳累过度了，有些发炎……医生让他静养几天，给他开了些药，还有……"

"还有什么？"

"还有让他最近半年别抽烟了！"

"好吧，我会管着他的。"

提到嗓子眼的心总算是下去了，我微笑着感谢了陈翻译。

"对了，段秘书，有一封来自军政府的信，等他醒了给他看看吧。"

"好的，谢谢你了。"

可是看了那封信后，我却觉得时间突然停止了。

我望着熟睡的中夫，开着玩笑道："我知道的，这是要请示国内的。"

那封放在床头的信，在信封上有着"邀请函——皮诺切特"的字样。

尾声

2010 年 12 月 16 日 北京 东交民巷

我收拾好今天的报纸，把它摆在书桌一角。

眼睛已经不大行了，好像我的视力从小就不大好吧，参加工作后也一直戴着眼镜，但是这样的大标题还是能看见的。

我走到中夫的床前，看着他那过去英俊的偏分已经变得花白稀疏的模样。大概他是想起来的，只不过都90多岁了，力不从心什么的，太正常了。

"中夫啊！你知道昨天是什么日子吗？"

我用力朝他那有点背的耳朵喊道。

他点点头作为回应。

这段关系维系了40年，和当初的坚持分不开吧。

"你看，我说我们的坚持是对的吧！"奇怪啊，中夫明明没张嘴，可我为什么总觉得他说了什么。

哈哈，我的耳朵背了，顺便也染上了幻听的毛病？

不会吧，他一定是说了什么。

"这段40年的情谊不容易吧，可是，我们都在一起70年了，我们更厉害一些吧……"

我用我那满是皱纹的手轻轻地握住了他那同样满是皱纹的手……

【后记】

2012年的7月，估计是北京城61年来下雨下得最多的一个月吧，就算是这个月的最后一天，天空中也依然飘着小雨。

下午，我随着我的外祖母前往北京医院，看望了病中的徐中夫先生，以及中夫先生的妻子，段爱生女士。

徐中夫先生和段爱生女士都是我国的著名外交

段爱生女士在驻外使馆

家。中夫先生生于 1916 年，曾用名徐鸿恕，山东乳山人，1938 年 2 月加入共产党。抗日战争后，曾任中共烟台市委副书记、市长（1944 年，成为新中国建国前担任市长的第一人）。1955 年后相继出任中国驻巴基斯坦、瑞典、埃及、加拿大等国大使馆文化参赞、政务参赞，1973 年后相继出任中国驻智利、阿根廷、巴西等国大使，1985 年离休。

段爱生女士曾担任中国驻巴西大使馆一等秘书，她比中夫先生小一岁，两人相识于 1935 年，结婚至今已有 70 多个年头。段爱生女士 83 岁时患上败血症，但却在 91 岁时战胜了疾病，成就一段佳话。

两位老人从辈分上来讲，是我的舅姥爷和舅姥姥。以外人的角度来看，两位老人都是新中国外交历史上的传奇人物，为新中国的外交事业做出了无法磨灭的贡献。

然而这次在北京见到两位老人，却远没有感觉上的那样生疏。

去年参加了征文活动后，我就有了记录中夫先生生平事迹的念头，因为，自己家族里有能被载入史册的人，是十分值得骄傲的。可是，由于中夫先生的事迹实在是太过传奇，让我不知从何下手，于是在我结束高中学业后，便有了这次拜访。说到为什么，我只是想为这个家族的历史做点事。

由于中夫先生的身体问题，我只能请教段爱生女士，然而这样的结果对我来说是幸运的。因为在我们已知的，有关于中夫先生事迹的采访中，我们更多的是从中夫先生的角度来审视他所经历的事的，然而这次，我深刻地从段爱生女士，一个妻子的角度来看待这段传奇的经历。

就在我还在为文章取材的事犯愁的时候，段爱生女士却像读懂了我的心思一样，开始着重跟我讲起某一段的历史。要知道，在拜访她之前，我从来没有向她提过我采访她的目的是为了写一篇文章。这段历史已经呈现在了你的眼前，这段历史从来没像你看到的这样，以如此细致的方式，蕴涵着如此丰沛的感情，成为一个文字的东西，被人们看到。这是独家的，根据第一手史料得来的！也是充满神奇的，充满人性的，充满爱的一段历史！

段爱生女士与我着重谈了 1972 年中夫先生在加拿大当临时代办，和他们在智利遭受血火政变的故事，我的文章，正是根据段爱生女士的口述，并结合相关史料完成的。

拜访完段爱生女士之后的一个月，我开展了全面的工作，跑过了很多图书馆，查阅了很多资料，争取以最真实并且最艺术的方式，把她的口述变为真实。如果您读完了它，证明我成功了。虽然艰辛，但在完成的一瞬间，我知道我已经成功了。

这篇主要以段爱生女士的视角写成的文章，清楚地记录了两人从1972年底到1973年10月间在美洲的经历。两位老人在大时代中的命运令人惊叹，因为他们就是处在那个时代漩涡中的人，是历史的缔造者！我借助段爱生女士之口，表达了对两位老人在国外辛苦工作，70多年来厮守相伴、不离不弃的敬意，他们是一对令人肃然起敬的夫妻。

在段爱生女士的眼中，中夫先生是倔强的、不服输的，也是勇敢的。在智利政变时期，中夫先生曾帮助朝鲜、希腊等国家的使馆人员安全撤出，并且冒着危险多次营救其他国家的共产党员，最终累到吐血，被怀疑成肺病。要知道，这段生病的历史，中夫先生自己是很少提及的。

中夫先生在加拿大时的主要功绩是为中国驻加大使馆的永久建成做出了贡献，而在智利当大使时，中夫先生在争得国内同意的情况下，坚持没有在政变后撤掉中国大使馆。虽然这一事件在历史上引起了很大争议，并且在我创作这篇文章的过程中也接到了《解放日报》记者王烜先生的提醒，说中国坚持不撤馆等于承认了皮诺切特政权，而皮诺切特是个杀人犯，中国的做法并不合适。我在与王烜先生的交流中，虽然当面反驳了他，但在这里，我还是决定用徐中夫先生回忆录中的一段话再一次作为说明。

> 我认为，我们有自己的做法，不应当追随别人。虽然我们是社会主义国家，意识形态信奉马克思列宁主义，但是，我清醒认识到，意识形态和国家利益是两回事。在国际事务上，尤其要坚持独立自主，特别是在非常时期，更要冷静处理，不要人云亦云。
> ……
> 9月底，国内就政变后的中智关系征询我的意见。我认为，有几点是非常重要的，提出供国内参考。
> 第一，阿连德当政时中智关系很好，但政变毕竟属于一个国家的内部事务，我们不能干涉其他国家的内政。我们处理国家间关系只能按照"和平共处五项原则"。意识形态和国家利益，不是一回事。第二，军政府虽

然打着反对"马克思主义"的旗号搞政变，但政变以来对我国尚无不友好的表现。更重要的是，中国和智利两国的国家利益，没有根本的冲突。第三，没有理由仿效苏联和东欧集团的做法，与智利中断外交关系。我们如果轻易断交，台湾当局会"乘虚而入"，对我不利。尽管国际上，我们的压力很大，应当保持与智利军政府的关系，采取冷处理的办法，不断交，保持外交关系。从长期看，这样符合我们的国家利益。

其实经历了那么多事，我发现不管我做这件事的初衷是什么，不管进行的过程中遇到了什么困难，这一切都不重要了，我见证了两位老人感人至深的爱情，重塑了他们在大时代中的命运，也让自己走过了一段惊心动魄的历史。

我的收获只有这么几个字：一切都是值得的。

飘

邢珂嘉｜广东省广州市华南碧桂园学校
指导老师｜雷云松

时隔 44 年的相见

初秋，在鞍山，天气已慢慢寒冷起来。天渐渐入夜，太阳很不甘地把天空让给了深邃的黑色和皎洁的月亮，却迟迟不肯离开，仿佛在等待着什么。地上，也有人在等——老老少少十多人，站在一栋破旧的房子前，翘首盼着，等待着一个苍老的身影慢慢进入他们的眼帘。天终于黑了下来，只剩下暗黄色的有些惨淡的灯光照射着路面，风飒飒地吹过地面上堆积的落叶。

"啪嗒，啪嗒……"远远一个并不高大的身影渐渐走近，他的影子被灯光慢慢地拉得很长很长，出现在了这群人的面前。看到他，这群人中的老人立刻泣不成声，而那道身影也停下，驻足在那里远远地望着，望着这些似曾相识的人们。默默地，沧桑的脸上已有泪水缓缓滑落、滑落。他已顾不上环顾这个自己记忆深处城市的变化，而是冲上去紧紧地与这群人拥抱起来，久久没有分开。他在号啕大哭着，声音在漆黑一片的世界中变得很响亮，很凄厉，仿佛是一种宣泄，对自己 44 年间对家人思念的宣泄。

这一年，1991 年，距离 1947 年已过了 44 年。而他，我外公的哥哥，曹成德，已然 66 岁了。

参军——一路漂泊的开始

早晨，鞍山的天气有些微微的寒冷，但周围却是万分喧闹的。"参军了！参军了！"只看到一个人在那里叫嚷着要征兵，而他的四周围绕着许多血气方刚，想在战场上一显身手的少年，都争先恐后地要参加，而要加入的是什么军队，又有谁知道呢？不过，他们也不在乎这些。而我的大姥爷，曹成德也挤在这群人之中。争着，嚷着，生怕错过了这个一显身手的机会。终于，他走到了征兵军官的面前："曹成德，22岁！"他没等有人问，便声音洪亮地自报家门。"好的！从今天起，你就是我们所有士兵中的一员了！"这个军官头也不抬地说了一句，在本子上也不知道写了些什么，便让他离开了。而在曹成德快乐地转头离开的一瞬间，太阳照在军官身上的青天白日徽章上，异常显眼。

一晚上，他没有睡好觉，心情万分兴奋——自己终于成为了士兵中的一员了，终于可以在战场上展现身手了！而第二天早上，他更是兴高采烈地一个人到了鞍山当时最早的小学——新华小学，在二楼安顿了下来。当天傍晚，家人都一起前往新华小学去看他，可官兵不让进去，只得向二楼遥望了他最后一眼，便万分伤感地离开。而谁又知道，这一面便是40年来他支撑着努力活下来的唯一动力。

那一年，1947年。此时，我的大姥爷，曹成德，22岁。

负伤——艰苦生活的开端

第二年，他便走上了锦州战役的战场。他拿着枪，却是一脸惊慌。刚刚成为新兵的他，又怎么知道怎么用枪，怎么打仗呢？而此时的国民党也正是忙碌之时，又怎么可能有空去告诉新兵怎么打仗？就是这样，这群新兵走向了战场，走向了锦州战役。

毛泽东在一份给在东北的解放军指挥官的电报中强调攻占锦州的重要性，认为胜利完成整个辽沈战役的关键是"在一个星期内攻占锦州"，在这压力之下，国民党军民们也在范汉杰的指挥下作战。刚刚走上战场的大姥爷便在慌张之中走进了枪林弹雨，一发发子弹在他身边呼啸而过，炮弹爆炸着，发出刺耳的声音。每一秒，就有几个人应声倒地，流下殷红的鲜血，发出一声声惨叫。他感到有些害怕了，在慌乱之中，好几发冲锋枪的子弹从左边呼啸而来，他躲闪不及，便让子弹不偏不倚地在肠子中打了八个眼，从右边飞出了身体。刹那间，刺骨的疼痛在身体中不断地传播着，鲜血直流。他倒在地上，痛苦地喘息着，他感到死亡正在向他招手，他将要永远地离开他深爱着的亲人。而就在这时，峰回路转——有人把他抬起，抬下了战场，把他送进了医院。

在年末，他的肠子坏了，已经有些烂了。他痛不欲生，每天都在痛苦中度过。他的生命如暴风中的蜡烛，徘徊在生与死之间，不知什么时候就会熄灭。情急之下，医院里的日本医生为他做了手术让他终于死里逃生。他在这期间，给家人写了一封信：告诉他们自己是平安的，正在医院里疗养。而这简短的一封信也是 40 年来，他给家里人写的唯一一封信。

那一年，1948 年。此时，我的大姥爷，曹成德，23 岁。

抉择——重返部队

他在医院里疗养了一年，又面临了一个新的抉择：是回家，还是继续重返部队。为何不回家啊？回家多好啊！他打定了主意准备回家，可是他此时刚换完了肠子，要吃一些好的东西。而家里正值贫困，没法为他提供这么好的条件。无奈之下，他只能断绝了回家的奢望，带着自己身上刚刚好的伤，回到了部队，走向了新的漂泊之路。

那一年，1949 年。此时，我的大姥爷，曹成德，24 岁

南下——在孤岛上的求生生活

他在部队中又待了一年的时光。在度过一个春秋之后，在部队的安排下，他和 2000 多名中国老兵、伤兵一起南下，走向了越南的一座孤岛。在那里，有充足的食物，虽不至于让他们饿死，但是危机却总是环绕着他们。

在南方，瘴气总是很重，很多人都在不知不觉中无法适应痛苦的生活环境，撒手人间。也有数不胜数的人拉肚子、生病，而更雪上加霜的是，在本来并不温暖的天气下，他们没有足够衣服穿。所有人都只穿着一条短裤，每天在小岛上穿行。晚上，寒风飕飕地呼啸而过，他们却没有用来盖的被子，只能铺上干草，

但脆弱的一层枯草又怎么能经得起寒冷的风？

就在这艰难的环境之下，2000多人顽强地坚持着。疾病一次又一次席卷而来，许许多多的人都在梦魇中悄然离开了人世。活着的人越来越少，似乎每天早上起来，都能见到昨日互相激励的几个老友魂归他乡。而疾病、寒冷、饥饿一天天威胁着他们，死亡之神在一步步靠近。这支小小的队伍在不断地减员，他们心中却始终渴望着蒋公会想着他们这一群老兵，会派船来接他们到台湾。就这样，他们一天又一天苦苦地在越南的小岛上支撑着，家人和所剩无几的希望，便是他们不愿客死他乡的唯一理由。

就这样，他们坚持了三年。在1953年的一个下午，那天的天空仿佛格外的湛蓝，阳光仿佛格外的明媚。一艘军舰缓缓地驶向这座小岛，军舰上的人走了下来，问："你们就是我们部队中的老兵吗？我们是来接你们去台湾的！"这一声，仿佛是一条绳子，把他们从无边无际的苦海中拉到了岸上，他们欢呼着，许许多多人都留下了激动的泪水。

那一年，1953年。此时，我的大姥爷，曹成德，28岁。

定居——漂泊之路的结束

他们在部队的安排下，定居在了台湾岛。部队让他们退役，他们也收到了一份不少的补贴。曹成德用这笔钱去做买卖。他早出晚归，买卖终于有了一些起色，也有了不少收入。就在这时，命运仿佛偏偏要和这个不幸的人作对——他一个朋友说帮他介绍一个人，让他的买卖赚更多钱。就这样，他做着财源滚滚的美梦，把钱给了这个朋友，而他的朋友拿着钱再也没有回来。他辛辛苦苦攒起的积蓄就这样全部没有了，他变得一贫如洗，号啕大哭了好几天，甚至有了轻生的念头。但当他想起自己远在大陆的亲人，便又振作了起来，在而立之年开始重新打工。由于他勤劳能干，很快受到了店长的称赞，他在努力工作证明自己之后和我的大姥姥——店长的女儿结了婚。就这样，他终于不再是孤身一人，他又有了一个家，他又拥有了生活的寄托！

他在台湾岛定居了下来，有了自己的儿女，有了自己的房子，有了自己的汽车，生活也变得富足起来。

那一年，1957年。此时，我的大姥爷，曹成德，32岁。

天各一方——漫漫寻亲之路

然而，安居乐业怎么会让他的游子之心不再思乡呢？无论怎样，他始终没有忘记在大海彼岸的家人，他开始四处打听大陆方面的消息。四处奔波之后，他终于从一个总是跑大陆的姓万的老板那里听说了大陆的消息，他说：大陆现在的局势有了很大的变化，共产党并不像我们想象的那样，你现在可以回去看看你的家人了！而此时，已经是1990年了，将近70岁的大姥爷毅然地一个人走向了那片熟悉又陌生的土地。

他奔向了鞍山，看着那已经有了天翻地覆变化的地方，却依旧拼尽全力找寻他记忆深处久久不曾消退的地方。农村变化虽然巨大，一切却又都那么亲切。他向人们打听他的二弟，而他的二弟又凑巧此时改名了，因此无人得知。他又去打听三弟和四弟，而这两个弟弟却又都已经离开了鞍山，一个去了大连，一个去了烟台，自然也是音讯全无。他无奈之下又去打听他的妹妹，而他妹妹是在农村，没有编制，所以无法找到。他信心满满地来，现在却灰心丧气地准备回去。在返回的途中，被烟台市台办知道了，台办的人很好心地帮他写了一份寻人启事。就在此时，幸运女神终于向这个倒霉的人微笑了，他的二弟看到了寻人启事，发现要找的好像都是自己家的人，而自己的哥哥正好当年参战，四十多年来杳无音讯。

就这样，他去了台湾找，台湾说大姥爷已经到了大连；再到大连找，而大连的人说大姥爷起身去了香港；而到了香港，却又得到了大姥爷已经回台湾的消息。尽管百般波折，二弟还是在台办的帮助下，打通了40年来第一通电话——一通跨越海洋两岸的电话。在电话中，两边的老人们都泣不成声，诉说着自己多年的经历和想念。

那一年，1990年。此时，我的大姥爷，曹成德，65岁。

尾声

第二年，我的大姥爷再次踏上了大陆的土地，踏上了故乡的土地。家人再次相见，彼此泣不成声。在四十多年的沧桑和漂泊过后，他终于又回到了自己的故乡，见到了自己的亲人。而此时，自己的很多家人都已经不在人世了。

他们之间相互约定，决定每两年回大陆探亲一次，也就这样，终于结束了自己四十多年来的漂泊，而见到亲人之后的喜悦之情让过往的沧桑早已可以忽略不计了。

【后记】

芥子

我们的谈话，是在非常缓慢的讲述中结束的。而我的眼中仿佛已经浮现出了那个战乱和动乱的年代。而在这样的年代之中，谁说没有成千上万个曹成德呢？当然，他们比不上大人物，他们只是微不足道的人，他们只能默默地生活，企图发出一点点属于自己的亮光，他们拯救不了世界，他们甚至连家庭都改变不了，就如同佛门中所说的芥子（轻微纤细的事物），微不足道，只是大千世界中不起眼的一点罢了。

但无论如何，我却比尊重大人物更尊重芥子。世界是由千万芥子构成的，没有芥子，哪里来的世界？芥子是将军手下的士兵；芥子是皇帝手下的文臣；芥子是县令手下的官差；芥子是各个朝代之中的黎民百姓。

"泽国江山入战图，生民何计乐樵苏？凭君莫话封侯事，一将功成万骨枯。"

历史前进的车轮谁也无法阻挡，而我们只有从小人物身上，可以明白真正的历史，他们的经历能够深深地反映出一个时代，他们的喜怒哀乐可以告诉你一个时代的兴衰。人类浩瀚的历史亦由细微的陈年往事构成。小人物的历史之于五千年文明，有如母亲河的一滴水，滴水虽微，积流成河。

所以，我们为何又不尊敬芥子呢？就像这次写作大赛的题目一样：小人物的命运。只有通过这些小人物的命运，我们才可以真正地了解一个时代。

烽火余生

邓云溪｜安徽省安庆市第一中学

指导老师｜陈文贞

一、躲鬼子

"鬼子来了，跑啊！"今年 80 岁的舅爷爷和我叙说往事时，眼中仍有一丝紧张。

省长跑了，局长跑了，大兵们都跑了，我的曾外祖父夏际宽只是省政府的小小主任科员，留下来又有何用？

是年民国二十七年，公元 1938 年，中国大地正在日军的炮火下颤抖。安徽，已有大片土地沦陷：蚌埠，无为，宿州……终于，省城安庆。

12 日，南京大屠杀的制造者、第 6 师团坂井支队到达安庆城外。在日本陆军航空队第 3 飞行集团和海军第 3 舰队的支援下，日军从城西大王庙攻进了安庆，守军国军第 27 集团军 134 师溃逃。不到一天工夫，太阳旗就插上了当年清军用了几年才攻破的城门。

覆巢之下，安有完卵！

在省财政厅任职的曾外祖父带着全家七口人，匆忙逃出了安庆，向着省政府临时所在地——立煌县奔去。在炮火中，他们只是希望，自己还可以活着回来。

家里的人真的很多：曾外祖父，曾外祖母，还有五个小孩，雇了辆独轮车和两个挑夫，一路走走停停，速度本就十分缓慢。可战事日渐激烈，实在无法前行，不得已，只好在市郊大枫一带的一个小村里，借住在一户农民家，想躲过风头再上路。此时正是 6 月中旬。

这是个风景颇为秀丽的小村庄，四周是密不透风的竹林，其间只有一条少有人知的小径穿过，通向小村。小村的生活十分悠闲，在这乱世中，居然像陶潜笔下的世外桃源一般安详静谧。

可不久后，猪皮鞋的声音打破了小村的宁静。

"鬼子来了！"日军硬是用军刀砍出一条路，闯进了小村。

一阵鸡飞狗跳——日军在抢夺粮食、鸡禽与牲畜。这些日军"还不错"，没有杀人。听大人说，他们是殖民地师团的，士兵来自朝鲜与台湾。"他们甚至还给小孩糖吃。"舅爷爷说。

"好日子"总是很短暂，很快，真正的"小鬼子"来了。鬼子们穿的别无二致，可是他们做的事却是云泥之别。青壮年被抓去做了劳工，曾外祖父骗他们说自己是教书先生，才幸免于难。而妇女们更提心吊胆。当时农村的房子都有顶棚，每当鬼子进村，妇女们就爬到顶棚上趴着，躲避日军的搜捕。可是有一次，一个妇女没来得及爬上去，被鬼子发现了。

这下可坏了！鬼子们怎么会放过一个花姑娘？

妇女拼命地跑，向着竹林里跑去，而鬼子们提着枪在后面猛追。女人知道，只要跑到竹林里就能逃脱。但她终究还是没逃掉。

"啪！"一声枪响，女人倒在竹林边缘。鬼子骂骂咧咧地走了——他们不会用亡者满足自己的兽欲。

准确的说，女人还没死。鬼子离开后，乡亲们把她抬回了家。

"我那时才 5 岁，可我至今还记得那个情景，"舅爷爷说着，声音高了起来，语气激愤，又似乎是在颤抖，"她就那么侧着躺在床上，背后有一个血洞，肚子上也有一个，不停地向外流血，血是红的，肚子是红的，整个人，整张床都是红的……"舅爷爷停了一下，又说，"当我 50 年参军时才知道，国军的汉阳造和中正式打到身体里会在另一侧形成碗大的大血口子，那叫钝击效应，而鬼子的三八大盖子弹口径小，装药大，穿透力强，只会造成一个洞，要是有医生和药品是可以治的，但那兵荒马乱的，到哪儿去找大夫啊！她死了，血流光了。她整整在床上痛苦了一天还多，我到现在还能记得，她在床上爬来爬去，翻滚，惨号……"

在舅爷爷的话语中，我分明听到了一种无奈，或者，是一种落寞。

人命如草芥，死亡随时会降临的生活体验，在他尚且幼小的心灵中也许留下了太深刻的印记，让他至今难以忘怀。

这样的日子是如此漫长而恐怖，曾外祖父感到，此地不宜久留。于是他又雇了民夫，让孩子坐在手推车上，走上了向北的逃亡之路。谁也没料到，这一路，竟上演了生离死别的惨剧。

他们每走三四十华里就停下来，找一户农民家休息几天，再接着上路。"我的一个姐姐，在路上肺结核复发，又累又饿，还没有药。到了潜山，还是没能撑住，死在了路上，草草葬了。她才刚刚十七八岁啊！"

"葬在哪里？"

"不知道。"

"她叫什么？"

"不记得了……"

屋漏偏逢连夜雨，曾外祖父带的钱并不多，此时，就要用完了。

"眼看一家六口就要困死在这片荒村，父亲到处找人联系我的二舅徐洪范，那时他是县里的税务局长。等啊等啊，二舅终于派人送来了一根竹杖。我们几个小孩都傻了眼，可父亲端详着竹杖，突然砸开了它——里面装满了钱！"

时隔多年，舅爷爷说到此时依然喜悦。

逃难的旅程持续了几个月，经过怀宁、潜山、桐城、霍山等六个县，终于到了立煌，曾外祖父找回了工作。时值安徽金融崩溃，救国会七君子之一的章乃器先生就任安徽财政厅厅长，开始整顿安徽金融。曾外祖父由于廉洁而被章先生看重，提拔为主管田粮财赋的二科科长（仅有四个科）。

不幸的是，一年以后，曾外祖父另一个女儿又染上了脑膜炎，突然夭亡。"刚刚还在踢毽子，一下子栽到地上，直抽直抽的。抱到床上，她坐着，头使劲往后仰，胸口使劲往上挺，蜷成虾一样，然后就没气了。她还只有3岁，唉！"

又一次生离死别，怎能不令人为之断肠！

或许，上天也不想让故事太凄惨，1940年，我的奶奶出世了，她也是家中的第十个孩子，最小的一个。

1941年实在不是个好年份：日军又打到了立煌。曾外祖父一家继续逃难到了霍邱——幸运的是，这次没有人出事。

曾外祖父在霍邱任当地荒地整理局局长，并在这里等来了抗战的胜利。

"如果没有死人，我们一家今天该有多好哦！"

只可惜，历史没有如果。山河破碎，民不聊生，身在其中的人又怎么能祈盼一个完满的结局？抗战八年，狼烟万里，尸横遍野，血流成河，中国军民死伤人数多达 3500 万，相比之下，曾外祖父一家还算是幸运的呢！这幸运是多么苦涩！

覆巢之下，安有完卵！

二、"跑反"

太平的日子并没有持续多久。三年以后，战火又烧到了安徽。

淮海战役爆发了。

随着战局日趋白热化，曾外祖母知道，又要"跑反"了。

什么叫反？国民党叫共产党为"反"。

此时，奶奶还是个孩子，她对时局并不关心，只知道在霍邱房子的大院子里疯跑。那是一段美好的岁月，可时局却容不下这小小的美好。

一天晚上，奶奶被曾外祖母叫醒：迷迷糊糊中，曾外祖母告诉她，该上路了！

同样是一辆独轮车，奶奶坐在车上。她清晰地记得，自己的身下有一只大麻袋，里面装的是一捆捆纸钞——国民党的金圆券。当时通货膨胀很严重，一大捆钞票往往只能买到一捧米。

逃啊！到蚌埠去！因为只有到蚌埠才能到合肥，而曾外祖父就在合肥（抗战结束后，安徽省政府迁到了合肥）。

来到淮河边，他们上了船。在奶奶的记忆中，原本并不宽的淮河如今白茫茫一片，就像大海一样。

发大水了！

那水位一直在涨！大家吓坏了，谁也不敢动，眼巴巴地盯着水面。船老大拿出了供品，在缭绕的香烟中不停地磕头……船外的水声很大，可船舱里却如死一般寂静，只有船老大念念有词，祈求保佑。

水终究没有漫到船舱里，但水位已差不多要与船舷平齐了。

一路惊心中，船在正阳关靠了岸。惊魂未定的一家人上了岸，才发现一个更大的问题在等着他们。

公路上全是国民党军运输军火的道奇十轮大卡车，根本没有客运，交通早已断绝。

怎么办？

曾外祖母是个传统的小脚女人，可是在危难面前，却表现出了惊人的勇气和镇定。她乘人不注意，偷偷对一个押车的军官说：我给你银洋，你们一定要把我的孩子载到蚌埠去！

军官悄悄地把她们安排到一辆大卡车上，挤坐在军火箱上。

一路上车子总是重重跃起，又重重落下，而奶奶更是被颠到了军火箱之间，夹在里面，动弹不得："我被夹在里面，上不着天下不着地，颠啊晃啊，就这么夹着到了地方！"奶奶显得很是激动，显然，逃亡路上的惊险已深深地印在她幼稚的记忆里。此时，她8岁。

多亏了曾外祖母的沉着应对，一路风尘的她们终于到了蚌埠，接着又到了合肥。由合肥，他们又辗转到了安庆。曾外祖父在安庆已经买了英王府旁李鸿章后代的房子，可到了安庆，原主人还没有让出房来。

"原来我家还打算买一所房子，价钱都谈好了，可当钱寄来时，已经贬值到了只能买9斤香油的地步，卖家反悔了，一座房子等于9斤香油钱啊！"奶奶在一旁说，有些戏谑，但我却觉得，那是一种无奈。

无奈之下，他们又到了芜湖，和正在芜湖读初中的舅爷爷会合。

在胆战心惊中，1948年过去了，而我们的故事也将达到高潮……

三、围城

1948年初，渡江战役前一个月。

曾外祖母决定，带着儿女回到安庆去。

又要跑了，何时才是尽头？

曾外祖母可没有心思想这些。此时，她带着儿女们，上了国民党运军火的货轮，准备回到安庆，同船还有一些乘客。

平民怎么上了军用货轮？有钱好办事。只要有银元，国军可不反对捞点外快。

就这样挤在船舱里，振风塔渐渐浮现在视野里。安庆到了！可是，卸了军火，船就得立即开走，而卸军火的时候怎么能让平民出现？

眼看外面到处都是军火和搬军火的士兵，奶奶和她的哥哥、姐姐几个孩子趁乱溜到了作为中转的趸船上。溜是溜出去了，可上不了岸啊！几个孩子就先躲在军火和墙壁形成的阴影里。

"那里面装的全是子弹！"奶奶高声强调道。

终于，船上的军火都搬完了，孩子们就从士兵堆中钻到了岸上。上岸了！孩子们翘首以待，希望看到妈妈的身影。可是轮船一刻也没有停留，就这么开走了，去武汉了！

发现船要开走时，人们都慌了：有的哭天抢地，有的干脆往江里跳，有的大声招呼旁边的小渔船，高价要渔夫帮忙……一时间，江面上炮声、哭声、喊声互相交织，一片狼藉。

妈妈到武汉去了！当时年仅8岁的奶奶吓得哭了。

哭着哭着，她的姐姐突然叫到："快看！"

只见曾外祖母提着一个手提箱，站在趸船上。原来，她找到一个军官，再一次拿出了银元。军官收了钱，把她弄到了趸船上。

重新聚集起来的一家人就往城里走，可是城门已经封闭，根本进不去！他们只好找到江边一家小旅店，住了下来。旅店里都是国民党在城外的驻军！这一家妇孺就在军人堆里住了下来。

每一晚，隔壁都传来殴打声和喊叫声。"那里有一个共党！"士兵说。

不管是侦察兵还是地下党，在当时，这跟曾外祖母她们是没有什么关系的。她们总是在打听什么时候开城门。

这一段时间里，国民党守军的机枪阵地上，机枪总是在对江面扫射，据说是在封锁江面。"那子弹壳就像流水一样落下来，叮叮当当的，就没停过！"当时9岁的奶奶就在机枪后面乱跑着玩。"国民党有七艘军舰停在江面，对着江北的解放军阵地开炮。军舰上看不到目标怎么办？安庆也没什么高楼，国民党就在振风塔上设立了一个炮兵观察组，引导炮火。振风塔是文物啊，怎么办？解放军就开炮警告，国民党就吓得撤走了。"舅爷爷看到的更多。

终于，因为一身学生装扮，不像平民，一个年轻的军官注意到了奶奶的姐姐，当时只有18岁的姨奶奶。经过一番攀谈，问清了事情经过，姨奶奶就委托军官为她带一封信给城里的大哥——我的大舅爷爷。大舅爷爷几经辗转，才找到与曾外祖父有些交情的市长，请他特批了一张通行证，一家人这才得以进城，回到了任家坡的住宅。

在这围城的 30 天里，一家人才知道，什么叫"城外面的人想进去，城里面的人想出来"。

当时供给困难，市民吃不到新鲜菜，只好吃咸菜、豆酱，粮食也日益紧张，物价飞涨，以至于买点粮食就要成捆成捆的钞票，街上垃圾无人清扫。守军青年军 174 师补给也无法保证，国民党的运输机就投下许多降落伞，为他们补充粮食和弹药，可是有许多都掉进了长江和解放军阵地里，被守军接收的所剩无几。

国民党军当时已经到了穷途末路，管理混乱，吃霸王饭、敲诈、抓壮丁等时有发生。青年人都怕国民党抓壮丁，所以纷纷到学校集中生活。舅爷爷也随兄长住到安庆市高级中学（也就是今天的安庆一中）里去，桌椅靠墙垒起来，在教室中间打地铺睡觉，由于有上千人，国民党军不敢抓，学生的安全就有保障了。

混乱的日子一直持续着，直到一天晚上，枪声大作，外面响成一片，没有人敢出门。第二天早上，居民们起床时，惊讶地发现外面睡了满街的解放军，才知道围城已经结束。这样毫不扰民的举动感动了两个还在读书的舅爷爷，毕业以后他们都参加了解放军，从此天各一方，一个去了云南剿匪，一个参加了抗美援朝。

公元 1949 年 4 月 23 日，对于安庆来说，是个值得纪念的日子。一个旧时代结束了，安庆迎来了一个崭新的时期。和平降临后，曾外祖父一家就此定居安庆。

【后记】

"那就是两个小时的病！"奶奶回忆起她那个未曾谋面的姐姐的死，依然很是激动。

两个小时，生与死的转换就是如此迅速。战争的残酷，就在于很多原本不该发生的悲剧都变得无法阻止。又想起那个年仅 18 岁的花季女孩无辜的死，连墓碑都淹没在荒草之中，悲剧的气氛似乎又重了一分。

我想起柏拉图的名言："只有死者才能看到战争的终结。"

从国家与民族的大角度来看，这实在是再正确不过了；然而我们要探求的，是人本身的历史。

一个人不可能永远生活在战争之中，和平的曙光终将来临。这也正是人们活着的意义所在。只有活着，才能追求一个更好的人生。

回首曾外祖父一家在战火中逃亡求存的经历，我发现：尽管历经那么多的艰辛、悲哀和无奈，奶奶和舅爷爷的态度却是积极的。他们为亲人的亡故而悲伤，但并不深陷其中，而是深埋心底，继续接下来的旅程。战火磨砺了他们坚强的性格，也教会了他们一个道理：逝者已长往，生者须自强。活着，才有希望。

他们怀抱着这个信念走上了自己的路：舅爷爷参加了空军，并在抗美援朝战争中恪尽职守，后来致力于兵器小型化研究，获空三军科学大会嘉奖，转业后得到高级电子工程师称号，积极发挥余热；奶奶成为一名教师，把毕生奉献给了教育事业，获得全国教育系统劳动模范的光荣称号，得到了人民的肯定。他们的人生都很精彩，很充实。其实，这何尝不是对亡故的亲人与战乱历史的一种告慰和纪念呢？

要好好的活，这就是这段历史给我的最深刻的启迪。

伊人走过
——记姥姥经历的历史

李俊娴 | 宁夏自治区银川市银川一中
指导老师 | 高英姿

伊是我的姥姥，在伊的故事中不提伊的名字我是有原因的。

1944 年的某一天（月份和日期早已经没人记得），伊出生在安徽蒙城县的县长家里，母亲是位与县长家门当户对的大小姐。伊排行老二，有姐有妹，吃穿不愁。在那样的清淡时代里是何等的幸福，然而天不遂人愿，在伊还不懂得享受和喜爱这种生活的时候便开始了动荡。新中国建立后不久，"打倒地主"、"打到资本主义的走狗……"一夜之间满城风雨。被定位成地主，大资本家的父亲被一群陌生人拉走了，裹着小脚的母亲连夜带着女儿们去了乡下躲藏。

幼时的伊却永远记下了当时的景状：被陌生人抢走、砸碎的古董和家具；被强行带走的父亲最后回头的眼神；变卖了所有细软也没有换回父亲生命的欲哭无泪的母亲；被贴上了封条的朱漆大木门……一切都昭示着平静的生活再也无法回来。

伊的妈妈踩着三寸金莲谋生去了，伊的姐姐为人缝补，浆洗衣裳、被里。伊就在家看管着不愿出门的小妹，3 岁的小妹什么还不明白，只是惧怕外面人伸向自己脊梁的食指和听不懂的私语。出门都怕，谁还会奢望着进学堂呢？日子太困难，妈妈最终坚持不住了，带着大姐、小妹改嫁到了县城一户管姓人家，把 6 岁的伊留在了乡下。

伊被送到一户韩姓人家当了"团媳妇"（童养媳）。韩家是户开木匠店的，生活不坏。而伊却每天心惊胆战，因为那些木匠每天忙活的结果就是停在各处的一口口棺材。虽说害怕，可时间久了也就习惯了。这里的主事是个驼着背，挂着棍的老太太，算是伊的"婆婆妈"。她使唤着6岁的"孙媳妇"拾柴烧火，洗那口伊站在两块土坯上才能够得到的给雇工煮饭的大铁锅。由于伊个子矮，洗锅时被大铁锅锋利的锅沿把手臂划得鲜血淋滴老伤没好又添新伤。寒冬腊月伊的小手裂开的伤口像婴儿的小嘴红通通张开着。稍有不顺"婆婆妈"就用挂着的"文明棍"敲打伊的头和那裂满血口子的手。伊又怕又恨，甚至超过了惧怕那一具具老棺材。一次，伊在砍柴时弄丢了柴刀，惧怕又一次的殴打而逃跑了。可怜一个6岁多的孩子竟独自在夜里跑了四里路来到乡公所控诉，后来还是乡公所的两个年轻干部轮流背着瘦弱的伊把她送到了她生母身边。但有谁会愿意自己妻子身后跟着三个与自己没有血缘的孩子？

伊又被送到了一户老夫妇和一个孙儿的家里继续着寄人篱下的日子。不长久的日后又被辗转送给了一户"寡妇条儿"家。

"寡妇条儿"家的两个壮年男人被抓"壮丁"再无音讯，家里只剩下了爷爷、太爷爷和两个没有孩子的儿媳。伊便称大儿媳为"娘"，二儿媳为"妈"。太爷爷是个老中医，为村人坐堂问诊赚取一些诊金。不过村里穷，而老大夫心善不忍心收取穷人的钱，所以多数诊金都是以豆、麦之类的谷物相抵。吃食算不上好，但当地习惯问诊时送给大夫一种包着蜂蜜的白皮点心，全家就以此充饥倒也不会挨饿。"娘"和"妈"都是把伊当成亲生孩子般疼爱的，当伊患上蛔虫病和眼疾时又是多亏了这两位母亲的照顾和太爷爷的医术，才使得伊没有像那时患病的许多孩子一样夭折。伊在这里的日子是最幸福的！

可是好景不长——伊的生母来了！伊没有与将自己几次三番送人的生母说话，却偷偷记下了她告诉自己去寻找县城里"新家"的方法和地址。那之后不久"娘"带伊去县城采买，伊得了机会便央求"娘"陪伊找到了生母家里暂住了一晚，然而伊再不愿回到那个与自己没有血缘的家里了。次日清晨伊将自己卷进一张竹席站在院墙边听着与自己生活了五年的"娘"心酸无奈地独自离开了，从此再未相见。

自此伊12岁，辗转六年，经历了四个家庭之后终究自己做了主，回到了血亲身边。这之后，伊就开始了赚钱养家的生活。

开始时是向联营合作社承包下几十斤面粉，做成一种细高的"高桩馒头"，再由伊担着担子去集市叫卖，馒头早被点了数，只能在中午吃一个当午餐。

这时，伊的姐姐结婚了，嫁给了一个转业的军人。托这事儿的福，伊有了个正式的户口。但16岁的姐姐两年后离了婚，回到娘家以给人家照看小孩赚钱贴补家用。没多久，18岁的姐姐又结婚了，嫁到了很远的东北。伊顶替姐姐继续给人家照看小孩。

伊照看的小孩的家长是棉织厂的会计，很善良的夫妻。碰巧赶上棉织厂招收新人，他们想到了伊，伊立即答应下来。从此"当别人问时别说15岁，就说18岁了！"伊进了棉织厂。

初进棉织厂都是要先做学徒工的，学徒期每月仅发12元工资，而每月伙食费就得7元，剩余的钱都要补贴家里。过了很多年伊还记得那时家中唯一的一个工人竟也无法做主为自己买一双红色条绒便鞋。

原本这样的日子很快就会好转，但随后而来的"大炼钢铁"却导致了蒙城的严重饥荒，粮食似乎是一夜之间蒸发了，全城的人就进入了无休止的饥饿中。伊在棉织厂的伙食也变成了红芋叶子、棉籽和红薯粉兑成的清可鉴人的"汤"。好在已经转正的伊享有棉厂的补助——每周两个"托勒馍"（方言音译）。这种造型狭长的馍馍在那时也变得更加瘦小。伊要一周一次地把它们带回家里，如果伊独自"享用"了它们，就会遭到全家的白眼和指责。只要带回家，不论它们是否已经长毛、发霉、变得苦涩难咽，都会被吃得干干净净，但是这点东西又哪里对抗得了一家四口人的饥饿？

伊的继父在酒厂谋生，每天用一个扁壶偷装一点酒回来，连充饥都不能却可以免去饥饿致死的惨状。但是胃的饥饿比身体的饥饿更加恐怖，酒这样的东西使人免于饥饿而死，但是胃袋空空的人已经不能维持理性，人在饥饿的逼迫下退化成了一群饕虫，疯狂地试图把一切看得见的东西都填进自己的嘴里、胃里。用毛根草、棉籽还有极少的高粱面做成的饼子可以填饱肚子，但会引起肠干结，可是已经没有人顾忌了，所以不少人以四肢奇瘦、腹部极度肿胀的样子死亡；豆腐乳兑水可以缓解饥饿，但会引起水肿，但同样也没有人顾忌，在一阵子的满足之后又一些人如同装多了水的气球般破裂了。几个月时间里蒙城大批人口死亡，曾经繁荣的地方竟变成了鬼城。

当时有一户只有娘俩的人家，邻人发现好多天见不到了那位母亲，待到众人破门而入时看到的景象让听者也不寒而栗——那母亲早已被饿死，身上的肉也已经被她那十几岁的女儿啖尽了，炕上的母亲袒露着森森白骨。

更让人毛骨悚然的，街上有个女人提篮叫卖煮熟的不用粮票给钱就能买的"牛犊肉"，伊和妹妹看见了简直是喜出望外，饥荒中那按人头配发的粮票仅够换来极少的"杂合面"（各种粗粮混合的面粉，一人一月只有26斤）和地瓜干，在那个连野草都成了珍品的时代，这些没有定价、不要粮票、肉票的肉就是连梦都不敢梦的。伊拿出了自己全部的资产——5毛钱——用3毛换得了一块粉色、柔软、用麻籽叶包着的"牛犊肉"，伊不曾想在这样巨大的灾难中怎么会有人家还会有小牛肉卖呢？伊刚想递给瘦弱的妹妹吃，看到两个警察模样的人叫嚷着跑来，伊才知道自己差点给妹妹吃的"牛犊肉"其实是个被烹煮熟透的婴儿。在遇到警察前不知道被当作"小牛肉"卖出去了多少。

饥饿已经使人失去人性了！

一天，伊嫁到东北的姐姐寄来了30元钱，要伊当作路费乘火车去东北投靠她，伊答应了，因为听说那里没有饥饿！

伊到了火车站才发现事情不对，但已经迟了。伊被扣留送去了灾民站，原因是伊没有手续，伊的身份户口在伊不知道的时候被姐姐迁到了东北。不能证明身份，伊就被认定为因为饥饿而离乡逃灾的难民。

灾民站的一夜使伊永生难忘。不足10平米的房子里挤着一群人，男女老少皆是面黄肌瘦，挤挨在一处拥着两三条满是污垢的、破烂的棉被。伊因为饥饿面如菜色、双腿浮肿，真的被当成了要逃难的灾民。难熬的夜晚，伊听见外面开来了卡车，有嘭嘭的装货的声音。伊想去窗边看，却被一位年长的女人拽住了："别看，会做噩梦的，快睡下吧！"伊知道了那些被扔得"嘭、嘭"作响的、即将被"处理"的"货物"是灾民站里一些饿死或奄奄一息的灾民。

经历了波折的伊终于回到了家里，过后才了解到姐姐要自己去投奔的目的——给她相亲，而对象竟然是一个比自己大十多岁的男子。

伊此时的震惊与愤怒不亚于知道母亲和姐姐要生啖自己的皮肉！"不过是挨了饿，你们竟然为了那一点钱就要把我卖给个老男人么？！"伊第二次反抗了。直到那位心仪伊的男子从东北千里迢迢地跑来——并不是伊想象的那样凶神恶煞，反而是位英俊阳光的青年——伊也仍然没有妥协。那时伊依然挨饿，但凭着气势和语言让对方放弃了想法。

这时伊方才发觉，母亲做主寄给那男子的相片竟然还是从自己工人证上面偷揭去的，伊心寒了，自此没和母亲有过更多交集。

这些就是伊观看和演出的历史，伊和老伴如今身体康健，六个儿女六个孙辈和睦孝顺，伊的生活还在继续，历史也还在、并且也将永远地流淌下去。

【后记】

正文中没有提及伊的姓名，一个原由是长辈姓名不便公开，更重要的原由是伊的姓名早已被茫茫的时间洪波淹没无踪了。伊的身份证上注明着伊姓管，但这分明就是为了让伊顺利上班而在继父家申请的户口罢了。

在波折中丢失了姓名，这是怎样的痛苦？我感到恐惧，而伊在叙述时竟将此事一语带过了——伊并不觉得这是件残酷的事情。伊此生唯一的遗憾就是被母亲剥夺了上学读书的权利，一生只能是一个"睁眼瞎"。伊谈及自己的母亲时，苍老的脸上出现的居然是恨，我感到瘆骨的寒意——伊在憎恨自己的亲生母亲。

伊的母亲早已去世，弥留之际曾对身边的人说道："我这辈子最大的错误就是没有让二丫上学……不然她一定会有大出息的。"

这是一个母亲临终的忏悔，但她的女儿似乎一辈子也不会原谅她了，这是怎样的可悲又无奈。而又能责怪谁呢？怪伊没有人情味吗？或是怨伊的母亲当年不应该偏心小女儿？这些不是任何人的错，是时代光轮投射的阴影，前进路上经过的泥泞。这就是历史，严酷又不讲一点情面，让人敬畏的历史。它曾经是一个时代，却又推进了那个时代。在那个时代留下了无法抹去无法愈合的痕迹。这是时代、历史的必需品，又怎能怪伊内心不是全部善良呢？伊的恨意不是阴暗，那是时光流过造成的扭曲的伤疤，这样的个体在不同空间的世界上不知道有多少，站在"未来"的我们尽顾着斥责不善良和不正直，一个孤独的个体曾经站在黑暗洪流中面对一场浩劫，痛苦和压迫会磨灭心底的光明，又让正直和善良如何展现和维持？就如同伊在叙述结束后与我闲谈时提到的：伊的父亲虽然被定为地主受批斗而离世，但是他从未做过任何压迫佃户的事。在收成不佳的时候也会与佃农一起嚼糠咽菜、免除佃租……可是谁会去理睬这样"不刺激"的事实？即便是在如今澄清了又有什么样的作用呢？

那些压在伊心里的恨意不会消散，它们成长、在人心中沉淀成历史河流里化不去的淤泥。所以历史的颜色总是阴郁。恨意也将不再是一种情感，而是凝结成一种生活的方式。这些阴郁的笔画在人的灵魂上重重地涂鸦，人们更加疼爱男性的婴儿，自私、贪婪、在谈及过世亲人的时候流露出痛极（不是对离去的心痛而是忆起了那人曾经刺伤自己的伤口）和厌恶。

时间从过去流向未来，在经过人身侧的那一刹那，历史就诞生了。尽管很多人对它不满，更有许多人想要它其中的某些部分消失，但这不可能实现。就如同正文里所记述的故事一样，也许没有任何一段正式文献记载这次饥荒，更不会有资料显示这灾难中的一个渺小的个体的真实经历，但并不表示这灾难不曾发生。历史虽然蛮横刚硬，却在同时细腻如丝——没有任何一个地点、事物或是人类会被它遗漏。

没有人能够改变它，它却已经改变了人类，甚至早就造就了世界。这就是"绝对存在"。我们作为过时的演员不需要评论它，甚至没有资格评论它，我们需要的仅仅是一副录像机去确定它的存在并避免它在无法停止的时间长河中沉淀。我想这是历史赠与人类最具价值的礼物。

被饥饿笼罩的一生
——大时代下外婆的命运

吴懿丨上海市上海交通大学附属中学
指导老师丨彭禹

一、抗战时期的饥饿

"这日子没法过了。今天说日本人要来了，明天又这么嚷，害得大家都不敢下田。你说那些嚷嚷的，有几个真的见过日本人！我倒想知道嘞，到底是被日本人的枪打死的多还是饿死的多！"女人忍不住哭了起来，"你妹妹现在都饿得说不出话了，我好怕她会像她爸一样，一声不吭地就没了……你说明天再不下地，过几天再吃不上东西，咱家怎么过……"

在外婆与舅公的记忆里，都还较为清晰地存有这段他们母亲的话，只是在具体语句上略有偏差——也许是因为很少见到母亲哭，也很少听到母亲说那么长一段话。他们的母亲是个非常沉默的女人，尤其自她丈夫死后，每天都拼命地耕地，唯一会对儿女说的话就是在他们在种地偷懒时的斥责。

那时是在1939年的苏北盐城，著名的新四军敌后根据地。外婆所处的地方是一个极不起眼的小村庄，唤作戴家庄，那一阵刚有新四军抵达。在那天之后，日本军果然进村追击，外婆见识到了真正的弹火——但是，陷于重度饥饿的她，对于炮火的样子竟惊人地少有记忆。"对于那时候，我记得最牢的就是，太饿了，饿得觉得要死了。"每每谈及过往，外婆总是对这句话一再重复。仿佛多说几次，就能令那种深入骨髓的饥饿感得到减轻。而之后开启的逃难生涯，则更是令哪怕是一天的不饥饿都成了外婆的奢求："我都不记得去过哪里，就记得一直到处跑……后来我不想跑了，想停下来吃顿饭。可是谁都没饭吃。以前至少收成好的时候还能吃上饱饭的。而那时候大家走在地里，刨到点什么就吃什么。也不计较是谁的地，也不计较吃到嘴里的是什么东西。"

这是外婆对于抗日战争唯一的记忆与理解：饥饿。也许是因为那年她才11岁。而那年16岁的舅公，对于这段时期的阐述，则多了许多细节，包括他曾偷偷为新四军筹过一些止血的药物，还有他曾向他母亲表达过加入新四军的意愿，不过当即被他母亲否决——当时日本军看到村民很少会杀，只杀新四军，就是要村民安分，而舅公决定参军，被她认为是"自己作死"。"至少跟着新四军有口饭吃！"舅公当时脱口而出。他母亲当即就愣住了，然后哭了起来。

"别嫌舅公思想觉悟低，你舅公没读过书，那时候想参军就是为了有口饭吃。"舅公对我说。而他母亲的眼泪最终令他放弃了参军的想法。

他们的母亲逝于1942年，失去母亲的舅公与外婆，相依为命地度过了一段更为艰难的岁月。"后来我索性不跑了，回家种地。安分待着，日本人来抢吃的我也顺着。你读过书，大概瞧不起舅公吧。我那时候只想着吃饱与活命。你舅公算幸运的，我们村好多和我一样想法的农民，都没能活命。"

当我把舅公的话转述给外婆听，让她考证细节正误时，她突然感叹："吃饱与活命啊，怎么这么难……"正在记录的我也停笔发出叹息。怎么这么难？

二、逃到上海，逃不开饥饿

1945年抗日战争结束，戴家庄的农耕终于可以回归正轨，然而村民们却发现，被炮火弹壳侵袭过的土地变得比以前贫瘠了。再加上当时气候的原因，那两年戴家庄不停闹饥荒，大批人死去，不亚于战争之时。而那时我舅公已经和村里一个姑娘结婚，并有了他们的第一个孩子。多了一大一小，本来养活外婆就已经捉襟见肘的舅公渐渐无法担当这份重压。而当时，村里流行的一股"到上海去"的风气，点燃了他们的希望——那高声宣传的、极具诱惑力的口号："到上海去！在上海，哪怕捡破烂也能换到钱，只要有钱不怕饿肚子！"于是隔年，竟有不少村民，抱着"捡破烂"的志愿，浩浩荡荡地到上海去。舅公一家也在此列。他们用所有积蓄买了一条木船，划着桨，就这么一路，从江苏到上海，几天几夜不间断地划过来了——我惊异于他们的耐力，而外婆跟我解释道："那时划着，根本不觉得累，因为前面是上海，那时在我们眼里，上海不止是一座城市，是让我们不再饿肚子的希望，是过上好日子的希望……"

然而到了上海，部分人的希望破灭了——他们发现，上海并不需要那么多"捡破烂"的，尤其在当时不少农村都有人慕名来到上海的情况下，他们在上海找到一份能养活一家人的工作并不那么容易。舅公误打误撞，找着了一个加入青帮的远亲，才得到一个工作机会：帮忙在各港口间运粪。"很脏很累很不体面是吧，但在我们那批来上海的农民里，这还算好的。"然而这样只是勉强能养活这个家庭。外婆已经19岁了，却丝毫没有那个年纪女孩的灵动，面黄肌瘦、身体干瘪，舅公看着外婆，只能叹气。

结束这种生活的机会来临了。舅公认识了一家同样从苏北逃到上海的人，只不过那家人以前是做生意的，在苏北开过多家作坊与杂货店（当时的杂货店地位与现在的超市差不多），虽然家业都在战争中被破坏，但因为人脉，到上海后所有男丁便到英美烟三厂这家待遇很好的单位做工。那家人有个单身的儿子。

舅公和那家的女主人相谈甚欢。之后便是传统的包办婚姻的模式。1947年，外婆开始了她的婚姻生活，也就是她说的，暂别饥饿的时候。

三、婚姻转型时代下的不幸

外婆对我描述的婚后生活图景，是之前的我难以想象的：外公非常粗暴，逮着机会便拳打脚踢，恶语相向，除了一些必须的时刻，不和外婆做任何交流。而舅公口中的外公，却是"看上去很温和很老实，听说受过很好的教育"，因此才愿把外婆放心交托的男性。

在这里外婆与舅公叙述的分岔，让我不得不去找第三个人来求证其中的是非真伪。当然我更怀疑舅公的话，因为他的记忆可能因为对外婆的愧疚而歪曲；由于外公已逝世，之后我找来妈妈进行求证，印证了我的看法：外公对外婆，的确如外婆所言，甚至有过之而无不及。然而妈妈之后的叙述，则在让我愕然的同时也释然，舅公的话其实也没错，只不过他不了解个中复杂。

外公自小家境殷实，受过良好的教育，在英美烟三厂正和一个同样受过良好教育的女工谈着一场热烈的恋爱。他们一度到谈婚论嫁的地步，然而却被我外公的母亲遏制。

关于那天外婆第一次去见婆家的场景，三个人有他们各自的叙述：舅公说，他把外婆打扮得很漂亮，好似看到了她以后幸福富足的生活；外婆说，她只记得那天"天色很好"，外公的母亲和她说了些客套话；外公的版本中，则有他自己理解的这桩婚姻的真相："我妈一看到她那又矮又瘦的样子，苏北农村口音，大概就在暗暗高兴，找到一个容易控制、只要让她吃饱饭什么都愿意干、会伺候人的女人了！"

这三个人的不同叙述各揭开了这桩不幸婚姻的初始的一角。最令我震颤的是外婆的"天色很好"——从这样含糊的叙述中，似乎隐约能感到，那天的她对这桩婚姻带着少女色彩的期待。但这样的期待破灭了，外公无疑把他所有追求爱情而不得的怨气都发泄到外婆身上。

于是，走出了总是吃不饱饭的岁月的外婆，走向了另一个深渊：一个一辈子得不到爱，甚至尊重也没有一丝一毫的，精神上的饥饿。

四、三年自然灾害，吃不饱的粮票

1949 年 5 月 27 日，上海解放。之后几年，外婆的家庭又经历几番转折。

1952 年，外公所在的英美烟三厂被政府收回，更名为上海卷烟厂。外公在改革中被裁员，重新分配后去了肥皂厂。原本在英美烟三厂的工资令外公在当时的上海还算中产阶级，养活家人的同时还能满足他母亲的烟瘾。之后的日子便开始捉襟见肘，那时外婆已生下一儿一女。外婆的日子无疑是变差了，又开始有一顿没一顿的生活，直到粮票开始发行，按人数来配给粮食，使吃饭的问题得以基本解决。然而随着我舅舅的长大，一天八两的粮票解决不了他旺盛的成长需求，外婆怕舅舅饿着，也不敢动外公的伙食，只好把自己的饭给他吃，自己和着菜皮熬稀粥喝。

这种困苦在三年自然灾害时变本加厉了。这是一段不亚于战争时的饥饿岁月，虽然据舅公说，上海这种大城市，供给已经比起农村算是好的了，至少在他认识的人中还没什么人是饿死的。外婆形容这三年时说："那几年，我又想起小时候的日子了，总是吃不饱。我是已经习惯了，可是你舅舅都只能喝菜皮粥了，他可是在长身体的男孩子呀！我天天担心他会不会饿坏饿病了！还有你外公，他要干活必须得吃饱饭。有时候他吃不饱就把气都出在我身上。我也没办法呀，我又没法变出粮票来。我只能天天找你外公，就想再生一个女孩子，这样子粮票能多发一点，孩子饭量又不大，可以和你舅舅协调一下。"

我妈妈就是在那时候，应着外婆这样的心愿而出生的。所以外婆在所有孩子中最疼爱妈妈，她说妈妈是"观音菩萨赐来拯救我们家的孩子"。多了一个人的粮票，总算让这困苦的几年有惊无险地过去了。

五、两代人的饥饿后遗症

"只要我在家里一天，我妈是从不让我饿肚子的。她总是给我们几个孩子盛满了饭，叫我们不够了再吃，唯恐我们吃得少。小时候我不懂，到了大了，知道她以前是怎么过的才明白。她饿怕了，所以最怕我们挨饿。"妈妈如今对我说起外婆，语气充满感慨。

妈妈不懂饥饿，所以她会用自己的粮票去换一本小册子，半夜里在被窝里看。被外婆发现后，就是一顿暴打。"我妈无法忍受我用吃的去换别的东西。我那时有点气她，我觉得我不怕一顿不吃，但是特别愁没书看。"两代人的需求发生了分岔，识了字的妈妈陷入了精神饥饿。她上学，上的课却大都是令她觉得索然无味而日日重复的政治宣传。渴盼看书，却很难通过正规渠道弄到书，能看到的书内容也很相似，以至于她看《钢铁是怎样炼成的》会因冬妮娅而激动，感慨"外国人居然写爱情，我以前看的书里的女人都是不顾性命搞革命的女队长"。而她实在没书的时候，就拿着每家都有的新华字典，一个字一个字的看来打发。

这时我也突然明白了，为什么妈妈喜欢给我买书，无论是小说、漫画还是教辅，她总是十分慷慨并加以鼓动，我一下子网购十几本也不加怨言，而在其他消费上却非常小气。她主张钱用来买书比买什么都好。这样的她，和那时一心想着把儿女喂饱哪怕吃撑的外婆，是多么相似——都是饥饿的后遗症。

幸运的是，如今正照顾外婆的姨妈懂得外婆这种后遗症，她在饮食上对外婆的照顾无微不至。希望饥饿这片笼罩了外婆一生的乌云，能够在她最后的时光中了去无痕，而不要再时常成为她的噩梦。

【后记】

外婆很少和我谈及过往，小时候我想让她把她的过去像故事一样说给我听的时候，她总是说，你外婆的故事没什么好说的，又没参过军打过日本鬼子，也没帮解放军打过国民党。

而我终究听完了她的故事，其间为了补全年代久远而缺失的部分去找了舅公和妈妈，目前算是大体完整地描绘了外婆的人生轨迹。虽说我早已在教科书上得知农民在以前过的是什么样的日子，有一阵还怀疑过其真伪，然而从外婆口中说出的一切给我的感受，却令我震颤了——和教科书不同，它不是符号化的表达与结论，它是真真切切的、普通个体的悲苦与辛酸。我在记录时极力保持客观与冷静，然而还是不止一次被感染，并感到了一种无以名状的恐惧感。这种感受让我觉得，描述普通到不能再普通的小人物，也许比那些英雄人物更能反映历史潮流带给主流社会的面貌。

外婆的婚姻引发了我深切的思考。我给那部分定名"婚姻转型时代下的不幸"，称之婚姻转型，是因为写这部分的时候我一度想起朱安和张幼仪。她们的不幸一半是因为包办，一半是因为男方已经自由的心。外婆也是这样，假如外公没有受过教育，没有谈过西式的恋爱，也许她婚后的生活至少可以平静一些。然而已经自由飞翔过的心再束缚起来就更难了，于是外婆成为外公这种飞翔不得的怨气的出口。我在想，毫无疑问，追求自由爱情，是婚姻的进步，然而任何改革的过程中都有牺牲品，那些牺牲品往往比旧的不幸人更加鲜血淋漓。

最后说一下对于叙述的核心——饥饿的理解。我越写越觉得，饥饿从不会消失，从抗战到解放后，它是这样贯穿了外婆的一生，在妈妈的人生中则又出现了另一种饥饿。而我呢，在我这一代，我相信仍会有这样那样的饥饿，不止是感官上的，还有深层次的东西，只是我现在不知道那是什么。但无论那是什么，通过这次写史，我开始相信，通过对平凡人饥饿原因的探索，能令我们迅速看到历史的某一种潮流与真相。

被一场水灾改写的历史

陈艺灵 | 广东省清远市清城中学
指导老师 | 陈菲媚

引言

"山洪来了,房子倒了,猪圈垮了,堂姐傻了……"站在新建的楼房前,奶奶久久不语。我拉着奶奶的手,把她拉到新房的院子里坐下,奶奶慢慢地打开了话匣子。

家园被毁

1982年5月12日,习惯早起的奶奶与村里的青年劳动力正准备赶去生产队做工(种田)。殊不知,一场改写历史的水灾正步步逼近。

清晨六点左右,奶奶打开家门,发现天昏地暗,白昼如夜,密布的浓云慢慢地向屋顶压下来,在一阵阵震耳欲聋的焦雷和惊心动魄的闪电过后,天空一下子就裂开了,白茫茫的雨水倾泻而下,仿佛一开始就下定了决心要淹没这片土地上所有的一切。奶奶他们只好留在屋子里等雨小了再去生产队。

早上十点左右,水坑、渠道涨满了水,渐渐地涨上了屋脚。后背山的部分山体出现坍塌,各家各户的水渠都堵塞了。为了让雨水尽快排走,有村民就冒雨用锄头、铲子铲走泥沙石块,让流水畅通,不要淹没屋子。可是村民越铲越觉得不对劲,雨势越来越大,被冲下的泥沙越来越多。水,就快冲入屋子了!

中午十一点，水势无法控制，已涨到墙身的一半。生产队队长（村长，陈荣超，我的堂伯）连忙召集全村人组织转移："大家快走啊！洪水冲来我们村啦！"

"大家不要慌，跟着我走……"全村人在荣超伯的带领下，在孩子们的哭喊中，冲上了村子后背山的小树林。

当时奶奶正在做饭，听到呼叫声跑出门口。看见形势紧张，赶紧招呼我年幼的爸爸和太公赶紧逃命。平日在家里不习惯穿鞋的奶奶，甚至没时间进屋找鞋子穿——其实，也根本不敢进去，因为怕进去就出不来了。

就这样，奶奶携着幼子，带着老人，赤脚踩在扎人的碎石上，深一脚浅一脚地匆忙上山，什么都来不及收拾。刚上到半山腰，就听到后面房屋倒塌的声音，奶奶回头，依稀看见我们家的猪圈轰然倒塌，那儿有奶奶刚买回的小猪崽……跟猪圈连着的大屋也在风雨中飘摇，奶奶卖猪赚回的120元甚至还来不及带在身上！奶奶的眼泪当时就夺眶而出了。

夜色渐浓，古老的泥砖屋再也经受不住滂沱大雨的冲刷，一排排低矮的平房一间接着一间顺着洪水坍塌。奶奶和乡亲们在距离不远的后山，亲眼看着自己的家园被洪水一一冲毁。

惶恐黑夜

那天夜里，逃脱出来的村民就在山上无聊地待着，惶恐不安。山下到处都是汪洋，根本寸步难走；山上除了杂草，找不到任何的食物，他们甚至没有水喝。

中午洪水来之前，很多家都在做饭，洪水来了，大多数人都来不及吃饭。因为水势来得急，荣超伯又催促得急，有些人甚至连存折和钱都来不及带出来，更不用说食物。到晚上好多人已经一天没吃东西了，大人还好，小孩就肆无忌惮地哭喊了，"妈妈，我饿！""爸爸，我要吃东西！"的哭喊此起彼伏，大人们没办法，只好好言安慰或者无语凝噎，有些妇女也在偷偷地饮泣。

"嗨，你们还想吃饭？灶头都冲走咯你还指望吃……"平日里心直嘴快的二姨正在烦闷，没好声气地回应她的孩子。孩子们听说了，哭得更厉害了。"行了阿秀，别吓唬孩子，你还嫌不够乱吗？"奶奶一边数落二姨，一边把爸爸拉到跟前抱住。一阵阵寒风吹着，当时年仅10岁的爸爸衣衫单薄地蹲在那儿，蜷缩着身子瑟瑟发抖。奶奶搂住冷得发抖的爸爸，"来，睡觉吧，妈妈给你唱歌。月光光，照地堂，虾仔你乖乖……"奶奶抱着爸爸。大伯娘也抱着她的女儿（我的堂姐），但大伯娘一点唱歌的心情也没有，因为堂姐在发高烧，脸上潮红，瞌睡，没精神。大大咧咧的大伯娘这回可愁上了，没药没水没吃的，只好紧紧地抱着她，不时用手摸着她的额头。

太公一整晚都在守护着自己的寿棺（当地民间老人为自己死后准备的棺木）。太公的寿棺本来是挂在柴房里的，房子倒塌后，被洪水冲出来了。太公看见，急得捶胸顿足。村上几个会游水的小伙子下水合力把它推了回来，并找了一条绳子绑在附近的一棵大树旁边，自从寿棺找回来之后，太公就一直坐在距离那棵树最近的地方，眼睛一直没有离开他的寿棺。

家乡沧桑

第二天天刚亮，生产队队长荣超伯就带着几个后生在山上到处找竹子扎成竹排，用木棍撑着竹排首先把老人小孩转移到地势高的村子。我们的村子已经变成了一片汪洋，所有房屋都沉浸在未退的洪水中，看不见一丝踪迹。

大部分的受灾群众都寄居在没有受灾的亲戚朋友家里，奶奶拉扯着爸爸和两个姑姑，带着太公寄居在大姑婆家。有的家庭附近没有亲戚，实在无处可去，就由乡政府安排在素不相识的村民家中，那些村民毫不犹豫地拿出存粮来接济灾民，但是，村民本来就不富裕，坐吃山空，大家都期望人民政府能给他们解决一点困难。

事实是，龙颈公社也被洪水冲毁了，公社干部是一筹莫展。洪水冲毁了公路，汽车无法通行；冲断了电话线，电话无法拨通，洪灾情况龙颈公社的干部根本没办法跟县政府汇报，只有派人从山路步行几十公里到清远县报告水灾情况，清远县政府的回应也很快，没有等派出人员到达已经在筹划救灾工作了。

因此，灾后第二天，村民们就接到黄田大队的通知：政府将派直升机发放救灾货物。各家各户都高兴得跳起来，赶紧涌去龙颈圩分粮食，结果到了龙颈圩渡口，天空又开始电闪雷鸣，预示着又一场暴风雨即将来临。奶奶害怕了，乡亲们也害怕了：万一去到圩上回不来怎么办？家里的老人孩子怎么办？于是奶奶与同村人又往回跑。最后，龙颈公社把物资发放到大队，再由大队分发到我们家所在的生产队，这才部分解决了粮食短缺的问题。

龙颈公社总共有 20 个自然村,80% 都被水淹,2500—2600 人受灾,倒塌的房子超过 100 座。我们白镇村全部倒塌,被大面积的洪水淹没。

水灾的第三天,也就是 5 月 14 日,水才开始慢慢退去,这时上面派来了解情况的干部终于翻山越岭,走过几十公里的山路,到达龙颈镇了。荣超伯被召去报告我们村的受灾情况,乡亲们都很期待,期待荣超伯给他们带来好消息。

县里的来人把受灾人数和伤亡人数一一登记好,还询问了荣超伯受灾人员的安置问题,还给我们带来了饼干等一部分粮食。没有更多的实质性的救援措施,很多人都有点失望,但是,他们也理解政府的难处,到处都是受灾群众,政府能救谁呢?没办法,村民只好筹划自救了。

水灾的第四五天,即 5 月 15 日、16 日,借住亲戚家的村民基本上都回到了本村的粮仓居住。那个年代,每个生产队上都有一个粮仓,黄田大队白镇村的粮仓建得地势很高,所受的破坏不大。只是粮食早没有了,粮仓只是一座空的大房子而已。

重建家园

由于政府无力安置受灾的灾民,一些村民看见洪水基本退去,就回到已成废墟的村里,开始了艰难的清理和修复工作。当时的村里,一片荒凉凄惨,洪水留下的泥浆,乱七八糟的碎石建材,还有满地的猪鸡鸭鹅等家禽家畜的尸体,村口处还有几具人的尸体。

失去家园的人要重建家园非常不容易,尤其是像我们白镇村那样的落后山区小村。当时政府拨出来的房屋救济款并没有多少,房子倒塌的村民一户只能救济几百块,仅仅相当于建房费用的 10% 左右,灾后十几天之后才陆续发放的。水灾后,村民意识到泥砖屋容易被水冲毁,不安全,再也不敢用泥砖来建房,全都使用烧过的红砖,导致砖瓦涨幅较大。因此,村民们就自力更生,把倒塌房子尚未被洪水冲走的建材(杉木等)捡拾起来备料,先建起一个遮风挡雨的所在,然后才到处筹借款项,一边住棚子,一边建房屋。少则一年半载,多则历时两三年才能陆陆续续地搬进新房子住。

更大的困难还在后头。重建家园的艰辛我们可以想象,但恢复生产的艰苦却不是一般人可以知道的。据农委主任刘家仁伯伯跟我们讲,农村人种植粮食要依靠耕作层，但是，耕作层一般至少历经上百年才能形成。我们白镇村属于滨江区的中游地带，上游的洪水迅速冲下来，没有作什么停留，就迅速地往下游冲刷下去。洪水在上游卷走的肥沃泥土不会在我们这里停留，但是，随着洪水的减弱，上游被卷走的大小石头、沙砾，还有大量的垃圾却留下来了。

水灾过后，我们的房子没了，房子里所有的财产没了，上半年的庄稼没了，连耕作层也找不着。以后怎么生活？这还得靠自己。尽管政府已经竭尽全力，但政府的救济如杯水车薪，显得那么微不足道。

面对满目疮痍、一片狼藉的农田，很多人都感到束手无策。这时候，清远县农委派来了专家组指导复耕工作。他们跟村民分析了农田的基本情况，这一片区域的农业生产耕作层全部被泥沙、瓦砾、树枝等杂物覆盖，村民们需要做的就是把杂物搬走，让耕作层重见光明。

为了抢在下半年秋耕前改良土地，我们白镇村的村民在荣超伯的带领下进行大规模的刮沙工作，用水冲，用牛耙，用肩挑，去清理杂物，改良土壤。有些人熬不住了，搬迁走了，留下的人的肩膀都挑烂了。这个过程用了近三年的时间才恢复灾前水平，在没完成之前，有些农民急于开始耕种，只是捡走表面的石块，直接在黄泥浆上插秧，结果当时的粮食产量非常低下。

堂姐的命运

我的堂姐在整个水灾的受灾人员中，是命运特别悲惨的一个。在山上的那个晚上，年幼的堂姐被雨水淋湿了身子，山上没有替换的衣物，着凉后突发高烧，大伯娘只好整晚抱着她，不知道该怎么办。

第二天，搭乘荣超伯他们自制的小竹筏，大伯娘和堂姐到了另一个村庄。那时，人人都忙着投靠亲戚，安排住处，去领救济粮……那么多事，一个小孩的发烧算得什么？加上堂姐乖巧，不哭不闹，而且水灾之下，满目疮痍，医院也早冲毁了，医生也不知道哪里找去。因此，大伯娘只用了一些土办法来退烧。事实上，堂姐得的是脑炎！就这样，堂姐的病被耽搁了，也不知道什么时候，当我奶奶重新看到堂姐的时候，发现堂姐表情痴呆，大伯娘说，堂姐的脑子被那场水灾耽搁了，她的脑子被烧坏了，智力永远停留在 5 岁。以后大伯娘也一直让她读书，但也只能接受她拿零分的事实。堂姐现在已经 40 岁，除了基本的生活自理外，什么都不懂。

举家搬迁

　　水灾对我们家最大的影响就是我们举家搬到了韶关。当时清远归韶关地委管理，爷爷当兵后在 1968 年分配工作到韶关，在韶关十里亭油泵厂工作。水灾发生的当天晚上，爷爷正在厂里的饭堂吃饭，看见电视报道清远发生特大水灾，心情很沉重，马上找到单位的领导。油泵厂的单位领导很关心，第二天早上马上召开紧急会议，决定召集从清远来的工厂职工，每人发放 10 斤面包，并资助车费让他们回家探望。爷爷坐火车回到清远后，却被告知滨江的公路走不通，爷爷只好背着面包与同乡人爬山路回家，于灾后第三天凌晨到达，很不容易才找到了暂住在大姑婆家的奶奶，也见证了当时白沙村的受灾情况。随后油泵厂里派车来接济员工家属。奶奶当时一个年轻妇女，上有老下有小，家毁了，田地没有了，今后的生活根本无法为继，考虑再三，最终决定跟爷爷到韶关去。

　　出发前，奶奶很不舍地跑回家看看。洪水已经退去，废墟却未清理好，到处都是鸡狗猪牛的尸体，散乱的砖瓦布满整个村子。奶奶走到我们家的位置，试图能找回什么，但是，她只看见门窗、床板都被压断，桌椅都全飘走了，其余的一无所获。

　　城市的住宿很困难，我们一家人到达韶关后，就挤在爷爷在厂里分配的单身木棚宿舍。位于十里亭的八角亭半山腰上，仅有 18 平方米。油泵厂安排奶奶做家属工（临工），工资仅 1.3 元一天。一家人因为不是韶关户口而不得安排房屋。直到 1986 年，爷爷以水灾为由向公安局提出入户申请，后批准入户。这样一家人才搬下了山，住进了瓦砖平房。

【后记】

　　提起"5·12"，很多人都会想起汶川"5·12"特大地震。然而 1982 年在清远发生的"5·12"特大洪灾，又有多少人知道呢？

　　我的老家在清远市北部的龙颈镇黄田乡白镇村，清远 1982 年特大洪灾发生的时候，我的奶奶是亲历者。这一场水灾，改写了清远特大洪水灾害的历史记录，改写了全村人的生活历史，也改写了我家的历史。

从很小很小的时候，我就常常听到奶奶提起"5·12"，但"5·12"在我的思想中，始终是一段模糊的片段。我也从来没有想过要探究它。

今年3月底，我有幸成为清远清城中学"第二届历史特种部队"的成员，而且主持特种部队的邓老师专门给我们开会，我们要参加一个全国性的历史作文大赛，那时候，我才把"5·12"的历史重新捡拾起来，开始收集素材。

我们特种部队进行的新浪微博直播"清远5·12特大洪水灾害"课题，则给了我很多的帮助和启示。我把整理好的直播资料进行了筛选，把跟我家乡相关的部分抽取出来，再结合奶奶的口述，以及我回家乡了解的零星史实进行比较，力求做到真实记载历史，还原历史原貌。我的材料不少，但很零碎，如何组织是一个难题。第一稿，邓老师只看了5分钟就否决了，她找来了去年的学生作品给我参考。然后，她不让我写了，就让我列提纲。就是一个提纲，也足足修改了四次她才满意，然后，她要求我按照提纲把我的材料搬进去。最后一步，才是对文章的行文修改润色。

在这一次的探究和写作的过程中，我学到了很多课堂上没办法学到的东西，我懂得了灾难无情，人间有爱；我也懂得了宽容和谅解。我一直很想责怪政府在整个"5·12"水灾过程中的无力措施，但是，当我们采访每一位老人，他们都这样跟我说：全清远都水灾了哦，政府能管谁？而且国家也穷，我们不应该苛求太多。回头看看，政府的反应也不算迟了，第二天已经开始发放救济粮，县政府的官员也不惜翻山越岭到灾区，在当时的社会环境下，也算尽责了，何况韶关油泵厂给我们家的照顾，让我们家避免了悲惨的命运。我还懂得了科学的重要。清远人民就在"5·12"水灾的沉痛教训中，学会了防洪意识，学会了忧患意识，懂得了保存生命才是最重要的事情；我在探究过程中，认识了清远"5·12"特大水灾的原因，懂得了气象学、土壤学、地质学对人类生活的重大影响。我很骄傲，对于30年前家乡发生的这场水灾，我甚至知道得比我的奶奶和乡亲们更多。

"支内"二三事

李钰姗 | 上海市华东师范大学附属第一中学
指导老师 | 樊阳

一、懵懂少年时

　　1941年，她出生在上海。1952年，她父亲没了工作，迫于压力，母亲带着只读了几年书的她和两个妹妹回到苏州黄埭老家。直到初中毕业后，父亲做上了局长的司机，母女几个这才回到了上海。

　　她，是我的奶奶。

　　奶奶是老大，深知肩上的重任和父母的种种不容易，放弃了学业，选择了工作（"也不是没能力读书，是真的不想读了……"），怀着无奈又新奇的的心情，奶奶走进了上海机床厂，成为了一名电工。工作后不久，她遇见了爱情，爷爷是厂里的工程师（"爷爷很厉害，自学成才，他要是现在还在，这些故事他说得会更好"）。爷爷和奶奶育有一男一女（我父亲和我姑姑），由于他们都是工人出身，"文革"并未对他们的生活有多大冲击。就在这一家四口其乐融融地勾画着未来蓝图的时候，晴天霹雳打破了这个家庭的宁静，改变了四个人今后的生活轨迹。

二、青春祭，离家乡

　　中央部署通过搬迁工厂以及技术支援等形式参加大三线建设，1970年，那个"支内"大潮的年代里，奶奶和爷爷带着两个孩子随着17390名内迁职工，响应毛泽东"三线工作搞不好，我晚上睡不好觉"的口号来到陕西汉中。动员"支内"的几年里，每天一下班不是大会就是学习班，天天如此。每个工人都要表态，一个个过关，有个别迟迟不发言，于是这天的学习班就迟迟不结束。后来工厂不生产了，大家仍必须每天准时上班，看似坐在那里"噶山湖"（闲聊），其实大家心里都很紧张，等领导一个个来谈话。回家也没有安宁，居委会天天派人来做思想工作，催促着快走。然而除了几个人坚持到底没有去外，其余的还是被"支内"了（"其实啊，当初要是坚持不去说不好过得比现在好啊，可是结了婚孩子又大了，怕影响不好"）。当年的命运对爷爷奶奶算是很垂顾的了，没赶上上山下乡去当"插兄插弟"，而是直接接受工人阶级再教育。但这也是个艰难的抉择，根据当时的政策，只有一个孩子的户口可以留在上海，其余的一律迁走（"如果不去"支内"，那就是失业。在上海也没有其他生路，又怕不响应共产党的号召可能成为落后分子。生活怎么办？"）最终，老人们选择把我父亲留在太太（奶奶的母亲）那儿，这种别离和选择的伤痛可想而知。

到了汉中后，一家人分到了一套公房，就那么安顿了下来（"我们还不算太苦，汉中四面环山，是盆地，气候还是不错的。房子呢要比上海大些。去那里的上海人很多，像个'小上海'"）。爷爷和奶奶工作的地方也就是后来的汉江机床厂。奶奶和爷爷是响应国家号召来的，而当地人似乎并不怎么领情……（"他们是无所谓我们来不来的，我们基本还是和上海人打交道"）奶奶至今都不会一句汉中话。（"没有'支内'、上山下乡经验的人，很难理解那种近乎绝望的心情，那种长年累月回沪的渴望和那种到了上海又成了外乡人被冷落的伤感。"）

70年代，虽然不是自然灾害，但食品还是缺乏。爷爷和奶奶还是响应号召"自己动手，丰衣足食"，到了休息天，大家都出动了。尽管境况不算太糟，食堂里供应的伙食还要搭粗粮，每月也只有一顿肉给小孩吃。（"每人一个月才7两肉啊，为了粮食好多人还吵架咧！"）

一转眼，姑姑初中毕业了。为了给姑姑更好的学习机会，爷爷和奶奶决定将姑姑送回上海和我父亲、太太、太公住在一起（太太太公家在惠民路的一处公房）。又一次骨肉分离，爷爷和奶奶将姑姑托付给火车上去上海的汉中老乡，送上火车，离开。这或许是对女儿的愧疚吧，把女儿送到上海日子会更好过些，不用再跟着父母受苦。谁知道呢，旧社会下的太太有着"重男轻女"的旧思想，更何况爸爸从小在太婆身边长大，太太并不喜欢姑姑（"你姑姑后来才和我说的，一样去学校要带饭，给你爸爸的是小排，给你姑姑的只是骨头"）。姑姑和爸爸就生活在那个闭塞、狭小的空间中，在那里长大成人。年年岁岁，爸爸即将工作，姑姑将要高考。那一年的高三，姑姑因为户口不在上海，必须回到汉中参加全国卷的高考。一心想跳出汉中的姑姑第一年高考后选择了复读。（"高考的时候，我在家里做饭，你爷爷送她去考试，那段时间我都高血压了。后来外地大学没考上，哭了好久。"）

工夫不负有心人，第二年，姑姑如愿来到西安读大学。对于姑姑来说，能够从汉中走出来是那么的不容易，其间夹杂了多少辛酸与泪水。当然，做父母的总是隐约觉得对不起她。

时间来到1991年，这一年，奶奶先提出提前退休，动用了各种人事关系，花尽全力把户口从汉中迁回上海，又过了两年，爷爷也回上海了。爷爷、奶奶的"支内"岁月在那时画上了句号。（"我们真是幸运的，很多人户口都迁不回啊！"）

回到了梦牵魂系的上海，心情是及其复杂的：内退金只有两三百元，这在物价昂贵的上海是较难维系生活的。两三年后有手好技术的爷爷又被工厂再次聘用，在宜兴上班。1996年2月，老人突然患了肺病（"我们不在他身边没人管他，一天三包烟啊！"），在那个晚上，爸爸和奶奶连夜赶到医院，姑姑从北京抛下工作一路忐忑前来（"那地方医院条件太差不能手术，当时又没有办法移动……"），照亮老人一生的蜡烛昏暗下去，永远熄灭了。奶奶面对爷爷的离开是平静的，一直到现在提起爷爷，她也不愿多说什么，一切只有她心里能品到。那个时候爸爸和妈妈已经结婚了，1996年的5月，妈妈怀了我。

三、回故乡，声声叹

奶奶的身体还算硬朗，除了高血压、青光眼，其他基本正常。平时感冒咳嗽等小病不到必要之时一般不吃药，原因之一就是药费之贵令人望而生畏。由于国家医保没有统筹，奶奶的医保关系只能留在汉中，这样一来，奶奶根本不敢看病吃药。奶奶庆幸自己没有什么大病。说老实话，奶奶的医保是承担不起多大的药费的。外地工作工资都偏低，好在近年政府已采取了些措施，月收入1000元的月补150多元，这在小城市是享受不到的（"看病自费部分高，人老体弱的话，工资不够吃药，只能报40%"）。但对于退休金只有1700的奶奶来说，哪里看得起病！

2008年，奶奶突发急性青光眼，疾病来势凶猛，老人的左眼视力现在只有0.1。看病花了2万不到，将所有材料寄往汉中半年后，老人也只拿到了9000。后来奶奶又听说上海社保中心也能办理，谁知只报了20元……数据那么的触目惊心，年轻时离开上海支援内地建设，现在鬓发皆白人老了，躲不开疾病、等不起时间。

奶奶总是说着说着就激动了，"在'支内'知青的特殊队伍中，有相当一批人是有才华和能力的。知青返城时都是年富力壮，恰逢高考重新开放，在申城这个大舞台可以尽情展示自己的能力和才华，因而造就了许多有作为的人群甚至官员、人大代表。而'支内'群体等回到申城都已经是垂垂暮年，夕阳西下了。"这使得"支内"职工无论是在社会或者网络上都没有像知青群体那样活跃。

"曾经对《故乡的云》这首略带伤感的歌曲情有独钟。歌中那'我曾经豪情万丈，归来时，却空空的行囊'、'那故乡的云，故乡的风，为我抹去伤痛……'真是道出了我的心里话。在外漂泊几十年，游子的心牵挂的永远是故乡。然而，当我一旦回到我的故乡上海，故乡的云和风，为我抹去的是多年的乡愁之痛，却无端增添了许多难以名状的情感之痛。回家的心很迫切，但回家的路很难走。"

【后记】

"等闲谈笑见肝胆，壮别宁为儿女颜？为国拼得两鬓白，身归故间却贫寒。啼缺声声行路难，夕阳已近黄昏暗。清泪洒净常啼血，风箫箫兮天地寒。归路难！"

他们，年轻时有过很多遐想、爱情、家庭、生活……一句口号，呼喊着他们在那个特殊的岁月里，将青春与汗水挥洒在家乡千里之外的土地上。穿过了漫漫的岁月，热情慢慢地黯淡了。心中根深蒂固的上海情结还是难以泯灭……此文谨献给他们。

奶奶和我们生活在一起，"支内"的事我从小耳濡目染了很多，但是真正坐下来和老人谈那段旧事倒是第一次。从奶奶欲言又止，时而又激情澎湃的诉说中，我看到，没有经历过当年的"支内"，没有为三线建设贡奉青春的人，是无法理解这一批人深深的感情的。我的奶奶算是幸运的一个，不像一些老人有家不能回。实际上许许多多去了外地的上海人为了再取得一个上海户口作出了人生许多无可奈何的选择。

　　奶奶户口回迁是顺利的，但带回来的是异乡的低工资，异乡的养老保险和医疗保险。势力单薄的老人若是一个人怎能应对上海年年上涨的物价和医疗费用？奶奶说起这些总是不免有些激动，会不经意地那么说："他们上海职工……"我想说，奶奶您讲的是上海话，年轻时工作的也是上海的工厂，现在当然是上海职工啊！无形中，上海"支内"职工和上海本地职工有了天壤之别，似乎"支内"的职工老是低人一等。我明白，这道伤痕在老人心中太深太深。时代造就了当年"支内"职工这一"光荣"群体，他们积极响应党的号召，打起背包告别大上海，毅然奔赴穷山恶水。他们为了国家的三线建设，付出了青春年华、牺牲了家庭、个人的利益，甚至也透支了健康与生命。

　　"支内"的苦只有自己能品，希望多的不再是无奈和长叹。尽管近几年的政策较前两年已经人性化了许多，我还是想为"支内"喊一声，请社会各界对这些老人们多些关怀，听听他们的故事，重新回看那段历史！

所谓人生

胡怡雯丨江苏省无锡市大桥实验学校
指导老师丨邱亮

我的曾外祖父姓王，1999 年去世，享年 94 岁。

他去世的时候我尚年幼，如今已记不得他的长相，只是据父亲回忆，他有一米八的个子，高高的鼻梁，戴着一副眼镜，说话从不高声，闲暇时常常会翻看他为数不多的几本书。于是我便时常想，如果不是那个动荡的年代，他也许会是一个温文尔雅的书生吧。

我出生的时候他已经瘫痪在床，由住得近的祖母照顾。所以我也时常会随我的祖母造访他的小屋子。屋子并不宽敞，也没有阳光，他躺在屋子角上的一张床上，只是这么躺着，一日一日，早已不复年轻时的风度。他总会拿饼干给我吃。记忆也只是停留在这里。

后来他去世了，去世前我是在他身边的，他看到我，笑了，拉着我和哥哥的手，口齿模糊地说好，好。他是笑着去世的。

他这一生有四个子女，那天全都到了。他们坐在长条凳上，哭得很伤心。当时的我并不能理解死亡的悲伤，只是看到祖母在哭，我便也哭了。

美好时光

他是读书人，祖上在苏州做官的，有一年苏州发大水，老祖宗们便举家逃难，在安丰镇落了脚，购田置业，也成了当地一大户。家规很严，女孩们不可出门，就连灯会等节日也只可在门缝里观看。据我祖母说，她的爷爷，也就是我曾外祖父的父亲，兄弟八人，每人分得遗产房屋八间，良田百亩，街上铺面若干。家族之兴旺由此可见一斑。

然而，好景不长，鸦片战争爆发。鸦片大量流入中国，他学西医的父亲也染上了鸦片。之后的事想必不用说，大家也能猜到了。一杆烟枪，抽光了所有的祖业田产，最后家徒四壁，唯剩下了八间老宅。而他的父亲也在他 8 岁那年，撒手人寰了。家道中落，他的母亲只好替同族的亲眷当管家以维持生计。所幸，他的叔伯婶母都算仁厚，怜他们孤母弱子，也让他同那家少爷一起念书，他的学问便是那时学来的。

由于地位的尴尬，我的曾外祖父已经老大不小了还没有成家。后来经人介绍，与同样身为望族千金却父母早亡，过了适婚年龄的我的曾外祖母组建了家庭。她是一个能干的女人，将八间祖宅卖给了同族，用这些钱和陪嫁在河的北面盖了三间大屋，又置了几亩田，同佃农四六分成，从此便有了进项，日子也一天天好起来。到后来田地也有了 40 亩，又在镇上开了一家百货店和南北货店。也算是重振家业了。

风雨飘摇

如果故事只是这样发展下去，便不能称得上是坎坷了。后来，抗日战争爆发了。日本人在中国的土地上烧杀抢掠。战火波及了无数的中国百姓，当然，他也在其中。多年的苦心经营，在战火中付之一炬。屋子先后被烧了三次，原先河北的大三间变成了虹桥街上的小三间。

战火烧过华夏大地，40 年代初，他作为进步青年加入了三青团，后来又入了国民党。由于为人好，又被选为了区委员，做些抄抄写写的事，是连枪也没拿过的。然而就是这个经历造成了他人生的又一坎坷，并且深深地影响了他的一生。

1949 年，新中国成立。

50 年代初，全国开展镇压反革命运动，即镇反运动。由于缺乏明确的量刑标准和法律审判程序，加之地方政府为了完成中央的指标，造成镇反运动不可避免地扩大化。我的曾外祖父竟也在处决之列。所幸有人提前给他通风报信，他便连夜徒步走了 100 里路逃到了兴化，这才免于一死。

我时常在想，在那个压抑漆黑的夜晚，他是抱着怎样的一种心情在逃亡。那是真正的逃亡。我永远都无法理解的，那个荒诞的时代，人性的扭曲。身处其中的人们，被一波又一波的浪潮推向越来越深的绝望。也许，他关心的并不是对错，毕竟在那个疯狂的年代，他只是想活下去，活下去，仅此而已。

再后来，他和带着儿女赶来的我的曾外祖母会合后，又举家逃往上海，投奔亲戚。然而，上海虽大，却难以生存。几年后，实在不得已，他们又回到兴化，后听人说无锡比较好混，又辗转来到无锡，做起了小生意，艰难谋生。

我祖母回忆，她的父亲摆过香烟摊子，卖过菜，又或是从别人手里批了四角菱来，由她母亲煮熟了，再由她二姐拿出去卖。据说祖母额头上的疤也是因为那时要偷吃四角菱，逃跑时绊在门槛上跌的。

就这么，一家子倒也生存下去了。

笑对苦难

可是世事无常，平静的日子没过多久，全国又掀起了整风反右运动。本着"坦白从宽抗拒从严，过去从宽未来从严"的原则，老实的他将过去曾在国民党任职的事于大会上和盘托出。结果是他被戴上了历史反革命的帽子，处以劳动改造。每天清晨要将所居住的绿塔路的一弄到四弄的地全扫了。据我祖母回忆说，印象最深的是大雪天，也要很早起来扫雪。一扫，就是一辈子。

1966 年，"文化大革命"运动在九州大地上轰轰烈烈地展开了。作为历史反革命，他每天早晨要在胸前挂着大牌子，站在缫丝厂门前低头"认罪"。"有的时候碰到不好的人，上来踢你一脚打打你，你也不好响。"我的祖母如是说。因为家庭成分不好，就连小孩子做人也要小心翼翼，总是低人一等。

在那场运动中，也有人受不了自杀的。"有一个地主婆，在被批斗了几天以后，晚上趁孩子睡了自己跳到河里淹死了。"祖母回忆道，"但是你太舅公（方言称曾外祖父为太舅公）倒是一直很乐观的，也没有一回来就唉声叹气，照样很开朗。"这句话让我对他生出了许多亲切和敬仰。到底是怎样一颗平和又包容的心，才能让一个人在那样艰难的环境里依旧乐观向上地笑着活下去。

人的一辈子其实真的很短暂，这么日复一日拿着扫帚来回于街头巷尾的我的曾外祖父，就这样过完了他的一生。临死前，他躺在床上，对我的祖母说他的人生，他说："我这一辈子，做得最好的一件事，就是把你们四个子女拖大，把你们带到无锡。"

尾声

他死了，他的一生就像落叶一样，在这乱世飘摇，起起落落，最终归于尘土，风过无痕。他是那么的渺小卑微，大概只有我，会在偶尔经过他的小屋时想起，这里曾经住过一个老人，身若飘萍，命途多舛，却以一颗平和的心注视着这个世界。

他的去世，带走了一个时代。

【后记】

写这篇文章所用的资料多是由我祖母口述的。先人坎坷而漫长的一生，在后人的口中慢慢被还原成一个平淡的故事。从祖母平静的叙述中，我渐渐了解到这个同我血脉相连的人，他的心情和他的坚毅。

对于曾外祖父，我残存的印象就是一个终年瘫痪在床的老人。他在我4岁的时候就去世了，那天，无锡下了十年难遇的大雪。

人生真的是有某种奇妙的缘分，在他去世后14年，竟是我坐在电脑前，为他书写一生。从陌生到了解，从了解到感动。

站在一个旁观者的角度看，他的人生就是由一次又一次的苦难打击组成的。一波未平一波又起。很难想象，如果面对这一切的人是我，我又能否支撑下去。然而祖母怀念起那段往事时却说，虽然这样，他却一直是笑嘻嘻的。

站在遥远的时光彼岸，岁月磨尽了那些琐碎的喜怒哀乐，在我面前留下一个老人安详平静的笑颜，穿越时间、空间，就这么浮现在我的脑海里。

人，生而渺小。在时代的浪潮中起起落落。我们只是平凡的人，没有左右时代的力量。坦然地接受命运的安排，或许也是一种勇气。不绝望，要快乐，为了家人，也为了自己。用微笑击溃苦难，这是他教会我的道理。

回到生根的黄土

杨玉超 | 广东省广州市第六中学
指导老师 | 龚敏芝

"一个月之后，你们必须搬离这里"

在越南北部，有一个聚居着华侨的村庄，他们的祖先（来自中国广东或广西的移民）已在这里繁衍生息了数百年，把这本来的蛮荒之地变成了良田沃野、四季果香的世外桃源，整个村子的人都过着自给自足的生活。同时因为村庄四面环山，形成一个较为封闭的环境，所以他们仍保留着中国的传统习俗，说的是中国广东或广西的方言，写的是汉字。他们鲜少和越南当地人打交道，因此也不会讲越南话。

1978年初秋的一天，村上有一户人家的大女儿望了望外面的天空，太阳即将要下山了。按照惯例，她每天都会在这个时候到村口的石头上坐着等待父母从耕地上归来。尽管身上要背着不到2岁的小弟，沉甸甸的，还要走上这么一段山路，但是她都会坚持每天去等父母，因为每一次父母都会给她带来好玩好吃的东西。

这一天她照常去等父母。"爸，妈。"女孩看到劳累归来的父母，开心地冲了过去，她期待着父母给自己带来新奇玩意儿，可是父母却没有拿出任何东西。母亲还慌张地望着她说："你一个人出来的时候没见着什么官兵军车吧？"女孩疑惑地摇了摇头，母亲紧接着说："下次可不要再来这里等我们了，听人家说，现在世事很乱，妈妈会很担心你的，知道没？"女孩依旧疑惑，但还是点了点头。虽然女孩心中还嘀咕着新奇玩意儿，但是也没敢说出来。父母的神态与平时迥然不同，是那么的慌张，女孩总觉得有什么坏事即将要发生了。

回到家，父母坐下喝水休息，女孩淘米煮饭。这时，只听见外面传来刹车的声音，然后就径直走进来了三个穿着军服的越南兵。他们对着女孩父母，以生硬的广东口音说道："一个月之后，你们必须搬离这里。"父母慌忙站了起来，哀求道："能不能别赶我们走呀，我们全家，老少都有，这搬迁不容易呀！"官兵不耐烦地说道："这可由不得你们，这是政府下的命令，我们也不过是执行者。再说，这地盘本来就是我们越南人的，现在我们要收回了，难不成还要经过你们同意？"说完就走了。

女孩冲进了屋子，嚷道："他们为什么要赶我们走，这里可是我们的家，我的好朋友都在这儿，离开这里了，我就没有朋友可以一块玩了。"

父亲泪眼婆娑地说："孩子呀，其实我们本来就不是越南人，我们的祖辈都是纯正的中国人，当时他们因为受到压迫，被迫搬迁到这儿。于是一住就是好几代人，但是，我们的根始终不在这儿。"

"可我们都在这生活了这么久，为什么还要赶我们走？"小女孩还是满脸的不解。

父亲叹息了一声，说道："因为现在我们的祖国和越南关系恶化了，越南也就容不下我们华侨……唉，孩子，你还小，不懂那么多……你有空就赶紧收拾你和弟弟妹妹的东西，等过几天我们就搬走吧。"

这个女孩就是我的母亲——一位出生在越南的华侨。10岁的母亲就要开始逃难了。

越南的排华

1978年底，中越关系开始恶化。当时越南当局对待华侨的做法就是"排华"，顾名思义，就是排除华侨，将华侨赶出越南当地。要知道当时在越南的华侨人数非常多。据资料记载，仅1978年当年就有20多万难侨被赶出越南境内，而从1975年到1984年间，越南政府共驱赶了超过150万越南华侨出境，他们的财产基本上被越南当局非法侵占，成为难民潮，其中被联合国收容后入籍到西方国家的约50万人，余下的100万人由中国政府收容，另外从海路逃亡到外国而遇险死亡的越南华侨人数难以统计。而我母亲的家族就是回到中国的难民的一部分。

"丢手绢啊丢手绢……"

母亲回忆她当时在越南有非常多的好朋友，大家都是一起长大的，家里又离得很近，所以关系很密切，有好吃的好穿的基本上大家都是共享的。可当时不得不分开呀，逃难了，谁不是各奔东西的。这让这一群小朋友都十分悲伤，于是他们决定在分离之前再玩一次"最后的游戏"——丢手绢。

"丢手绢啊丢手绢，轻轻地放在小朋友的后面……"母亲回忆那次游戏是她们玩过最尽兴的一次。虽然玩得开心，但还是看到大家隐忍的泪水。大家仿佛一下子长大了许多，互相更加珍惜，更加友爱，最后她们还抱在一起说："长大之后，不管在天涯海角的哪一方，大家都要互相想念，互相寻找，友谊地久天长。"

说到这，母亲忧伤地叹了口气，说道："可是，自从当年分离，我就再也没有见到过她们，完全失去了联系。都快 40 年了，唉！她们在哪里呢？"

拉开逃难的序幕

在得知要搬走之后，母亲就和她的父母以及祖父母一起去了趟耕地，把田里所有能够收获的都搬回了家。自那之后他们就再也没有去过田地。家里的牲畜也都宰杀了，因此那几天的饭菜尤为丰盛，比过年吃得还要好。母亲还记得她父母在那几天一直紧张地筹划着逃难的方向，不断联系亲戚朋友。据说，当时要到任何一个国家都是轻而易举的事，只要租上一条船，然后向船夫指明你要去的国家，到了那个国家之后，你就可以加入当地的国籍，然后生活在那里。因为那个时候，大多数国家都地广人稀，都需要人力。母亲的父母询问了好多人的意见，也讨论了一段时间，终于决定下来了——回国，回到那个虽然未谋一面却是自己生根的地方。方向定好之后，收拾东西的速度明显加快了许多。

开始逃难了

凌晨时分，太阳还没有升起，雄鸡也还没有叫晓的时候，父母就把母亲叫醒了。母亲说，她当时还耍脾气不肯走，因为走得过于匆忙，没能和好朋友们说再见。父母恐吓她说不要她了，让官兵抓走她。这才吓得她拿起行李就走，没有再闹脾气了。不过，她还记得当时她边走边偷偷抹眼泪。

一路上，因为小孩子太多，一家人走得并不快，基本上就是走走停停，还好有几个亲戚朋友陪着，帮着拿东西。母亲记得有一次还挺惊心动魄的，他们几个见到草丛里有很多草蜢，就想过去玩上一会儿。父母和帮忙的亲戚也都走得挺累，于是就趁喝水休息时放任他们玩一下。突然，远处天边传来好大的声音，只见天空出现了一个正在移动的黑点，大人们同声大喊："快趴下，通通快趴下来！"他们都很听话地趴下了，头朝下一动不动。等飞机声音消失之后，母亲的父母警惕地告诫他们："以后听到飞机的声音要懂得趴下来，知道吗？""嗯！"大家都点点头。母亲当时很奇怪为什么要这样做，后来她终于明白是因为不让飞机上的人看到地面上活动的自己，否则很难保证上面不会投下炸弹。母亲当时幼小的心灵蒙上了一层阴霾，那是对飞机的恐惧，更是对战争的害怕。

回国了！终于回国了！

村子距离边界不算太远，因此母亲一家子走了一天多就到了中越边界。母亲说那边界是一条不算宽阔的河流，好像叫归春河，河上架着一座小桥，桥上有许多把守的边防检察军。母亲他们经过检察就过了桥。过了边界，也就是回到了祖国大地。母亲还记得当时她的父亲缓缓地舒了一口气，说了句："回国了！终于回国了！"

过了边界之后，他们并没有走远，而是就在边界东兴的叔婆家中住了大约一个多月。在东兴住的这一段日子，母亲经常跑去边界的河边洗衣服，看到许许多多像他们一家子一样从越南回来的难侨。大家虽然都是在赶路，都颠沛流离，居无定所，但是他们脸上露出的安心的笑容掩盖不了他们此刻的心情。母亲说，当时她看着大家都这么开心，她也受到了感染，非常开心。

回国真好，真踏实

　　母亲记得很清楚，当时他们刚回到中国时，中国还挺贫穷的。因为当时1979年，中国才开始改革开放没多久，但是国家对待他们难侨是很照顾的。当时，政府采取紧急措施，花费10多亿人民币对这些难侨予以全面妥善的安置。国家每个星期都会发给他们一定量的粮票，让他们拿着粮票去排队领取粮食。后来还将这一大群难侨分配到不同的地方，我母亲一家子被分配到了当时叫"三家村"的地方。

　　母亲回忆说，当时乘着车来到那个地方时，只有三间瓦屋住了人，住的都是等待迎接他们到来的学生，因此得名"三家村"。其他都是些空置的茅屋，于是大家就开始住在这些茅屋里，每家每户还分配到了耕地，大家就逐渐安居在这里。

　　可是茅屋毕竟不安全，不牢固，不能久住。母亲说，当时村子里的父母都禁止让孩子们玩火，否则全村都要烧掉了。政府也想到了这个问题，于是就开始把周围的山石铲掉，开始盖建瓦屋。母亲说，现在外公外婆住的就是当初盖建的瓦屋，不过那里就不再只有三间瓦屋了，后来就改名叫"大南山"（在揭阳一带）。

　　安居下来后，村里小孩子很多，于是政府就在村里另盖一间瓦屋，作为小学。当时村里知识分子不算多，教师资源紧缺，外公作为知识分子也加入了教书行列，他教语文。政府还弄了一座农场，一间茶场，尽可能的让村里的人都分配到工作，除了耕地之外还能够有其他的额外收入补贴生活。

　　至今，村里许多老人家还在耕地上劳作，种着荔枝、龙眼、番石榴等。因为政策照顾，广州的新中国船厂多次到村子里招人，母亲参加了第一批招工，于是她便来到了广州，成为了船厂的一员。直到现在，她还从事着与船厂相关的工作。

【后记】

　　突然看到户口本上母亲的出生地是国外，心里觉得很好奇，于是便追着母亲询问起来，一问才知道母亲其实是在越南出生的，而且就是1978年因排华被赶出越南的20万人中的一员。母亲回忆时，对当年逃难的慌乱、无措、担忧还是心有余悸。

我很认可国家对待华侨回国的态度。越南当局排华，20多万难侨被赶回中国境内，我国政府采取紧急措施，花费10多亿元人民币，在很短时间就对这些难侨予以全面妥善的安置，如果当时国家对这些华侨不管不顾，加上当时已经入冬，我想应该会有很多人死于饥饿和寒冷吧。

如果中国足够强大，国际影响力足够大，那么外国人就不敢这么对待这些华侨，他们也可以大声地说出："我们是中国人，我们有足够强大的祖国作为后盾。"这些事中国当年做不到，但是，所有的中国人都在努力让它得以实现，让祖国强盛得足以保护我们这些龙的传人。

最后，感谢我的母亲对我写作的大力支持。

在风雨飘摇中踽踽前行

励洲蓬｜浙江省宁波市效实中学
指导老师｜张碧荣

引子

这是一个特殊的时代，自 1937 年日本全面侵华到 1978 年改革开放，每一个家庭都顺着时代的潮流艰难前行。现在，我们回溯往事，回首那一段扣人心弦的历史，或许有的人、有的事都已被尘埃掩埋，但我们还可以追寻那一辈人在风雨飘摇中踽踽前行的足迹。

一、1937—1949 年 战火中挣扎

1929 年，爷爷出生。其父捕鱼为业，一家人生活相对富裕。

1935 年，奶奶出生。她的父亲、我的外曾祖父，是远洋轮船上的水手，迫于生活，在奶奶出世仅三个月就再次远渡重洋。谁能想，这次分离竟会是漫漫五十载。

1937 年，日军全面侵华。国内情势危急，战火不断向浙江一带蔓延。无数人受到了波及，流离失所远走他乡，而在战线的后方，生活也变得越来越艰难。

1939 年，第二次世界大战爆发。因为战争的原因，远洋的船员无法返回祖国，只能在外漂泊。其中就包括我的外曾祖父和爷爷的姐夫、我的大姑爷爷。

当时漂泊至德国的外曾祖父更是因此被扣押在了德国境内，返回祖国、再见自己女儿的愿望也变得遥不可及。同时在国内，上海、杭州早已沦陷。眼看战火迫在眉睫，宁波防守司令部下令在镇海口封港，禁止船只出海捕鱼。这样爷爷一家的生计就被切断了。

1945 年，抗战胜利。在海外的海员陆续返乡，大姑爷爷也在其中。归来后，爷爷的姐姐、我的大姑奶奶随他移居上海。而外曾祖父则音讯全无。

1946 年，内战全面爆发。当年虽然恢复了渔业生产，但是自 1939 年开始这 7 年时间里爷爷一家入不敷出。爷爷更是生了一场大病，把一家子的积蓄耗了个干干净净。时局依然动荡，但生活还是有了新的期盼，因为爷爷已经从上学的孩童出落成了年轻小伙。太爷爷年事已高，无法再出海捕鱼了。家庭的重担一下子落在了年仅 17 岁的爷爷肩上。

1949 年，解放的烽火逼近长江，大姑爷爷所在的外国轮船再次驶离黄浦江，没想到又一次被关在了海外，无法回国。只留下大姑奶奶一人只身在上海苦苦地盼着丈夫的归来。同年 4 月，解放大军浩浩荡荡地冲破长江防线，宁波城内一时风声鹤唳，草木皆兵。

可就在这样的情况下，爷爷所在的渔船出于生计被迫出海捕鱼。因渔船和船上的枪支手续不全，在马关附近被巡逻的国民党军舰盘查，并被当作共产党渔船扣押，移交舟山司令部审问。当爷爷一行人陷于绝境之时，幸而有了当地渔民作保。舟山司令部所谓"一番调查"后，爷爷他们总算是被放了出来。

就在返航途中，他们得知宁波已经解放，解放军控制了宁波。会不会被当成国民党给抓起来？还能不能见到自己的家人？尽管心中忧虑万分，可他们还是只能硬着头皮航行在返乡的航线上。一连漂了几天，小船终于在镇海口落锚。大概是因为爷爷长相老实，又是饱经风霜的模样，一看就是本分的捕鱼人，前来检查的解放军相信了爷爷一行人的遭遇，便放他们离开了。

二、1955—1972 年 动荡中起伏

1955 年，中华大地上的战火也渐渐熄灭，生产、生活也渐入正轨，但是波折却远没有结束。解放以后家家户户都要评"成分"，爷爷因剥削与被剥削

成分参半，被评为一般渔民（相当于中农）。当时爷爷根本没把这"一般渔民"的成分放在心里，丝毫没有想到日后这会给他带来多大的麻烦。

当年，在渔业干部的支持下爷爷连同村里的其他渔民一同组成了"和平渔业生产互助组"。因为爷爷有着丰富的经验，恰逢当年渔汛好，互助组满载而归，成果斐然。但是爷爷认识到了捕鱼这靠海吃饭的活计并不踏实，风险大。而且长期在外，仅留下奶奶一人在家里照顾已是风烛残年的老父亲和牙牙学语的女儿也让自己放心不下。所以他放弃了已有的事业，选择做一个踏踏实实的农民，将户粮关系转到了农业户口，加入了"益丰农业生产合作社"。

而大姑奶奶也终于看到了和自己的丈夫团圆的希望。虽然大姑爷爷还是无法回到大陆，但是按照当时的情势，两人可以共同前往香港，在那里团聚。大姑爷爷早已动身前往香港，因此她开始不断申请，盼望着尽快去那里和自己的丈夫团聚。

1956 年，奶奶也跟随爷爷参加了农业社，和他一起种田，一起敲冰挖河，一起出外填江塘。奶奶吃苦耐劳、勤劳能干，出色的表现有目共睹，因此她被选为益丰大队妇女会主任。而就在这一年，大姑奶奶也终于收获了她梦寐以求的好消息——终于领到了出行证，可以去往香港了。长期以来的翘首期盼终于成为了现实，她迫不及待地动身前去香港，甚至来不及与自己的父亲、兄弟道别。

1958 年，爷爷转为农民也有三个年头了。因为小时候生过大病，在体力上不如人家，所以爷爷做农民并不出色。不过他受过几年教育，在村里也算是比较有文化的人，因此在业余时间参加民校工作，搞"万诗墙"进行文化宣传。鉴于爷爷这方面的出色表现，村干部把爷爷抽调去做了助理会计。这样一来，爷爷离开了农田，有了更多的时间进行民校工作，还能时不时创作一些小戏曲、小段子。生活渐渐平静下来，奶奶将内外事务一肩挑过，将整个家打理得井井有条。尽管生活不富裕，甚至还有些艰难，但是爷爷安安稳稳地做着会计工作、进行文艺创作，似乎找到了自己想要的生活。

1961 年，"大跃进"结束后，物资供应十分紧张，人们的生活水平也大幅度下降。爷爷一家老中青三代共有九口人要吃饭，生活自然是苦到了极点。奶奶为了补贴家用，就到上海去跑"单帮"。她带着宁波的紫菜、墨鱼等海产品去上海换砂糖、肥皂，再带回到宁波来卖，赚点零用钱。在自己人看来，或许是奶奶机灵能干，但是这样的行为在当时称为"投机倒把"，影响很不好。

更何况奶奶还是妇女主任。当时刚巧换了村支书，所谓"新官上任三把火"，奶奶的妇女主任职务被撤，爷爷也受到牵连，被发落再次种田。

大姑奶奶他们在香港经过几年打拼，总算安定了下了，生活也渐渐变得宽裕起来。了解到爷爷一家生活的艰难，他们总会寄点钱、大米、生油过来。靠着来自香港的援助，爷爷一家艰难地挺过了"大跃进"。

远在香港的大姑奶奶膝下只有一个儿子，也特别渴望能够多个女儿。因此，三人谋划再三，终于下定决心，将爷爷的大女儿、我的大姑妈送到香港去，过继给大姑奶奶做女儿。1963 年，爷爷带着自己的女儿，坐着火车，经杭州转往广州，和前去那里接应的大姑奶奶会合。而这一次，也是爷爷和他的姐姐 7 年来见的第一面。

送走了自己的女儿，尽管有着万千的不舍，但是看到生活压力减小，想到女儿的未来，爷爷的干劲更足了。但是接下来，命运却和他开了个不小的玩笑。

1966 年，"文化大革命"开始了。一直本本分分的爷爷没想到也受到了波及。尽管爷爷在会计的岗位上被撤下来已经有 5 年了，但是为了一本曾经遗失的登记簿，村领导"上纲上线"，召开全村答辩会。爷爷说：若说账目的问题，登记簿只是暂时登记所用，登记的数据早已记在了总的账簿上；若说遗失责任，我已离开会计间 5 年了，移交清单列得明明白白，这中间会计换了两次，还查谁的责任？也正是因为时隔久远无从查起，爷爷是"跳进黄河洗不清"，莫名其妙地被批斗了。明知自己是清白的却受到了莫须有的指责，爷爷一时心中郁结，病倒了。恍惚中，爷爷甚至想到过要结束自己的生命。但是半梦半醒的他看到膝下成群的儿女，爷爷觉得必须要活下来，要为自己正名，要让自己的孩子健康幸福地成长。

爷爷开始没日没夜地在会计间的杂物中翻箱倒柜。皇天不负有心人，爷爷在一个小木柜里找到了那本登记簿。这下，爷爷的"罪名"总算是彻底洗脱了。冤枉和苦难永远刻在了他的心里，将他磨砺得更加沉稳，更加坚强。而机遇也慢慢向他走来。

1973 年，爷爷终于迎来了希望。横溪水库要动工了，大队要委派一个会计去。可是在当时建造水库是个苦差事，大家都不愿意去。你推我我推你，最后村干部想到了爷爷。而爷爷觉得换个环境也许会有更好的发展环境，因此欣然接受。没想到水库的书记竟是爷爷的旧相识，这让他更加坦然了。在水库工地里，爷爷重拾了会计的老本行。他专心工作，解决了工程中存在的统计和核算的问题，建立了一套"定额结方（土石方）、以方折工、以工付钱"的投工核算制度，取得了巨大的成果，宁波多个地区的工程建设，沿用的就是爷爷发明的这种核算制度。

三、1978—1982 年 曙光中守望

1978 年十一届三中全会召开，同年，爷爷被授予了浙江省水利局先进统计称号。这是他一生中最引以为傲的荣誉。有着这样的出色表现，领导对爷爷特别关照，想推荐爷爷入党。接过"入党志愿书"的爷爷激动不已，不时想着自己成为党员的光荣。但是这"志愿书"却一直没有得到批准，大半是因为爷爷的成分"问题"。满心的希望落了空，但是爷爷却没有感到失落。经历了"文革"的磨砺，爷爷早就领悟到真心实意、脚踏实地地工作才是最重要的，而自己的努力付出也迟早会得到别人的认可。

1980 年，随着改革开放的进一步深入发展，内地和香港的交流也更为频繁、更加便利。就在这一年，大姑奶奶带着大姑妈回到了阔别已久的故乡。谁能想到，这一去就是二十几年呢？大姑妈离开了亲生父母 18 年，回来时都已经成为了母亲，有了自己的孩子了。真是光阴荏苒，岁月蹉跎。看着大姑奶奶带着自己的女儿归来，奶奶心中那根盼望和自己的父亲团圆的心弦也被触动了。

1981 年，在奶奶的日思夜想中，终于传来了来自德国的消息：外曾祖父要带着他的继室回来了。父女俩终于见面了，可站在对面的至亲却又是如此陌生。从襁褓中仅三个月大的婴儿，长到 47 岁头发都开始泛白的女人，这整整47 年，父女俩未能见上一面，对于他们来说是怎样的煎熬？外曾祖父讲述了他从新加波一路辗转到德国，最后又被困在德国的遭遇。期间他也曾多次写信回来寻找女儿的下落，但是一直没有什么消息。而奶奶这边也一直想方设法要找到她的父亲，也始终没有什么收获。最后奶奶费尽千辛万苦才通过一位华侨找到了外曾祖父，通上了书信。这漫长的寻亲过程，花去了几十年光阴，虽然见面之后父女之情逐渐亲密，可惜外曾祖父不久就离开了人世。

1982 年开始，爷爷每次随着工程队进行水利建设，都会因为自己的农民户口遇到许多麻烦。因为当时的国家事业机关不允许招农民工，而爷爷却又深

受领导的器重和信任，各个工程都离不开他。这样的矛盾让爷爷觉得很是烦恼。这一情况一直持续到了 1984 年，在领导的关照下，爷爷不断申请，终于摆脱了农民户口，成为了一位堂堂正正的职工。这是一次特殊的招工，也是职工队伍的"末班车"。正是凭借着这一机遇，爷爷成为了事业单位的一员。

不久之后，爷爷退休了，而奶奶也随着爷爷放下了手头的活计，照料起了孙辈。爷爷有了更多时间来进行文化创作和研究。他开始研究宁波的地方史、地方文化，进行戏曲、戏剧创作，同时开始编写村史、族谱。现在的爷爷不仅能享受优厚的社会保障，还能不时收获些稿费，更有儿孙们成人成材带给他无尽的欣慰。爷爷奶奶终于享上了清福。而远在香港，大奶奶和大姑妈也过着幸福安定的生活。

【后记】

爷爷一辈的故事，到这里就结束了。有些事，无从考证；有些人，也永远地离去了。这就是历史，过去了，再也不回来。

原本有更多的人和事是属于他们的历史，但在这里，我只选取了这一部分人和事，和一段特殊的时间。因为在这个特别的时代，一辈人的起起伏伏、悲欢离合，其实是它所处的时代的缩影。虽然，这些人的命运交织在一起，只组成了历史洪流中微不足道的一部分，但它们真真实实地存在，向我们展示着整个社会、整个国家的起落。

这里的故事，全部来自爷爷的口述和记载。但是一辈人的辛酸实在是太多太多，我只能将这些故事以时间为索引排列在一起，制成了一张内容充实的年代表。或许看上去有些杂乱，但是细细看，你会发现每一个年份的烙印，都深深地印在了他们的喜怒哀乐上。这就是研究一份家庭史的乐趣。不需要什么轰轰烈烈的记载，用最质朴的文字冷静地记录就好。但是这一切与你休戚相关，让你觉得亲切。一个人的命运，在那个时代，就是千万个人命运的写照了。

在我们身边发生过的，就是历史。或许和书上的可歌可泣不一样，但是时代和社会是不会摒弃我们这微小的一部分的。同一段历史，也许会有两种不同的解读，同一个年代，也许会有两段不同的历史。属于我们的部分，已默默地被印染在了时代的大幕里。

大家都来聊家史

《从合肥到无锡的跨越》

邓怡晨｜江苏省无锡市锡山高级中学

我们现在的所得所有，与国家制定的政策之间有着必然联系。国家的一个小小举动，都将影响到数不胜数的百姓。而人与人之间的不同户口所带来的不同影响，更是给了我不小的震动。像是马丁·路德·金一样，我有一个梦想，梦想着有一天外来务工人员子女能够不再受到户口的拘束，能够在高考的考场上，尽情挥洒笔墨，考入理想的大学。

《姥姥的记忆》

栗萱｜山东省青岛市开发区第一中学

541是一个正在被时代遗忘的地方，若不是姥姥的讲述，我甚至不知道这是重要军事保密工程的国家第二坦克基地，它散落分布在山西南部的中条山麓。许多个年头过去了，历史的风沙荡去了昔日的韶华，没有了火红的岁月，也没有了火红的歌。虽然如此，但是毕竟这里曾经轰轰烈烈地存在过。一切都会过去，一切又都不会过去。

《大饥荒·大洪水·大迁徙》

何思｜江苏省无锡市锡山高级中学

爷爷在讲起那场大饥荒时，流露出悲凉与无奈，讲到饿死的兄弟姐妹时，更是有些热泪盈眶，情绪激动。那场空前的浩劫至今回想起来还心有余悸，这场饥荒不仅给人带来生理上的折磨，还有心理上的恐惧。总是说失去后才懂得珍惜，但当失去之后再回想起之前的欢乐，或许不只是珍惜吧，还有无尽的心酸与怀念。

忘记历史就意味着背叛。我尽力把家族经历过的真实事件还原出来，书写出来，让往事重现，不会像烟一样飘散。

《流浪者之歌》
周楚楚｜浙江省宁波市效实中学

野心也好，壮志也罢，未及而立的父亲站在了去往舟山的码头边。那时没有钢板铆钉的轮船，更没有长虹贯日的大桥，苍茫的海面上只有摇橹而来的小渔船。父亲被渔民一桨一桨地送到了桃花岛——那里没有小说中漫山遍野的灼灼桃花迎接他，有的只是灰蒙蒙的海天一线和未知的远方。

年轻的父亲并没有想到，在往后的十年间，这片土地会以惊人的速度发展，乃至2009年舟山跨海大桥通车，出入舟山岛再无轮渡的颠簸苦楚。那时的他也不曾想到，自己往后人生跨入了一个辗转流浪的篇章，为生计奔波的他再没有机会回到这个他最初抵达的小岛。

《平凡的家庭，历史的缩影——姑婆一家与香港过去的五十年》
郑晓霖｜广东省中山市实验高级中学

丈公和姑婆去了人山人海的金紫荆广场。多么热闹的场景，却有一种若有若无的沉重气氛。似乎每个人的脸上都写满问号，有对香港回归持反对的态度，也有对回归后经济发展的怀疑。我们都不知道会发生什么，现在能做的就只有随遇而安。当丈公看到中国国旗在金紫荆广场升起，他的手更大力地握着姑婆的手，或许是来到香港后很少再看见中国国旗，手心里全是汗。姑婆拍了拍丈公的手，丈公的情绪才平复了一点。

《他乡即故乡》
崔峻铭｜山东省青岛市青岛大学附属中学

现在，是2012年，距离那太姥姥经历过的动荡年代越发遥远。过去发生在我太姥姥身上的事情以及那曾经的故乡——朝鲜半岛，就像黑夜里闪烁在天际的星星，闪亮却也那么遥远。但是，历史的潮流也许能改变命运的沉浮，却不能改变心灵中那瑰丽的色彩。正是感情、忆念和希望，伴随着许许多多的人度过了那艰难困苦的岁月，它们也将延续在我们的心间。

《太爷爷的关东路》

黄力鹏｜黑龙江省齐齐哈尔市克山县第一中学

从孔孟之乡到黑土原野，这里充满了土地的诱惑，也充满了社会的风霜变迁，还有异乡人的辛酸苦楚。爷爷说也记不清后来是怎么过来的了，但肯定是日复一日，年复一年地去开垦。就在这年复一年的艰辛劳作中，我们都吃得饱穿得暖了，又一次享受到天堂的美好，忘了泛酸水的杂合面，忘了又苦又涩的地瓜秧，忘了颠沛流离的艰辛！时间流逝，岁月变迁，如今山东移民的后代，都已经是地道的东北人了。

《偷渡那些事》

杨子钊｜广东省东莞市厚街中学

经过第一次偷渡失败后。二伯整天想着办法如何才能顺利过去。为此，他每天下午四点去探路，直到第二天凌晨五点才回来，就这样过了一个星期，二伯带上了女朋友，第二次踏上偷渡之旅。他们相约，偷渡成功后就在香港结婚。

《在那遥远的地方》

曹天心｜江苏省无锡市大桥实验学校

我更愿意相信将外公拉入回忆深处的是外公与也门人民之间深挚的情谊。他讲师生乒乓球"国际"友谊赛上的双打，讲突然下大雨一个学生是怎样脱下自己的衣服为外公遮雨，讲一次去码头头顶烈日寻找援建物资时码头搬运工热情的帮助。甚至有一次他们的车开错了路，进入了一个部队营地，一车人都紧张万分，生怕产生误会引起摩擦。外公急忙下车主动向执勤人员说明情况并表示歉意。结果在得知是中国专家后，营地卫兵友善地向他们问好，竟让他们在营地中继续穿行。那样一种无间隙的信赖与深情，着实令人为之动容。

画　像

人类健忘是通病。莫说国史，就论家史，我们往往记不清三代以上祖辈的事迹。于是乎我们需要史官——他们是历史的画师，他们用丹青妙笔描摹出历史的长卷。《永远的追忆——我的曾祖母》中被母亲"造就"了三寸金莲的曾祖母，《三舅公的"右派"人生》中"厚诬"苏联、"诽谤"警察的三舅公，《我的外公和山东曲艺》中因"兔子"而被定为"反动学术权威"的外公，一个个生动的历史细节在初试丹青的同学们笔下纤毫毕现。

永远的追忆——我的曾祖母

邓丹 | 广东省佛山市顺德一中
指导老师 | 吴浪思

"这个世界上，已经没有了一个裹着袖珍小脚的叫作李良英的奶奶，她已经永远回到了大地的怀抱。在那个飘着稀疏冷雨的冬日，我跪在黄土地上，目送奶奶的灵柩被送入预先挖好的黄土坑里，看着别人在灵柩附近边撒米边唱歌，边烧着纸钱，然后大家一起在灵柩上加着黄土，瞬间就成了电视电影里经常见到的土丘。奶奶睡着的土丘比较大，因为旁边睡着的是一个应该被我们称作爷爷的人，他去世的时候大约五十几岁，足足等了奶奶四十几年，如果人在那边也有等待的话。"我只能在姑妈的文字中去想象当时的情景，只希望离那个地方，那个时间近点，再近点。与曾祖母一起生活了十多年却未能赶上见她最后一面，这种遗憾让我难以忘却，它只会在心里越陷越深。

不凡的开始

曾祖母于 1911 年（辛亥革命爆发，出现了 20 世纪中国第一次历史剧变）出生在湖北桃花山团结村一个普通的农民家庭，也许在冥冥之中这已经暗示着曾祖母的一生注定是不平凡的。

曾祖母有一双小脚。她在世的时候我曾经听她提起过：在她那个年代以脚小为美，因此每个姑娘家都会裹脚，甚至不裹脚就嫁不出去，我的曾祖母从 4 岁就开始裹脚。长长的裹脚布缠在脚上多个月却没有明显的变化，后来是高祖母噙着眼泪把年仅 4 岁的曾祖母用裹脚布裹好脚，抱上桌子，然后把她从桌上硬推下来，造成了曾祖母脚趾头多处骨折才"成就"了后来她的三寸金莲。

16 岁那年，高挑漂亮的曾祖母嫁到了湖南三封复兴九组的邓家。当时的邓家，只有两间茅屋，一间土墙瓦屋，家中的生活来源就是那仅有的七分田。曾祖父从年轻的时候开始就有吐血的毛病（现代医学上所说的"肺结核"），不宜过度劳累，家庭的重担便落在了曾祖母一人肩膀上。关心丈夫，照顾公婆，还要为生活来源奔波劳累，耕田，做帮工，每天走山路砍柴，然后靠着这双小脚运到家中，并将一部分绞成靶子（就是用一个像鱼钩状的东西将散乱的柴绞成麻花模样）担去镇上卖。

曾祖母自己没有亲生子嗣，据爷爷讲她其实生过一个，还是个男孩。可 3 岁多的时候得了伤寒，最终没能留住。由于当时家庭条件不好，曾祖母坐月子的时候没有钱去买红糖，也没有钱买鸡蛋，只得吃盐粥、青菜、萝卜，留下了病根子，此后便再无生育能力了。"不孝有三，无后为大。"这种所谓的"正统思想"可真是害惨了我的曾祖母！大人骂，丈夫打，这时候似乎每个人都把她对家庭的付出抛诸脑后了！

靠着一双勤劳的双手，家里条件一天比一天宽裕，还置了二十多亩的田地，高祖父母便决定在同门本家过继一个男孩，那男孩就是我的爷爷。爷爷的生母在自己身边留下了我大爷爷和几个姑奶奶，将爷爷和三爷爷过继给了本家。曾祖母见爷爷家里人口多，条件又不太好，还亲自挑了 60 石谷送去给爷爷的生母。

命运的颠覆

1948 年，在解放前夕的特殊时期，很多有钱有文化的人都卖掉田地，跑到国外，或者去到台湾。但我的曾祖母以及同样没文化不懂时政的曾祖父，他们用自己辛劳半辈子的一点积蓄，买了一些别人弃逃时的土地。加上原有的 20 几亩田，共有整整 35 亩。曾祖母没请一个长工，完全靠那双小脚和家里的一头老牛在默默耕耘着。她每天起早摸黑，省吃俭用，硬是积攒了一些银元，把原来的房子拆了，起了三间高大的灰砖大瓦房。如此一来，倾尽了家中钱财，只为了以后有一个安稳的日子。在有空暇的时候曾祖母就自己纺纱、织布、绣花、做鞋拿去镇上卖。她舍不得吃好的，舍不得穿好的，一件棉袄缝缝补补穿了二十多年还不舍得丢，即使感冒发烧也舍不得去看大夫。她总说，这些都是血汗钱，来得不容易啊！可每次去镇上，曾祖母总会买五颗糖（两分钱一颗）带给爷爷吃。一毛钱的重量是多少？可能对于当时的爷爷，他并不清楚。在我看来，一毛钱的重量是曾祖母背着一担柴走二十几里山路所承受的重量，是她费尽唇舌卖柴给别人所需要的力量。

1950年，在解放后的土地改革运动中，划阶级成分，曾祖父被划为上中农，然而有些游手好闲、无所事事的人和那些赶着把土地卖了的人对此有意见，向上级申请了土地复查。结果出来后，曾祖父由上中农变富农，这样一切都变了，生活受管制，出门要请假，来客要报告。不仅如此，富农还要义务帮人传送消息，风雨无阻。曾祖父本身就有病，这样日晒雨淋的日子他又如何承受得了？日子长了，曾祖父的病一天比一天严重。但即使备受凌虐，他还是说："人民政府好。"看见丈夫日益衰弱，作为妻子的曾祖母主动把传送消息的任务担了起来，每天风里来雨里去，四处奔波。她说："我是他的妻子，应该负起一部分家里的重担，又怎么能够看着他一个人受苦受累？"

老天爷的玩笑

1954年，长江发大水，湖南地区房屋淹没，粮食缺失，损失惨重。上级政府向每家每户收公粮，在粮食不足的情况下又收集余粮，然而那些政府人员并不知道他们买走的余粮实际上是整个家庭用来维持生活的口粮啊！曾祖母见家中无米下锅，只得偷偷在后院种起了番薯，夜晚人少的时候偷偷溜出去撑船打几个菱角，然后跑回来磨浆做成菱角豆腐，正是曾祖母想尽办法找来吃的，才使得全家人没有饿死。那一年，最难熬的日子是在冬天。曾祖父吐血的毛病又犯了，家中没有钱买棉袄，曾祖父只得去哪都披着被子，天气很冷，门外的冰雪有一尺来厚，可那些好炭全派发给了贫下中农，无奈之下爷爷每天都要上山砍柴，可山上的柴早已被雨雪浸湿了，很难烧燃，还带着呛人的浓烟。

1958年，中国进入了"大跃进"时期，形成了一片浮夸风。曾祖母家中三间灰砖大瓦屋于一年前被强制征用，后来有人提出"拆屋肥田"的主张，于是曾祖母辛辛苦苦搭建的瓦屋就这样被拆毁了，可屋拆了住哪呢？曾祖母只得找来些稻草，废弃木头，搭了一个简陋的棚子，三辈人只得住在这个连门也没有的棚子里面。

　　人民公社化运动时兴建公共食堂，可被划为富农的曾祖父一家一人一天只有 3 两米（当时按每斤 16 两计），根本填不饱肚子，由于白天要出工，曾祖母只得摸黑上山找野菜、树皮吃，运气好的时候还能摘到几个野栗子，舍不得吃便小心保管着留给爷爷吃。曾经听曾祖母回忆，那年的饥荒死了好多人，高祖父母也是在那年饿死的，曾祖母省下她的口粮给正长身体的爷爷，自己挂着两根棍在山上采野菜吃。全身浮肿，手指按下去就凹成一个窝。后来连树皮也被人吃得差不多了，实在找不到有什么可以吃了，就去收别人不要的稻谷壳，磨成糠吃，可这些粗糠吃进肚子里却消化不了。这时爷爷的生母看到情况大不妙，于是将已经 14 岁的爷爷重新接回自己身边，这样我的曾祖母才没有被活活饿死。

　　两年之后，食堂解散，曾祖母最困难的日子也随之过去了，在曾祖母的悉心照料下曾祖父的病有所好转，但"富农分子"的帽子仍未摘掉，这使得曾祖母在街坊邻里面前始终抬不起头做人。因为我的曾祖母做得一手好菜，只要有什么红白喜事那些贫下中农都会叫她去掌厨，好心点的人会送一件旧衣服或者送点剩饭剩菜给她，而有的人连句"谢谢"都没有。尽管如此，曾祖母还是很乐意去帮他们，没有半句怨言，她就是这么善良！

　　后来日子一天比一天过得好了，年近 60 岁的曾祖母竟然开始养起猪来。她说这猪是留给爷爷娶媳妇的，一半是彩礼，一半用来摆酒。而此时，爷爷正在为招工问题烦恼不已。由于爷爷的成分有问题，这让他屡次招工又屡次在审核后被遣送回来，一气之下爷爷跑到农村去了。据爷爷后来回忆，农村没谁在意他的成分，饭也能够吃饱，跑到农村的爷爷认识了我的奶奶。一年之后，也就是 1963 年，曾祖母请人做媒，自己正式做了婆婆。

噩运再次降临

　　1968 年，"文化大革命"期间，曾祖父在农场里帮人看牛，碰巧有一头牛病死了，可有的人硬说这牛是我曾祖父打死的，当天晚上曾祖父就被人捉去批斗，他们用绳子紧紧绑住了曾祖父，用膝盖去顶他的肋骨，可怜的曾祖父被折磨得只剩下一口气才被放回来，一个多月之后离开了人世。有人说："拿张席子裹着埋了吧！"她哭着求别人说："我丈夫做人一世，这辈子没有享什么福，不能让他就这样草草上路啊！"听爷爷讲，后来曾祖母是在茅草棚子上取了三块木板做成了曾祖父在地下的家。

根据姑妈的回忆，爸爸才几个月大的时候，曾祖母因为帮生产队看牛，牛突然不听指挥，结果被撞到骨折，生活不能自理，得有人照顾她。于是爷爷找人把她接来，跟他们一起住。为了减轻生活负担，曾祖母身体稍微好点就去晒场晒谷，生产队队长见她一双小脚，又那么大年纪了，便介绍她去帮人带小孩，她真的一点也不怕辛苦，一下子接了三个小孩，加上我爸爸就要带四个小孩了。"你曾祖母特别节俭，也很会当家。每个月6块钱，虽然不是很多，但足够买点柴米油盐贴补家用，那时候的6块钱比现在有用多了！"奶奶在与我的谈话中常常提到这位让她感动的婆婆。

听奶奶回忆，在爸爸1岁多的时候，小姑妈和爸爸同时出天花，小姑妈全身都出皮疹，高烧不退，爸爸呕吐不止，是曾祖母死死坚持说她的孙子不可以进医院。那时候一旦进医院，医生首先就会给孩子降温，一降温孩子就没得救了。曾祖母就是凭着自己的经验把爸爸和小姑妈从死亡线上拽了回来。后来的那些天她每天在家熬粥、煎药，想方设法去弄土方子，也不知道大冬天从哪挖来了芦根煎成了药一点点喂给爸爸和小姑妈喝，这才把天花病毒驱走。

岁月换来的宁静

80年代的时候，爷爷已经因为落实政策回到城镇，开始在集体企业做事。而我的奶奶，因为爷爷的胆大，率先在中学门口办起了小卖部。我的家就在中学门口，当时大姑妈还在读初中，即使在家听到预备铃也可以赶到教室上课。要知道，那时刚刚拨乱反正没多久，做生意的人还很少，我奶奶的小卖部整天数毛票数得特别开心，高小毕业的奶奶这时的文化派上了用场。常常听奶奶念叨："我进门几十年还从来没有和婆婆真正红过脸，相处几十年，她就像我亲娘一样。婆婆真的对我们这些小辈很好，她不像有的婆婆当媳妇要买点针头线脑，都需要先请示，没有批准就不得开支，只是叮嘱我们要省点钱急时用。"

改革开放时期我们家生活渐渐宽裕了，没有了累人的劳活儿等着她去做，没有了提心吊胆的日子等着她去挨，没有了饥寒交迫的境况等着她去面对，可我的曾祖母却不愿闲着。爷爷奶奶不忍心她这么大年纪了还忙前忙后，便把活儿全揽在身上，身上的重担忽然被卸下来，不知道她是否觉得如释重负？清闲下来的曾祖母不知道自己还能为他们干点什么，就整天靠在门边，眼睛直直的望着远方。我想，在她的心中应该和我一样疑惑，为什么老实的曾祖父会被判为地主吧！

"勤俭致富（那里哪能叫富啊？勒紧裤带积累了一点原始投资，结果遭来横祸成天挨批挨斗）的奶奶，大概怎么也不明白 当时自己怎么就变成了地主吧？在大家普遍都穷唯独你家稍好一点，那个唯一的批斗指标不给你还能给谁呢？奶奶说当时三封寺解放前曾有户真正的地主，但因为赌博，钱输光了，结果解放后就是贫农。我不知道奶奶的人生理念是否因此遭受了毁灭性的打击呢？"姑妈在回忆录中的一段话竟解开了我和曾祖母心中的一个谜。

曾祖母是小脚，三封寺方圆一大片的人都认识她。曾祖母与人为善，很受人尊敬，连很多年轻人都喜欢和她聊天。有时三封中学的老师经过我家门口故意想讨她的责骂，便故意逗她："邓奶奶，您的白头发转青了呢，您是不是返老还童长出新牙齿了？"曾祖母就拿了一笤帚，假装追赶的样子骂："臭孙子，你在骂奶奶老不死啊？看我不揍你！"于是年轻人就哈哈大笑假装逃去，一边走一边笑："哈哈，百岁老人还步履稳健呢。"

不过曾祖母终究没有活到 100 岁，她在 98 周岁生日后就永远地去了。爷爷总说："如果不是你曾祖母和她娘家的人坚持要放弃治疗，避免她的痛苦，我想她再活个几年都不成问题。她连饥荒都挨过来了，这点小病小痛对她又算什么呢！在那种时候，我又只是她的养子，不好说什么，只得接受这一集体的决定。她去世后我就感觉随时随地都会想起她，有时候就连发梦都会梦到她，是我这个儿子做的不够好，要是我当初坚持继续治疗，你曾祖母她或许今天都还在世呢。"

可在我的潜意识里却存在一个想法，曾祖母的离去是她自己做的决定，这辈子她与曾祖父一起的时间太短了，曾祖父在另外的世界里已经等了她几十年，大概她也不想再让他等下去了吧！我挚爱的曾祖母，您勤劳、善良，您为了这个家，扛起了太多不该一个柔弱女子扛起的责任，只可惜这辈子没能赶上好时代，但愿您在那边能够用您勤劳的双手，创造属于您与曾祖父的幸福生活！

您的曾孙女想您、念您，愿您安息！

【后记】

暑期，突然很想回家看看。

我登上了回家乡的火车。

没有能见到曾祖母最后一面，一直是我心中很深很深的遗憾，而我现在又能做什么呢？只能是通过走走看看，慢慢去了解去感受她的生活。在还没开始调查之前，我一直以为我会感动得痛哭流涕，可后来我才发现——眼泪只是点缀，真正带给我的是心灵的震撼！

回到老家，推开当年曾祖母的房间，坐在曾祖母当年坐过的凳子上，阳光从窗子照进来，照在身上很暖很温馨。这一切仍然是那么的熟悉，仿佛我从未离开过这里。我开始思索，追寻曾祖母的历史，应该从何处开始？

小时候，每天吃完晚餐爷爷总会牵着我去三封中学走一走，给我讲讲过去的事儿，那时候的我似懂非懂地听着。后来，为了学业，我不得不选择转学来到广东，临走的时候曾祖母紧紧地握着我的手，眼泪在眼眶中打转，那时的我怎么也想不到这一分开，就是一辈子。来到广东之后我真的连电话也不敢打一个回去，我怕听到曾祖母颤抖的声音，更怕听到噩耗。至今依旧还记得与她的最后一次通话："你什么时候回来啊！我每天就坐在门口等啊等，一到放学那些中学里的学生一个个都冲出来，我就在里面找啊找，却怎么也找不到你。有时候看到和你长得像的人，就忍不住慢慢走过去，却发现是我看花眼了。老了！不中用了！"当时我是这样说的："太奶奶，您不老，一点都不老！别担心我，您要照顾好自己，将来等我考上大学了赚钱了您就能享福了！您一定要好好的！"

曾祖母历经清代、民国和共和国三个时代，曾祖父去世早，我想最了解她的人应该就是爷爷了吧！回到家，我拿出纸笔，放在桌上，爷爷顺手拿了他的杯子，冲好一杯茶，开始细细给我讲述关于曾祖母的一生。讲到感触极深的时候他就出神地望着墙上挂着的曾祖母的照片，我和奶奶坐在旁边，谁都不愿打扰到他。爷爷说："你太奶奶这一辈子真不容易！要想给你细细讲完她这一生的辛酸，恐怕至少也需要几天几夜才讲得完。爷爷老了，脑筋也不如从前那么灵活了，有些事情不知怎么的就忘了。"我们就这样坐在一起谈了一个下午，奶奶也时不时插上两句，而我的笔尖在纸上不断跳跃，只希望别遗漏任何一个细节，让我从现在开始更好地了解她。

刚刚开始写这篇文章的时候，我犹豫过我这样做到底对不对！曾祖母还在世的时候，每当我在好奇心的驱使下忍不住去问关于曾祖母的故事，家中的每一个人都闭口不提，似乎怕不经意间会触及到曾祖母心中难以痊愈的伤疤，当年的历史已成为她心中的痛，深入骨髓的痛。那时的我了解到，我不应该去侵犯那段回忆。

然而今天，当我一步一步走近了它，正视了它，面对了它，我想这段沉睡的历史需要被唤醒，只有尊重历史的存在，才能够更好地了解历史中的人物。也许在很多参赛者的眼中，"大跃进"、"文化大革命"这段时期太过于敏感，甚至有的人故意避开不写，可作为一个历史的记录者，我想我有责任让每一个读到我文章的人尽可能全面地了解曾祖母——一个用一生诠释生活和责任的平凡女人。

我又想到了我们如今的生活。高楼拔地而起，斑斓的霓虹灯让整个城市流光溢彩、神采飞扬，有多少人在这灯红酒绿的都市里迷醉了？一批又一批的人像货物一样日复一日被装卸着，整个城市犹如一个繁忙的空壳，我越来越觉得城市变得冷漠了。怀疑的目光，警惕的眼神，似乎这个世界上除了自己已经没有什么值得相信了，同样是为了生活，曾祖母却让我感受到了不一样的温暖。

爷爷的"官"道

施沛然｜广东省清远市清城中学
指导老师｜邓建英

> 儒家思想，也称为儒教或儒学，是以"仁"为核心，以"人为贵"的思想体系，是中国最为重要的传统文化，它使人心良善，知道耻辱而无奸邪之心，这是最彻底、根本和积极的办法，断非法律制裁所能办到。
>
> 儒家性格：儒雅、偏执、义气；和谐、中庸，处变不惊。
>
> ——题记

引言

1933年，一个极其普通又极其重要的年份。

这一年，美国的经济复苏了，日本退出国联了，苏联开始二五计划建设了，德国的希特勒上台了，中国的"中华苏维埃人民革命政府"成立了……这些国家之间，或是党派之间的大事，因为其宏大的历史意义，会被选入教科书中，供学生学习、阅读、复习和背诵，并在考试之时，一股脑地将之写到试卷上。但是，谁也不会注意到1933年6月1日江西省景德镇市浮梁县所发生的一件微不足道的小事——一个名为"伟贤"的男孩降生。

这就是我的爷爷，我的爷爷7岁前姓计，7岁后姓施。

为"官"之基：儒家性格和参加"土改"

我的太爷爷有一个很不好的习惯，就是好赌，每天不赌是不会回家的，也因此把仅有的一点家财散尽了。爷爷出生时的家庭状况，基本上可用"恶劣"二字来形容，而这样的状况一直延续到爷爷8岁那年。他的那个家，已经到了不卖儿卖女就难以为继的地步了。

有一位施姓的人家，做的是景德镇槽运的行当，生意做得很大。因为我的太爷爷与施老爷有一些亲戚关系，当我太爷爷缺钱之时，施老爷刚好也想要一个儿子，就这样他们以"过继"的名义完成了这次不光彩的人口交易。

在这场贸易里，爷爷是主角，却没有选择权。他只能以一个被"过继"孩子的身份，带着彷徨的心，离开原来的家进入施家，并且改姓"施"，不再姓"计"。

商人重利，养太爷爷平常没多少时间管爷爷，偶尔接触说话，总是带着一种"我收养了你，你就要感激我"的味道。相反私塾的教书先生却对爷爷影响极大。这位先生是位中年人，身材高挑，冬天喜欢戴一顶黑色帽子，说话不紧不慢，像个学究。他旧学根基深厚，基本四书能倒背如流。他字迹工整，书法规范，要求学生虽然严格，但也因材施教，口碑不错。而且碰上穷人家的孩子来求学，就会少收学费。这位先生的教育，成就了爷爷的儒家性格和基本操守，这对爷爷以后的人生影响极大。

养太爷爷家在浮梁县是首富，荣耀一时。但随着解放军大兵压境，养太爷爷家首先遭到了镇压。爷爷当时在景德镇师范学院读书，因此没有收到牵连。师范毕业之后，爷爷已经没有家了。他只有隐瞒了与施家的关系，并顺应社会潮流，积极参与"土改"运动，得到了某些领导的嘉奖。从此，爷爷开始与"官"结缘。

市委书记的文字秘书

1966年10月5日，全国掀起了踢开党委闹革命的流潮，全国各级党委陷入瘫痪。景德镇市自然也未能幸免。时任景德镇市市委书记被红卫兵打倒，但是如果要彻底定他的"罪"，那么最好有他发言的记录——这是寻找"反革命言行"的最佳途径。只要搜集到有什么对于毛主席不利的言行，稍微修改一下，再牵强附会就是反革命证据了。

市委书记是配文字秘书的，而文字秘书的工作正是记录书记在会议上的发言，我爷爷在政府里面就是担任这一职务。他拥有会议记录的所有材料。

爷爷就因为这样成了红卫兵的目标。

那一年夏天的一个晚上，大约刚吃完晚饭，爷爷正在客厅里看书，有人敲门了，打开门一看，是红卫兵。一群人黑压压地站在门口。爷爷知道这是"请"他出去问他要会议记录的，也没说什么，就跟他们走了。结果到了很晚还没有回来，可把我奶奶急得，根本就睡不着！凌晨时分，爷爷终于回来了，奶奶这才破涕为笑。事后知道，爷爷那天晚上被审问了一整晚。

爷爷知道，麻烦还远未结束。因为拒绝提供材料，说白了就是和红卫兵对着干，但祸害别人的行为，爷爷还没学会。他很从容地安排了一下，嘱咐了奶奶一些问题。果然，几个月后，造反派找了一个理由把爷爷送进了"五七"干校。

"五七"干校

所谓"五七"干校，是"文革"期间，为了贯彻毛泽东《五七指示》和让干部接受贫下中农再教育，将党政机关干部、科技人员和大专院校教师进行劳动改造和思想教育的地方。说是"干校"，可名实相差悬殊，其实就是变相劳改。什么"走资派"呀，"保皇派"呀，无论职位高低，年龄大小，体力强弱，一律去穷乡僻壤当学员，还美其名曰"五七战士"。

爷爷所在的干校离市区不远，位于新平县内。那一所干校，是有几排简易房的一个大院，有礼堂，有餐厅，也有篮球场，但都极其简陋。不过房子是砖木结构的瓦顶房，放在当时这种房子也不差了。每排房前还有一两个水龙头，供几十人洗脸、洗衣、洗碗用，水的来源是水塔抽取的地下水。

"五七战士"是以连为单位的，男女分开住在大教室里。爷爷在一连，宿舍住的是木板床，四十多个男人挤一起，跟罐头似的。床上放着简单的被褥，床下一个旅行袋放换洗的衣服，一个洗脸盆中放着牙刷杯子毛巾之类，每个人的全部空间也就只有那么点大，室内没有厕所，外面有公厕。对于夜间上厕所的人来说，夏天有虫咬，冬天又寒气逼人，挺受罪的。

　　来的第一天晚上，爷爷就住在这样的房间里，尽管早已做好了心理准备，但是爷爷还是失眠了。实在是睡不着啊！心理落差太大了。

　　"五七"干校过的是军事化的农民生活，所谓军事化，就是像一个军人一样的生活，还可能更甚之。比如出工、收工，必须整队与喊口号、唱语录歌，要"早请示，晚汇报"，每次开会前都要集体齐呼"敬祝毛主席万寿无疆"等等。而"农民生活"指的自然就是劳动了。比如割稻子，种庄稼什么的，那些时候烈日当空，人都快烧起来似的，每天都有一些老干部中暑昏倒，甚至去世。爷爷当时也就30来岁，身体还能扛得住。可一来二去的，也受不了。但没办法，接着做，没有队长的批准，你就算病得快倒下了，还得要出去，没有例外。

　　就这样，一天变成了一个月，一个月又变成了一年，如此反复，爷爷过了四五年这样的生活。奶奶在这期间也时常来探望，爷爷受的罪，奶奶也知道。奶奶心疼爷爷，总是省吃俭用，一有机会就带些好吃的给爷爷。

　　不过爷爷从不像其他人那样唉声叹气的。熟读儒家经典的他，常用子路的事迹来勉励自己，他深知：天将降大任于斯人也，必先苦其心志，劳其筋骨，饿其体肤，空乏其身，行拂乱其所为，所以动心忍性，增益其所不能。他知道自己没有做错，自己所做的，无疑是一个君子而非小人该做的行为。

上山下乡知青办主任

　　1970年的春节，爷爷是在干校过的。

　　"文革"革到了这个份上，爷爷的事已经不能算个事了。那时听到的新闻，无非就是哪里哪里又批斗了，哪里哪里又死人了，哪里哪里的人熬不了苦自杀了…… 但这些都与他无关，因为他无力也无法改变。他现在要做的，只是好好地吃面前的年夜饭，明天一早听从命令去做工罢了。

　　爷爷不知道自己这样的日子还要熬多久，也不知道这疯狂的年代还要持续多久。他只能努力做好自己的本分，力所能及地帮助身边的人。

　　1971年9月，林彪倒台，周恩来主持中共中央日常工作，中国的政治格局出现变动，许多人得以重新复职，这其中就包括原来的景德镇市市委书记。因为当年爷爷没有把会议记录交给红卫兵，使他免受进一步的迫害。于是，在他的提携下，爷爷重新步入官场，并得到了一个新的职位——"上山下乡知青办主任"。

在那个年代，"上山下乡"对于那个年代的父母而言，是一个很麻烦的名词。因为如果孩子去"上山下乡"，那就意味着孩子要远离父母，要熬苦受累。身为父母，自然是不希望孩子受累的，所以常常有人去找知青办主任走走后门。能免就免，不能免，至少能给孩子安排一个好地方。

爷爷明白"穷则独善其身，达则兼济天下"的道理，对于来访者的礼物，他一律不收，但却尽力帮助他们。比如有一次一个上海人到我们家，并且拿着一个箱子，说要送给爷爷，但爷爷说什么也不收，不仅如此，他还依据实情，把他本来要到大西北下乡的女儿调到了江苏插队。

"文革"后期，对于爷爷的冲击并不大，追究原因，也许有以下几个：一、爷爷本身是师范毕业生，文字功底好，工作能力强，责任到位。二、经过60 年代的干校磨炼，爷爷做事情更加谨慎了，事无大小都处理到位，没有给人留下把柄。三、爷爷的儒家性格也造就了他勤恳踏实，不恋官，不敛财，讲究和谐处事风格，他上下关系良好，没遭到别人嫉妒，自然也没有人去打击他了。四、跟时局有关。文革后期，先有周恩来，后有邓小平主持中央工作，社会也没有 60 年代时那么混乱了。

一个廉洁奉公的人，能保住"官"位已经非常不容易了，要想有一番建树真的太难太难了。但这种日子爷爷还是熬到头了，1978 年，爷爷升任珠山区区委书记，中国也正进入一个崭新的年代，爷爷终于也有了大刀阔斧地干点事情的时侯了。

【后记】

1996 年，我出生了，而爷爷在这一年退休了。我没有荣幸看着爷爷当"官"的情境，我只是从家人偶尔的对话中，知道爷爷以前是当"官"的。这回学校组织我们参加"第二届全国中学生历史作文大赛"，我终于有借口全面去了解爷爷的历史了。爷爷身体不好，大部分史实，我是通过父亲的叙述来了解的，细节的地方，爷爷也作了一些补充。

对于文章的题目，我踌躇了很久。我一直就想写爷爷当官的故事，但中国不叫"官"，叫干部。要是把"官"换成"干部"，那我的题目就没味道了，最终我接受老师的意见，加一个双引号以示我知道国情，并且把"官运"改为"官道"。老师说，"道"代表了多重含义：既是爷爷的做官历程，也是为官准则。

听完爷爷的历史，我有一个很鲜明的感受，那就是：我的爷爷，其实是一个平凡到极点的人。

上学、革命、进厂、娶妻、升职、生子……刚正不阿，却又小心谨慎，少言寡语也温和慈祥，没干过什么惊天动地的大事，只是好好做自己的官，用手中权力帮助那些无助的人。三个子女有所成就——生活得波澜不惊，也过得平平安安。

对于爷爷的儒家性格，我没有能力作太多的分析，但可以从一些实例说明。例如：我对爷爷隐瞒与养太爷爷的关系颇有微词，感觉爷爷太不诚实了。但父亲跟我说，这是环境所迫。养太爷爷被镇压时他在学校，根本无从面对，而且当时的社会环境是，不隐瞒这段历史，爷爷就要作出无谓的牺牲了。何况，后来爷爷对养太爷爷的女儿照顾有加，也算报答了他们的养育之恩了。爷爷的生父可以说从未好好养育过爷爷，但后来爷爷还是找到了他，并为他送终，爷爷的"孝悌"和"感恩"的儒家性格在这些事情上得到充分体现。

都说平安是福，但当时人们却连平安的权利也没有。最令人感到惊悚，甚至毛骨悚然的莫过于"武斗"了，正所谓"与天斗，与地斗，其乐无穷"。"斗"之一词，在"文革"红卫兵眼里，是不受法律限制的。自然他们也没有想过自己做的这些意味着什么，只知道自己所革的，是敌对分子的命，所斗的是反革命的人，只等到天亮，朗诵着领导的教诲，擦亮了枪管，然后去"斗"！

当国家法律无法制约人们时，那社会中强大的一方心中的恶便会无限放大，因为违法成本的降低，所以弱小的一方甚至变成了强大一方的游戏品，当最后道德已经完全沦丧，那么以对方性命作为取悦自己的工具的时间也已不远，到了最后，极端的人或许会说"今天杀几个人来玩玩……"想到这里，我的鸡皮疙瘩从脖子一直延续到脚后跟。

我的爷爷，尽管在"文革"中有点波澜，但已经算是幸运的了。

人生非戏
——伯公的风雨岁月

冯宝枢 | 广东省东莞市虎门外语学校
指导老师 | 储涛

大伯公，姓冯，名国良，1926 年生，共产党员。

我大伯公沉默寡言，但他的经历却是非常丰富，他的大半生与中国近现代动荡的历史紧密相连，生命里满是风雨岁月留下的印记。

一、1926—1937 年：没有天真的童年

1926 年，民国十五年。伯公生于广东省开平市水口镇。然而，呱呱落地的日子动荡不安，东北方的省城早早传来北伐浩浩荡荡的口令，沸沸扬扬。好在北伐不经过开平，所以老百姓对北伐也不大关心，反倒地主要多收粮的传言如迎面的秋风，让家徒四壁的农家陡生凉意，亦让这得子之喜短暂而无力。

伯公家当时是佃户，而当时每年的收成已抵不上要缴的租，进城做工成了大多数人的选择，也是太公的选择，因为老祖宗的经验：北乱逃南，南乱投海——指的是到南洋去谋生。太公倒不想去南洋。而这时伯公已经 10 岁了，太公没有让伯公进城干活，而是选择了让伯公留在乡下读书。伯公攥着父亲熬来的散碎银子付了私塾学费。村边识字，有阳光，有玩伴的日子甜了不少。

"读书好啊。"这是伯公 60 年后常常喃喃的一句话，亦是对那段时光最大的怀恋吧。

两年之后，伯公辍学。倒不是伯公读书不用功，亦不是老师不想教，而是国难当头，鬼子来了。虽省城的父亲已托人捎来一信说过此事，但作为12岁的孩子，伯公怎么也无法理解私塾老师看完信后冷汗直流的惊慌，更无法理解为何"鬼子是能飞的大鹏鸟"。嘶哑的轰鸣声中，炸弹燃着了村落，天裂了，田裂了，路裂了，屋裂了，人裂了，呼喊与尖叫，哭号与无助，夕阳溶成了一片血色，烟尘模糊了天际，跟跄中伯公被祖母拖着逃跑，突然身后一声炸响，伯公两眼一黑，就什么都不知道了。

那时的伯公，不知道一年前，北平西南15里，宛平县城，亦遭此大劫，那时的中国早已兵连祸结，生灵涂炭。

"风雨之行，寒冬酷暑，求生不易，难忘霜雪，沉浮岁月，世界变天。"这是62年后大伯公对那时的回忆，那是1938年，日军全面侵华的第二年。

二、1937—1942：悲怆的挣扎岁月

伯公在昏迷中醒来，还好祖母、母亲和三个弟弟还在，还好自己只是受了点小伤，真是不幸中的万幸。学是上不成了，那就必须承担起养家的担子，毕竟伯公下面还有三个年幼的弟弟，光靠父亲在外面打工是不行了。养好伤的伯公按照祖母的安排，和祖母一路往北，远赴鹤山。经人介绍投奔了一个许姓的富商。许老板开了一家名叫华栈的商铺，需要一位侍童帮忙，许老板见伯公太小，有点不大愿意，但经不住祖母恳求，最终伯公寄人篱下的生活开始了，而这一过就是4年。

寄人篱下并非伙食全包的客居，而是下人一等的奴才生活。12岁的伯公作为富商家里的侍童，守门看风，递水送茶，看更守铺，斟茶倒水无一不包，日勤夜务，任人摆布。

任劳任怨既代表了被人多占一分便宜，亦代表了运气会偏袒多一分。当时许家少爷无意读书，老师很无奈，于是老师提出愿多教一人。而与少爷年龄差不多的伯公机会来了，许老爷看到伯公很勤快，于是同意让伯公在干完自己的活计后去找先生读书。于是，每天晚上，老师单独给伯公上两个小时的课。

伯公很高兴，自己能重新读书，可是未到一年，刚开始学珠算，老师便因病阒然长逝，老师在临终前收伯公做义子，就这样，伯公作为恩师唯一的亲人

给他披麻戴孝，扶棺送葬。书山之门再次紧闭，伯公更是痛苦不堪。而命运的甜头每每都是稍纵即逝，而苦难却如阴霾般死死纠缠。

两年后，也就是1940年，许家少爷因赌债倾家荡产，许老板被迫宣布破产，伯公连佣人都做不成了，只好回了开平老家。

半年后，四月十九，父亲因病死在客途，当时家里拿不出钱来买棺材，幸得有人伸出援手才勉强办了后事，从此家庭的重担便全部落到了伯公年幼的肩膀上。

五月十九，地主趁机催租，因交不起租子，祖母不得不把家里唯一的房子抵押给地主。

接二连三的打击使得祖母身体一下子垮了下去，一周之后，五月二十六，祖母病故。

伯公永远不能忘记祖母在回天乏术之时，灯稀蜡残之夜，牵着他的手，直指神台，喃喃不语，伯公知道，这是母亲的愿望：继祖冯门！而如今家徒四壁，又无德无能，如何能实现呢？只能以泪相供，叩头谢罪。"生则建树，死愿寒尸！"这是大伯公五十四年后，回忆起当年坟头前所立的誓，那是1942年，抗日最耗的时候，远在河南的大旱让600万人在饥荒中死去，一个悲怆的年代。

三、1942—1949：在暴风眼中淡淡过活

祖母死后的三年，伯公发奋图强，苦作农耕，肩束绳头，江湖浪海，四处谋生。就在这奋战的三年中，亦让人看见抗战胜利的曙光。1945年，日本投降。伯公的人生，逆转起来。

胜利的消息，扬遍全国，乡里人们无不摇旗庆祝，张灯结彩。正值此际，逃难在外紧绷过日的乡绅们结对回程，伯公经人介绍认识了返乡的当地富商徐庭，徐老板对伯公的遭遇颇为同情，加上伯公有文化，学过珠算，便留下他为自己的祥记商铺做事。到春节时，徐老板让伯公写春节贺词，送给亲朋好友。伯公骈文作词，寄向乡里，由于文采出众，被乡里的人公推为最好的春节贺词，而这也为伯公带来了桃花运。当时有一位梅姓富商之女，见了伯公写的贺词便托媒劝伯公入赘。但家有老母和三个弟弟，无屋无田，更重要的是当年在祖母临死前立誓要"继祖冯门"，故写下书信宛然拒绝，录下其中八句：

日本侵华痛失椿，悲催母弟度孤轮。

书山有路难入室，血海无边苦撑船。

漂泊天涯为活保，苦寻珠玑学经纶。

幸遇英贤传书栋，又逢雅士点迷津。

八年阴风乱世苦，一日阳暖换苍寒。

玉叶应随金枝伴，牛女难常会桥圆。

小客离情因客观，大人有义惜人逊。

天定良田生五谷，我同风雨苦争春。

可是回信却于途中泄密，徐老板知道了此事。当时他还不相信，于是约伯公喝茶。一问之下，伯公如实吐露，不瞒分毫，徐老板很感动，慷慨出钱帮助伯公赎回了抵押给地主的祖屋。伯公很是感激，在他自己写的回忆录《铭心录》中伯公动情地写道：仁义老板，厚德助济，帮我解难，永不忘怀！

光阴似箭，转眼到了1949年，"一个旧时代的结束，一个新时代的开始"。而以上这句自是历史书所言，而事实上？"大军南下，交通有阻，货源少运，祥记业务，相应减少，故我离去，取道归家，另谋工就。"这是56年后伯公对那个历史点最实在的注解。伯公当时24岁了，当时他写下了一首《二十四感慨》：

二十四年苦度春，沉陷家破入我门。

日本侵华天荒乱，神州国土地难安。

曾识桃李开花日，未忘梧桐落叶寒。

幸遇英贤怜我苦，仁心教我学书津。

四、1949—1985：喜忧交缠的风云岁月

国家正像出生的婴孩，蹒跚学步，跌倒爬起，再跌再起，慢慢成长起来；而对于个人，就像其中的细胞，在陨灭和新生中延续着国家的生机，痛并快乐着，终于到了成熟的一天。

1949年，回到水口的伯公一家终于尝到了解放的甜头，喜获三分地，伯

公此时经人介绍去一个商店做了店员。同年，母亲请人说媒，惊动邻居，纷来介绍，完成婚事，这一年真是双喜临门。

1952年后，为了两改——"商改"和"土改"，伯公作为普通的店员，苦干了三年，那个时候伯公政治上也很积极，申请入党，但却意外遭到支部拒绝，只因"岳母成分"——岳母是地主家庭出身。这对伯公打击很大，伯公于是辞掉了店员的工作，回家务农，面对母亲的疑问，伯公只字不提，只有暗自悲伤，当时写下了一首诗抒怀：

> 神州易主走新程，工运三年苦学政。
>
> 暑往秋来风可在，冬辞春到雨无情。
>
> 天知井底藏清水，地动湖心出浊冰。
>
> 壮志难酬空抱负，唯有归农苦自拼。

1955年后，党风忽变，阶级斗争为纲，掀起集体反右之风。而伯公此时却迎来了一次好机会，因为在初级社并为高级社的过程中表现积极，当时要建大型水利，改土积肥，上级于是委任他为营长，全权指挥，并且让伯公入了党，伯公接受了这一任命，全力而为，工作虽有成就，但不久之后"大跃进"的浪潮把所有的人几乎都卷了进去。

1959年后，因为"大跃进"，使得工作顾此失彼，粮食产量锐减，上头需要好成绩，实报上去却受到批评，避无可避，伯公也只好硬作头皮报假。左倾之故，公社财穷米尽，为可自保，伯公决定"食堂归村，量人分米，量米分饭"，同时利用各家自留地开展生产，收支归大队，由队里统一调配。这一做法得到了农民的一致赞同，并且也使得大家一起度过了难关。

1961年至1965年，公社贯彻《人民公社补充十二条》，开展整风，总结过去，发展未来。按伯公的看法应该因地制宜，改善民生，但当时的领导依然奉行"左倾"，以粮为纲，这样难言"五业齐飞"，老百姓的收入也就得不到改善。伯公当时作为农村干部——支部书记，也只能把心思都放在水稻生产上，每天扛着锄头，四处巡视，应种则种，应收则收。好景不长，到了1966年了，形势突变。

1966年，"文革"开始。全国上下都在喊打倒走资派，当时伯公还不明白走资派的含义，以为自己没事，后来出了事才知道：当权即走资！伯公眼见自己的上级李进和谭国忠顶不住压力自杀，知道自己也逃不过这一劫，果然过不了多久，红卫兵把他叫过去接受审查。伯公已经想好了对策，红卫兵问什么，伯公说什么，态度相当好，这样没有吃到皮肉之苦，第一关安然度过。不久召开群众大会，公开夺权，这还没完，后来这些人还想找伯公麻烦，但好在他的成分是佃农，家里三个弟弟有两个参军，于是他终于逃过了一劫。

1969 年，上面派了一位实权人物下乡，邀伯公复职，心有余悸的他提出只管生产，不管政风，党支委会在讨论后同意让伯公主管生产。

就这样平静地过了几年，到了 1973 年，政策又有了变化。当时顺德南海发展工副业，发展集体经济，水口公社党委决定也要跟上形势，于是派了一位叫邝汉锡的干部下来发动伯公。伯公老实地对邝汉锡说出了自己的看法：这些措施是不是冒进？老百姓心里有顾虑，毕竟之前的大跃进等一系列激进措施让老百姓受够了苦。邝汉锡把伯公的意见上报，后来公社决定把伯公上调，让他当公社工副业办公室副主任，生产由其他人来抓。伯公接受了。

当时的公社经济，只有一个食品厂，一个建筑队，总资产只有 27 万元。办公室首先规划发展，决定建立化工厂、农副厂、汽车配件厂、商业经销部、农工商场、汽车运输队，8 年下来五厂、三商基本实现，这些最初的规划是由办公室提出，由党委决定，不过办公室在这 8 年中立下了汗马功劳。8 年间党委换过三届，每届书记，观点不同。第一任书记积极支持，鼓励工作；第二任书记模棱两可，开口讲路线、闭口讲方向，支持亦不支持；第三任书记军阀作风，顺我者昌逆我者亡，因而办公室主任一正三副相继离去。

干到第七年，也就是 1980 年，公社决定让伯公筹办商场。党委送来方案，投资 6 万，分配办法是：纯利润公社占六成，四成归员工评级分配，员工不给基本工资，每月根据商场利润分配工资，任命冯国良为经理，货源由经理组织，员工由公社委任，工商部门发来牌照，经营工农产品。

伯公接受了这一任命，身为经理的他在云浮、广州、怀集几地奔波，又四处向社会经纪打探建材行情。仅仅一年解决建筑材料不足的问题，并取得可观的业绩：供销员月薪过百，其他员工月薪都在 60 元以上！

天总有不测风云。

新上的书记——也就是前面所说的第三任书记，仅仅以表象说事，认为农民员工收入竟超过科局级实在不像话。面对上级的刁难，伯公拿出了账本，在清白的账目面前，书记无话可说，只有愤愤地退回，不过这不是结局，而是燃着的引线。

过一段时间，外贸经销部放出消息，有小车卖，需要代理。作为如日中天的商场经理，接下这桩生意自然是意料之中。一切都很顺利，湛江经委顺利上门洽谈，下单11辆，顺利拍板。这单价值30多万的交易得非常顺利，甚至有点太顺利了。

而后，公社突然派人来封账，扬言商场非法经营，宣布伯公停职受审。

"货源是外贸，寄放于水口，我为人作媒，收的是'口水费'，又不是投资经营，凭什么抓人？"

"凭什么？党委说合法就合法，党委说不合法就不合法。"

这是伯公22年后对当年最义愤填膺的回忆，在法制尚未健全的年代，伯公被以此事为由，被迫退出政门，时值58岁，就这样还没完，后来有位公社同志告诉他：书记让他退休，让他不要再作其他打算了，无奈之下伯公只能如此。当时伯公写下一首《离去政门有感》：

> 二十余年跟党拼，问心无愧事已明。
> 促农时期山水证，务工年代世人评。
> 路线航行分曲直，方向慎道非自称。
> 苦海翻腾留浪白，井底流泉永留证。

1985年，邓公南巡，20年来中华大地逢春化雪。
同年，伯公在家乡创办属于自己的商店，合法经营，平静生活直至当下。

【后记】

完文后的脑海里连续闪烁着一词：人生非戏。

从前，大伯公在我的眼就是一沉默寡言的风烛老人，半秃，眼神晦涩，佝偻的躯干宛如枯藤般盘在破旧的竹水烟枪上，干瘦的双腿似快耗尽水分的枯木，深深地扎在故乡里。2005年，大伯公用其曲折的人生履历，编写了描述80年来的心路历程一书《铭心录》，赠与同族后辈，以此来勉励下一代，亦缅怀上一代。

而这时，我才恍然，伯公沉默寡言的缘故是因为经历了太多沧桑，背负了太多喜怒哀乐，薄薄的一本书虽然只有80页，但每一页都浸透了血与泪，汗与水，蕴藏着人生的哲理，大道无言，需要观者自己去思考，自己去体会。

伯公《铭心录》中一首诗恰好道出了他的心路历程，名字就叫《寄语一首》：

世事浮沉我自知，人生苦乐总难移。
东木西金然相克。南离北坎互不支。
终遇桃李开花日，铭记梧桐落叶时。
世道险恶行慎足，人间正邪莫怀疑。

诗的后一句和毛主席的"天若有情天亦老，人间正道是沧桑"有异曲同工之妙，都是对人生的感悟。不同的是毛主席是伟人，伯公是个小人物，而正是这些大人物和小人物构成了一副波澜壮阔的大历史。小人物虽小，但毕竟也是构成大历史的一份子。在历史这个大舞台上，小人物和大人物虽说有主角配角之分，但都一样没有剧本，都一样得面对天地良心。从某个角度来说，小人物的喜怒哀乐可能更让观者感动。

就拿我大伯公的那代人而言，见证了1926年开始至今的人和事，抗日、新中国成立、左倾，最后到改革开放，天地翻了几番，而这些尽收在大伯公眼里。尝过祸不单行，也尝过双喜临门；戏好唱，人生难演，因为人生总不会如戏剧般有套路，无论对旁观者而言还是当事人而言，后续的事情总是一个未知数。况且人生变数之多，又怎么会是一场戏可容纳得了的呢？

三舅公的"右派"人生

徐一丁 | 山东省济南市山东师范大学附属中学
指导老师 | 张耀彬

1979 年的春天，似乎比往年来得更早一些。镇江师专古朴的教学楼前，迎春花将斑驳的外墙映得正艳。在二楼历史系的教室里，一位戴着厚厚的近视镜，两鬓斑白的中年人正在给学生上课。开场白还没有说完，他的心情就激动起来，嘴唇蠕动着，声音也有些哽咽，为了掩饰自己的失态，他忙转过头去，一行热泪顺着衣襟洒落下来……能够堂堂正正地站在讲台上传道授业，作为一个老"右派"，这一刻，他等了整整 20 年……

这位中年教师，就是我姥姥的三弟，我的三舅公——薛启庚。在 2012 年的夏天，一个很炎热的日子，我，一个生于 20 世纪 90 年代的懵懂少年，坐在三舅公上海的斗室里，听这位饱经岁月磨砺的老人说起了他的前半生。

三大罪状因缘起

1936 年 10 月，三舅公薛启庚出生在江南名城——江苏省镇江市。他的父母养育了五个孩子。他上面有两个哥哥，一个姐姐，下面是一个弟弟。他的父亲，从上世纪 20 年代起，就常年在上海的大公司里做会计。从镇江来到上海，见过大世面的父亲，愈发认识到知识的重要，他暗下决心，节衣缩食，终于将五个孩子都送进了名牌大学。在哥哥姐姐的鼓励下，1955 年，三舅公考上了南京大学化学系。

"因为弱视，无法适应做实验的要求，大一的时候，我就转到了历史系。当时自己也是暗自庆幸，因为在姊妹几个中，虽然我的学习成绩不拔尖，可我是最喜欢看书的一个，从小就爱看历史故事。唉，万万没有想到的是，我的人生厄运也从南大历史系开始……"回想起南大的求学生涯，三舅公叹息道。

1957年的早春，对全中国几百万知识分子来说，是一个悸动的、欣喜若狂的早春。4月10日，《人民日报》发表了《继续放手，贯彻"百花齐放，百家争鸣"的方针》的文章；5月1日，《人民日报》又刊登了党中央的整风指示，共产党号召党外民主人士帮党整风，扫除"三害"（官僚主义、宗派主义、主观主义），并反复宣传声明"知无不言，言无不尽，言者无罪，闻者足戒"。凭着对党、对年轻的共和国的热爱，南京大学的师生们，也和全国的知识分子一样，投入到火热的民主运动中。

当时的三舅公年方二十，血气方刚，受在复旦大学新闻系学习的姐姐的影响，特别关心政治，在宿舍里，经常和同学们谈论国家大事。

三舅公说："在整风运动中，我结合自己所学的世界近现代史知识，大胆提出了几个深埋在心底的疑问：一个是国家为什么一再宣传中苏友好，实行'一边倒'亲苏政策，全盘学习苏联，将已学习十多年的英语砍掉不学，改学俄语？另一个就是苏俄长期霸占我国领土150多万平方公里，为什么不肯归还？"

当时提出这两个意见，南大的同学老师都认为三舅公说出了大家的心声，能够向敬爱的党说出埋藏已久的心里话，三舅公也非常自豪。可时隔一个月，这两条意见却成了蓄谋已久、罪大恶极的反动言论，成了三舅公被打成"右派"的第一大罪状。

随着整风运动的深入，南京大学宿舍区到处是各种大字报，学校简直像过节一样热闹。然而令人奇怪不可思议的是，如此热烈场面，却得不到近在咫尺的《新华日报》的丝毫青睐，这张报纸拒绝报道南大整风运动的任何消息。这一举动，引起同学们的强烈不满。同学们纷纷将质问的大字报贴到《新华日报》报社的墙上。1957年5月31日那天是周末，不少南京市民听说《新华日报》被贴了大字报，好奇心驱使他们从四面八方来到新街口，挑灯观看大字报。

"当时，我正在《新华日报》社看望在这里实习的姐姐。"三舅公在座位上轻轻晃了晃腰，沉重的记忆让这个老人陷入深深的痛苦中，"大约晚上九点，忽然人声鼎沸，推开窗户一看，只见一批人冲进围看大字报的人群，强行撕毁了对报社不利的大字报。起初，大家都以为是报社的人干的，后来听两名中学生说，带头撕大字报的人，是身着便衣的公安，是沈举人巷派出所所长。我半信半疑，为证实此话，两名中学生自告奋勇地随南大学生一同到南大学生宿舍大门口公开阐述此事。回到南大宿舍后，我向同学们介绍了此事的来龙去脉，这种事情，极具轰动效应，所以，不多久，整个校园里的同学都在议论此事。而令人匪夷所思的是，这一事件后来居然上了《中国青年报》，整篇报道完全颠倒了是非，把矛头指向南京大学的学生。报纸上公开点名，给我安上了'诽谤便衣警察撕标语'的罪名，我从一个普通的大学生，一下子成了'名人'，当然这个名，是臭名昭著的'名'。"

从此三舅公拥有了第二大"罪状"：运动中，诽谤人民警察。

1952年高等学校院系调整后，南京大学的校舍规模不断扩大，已将原国民党官僚何应钦的官邸包围在校园之中。当时，这幢别墅住着南京军事学院的钟期光上将，学校多次磋商请其搬迁，都遭到拒绝。由于学校深夜要关闭校门，造成双方多次发生矛盾，整风运动中，同学们对此多抱有不平和不满。

"正在这时候，又发生了一件事，让大家的愤怒顿时爆发。学校一位看大门的校工因为和官邸的人发生冲突而被打，学校当局不仅不为自己的员工撑腰，反而给这位校工记了大过。这件事，彻底激怒了同学们，大家纷纷在别墅大门上贴大字报，还有的往别墅里扔砖头。而我呢，草拟了一副对联贴在了别墅门外的墙上：将军逞能，半夜独劈南大门；工友倒霉，可怜无端记大过。"

这副对联，成了三舅公在运动中的第三大罪状。

定性右派人生改

正当整风运动开展得轰轰烈烈、如火如荼的时候，半个月后的1957年6月8日，毛泽东主席起草了《组织力量反击右派分子的猖狂进攻》的党内文件，同一天，《人民日报》发表社论《这是为什么？》，舆论导向突然来了个180度的大转弯：前一天的广播中，还在盛赞"大鸣大放"的辉煌成就；第二天，则转口说它充满毒汁，语调中露出肃杀之气。南京大学和全国一样，原来的热烈场面马上偃旗息鼓，各班积极组织力量，准备反击"右派"。

一开始，三舅公自认为家庭出身很好，个人历史清白，虽然已经有三大罪状，但自己是以满腔热血，向党进谏。只要能说清楚当时的善良动机，应该能过关。所以，运动之初，三舅公并没有太多的惧怕。

"可谁能想到……可谁能想到……"老人重复着，他的表情让我的心揪成了一个团。

1958年初，党中央正式颁布对"学生右派"的处理意见："学生右派"分四等，第一等情节特别严重的，实行劳动教养；第二等情节严重的，放在学校内监督劳动；第三等有情节，留校察看，继续学习；第四等免于处分。三舅公的右派结论是：情节比较严重，但确有悔改，属第三等。

"这顶右派分子'帽子'戴上后，我一下子从人人羡慕的天之骄子，变成了千夫所指、万人痛骂的阶级敌人；从一个从小在哥哥姐姐的影响下，向往革命的青年进步学生，一夜间，变成了'地富反坏'的同类人，被合称'五类分子'。我痛不欲生，整夜失眠，几次想自杀，了此一生。这时候，老母亲的形象就在我的脑海中浮现，我无法想象如果自杀，将会给我的母亲带来多么沉重的痛苦和打击。在这强大的政治压力下，自杀不成，只好忍辱负重，俯首帖耳，唯命是从。从此，不作任何辩解，全盘接受大家的辱骂和指责，以及无限上纲的罪行。"

"反右"运动开始后，三舅公便成了一名"运动员"。无休止的开会、检讨、陪斗、批斗，百般的刁难，万般的羞辱。三舅公说，过去50多年了，到现在他还清楚地记得，当时历史系第一次开批斗会的情景。

"记得开批斗会那天，刚进7月，南京的天儿热得像蒸笼。我们这些右派学生，被要求早早来到会场，打扫完卫生，加上十几个右派老师，将近30人，一溜站在礼堂的主席台前。

会议开始，先由系领导一一宣布我们的'罪状'：

……薛启庚，同中苏友好唱反调，诽谤人民警察，同情大右派刘敬坤（刘敬坤老师是我们系的党总支委员，解放前就是地下党员），言论反动，但念其有悔改表现，划定为三类学生右派……

打倒右派分子刘某某！

打倒右派分子薛某某！

打垮右派分子的反动气焰！

低头认罪！

口号在会场轰鸣。

震耳欲聋的喊声，尖叫声，铺天盖地，我的心怦怦乱跳，屈辱、羞愧、泪水在眼眶里打转，当时，恨不得找个地缝钻进去。偷偷地朝左右的'右派'同学看了看，只见大家也大多脸色苍白如纸，将头埋得更低。

这短暂又漫长的一个小时。我如同被五雷轰顶，被五马分尸。我的灵魂已经出窍，会场上只留下我的空壳。多少年后，我还常常梦到这次批斗会，经常是，梦醒了，一身的冷汗……"

三舅公说，从后来公开的资料看，1957年到1958年，全国共有55万人被划为"右派"。他所在的年级历史系一共有90名学生，被划为"右派"和"坏分子"的就有10人。

"我们的班长黄莆田是烈士子女，解放前参加革命，蹲过国民党的监狱。比起我们这些年轻的学生，他政治上更成熟，对共产党的感情也更深，所以，'整风'运动中，他讲得最多，最后结局也最不好，被劳动教养。'文革'中，又被打成'反革命'，自杀身亡。我现在还能想起他年轻时的样子，高高瘦瘦，眉毛很浓，唉……"说起这段往事，三舅公的眼里闪着泪花。

逆境苦楚难磨志

"人的命运，就像穿衣服，如果第一粒扣错了，接下来的每一粒都会错。"说起自己一失足成千古恨的经历，三舅公唏嘘不已。

1959年8月，大学毕业，三舅公顶着"右派"的帽子，分配来到安徽大学。刚到合肥的时候，三舅公自认为换了一个新环境，情况也许要好些，觉得个人业务相对较好，"红"这条路走不通，今后要在业务上下功夫，走"专"这条路。但事与愿违，作为"五类分子"，待遇自然与众不同。首先在政治上，系里专门成立改造小组，每两周，必须向系改造小组汇报自己的思想情况，每当节假日到来，则被要求不许乱说乱动，安心待在校内不得外出；在工作上，不允许上讲台授课，改在资料室打杂；经济上，基本工资比正常的大学毕业生工资低70%，只发生活费。

"1959—1961年的大饥荒时期，安徽是重灾区，饿死的人数以百万计。我年轻，饭量大，克扣后的生活费根本填不饱肚子，虽然远在镇江的老人偶尔给我寄点吃的，但还是整天饥肠辘辘，长期严重营养不良，不仅身体浮肿，还患上了肺结核、肾结核等病。1米75的身高，不到50公斤重。肾病厉害的时候，一晚上要起夜十几次，浑身无力，腿脚肿得发亮。"

"记得有一年学校放假，在得到领导'恩准'后，我第一次踏上了返乡的路程。镇江火车站下车后，我舍不得坐公交车的几分钱，想走三站地回家。可又饿又累，走不动啊，拖着浮肿酸胀的双腿，走走停停，走了将近一个钟头，肚子里一点东西没有，实在走不动了，我买了一碗面条，买完后又后悔，不如坐公交车回家，一碗面条比三站地的车票要贵……正胡思乱想，自责内疚，忽然，马路对面过来一个十来岁的孩子，一把抢过我的面条，撒腿就跑，我又气又急，无奈腿脚不争气，眼看着他边跑边吃。一时间，我那个委屈啊，家就在眼前，日思夜想的父母双亲马上就要相见，可我却迈不动腿……"

"在安徽这几年，最主要的感觉就是一个字：'饿。'和自己的饥饿作斗争，对一个二十多岁的小伙子来说，是最大的考验和痛苦。"三舅公回忆道。

"有一段时间，合肥的居民每人每月发半斤点心票，用于改善生活。所谓的'点心'，实际上是玉米面、高粱面做成的饼子，但在当时，已经是难得一见的'美食'。发了点心票后，怕去晚了会卖光，我赶紧买回来，不敢打开看，怕一打开就会吃光，小心翼翼把'点心'放进自己的小箱子。然后，又把箱子的钥匙和点心一起锁进箱子里。等到下一次发'点心'的日期临近了，才打开箱子。就是怕控制不住自己，吃得太快，撑不到下一次啊。那种饿，不经过那个年代的人是想象不出来的。"

在安大期间，比起饥饿，更让三舅公难受的，那就是孤独。

"因为是右派，各方面都低人一等，正常年轻人的花前月下，卿卿我我，都和我无缘。特别是逢年过节，别人阖家团聚，尽享天伦之乐的时候，我离家千里，孤身一人，只能在宿舍里，与孤灯相伴。幸好我从小养成了读书的习惯。书籍，成了那段艰苦岁月里，我唯一的伙伴和安慰。所以一有时间，我就去图书馆看书，做笔记。"

"慢慢的，除了博览群书以外，我还总结出了'止饿'的好办法。饿得轻的时候，我就看专业历史书籍，饿得厉害了，就到图书馆找食品工艺方面的书看。古人有'望梅止渴'的故事，我是'望字止饿'。高兴之余，我还把这个办法传授给同是'右派'的同事，他们也去试试，有的回来说，根本不管用，饿得更厉害了。看来，什么事情都是因人而异啊。"说到这里，三舅公挤出一丝苦笑。

在安大几年，三舅公虽身为下贱，却心比"天高"。梦想着通过自学，有朝一日，能够和其他的老师一样，登上讲台，传道授业。

"60年代初，正值北非民族解放运动高涨，人民要求解放已经成为非洲各国不可抗拒的革命洪流。在这一革命形势鼓舞下，我编写了《阿尔及利亚简史》一书，三联书店和世界知识出版社先后与我联系出版，但因政审不予通过，宣告流产。同样，我先后学过化学和历史两个专业，对自然科学史有一定兴趣，不死心的我，曾主动写信到中国科学院某研究所，对方看了我的材料后，过来商调，也是政治审查不予通过。"

"好不容易到了1962年，盼星星，盼月亮，终于摘去了'右派'帽子，原以为自己从此摆脱厄运的束缚，能够像正常人一样工作生活，可到了1965年，随着全国'四清'运动的开展，系领导通知我，说我是两门干部（从家门到校门），缺乏实践，让我下放劳动锻炼。就这样，我就被一脚踢出安徽大学，孤身一人来到皖南山区老革命根据地——泾县，在这里，一待又是十几年。"（四清运动）

谪居泾县志不移

泾县位于安徽省南部，在宣城境内。"开门见山，出门过山，生活靠山"是当地人真实的生活写照。

"刚听说到林场，我还以为是'磷厂'。想自己也学过化学，说不定还能有用武之地。可我一踏上泾县的土地，内心就非常的失落。因为我在上中学的时候，打篮球被人推倒，留下了双脚踝关节韧带拉伤的后遗症，不能走远路和爬山。林场还经常

三舅公在安徽大学

断电，我视力不好，晚上政治学习完，常常是黑灯瞎火，深一脚浅一脚地回宿舍，不知道跌了多少跟头，常常摔得身上青一块紫一块。"

1966年春节，是三舅公到林场后的第一个春节，腊月二十一那天，他踏上了回镇江老家的旅途。在这之前，一场大雪，已经封山，林场的交通也中断了。

"早上天不亮，我就摸黑起床了，先冒着大雪，走了近十里的山路，走走歇歇，到县城的汽车站时，已经是下午三点多。我要坐的那趟长途汽车前，已经被挤得水泄不通。这是当天最后一班车了，我不顾一切地挤上去。上了车，根本没有站的地方，我只好'金鸡独立'，一站就是四五个小时。到了芜湖，不知什么原因，车在芜湖停了三天，人家条件好的，早早找了旅店、招待所住下了，我囊中羞涩，第一天，花钱找了个浴室住下，到了第二天，连住浴室的钱也掏不出来，只能在汽车站大厅内，蜷缩了一夜。夜里，我睡不着，看着天花板，脑子里像过电影一样。想想我从安徽大学下来已经将近一年，原单位没有任何消息，眼看调回安大的愿望破灭，将老死于泾县，苦闷心情难以言表。"

倒了三次汽车，一次火车，五天的时间，满身疲惫的三舅公终于回到了父母身边。

"一看到父母亲，我的眼泪就掉下来了。我对父母说，林场太苦了，太孤独了，我要回家，要自动离职。没想到，一向和蔼的父亲，却坚决不同意。父亲说，以我现在这种身份和政治面目，如果辞职回家，也找不到任何工作，而且我也到了成家的年龄，没有工作，将来成家又是个难题。父母好言相劝，我暂时死了这颗退职的心。"

带着父母的叮嘱，带着一肚子的不情愿，三舅公无奈地返回了林场。既然回城无望，那就踏下心来，扎根林场吧。春节过后，正是青黄不接的时候，看到林场工人上顿山芋萝卜，下顿萝卜山芋，个个面黄肌瘦，三舅公做出了一个重大的决定：将工人家属组织起来，成立蔬菜队，自任大队长，以改善大家的生活。

"从小在城市长大，没干过农活，更没有种过菜。只能起早贪黑，虚心跟着老职工学，山里面风大，刺骨的寒风，把手吹得一道道口子，也不觉得累。好在大家伙看着我年轻好学，也不管我是什么'摘帽右派'，对我也不再另眼看待。人勤地不懒，那一年的春夏两季，我们还真弄了个大丰收。西红柿、韭菜、黄瓜，除了自己吃以外，还有富余。我就领着大伙儿去镇上卖菜。"说到这里，三舅公的目光里，有了一抹亮色。

　　"种菜的时候，没觉得有多难，到了吆喝的时候，我真是受了难为。你想想，我一个城市来的大学生，在人来人往的集市上摆摊吆喝，怎么也喊不出口来。可天热，如果卖不出去的话，菜很快就蔫了，烂了，自己的劳动也白费了，想到这里，又壮着胆子，厚着脸皮……其实，第一步迈出去了，以后就简单了，呵呵。"三舅公的脸上出现了一些笑容，我的心里也有了一点儿"久违"的轻松。

　　白天劳动，晚上学习。虽然生活清苦，走不出大山，三舅公以为，日子就这样平静的过下去，也就认命了。却不知，山外面，一场更大的"政治风暴"已经席卷开来，他又一次遭遇灭顶之灾。

十年浩劫屡遭难

　　1966年夏秋之交，"文化大革命"的风暴刮到了泾县林场。林场地广人稀，能够批斗的"坏分子"实在太少，这时候，林场的领导想到了三舅公这个"摘帽右派"。

　　"我继承了父亲嫉恶如仇的性格，虽然是个摘帽右派，可看到不公平的事情，还要站出来说。林场远离县城，场长好像'土皇帝'一样，常常颐指气使，态度粗暴，不拿工人当人看。我看不惯这种霸道行为，在太岁头上动土，为工人打抱不平，所以经常和领导发生争执。'文革'之前，我曾经向上级反映过林场领导假公济私的问题，'文革'来了，他们终于有了报仇的机会。在场长的唆使下，年轻工人开始围攻我这个'老运动员'，白天劳动，晚上挨斗。"

　　"罚跪、吊起，还算轻的，每一次批斗时，或是拳打脚踢，或是用鞋底扇耳光，或是用绳子抽打，或是往脸上吐唾沫浓痰……总之，怎么残酷狠毒都不过分。批斗的时候，他们常常用一根麻绳，从我的颈后勒过，再从手臂下绕过来，在胳膊上缠绕几圈，然后将绳头交叉一系，用膝盖顶着我的脊背，猛力系紧绳索，这样我的双臂，便被紧紧捆在背后。我脾气倔，挨斗的时候，总不肯低头。有一次，我又是不低头，这时候，副场长就走过来，摁我的头。每摁一下，我的身子就哆嗦一下子。原来，副场长手里攥着一个大铁钉子，他是在用大钉子扎我的后脑勺！斗到最后，副场长还不解气，站在我的背后，猛地踹了一脚。'呼'地一下，我从3尺多高的土台子上，摔了下去，躺在地上半天也没动弹。"

"醒来以后，曾经受过伤的脚肿得像小水桶一样，没有一只鞋能穿得下去，就是这样，林场当权者还要我去劳动，没办法，就用剪刀把鞋后跟剪开，绑上绳子，拖在地上走。"

如果说，在错划为"右派"时，自杀念头还是一闪而过，那么，"文革"中，一次又一次残酷的、触及灵肉的折磨，让三舅公彻底有了了断自己的想法。

"这次批斗会，让我对生命不再有一丝的留恋。劳动结束，回到自己的宿舍，我拿出积攒的安眠药，一口喝下，然后，静静地躺在床上，等待着解脱的那一刻。不知道过了多久，我感到头疼欲裂，睁开沉重的双眼，只见我的好朋友，林场老工人李绍玉和张功秀坐在我的床前。"

"你们为什么要救我？为什么不让我去死？我受够了！"

看到两个朋友，就像见到了千里之外的父母，所有的委屈一涌而上，三舅公号啕大哭。

"醒了就好，醒了就好。"

"你年纪轻轻，可不能这么傻，留得青山在，不怕没柴烧。"

"不为自己，你也要为爹妈想想吧。"

"你知道自己是怎么到医院的，是我们用地排车把你拉过来的。这两天就看你不大对劲儿，晚上，我们俩去你宿舍看你，结果……"

"李白的《赠汪伦》里有两句千古名诗：'桃花潭水深千尺，不及汪伦送我情。'这首诗，就是李白在泾县写的。在泾县，我遭受了很多非人的折磨，看遍了世态的炎凉。在这里，我也感受到人世间最真挚的友情和温暖。李绍玉和张功秀对我的救命之恩，让我又有了活下去的勇气。只是他们两位，因为和我这个'自绝于人民'的右派分子走的太近，被当权者一声令下，调到最偏远的林场，当了护林员，从那以后，我再也没有见过他们。"回忆起曾经的恩人，三舅公眼里满是思念之情。

1972 年，三舅公离开生活了七年的林场，奉命调到泾县榔桥镇的黄田中学教英语。

"这时正是贫下中农管理学校时期，强调德育思想，智育无所谓。在学生中，流传着这样一句顺口溜：'我是中国人，不必学外文，不学 ABC，照样能当接班人。'我是教英语的，在这种政治气氛下教书，其效果可想而知了。"

随着时间的推移，看到身边越来越多的人离开泾县，调回老家或者大城市，三舅公再一次有了回家的念头。

　　"当时，我的父母都是七十多岁的人了，父亲有严重的糖尿病，手术后双腿截肢，卧床不起。母亲有严重的哮喘病和肺心病，整夜整夜坐着，难以入睡。我的哥哥姐姐弟弟大学毕业后都是全国分配，老人身边没有一个子女。我的妻子女儿也在镇江，为了照顾有病的父母和解决夫妻长期分居问题，我多次要求调动工作，我年迈的父母也去申请，可三番五次，就是不批准。我反复向有关领导苦苦哀求，表示我为人正派，不偷不拿不贪污不腐化。可是对方却说：'偷点拿点'没有关系，但你这是棘手的政治问题，高压电线，根本无法解决！"

　　"一句话，把我的回城梦彻底打碎。悲愤交加的我，当时写下一首诗：寒窗十八年，落户到黄田。命运多乖舛，思之实可怜！"

　　三舅公看着我，把这首写于30多年前的诗一字一句地背诵出来，泪水模糊了祖孙二人的眼睛。

春回大地新生来

　　三舅公说，直到现在，他都清楚的记得，十一届三中全会闭幕的时间，是1978年的冬至。三舅公说，这一天，太阳离北半球最远，可是，这一天，每一个中国人心头却都暖洋洋的，而像他这样的知识分子，更是隐约感觉到，自己的命运，也许到了转折的时候了。

　　1979年的春节前夕，强加在三舅公身上的种种罪名全部去除，党中央为三舅公恢复了名誉。不久，他调回镇江师专历史系任教，也就有了本文开头的那一幕。

　　"到镇江师专后，校领导对我非常器重，一去就让我担任历史系主任的职务。但是又要写书、教课，还要担任行政职务，我实在是无法分身，1982年，我坚决辞去令人羡慕的系主任职务，一头扎到教学和科研之中。

　　"此后三年的时间，我先后参与编纂了《欧洲大辞典》，主编了《新编世界近代史》（上、下册），这套书，被定为全国师专历史系专用教材。

　　"在镇江师专这些年，虽然家离北固山公园不到2公里，我却没有陪妻子女儿逛过一次，这些年，我也没看过一场电影，像个饥饿的人扑到面包上一样，除了上课，我整天泡在图书馆，不知疲倦地抄啊写啊，总想把前些年失去的时间夺回来。"

1993 年，年近花甲、疾病缠身的三舅公又强攻英语，取得了赴美国纽约州立大学做访问学者的资格。回国后，在镇江师专，他为学生新开了世界近代史课，并且利用自己娴熟的英语，广博的知识，每周三次，义务为"镇江市劳务输出培训基地"的学员教授英语和世界历史、地理知识。

"'左倾'路线把我变成'鬼'，改革开放的正确路线又把我变回了人，一个被社会需要、尊重的人。我虽非文物，终算'出土'了。"三舅公一句话，总结了自己的前半生。

【后记】

我从小喜欢历史，应该是受我爸爸的影响吧。我爸爸虽然学化学，但酷爱文史。记得小学二年级的时候，爸爸给我买了两套书：一套是《中国上下五千年》、一套是《世界上下五千年》，我断断续续地读，历史原来那么有趣。

上学期，我校雷宗兴同学写自己家族史的故事，让我感到了原来历史也可以离我如此之近，我也动起了写家族史的念头。我从小和姥姥一起生活，常听姥姥自豪地说起他们兄妹五人都毕业于名牌大学的经历。我以姥姥兄妹五人的学习工作经历为题，写了一篇题为《一代知识分子的时代踪迹》的文章，参加了学校组织的"历史写作大赛"，没想到竟然获得了一等奖。作为奖励，2012 年 7 月，在老师的带领下，我参加了在北京举办的首届"中学生历史写作夏令营暨非虚构写作高级研修班"。利用这

三舅公正在给学员教授英语

个难得的学习机会，我认真聆听来自全国各地的专家、学者、资深媒体人的讲课，特别是李远江老师的《首届中学生历史写作大赛经典案例解析》，对我的启发特别大，让我对自己的文章，特别是选题的角度，有了一次反思的机会。

从北京回来，我决定以我的三舅公作为探究对象，记述他的坎坷人生。2012年暑假，我和母亲来到三舅公所在的上海。这也是我第一次见到老人家。听说我要采访他，刚刚做完腰部手术的三舅公连连摆手："我这一辈子，没混出什么名堂，姊妹五个，我最没出息。一错再错，一错再错啊。"

狭小的书房里，在我的一再请求下，三舅公开始缓缓讲述他20年不堪回首的往事。虽然时隔多年，但年过古稀的老人记忆力出奇的好，说起曾经帮助过他的人，哪怕困难时期，给过他一口饭吃的人，他也清楚记得。

"您还记得当年整您、斗您的人吗？"

"算了，都过去了。不愿再提了。如果不是你要刨根问底，这些年，我真的不愿再回想那段经历了。不堪回首啊，不堪回首啊。"

和三舅公的交谈，让我16年来，第一次知道什么是真正的苦难和沧桑。之前，我喜欢读小说，但即使世界名著中的小说，也没有产生像这样让我难过得多次"不忍卒听"、压抑得气不能出的感觉。

从一个风华正茂的大学生沦落到"人民的公敌"，在人生最美好的年龄，却过着长达20年的"非人"的生活，谁之错，谁之过？

三舅公毕竟是一位研究近代史的学者，对于那段特殊的年代，他还有着比一般人更深的反思："个体的命运总是和时代的命运紧密相连的。在那个颠倒黑白的年代，稍有良知的知识分子都是无法独善其身的。我只是他们中的一员。"

苦难虽已成为过往，但不应该被遗忘。90后的我有义务去做个真实的记录者，记住上代人和我们的国家所付出的沉重代价，只为三舅公式的悲剧永远不再重演！

我的外公和山东曲艺

夏文璐 | 山东省济南市山东师范大学附属中学
指导老师 | 王醒

盛夏的阳光透过树叶间的缝隙，密密地洒在书房的写字台上，一位清瘦的老人正耐心地教一个胖乎乎的小女孩念诗词。女孩学得很认真，一字一句朗朗吟诵，老人慈祥的脸上洋溢着满意的笑容。餐厅里的饭菜早已阵阵飘香，祖孙俩却仍在专注地教着、学着，沉浸在唐诗宋词的美妙韵律中……

窗外的蝉鸣越发响了，我的思绪猛然收回，望着手边摊开的书，在那泛黄的纸上，墨蓝色的标注仿佛是昨天刚刚留下。昔日不谙世事的小女孩已经长大，那殷殷教导她的老人，却早早地离她而去了八个春秋。

学唐诗的小姑娘是我，而那老人，就是我最最敬爱的外公。

我的外公张军先生是国家及山东省的历史文化名人，是著作等身、桃李满天下的著名曲艺作家、理论家和教育家。

一、从艺之前——结缘

1929 年 12 月 24 日，外公出生在山东禹城张家胡同的一个大家族里。

外公从小活泼调皮，不过，在私塾里书念得很不错，后来又在学校苦读了诗词歌赋、古文圣训，打下了坚实的中文底子。为一辈子在山东曲艺上的学习、研究和创作奠定了良好的文化基础。

后来，外公在连年的战乱中被迫中断了师范的学业，流落江南，几番波折

1949年7月外公参军照

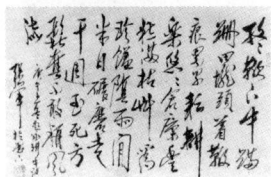
外公手书的自勉诗

初登舞台，右起第一人是外公

才得以返乡，而恰恰这次返乡，使外公与曲艺相遇，成了人生的重大转折。原来，1949年7月外公返乡途经济南杆石桥时，看到了人民解放军山东军区政治部文艺培训班的招生广告，热血的外公为求进步，当即报名参军，走上了革命道路，并从此与山东曲艺结缘。

二、初登舞台——锤炼

经过艺训班的刻苦学习，外公以优异的成绩被正式吸收进了军区政治部文工团，并迎来了第一次登台演出。当时的戏剧队，演员近四十人，多数是刚离校门的知识青年。为了迅速提高全队政治及业务水平，团领导决定排演反映工人生活的大型话剧《红旗歌》。在济南仁丰纱厂的一所大房子里，每天除基本功训练外，还要求大家直接进车间参加劳动，结合自己要扮演的角色，寻找"模特儿"交朋友。这样便对纱厂生产、管理及工人们的工作、生活，有了感性体验与理解。为得到这样的生活基础，一个多月后才开始正式排戏，经过100天的日夜奋战，《红旗歌》终于排成了。而经过这次成功的演出，外公像被扔进熔炉中的一块生铁一样经受了锻炼，在人生道路上迈上了一个新的台阶。让外公懂得了什么是无私忘我，什么叫敬业精神，而《红旗歌》也成了外公一生中最难忘的一出大戏。

三、慰问演出——升华

1951年9月，外公所在文工团奉命赴东北慰问志愿军伤病员。为及时反映抗美援朝的战斗生活，外公创作了鼓词《一条扁担》，内容是朝鲜战场上炊事员智捉两个美国兵的故事，后又写出了对口快板《炸油条》。这次演出重点在吉林、黑龙江境内，大小野战医院都演过。自己挂幕布、装舞台、吃苞米糁子、睡楼板，条件相当艰苦。但志愿军杀敌报国的英雄气概鼓舞着战友们，半年的慰问演出顺利完成，外公荣立了三等功，被调入说唱分队。

1954 年 7 月，文工团又奉命赴朝慰问演出，外公有幸随团前往。换上特制的大盖帽、胸前佩戴"中国人民志愿军"标志，外公成了一名光荣的志愿军战士，开始了他的朝鲜之行。

在朝鲜可说是随处见英雄，到处受教育。外公在许多战斗圣地采访荣立战功的战士，还遇到过抓住美军俘虏的炊事员、电话兵。

赴朝留给外公最突出的印象，就是冬天特冷，到处都是冰雪封盖的高山。坐在大卡车上，不一会儿就被冻僵了，得赶紧停车下来跑步跳跃，以免冻坏手脚。汽车轮子上挂着防滑铁链，行进在陡峭而又狭窄的冰雪山路上，真是险象丛生，惊心动魄。

可大家互相鼓励着，没人怕苦怕累怕死，在朝鲜中部的东西海岸间不知跑了多少个来回。零下二三十摄氏度的气温，平时穿着棉大衣、戴上皮帽子，勉强可以对付。但演出时，只能将秋衣套在单薄的毛呢演出服里面，上台演唱一坐就是二十多分钟，冻得打颤，敲琴、打板、整个伴奏都不顺畅了。然而外公和战友们都坚持着，在战士们的热情鼓舞下顺利完成任务，几乎每次演出都要多次返场，让他们备感骄傲和欣慰。

1955 年 2 月 1 日，历经战火洗礼的外公，圆满完成半年多的慰问演出任务回国。然而，并非每个慰问团都能如此幸运，著名相声演员常宝堃等同志就英勇牺牲，长眠在异国他乡了。每每谈起在朝鲜的这段日子，外公都是无比的感慨激动，由此看出他对这段经历的难忘与珍惜。

四、转业地方——转折

从朝鲜回国，外公转业到山东戏曲工作组开创曲艺阵地，这是他人生的又一次转折。

那时，从事专职曲艺理论研究的人极少。为了在曲山艺海的曲艺大省搞清各曲种的发源、分布、艺人、传承等，必须大量走访老艺人了解情况。而当时的工作、生活条件都很艰苦，许多艺人住在穷乡僻壤，交通极为不便，外公经常打起背包，一连几日跋山涉水，找到知情者掌握第一手资料。日积月累，外公的采访笔记记满了厚厚几大本。多年后，外公曾对我妈妈讲："整个山东省的曲艺情况全在我的脑子里了，再苦再累都值了……"

当时的省戏工组成员大都由地方戏曲辅导员班挑选而来，有的人很看不起外公这些"新人"。显然，在这个知识分子集中的地方，有作品、有工作能力的人才能有发言权。外公不畏那些人的刁难，决心在这里做出成绩，让别人心服口服。于是先从济南着手，挖掘山东大鼓、琴书传统书目，整理了山东快书《大闹马家店》《李逵夺鱼》等段子。

由于在部队时取得过一些经验，在整改过程中，外公将原书中的问题一一修正，取得良好效果。此时，山东出版社来联系签订了《大闹马家店》《李逵夺鱼》的出版合同。两书的接连出版加上挖掘传统曲目工作颇有成效，外公开始在省戏工组站住脚跟，并渐渐打开了工作局面。

1960年7月，外公作为山东曲艺界代表，参加全国第三次文艺工作者代表大会，在新建的人民大会堂聆听了周总理的报告，受到毛泽东、刘少奇、邓小平等党和国家领导人接见，还出席了在大会堂宴会厅举行的盛大宴会，参观首都十大建筑及名胜古迹。这是外公平生第一次参加文艺界如此高规格的大会，真可谓开阔了眼界。外公暗暗下定决心，一定要为山东曲艺做出贡献，实现人生奋斗目标。

外公到基层采访并辅导老艺人

在全国第三届文代会上，外公和代表们受到毛主席、刘主席、周总理等党和国家领导人的亲切接见

五、艰难前行——执着

就在外公的工作业务渐入佳境之际，却不料自上而下的"运动"接踵而来。先是"批判胡风"，后来又有 1957 年的"整风反右"，1958 年大炼钢铁、1959 年"反右倾"，1960 年代初天灾人祸的三年灾害，1964 年"四清运动"，直至 1966 年的"文化大革命"……

尽管每次"运动"都冲击了外公工作业务的开展，但外公还是紧紧抓住每个机会和可能，为山东曲艺的传承发展，尽着自己最大的努力。如 1957 年山东省第一届曲艺会演，这是山东曲艺界的第一次盛会。外公夜以继日地工作，为会刊写了四五篇文章，帮著名河南坠子演员郭文秋排演《三堂会审》、与山东快书表演艺术家杨立德合作整理出快书《闹南监》，均双双获得演出一等奖及作品整理奖。

1958 年全民大炼钢铁时，外公被派去济南大观园院内的"土炼钢炉"当炉长。可外公的专长是曲艺创作，与炼钢风马牛不相及呀。但外公向来是"革命工作比天大，哪里需要哪安家"、"永不生锈螺丝钉，哪里艰苦往哪拧！"

据外公回忆，当时的"土高炉"炼钢与小炉匠化铁坩锅原理差不多，一个耐火土制成的"小坩锅"放入土高炉内，锅里是大家捐献、搜集来的废旧铁片、铁钉，下边用焦煤烧，小鼓风机使劲吹，废铁熔化后凝固的块块就是所谓群众炼成的"钢"了。外公一如既往认真工作，昼夜不分地盯守在炼钢炉旁，严格按"指导小组"的方法"炼钢"。一次，也许是配给的焦煤实在太少了，出炉的"钢坯"上竟然尽是一根根没化透的螺丝钉。外公坚决要报废重来，而好大喜功的现场指挥却坚持向上写"捷报"，说是人民群众威力大、炼出了优质的"螺丝钢"，真让人哭笑不得。就在这如此荒诞而艰苦的劳动中，外公却仍在坚持创作，写出了宣传妇女解放当女理发师的河南坠子《刮胡子》，首演于全国妇女群英会，一炮打响。

后来，上海电影制片厂改编拍成喜剧影片《女理发师》，也受到了社会的广泛欢迎。

六、在劫难逃——无奈

正当外公还在为一生挚爱和奋斗的曲艺事业在阵阵风浪中艰难前行时，1966 年 6 月，史无前例的"文化大革命"运动开始了。

仍在农村参加劳动的外公，接济南来的电报："立即回机关参加运动。"这一次不知又有什么可怕的命运会落在外公头上。

走进机关大楼，首先看到的是走廊两侧贴满了大字报，同事之间原先相熟的笑脸不见了。局长、科长头头脑脑的全靠边站，外公的老战友老同事大部分成了"黑帮"，每个人都战战兢兢，惶惶不可终日，不知道下一个挨批斗的会是谁。外公被所谓造反革命群众的百十张大字报点名，扣上了"反党分子、文艺黑线干将、反动学术权威"等等大帽子，这简直把外公吓懵了。外公想：我什么时候反党了？这到底是怎么回事？他多么希望能有人找他谈谈，可没人理睬。造反派勒令他不准回家，强行隔离审查。此时，造反派还抄了外公的家，好在抄家前，外婆吓得早早把外公一摞摞宝贝线装书泡成纸浆，糊成小缸小桶了，更有大批藏书卖了废品……他们翻了半天，也没找到什么所谓属于"四旧"的东西，只好悻悻离去。

从大字报上看，把外公定为反党分子，是因外公发表的《扫除障碍，开放曲目》文章中有"曲目必须开放，不仅鲜花要放，毒草也可以放……只有通过鲜花和毒草的斗争，曲艺艺术才能健康发展"等观点。其实这些话并非外公首创，而是他引用《人民日报》社论写成的。当时运动来势迅猛，谁还去为你分析以上言论的来源呢？

同时，运动一来，所有传统节目禁演，艺人们被打成牛鬼蛇神，外公写的众多学术专著和曲艺作品也就成了大毒草。批判大会上，造反派拿外公发表的曲艺作品无限上纲，逼他承认反党反社会主义，外公当然不能接受。造反派急了，决定一篇文章开一个批斗会。譬如宣传合作化运动时，外公写了山东快书《兔子迷》，大意是一个不肯入社的农民，为了个人发财，贩卖兔子赔了钱，病倒被困旅店，幸亏家乡合作社派人接他回家，方才接受教训入了社。这在当时完全是主题积极的好作品，但造反派非要外公承认写的省城市场，就是攻击省委，攻击省城市场管理，就是借题发挥在反党。外公不承认，会就连续开下去，非把他打成反革命不可。

那年夏天特别热，造反派轮番围攻，逼得外公大汗直流，擦汗的手巾一捏就是一把汗，每次会上汗水总要把脚下砖地淋湿一片。此外，外公写《兔子迷》时，对兔子行情根本不懂，是别人告诉他价格最贵的是兔毛呈蓝色的德国品种"青紫蓝"，他才写了蓝兔子。谁知这也成了罪过，造反派气势汹汹地质问外公：你在《兔子迷》里为什么写蓝兔子，我们的干部都穿蓝制服，这不是在骂共产党的干部吗？天哪！这两者之间有半点联系吗？

外公想横竖都一样，做任何解释都是徒劳的，我何必再受这种煎熬呢？于是外公将下次会上要交待的作品，按他们的逻辑方法，纲上得比他们高出几倍，堵住他们的嘴，闹得会几乎开不下去。惹得造反派头头大叫："老实点！你要实事求是。"外公真是欲哭无泪，要真能实事求是就好了，这就是"文革"造反派所谓的批斗。这样折磨人的批斗会开了近20次，语言之恶毒猛烈，态度之蛮横恶劣，超出外公的想象。后来外公回忆说："挨斗开始时我确实想不通，自参加革命以来，我一心一意为党工作、跟党走，怎么就成了反党分子？也想过一死了之。但想到家中老小，为了他们我也得苦熬着撑下去。""文革"期间，外公的家人均受到牵连，连当时已参军在部队宣传队的我舅舅也被迫返回了地方。

后来，外公在省京剧团居然听到了"难兄难弟"似的相同段子：当时从外公单位借调到省京剧团帮助工作的孙秋潮同志也受到了严重的批判迫害，造反派问他在剧本《骂鸡》里为什么要写"芦花大公鸡"？这是恶毒影射共产党的庐山会议，是反党！秋潮同志说作品发表时庐山会议还没开呐，造反派竟认定："这是你提前想到会议要开啦！"外公说，如此最高机密岂是普通百姓能提前想到的？这真是今古奇谈，欲加之罪何患无辞。

更具有讽刺意味的是，不久，上边又来了新精神说，"文化大革命"不但要大"破"，还要大"立"，要抽人去大唱"革命样板戏"，于是乎，一夜间被打成反动学术权威的外公，突然又成了"革命文艺宣传队"的一员红人了，这瞬间的冰火两重天真让人受不了，不知是哭还是该笑？

十年"文革"，使外公从事的曲艺事业受到前所未有的严重摧残，正如中国曲协主席陶钝先生所言："如果说曲艺在'文革'中遭受了一次大地震，那么山东就是震中！"你想想，这"震中"该是什么滋味？全省130多个曲艺演出团体被解散，4000多名曲艺艺人被迫改行，很多老艺人被打成牛鬼蛇神，不少人含冤去世。连视曲艺比生命还重要的外公都被剥夺了从事心爱专业的权利！外公曾屡屡顿首痛惜："十年光阴啊，白白丢失了。前人留下的文化遗产不能葬送在我们这一辈！这是国宝啊……"

七、重获新生——庆幸

1976年10月，祖国大地响彻一声迟到的"春雷"，"四人帮"被打倒，"文革"结束了。

外公终于重回单位正常上班，大楼里出现了十年来少有的勃勃生机。不久，《山东文艺》重新出版试刊，外公先后发表了《送钱》《倔大爷闹宴》等山东快书，当时虽仍无稿酬，但已经允许以个人名义发表作品了。

八、病中拼搏——鞠躬尽瘁，死而无憾

长年的工作拼搏摧垮了外公的身体，1992年年底，63岁的外公因病被迫提前离休，因为在此前后，外公做了脾脏肿瘤、食道癌及胃切除，加之心梗发作，用外公的话来说，至少是"三摸阎王鼻子了"。

然而，当1996年春节，时任山东省文化厅副厅长的孙毅亲自上门看望外公，并竭力邀请外公再次挂帅《中国曲艺志·山东卷》的编撰时，外公第一次在工作面前犹疑了。因为实在是重病在身怕耽误了这样一项国家重大文化科研项目的完成。但又想到自己已在山东搞了一辈子曲艺，这是在完成了同样是国家重大项目《中国曲艺音乐集成·山东卷》（200万字，外公任副总编）和《山东曲艺史》之后的最后一部巨著了。要为保留山东民间艺术完整

外公和山东快书高派创始人著名山东快书表演艺术家高元钧在切磋技艺

外公在观看著名山东琴书艺人李若亮父女演出

资料，为后来的研究者负责，为共事的千百曲艺艺人负责，也为自己一生挚爱的工作事业画上个圆满句号，外公终于答应下来。

很快，由外公任主编、省内外一批一流专家学者组成的精干班子建立起来。由于许多资料已经掌握，搞集成又有相当经验，一年后，已完成全稿的十之八九。外公本来身体太弱，一年多来超负荷的忘我工作，加上准备一审的紧张，外公突然病倒。去医院诊疗，竟然是心肌梗塞大发作，医生要求立即住院抢救，一连十天方转危为安，两个月后才允许出院。

外公的身体更加虚弱了。但是，外公的精神没垮，工作照样干。为弥补因病耽误的时间，他还有计划地加快了改稿的进度。

2002 年 8 月，一本散发着油墨香气，16 开精装彩印，756 页共 100 万字的传世专著——《中国曲艺志·山东卷》终于摆到了外公的书桌上……

外公长舒了一口气，笑了。

我想这应该是对外公殚精竭虑、病中拼搏数年的最好回报，也是给外公一生执着从事曲艺工作 50 年又添上了浓墨重彩的一笔吧。

【后记】

今年是我外公离世的第八个年头。春节祭祖的时候，我突然心生无数感慨，眼泪夺眶而出……最最敬爱的外公啊，我们又来看您了。

我的外公是一位极其慈祥、谦和的老人，从不贪图物质享受，他所追求的，是精神的富有。从艺治学五十余年，毕生都奉献给了山东曲艺，献给了他所挚爱的艺术研究。

我幼年时，常随母亲在外公家小住。每天早上天亮醒来的时候，总能看见外公在书房里伏案工作的背影。我不知道他在那里已经坐了多久，写了多少，后来看外婆收拾外公遗物的时候，那一摞又一摞的手稿，让我为之无比的感叹与心酸。

在外公离世第四年的时候，我曾写过一篇《每逢佳节倍思亲》的悼念文章，刊登于《齐鲁晚报》2008 年 6 月 1 日怀念版，半个版面，3000 多字。但仍不能充分表达我对外公深深的崇敬和怀念之情。

正好，这次"全国第二届中学生历史写作大赛"征文又开始了。我决定再来仔细地写写我的外公，写他呕心沥血为之奉献了一生的山东曲艺和他感人的点滴人生经历。既是为了告慰外公的在天之灵，也是为了寄托我对外公的思念之心，更是为山东曲艺传承发展的宣传呐喊来贡献自己的一份绵薄之力。因为以山东琴书、快书和大鼓为首的数十种素有"曲山艺海"美誉的山东曲艺自宋元明清至今已有900多年的产生和演变历史，深入我国城乡民间。对中华文化的如此一大瑰宝，我们都应积极关心和支持她的传承与再发展。

妈妈曾告诉我，外公说，他为什么在晚年身患重病之时，还孜孜不倦、笔耕不辍，甚至"快马再加鞭"，就是因为担心自己没有将毕生的研究成果完整留给后世而抱憾终生。听到这话的时候，我就觉得自己眼眶发热，几乎落下泪来。

小时候就常听外公讲，要做好学问，首先要学会做人。而"踏踏实实做人，认认真真做事，"正是外公一辈子身体力行的。这是他留给我弥足珍贵的启示。

外公在构思与写作中

其二，"机会总是留给有准备之人"。前文中提到，外公小时学习非常刻苦。不论在私塾、学堂、还是师范，外公的学习总是名列前茅，并广结书缘、博闻强记，提高综合素质。为后来的参军、入行和工作都打下了坚实基础。

其三，俗话说："不痴不迷不成家。"外公自参军工作后，全身心地投入到他所挚爱的文化事业中去，把个人爱好与工作需要紧密结合，高标准严要求，不浪费一点宝贵时间，不把工作做到一流不罢休，完全到了痴迷的程度。外公平时不抽烟、不喝酒，很少参与娱乐活动，嫌耽误学习浪费时间。有人说外公像"苦行僧"，像忧国忧民、傲骨凛然的中国"末代文人"，外公听之笑之，衣带渐宽终不悔。

中国曲艺家协会原主席陶钝先生十分赞赏外公的人品能力和治学精神，成了外公的莫逆之交，在其86岁高龄时曾亲书一首归纳曲艺特点的诗词《书曲赞》赠予外公。诗曰：

> 生旦净末丑，神仙龙虎狗，
> 三教九流全，男女老少有，
> 忠奸善恶案，悲欢离合酒，
> 手眼身法步，说噱逗唱扣，
> 指点万里外，话说千年久。

外公说，末尾要再加上一句"好像一台戏，全凭一张口"就更完美了。俗话说："三句话不离本行。"看来我外公一张口就是本行啊。

曾外祖母坎坷的一生

贾斯琪｜山东省济南市山东师范大学附属中学
指导老师｜王醒

> 对于我来说，这一汪鄱阳湖，它所呈现的不仅是淡水湖的辽阔浩荡，
> 更是一位赣江女子的执着，坚贞和她水一样、挥之不去的哀愁与辛酸。
>
> ——题记

我想要介绍的是我的曾外祖母——黄根妹的故事。原本是十指不沾阳春水的大小姐，却在丈夫死后坚强地撑起整个家；虽是面容姣好，风华正茂，却坚贞执着着一辈子没有再改嫁；虽是个弱女子，却带着三个孩子从九江一路乞讨走到南昌；虽是已经贫困潦倒，却仍然秉持着一份孝心抚养自己的养母。现在就请跟随我走近曾外祖母坎坷的一生。

麻雀变凤凰的小孤儿

在旧时代的南方，由于战争频频，有许多孩子自幼就没了父母，不得不上街乞讨，无依无靠，不知道会在哪一个寒冷的冬夜，哪一个饥荒的年岁死去，没有任何人在意和关心；还有一类孩子更不幸，父母不是因为战争死亡，而是狠心的父母根本不打算要他，索性把他丢在路边，任其自生自灭，曾外祖母就是这一类。

那是在1921年，在她只有几个月大的时候，年轻的父母把她丢在了小巷

的垃圾堆中，就像丢掉一个不要的废物一样，没有一点犹豫。

寒冷的冬天，就是连吹口气都会结冰，成人都无法忍受这样的严寒，何况是一个什么都不懂，哇哇大哭的小婴儿呢。就在她在肮脏的垃圾堆中号啕大哭时，一位衣着华贵的妇人从小巷走过，听见了她的哭声，走近一看不由一惊。母性的慈爱促使她抱起了婴儿，这一抱手就再也松不开了，她不忍心看着活生生的生命就这样消逝，她决定收养她。

这位贵妇是当地有名的大地主的夫人，而此时的曾外祖母，并不知道此刻她的命运正在发生着翻天覆地的变化。

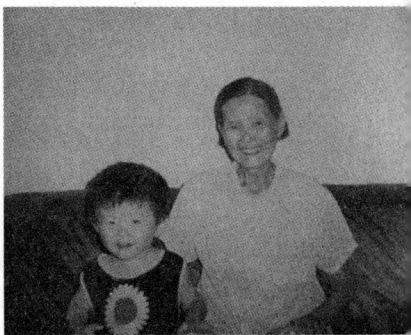
曾外祖母老年时照片

生活富足的少女时代

的确，她是够幸运的。

这对地主夫妇不能生育，所以也就她这一个女儿，给她起名为黄根妹。她应该是那个时代中为数不多的没有缠脚的女性，因为父母不忍心看女儿受这样的罪，怕她疼因此作罢。她应该是那个时代为数不多的读过书的女性，因为父母想要女儿知书达理，所以请来先生教她读书写字。不但如此，她吃的都是白米饭，从不食粗粮，仆人成群，衣食无忧，她只需要学学琴棋书画，做出大小姐的样子就好了，从来都不需她做粗活。她度过了她最快乐的少女时代，其实光是这一点就够让别的孩子羡慕的了。

不过，尽管如此，她的少女时代仍旧给她留下了一个无法磨灭的伤疤。旧社会的大小姐们几乎都会吸食鸦片的，她的父母也都有很重的毒瘾，她后来尝试过戒掉，可是戒掉没有那么容易，虽然后来家道中落，但仍旧是恨不得有一点钱都要用来买大烟，当然这都是后话了。

下嫁鄱阳湖边的穷小子

不知不觉她也到了该嫁人的年纪，她曾幻想过，她的丈夫一定是个文武双全的贵公子，体贴她照顾她，能天天陪她去看戏游玩。可是天有不测风云，一日家中的工人奴仆们集体罢工，说是父亲欠了他们的工钱，而一大群凶神恶煞的人也冲进家中，说父亲欠了他们的赌债不还，要收房子来抵押，她感觉世界天旋地转，眼前的景象是她想都没想过的，最终她和母亲被狼狈地赶了出来。

她无望地走在大街上，家庭的大变化发生在这么短的一瞬间，让她无法接受。经过几番询问，她在一个赌馆里找到了吸食鸦片后人事不醒的父亲。

就在此次变故后不久，父亲因为常年吸食过多的鸦片疾病交加，又因为离开了富裕的生活，受不了贫穷的日子，终于去世了。

而她急于给自己和母亲找个依靠，又因为一向喜欢鄱阳湖，希望能够住在湖边，因此来不及多考虑就嫁给了年纪相仿，待人也好的撑船的穷小子。

丈夫去世，天意弄人

尽管生活贫穷，但她仍旧过得很满足。每日清晨，丈夫早早驾着小船在湖上为来往的旅人撑船，换取一点报酬。而她则在家做饭洗衣，服侍母亲，到了中午去给劳累的丈夫送饭，下午则回来继续做着家务，平淡而快乐，她觉得，如果能这样过一辈子也是好的。

不久之后，他们有了第一个孩子，是个女儿，丈夫宠溺地看着她和孩子："就叫她金花吧。"这个孩子就是我的外婆。此后的几年里，他们又有了第二个、第三个孩子。在那段时间中，曾外祖母每天都沉溺在丈夫的温柔、孩子的乖巧中，感觉自己是世界上最幸福的女人。

可惜，好景不长。

在我外婆10岁左右，曾外祖父染上了伤寒，原以为这点小毛病不算什么病，他也就坚持撑船，在那样的寒冬腊月里，又是干这种体力活，伤寒不但没好，反而加重了，后来病得连床也不能下，烧得迷迷糊糊，原本好端端的一个人竟然就这样死了。

　　曾外祖母哭得快断了气，可是人死不能复生，她再伤心又有什么用呢，她也很是明白，从那天起，她就承担起了养活一家老小的责任，她也从一个弱女子成长为家里的顶梁柱。有一句话说成长真的就是一瞬间的事，真的很对，有时候，现实逼着我们去面对，为了生存这是唯一的出路。

送女予人，艰难求生

　　丈夫死后，无疑使曾外祖母原本就贫困交加的生活更是雪上加霜，她不得不到外面工作挣钱。她为了生活真的什么活都干，为人家洗衣服、挑水、烧柴、种地，往往要忙到半夜才睡，不知道她那个时候若是想起以前十指不沾阳春水的大小姐生活，会不会自嘲地一笑呢。

　　尽管如此，还是无法满足家中五口人的生活，这时候有人向她建议，分出一个孩子交与别人做女儿，这样生活就会好过许多。她起先是坚决不同意，但日日看着家中的生活，米缸已经空了好几天了，孩子们连续一个月都几乎喝着没有米粒的清汤，就着点儿野菜下肚，晚上没有一个人睡得着。大家都饥饿难耐，翻来覆去还是掩盖不住肚子的咕咕声，让人心痒痒的，快要抓狂。她开始想，要是分出一个孩子，给户好点的人家，并且其他人都能活命，未尝不是个好法子啊。

　　这无疑是曾外祖母人生中最艰难的决定，她最终哭着把外婆的妹妹——木兰给了别人做女儿。

女儿归来，辗转迁徙

　　这样的生活过了九年，直到1959到1961年的那次大饥荒。

　　收养木兰的那户人家的男主人在战争中死去，女主人也染病去世，于是木兰就孤苦伶仃地跑了回来，终于一家人又团聚了。可是快乐并没有持续多久，到处都有人因为饥饿而死亡，恐怖的气氛在四处蔓延，孩子们又开始四处捡拾草根来吃，饿的时候抓一把土胡乱填进嘴里，曾外祖母又开始担忧了，这样的日子何时才会结束啊。

上天还是眷顾曾外祖母的。她父亲以前的一个朋友这时联系她，说在南昌生活得不错，应该可以接他们到那里居住一段时间，度过这段饥荒的岁月。毕竟老友的女儿生活得这么苦自己也很不忍心。曾外祖母听到之后欣喜若狂，觉得家人有救了，这个人就像她的救命稻草，她于是催促家人收拾东西打算徒步从九江走到南昌。

她自己也记不清这 135 公里是怎么走过来的了，我问过她，为什么不索性把年老的养母丢在九江呢？曾外祖母只是笑笑，说她虽是养母，但没有她自己早就冻死街头了，根本不会有现在的自己，她对于自己比生母要重要一千一万倍，母亲和孩子是她这辈子最珍贵的。

四处乞讨，吃过馊饼子，烂菜根，甚至是猪食；喝过下水道的浑水，小泥潭的发臭的水，甚至是尿水；睡过墙角盖着稻草，睡过大街压着张报纸，甚至几天几夜为了赶路直接不睡。

终于到了南昌，安定了一段时间。

定居南昌，安享晚年

在此后的日子里，她就一直居住在这里。

她也一直都是孑然一人。她很能干也很能吃苦，并且还受过教育，说媒的人不是没有，但都被她一一拒绝了，她是为了她的孩子和老母啊，怕改嫁了没人照顾他们，或是对他们不好。后来托亲友的照顾，有了一份纺织厂的工作可以勉强糊口，而她也算是那个年代极少数的受过教育的女性，她深知读书对于一个孩子的重要性，但自己一个人着实无法承担三个孩子念书的费用，最后经过再三抉择，她决定让最小的孩子——我的舅公继续完成学业，这件事她在晚年总是常常提起，觉得对其他两个孩子心有愧疚。

在南昌的日子算是除了童年、新婚之外她比较快乐的日子，尽管每天都很忙很辛苦，可是回家看到孩子们可爱的笑脸她也就觉得什么烦恼都没有了，这一切都是值得的，她很享受这种平淡的幸福。

……

我的曾外祖母于 2004 年去世，我问过她，有着这么坎坷的一生，觉不觉得是件很倒霉的事，她那时候连话也听不清，头脑也不利索了，只是张开她那张没剩几颗牙的嘴巴哈哈大笑说道，我很快乐，很满足，很满足……

【后记】

　　这是我第一次了解家族的历史，我这才真正体会到，永远不能根据湖水的清澈来判断水深，平静的湖面下未尝没有蛟龙；永远不能观察到一些皮毛就断言事情的结果，你所看到的很可能仅仅是冰山一角。我原本以为自己的家庭很平常，但当我去探索、去发掘，却发现了远远超出我想象的秘密与真相。看似安静慈祥的爷爷奶奶，其实他们年轻的故事都可以写出好几部小说了。历史就是这样，它对于肤浅无知的人来说，就像死气沉沉的旧阁楼，毫无乐趣可言，让人不愿靠近，但是对于了解它，想要探索它、发现它的人来说，就又像是一条充满惊险与趣味的寻宝之路，你永远不知道下一步会发现些什么。

　　跳出课本，你就会发现，历史不仅限于你所了解到的那一点知识，它是活生生的，它也有感情，它包容了所有真实的过往，呈现出完整的曾经，它公正地把这一切交与人民大众来评判，不要说这个可惜那个不公的，也永远别幻想着来一次穿越改变历史，我们都只不过是时间长河里的匆匆过客，我们眼中的沧海桑田，不过是时间的一瞬，我们和浩瀚的宇宙相比不过是沧海一粟，人类无法改变历史已有的轨迹，这些都是时间的必然。这些历史都是时间的沉淀，没人比时间看得更清楚，更客观。

　　历史，就在你的身边。

赠与我太阳的烛火

彭竞｜四川省成都市树德中学外国语校区
指导老师｜牟洪兵

> 如今的我，会开始想念那个村庄。逢年过节的时候，总想去看看，在那里，有一方坟墓，绿松下，凄迷一片。我总是满心期待地踏上那片土地，然后却在田埂上驻足，因为心中有悔。我知道，那关于亲情，关于"树欲静而风不止，子欲养而亲不待"。
>
> ——写在前面的话

当我站在麦浪的这一头，独自望着那方衰草凄迷的坟墓的时候，总会想起奶奶牵着我的手从幼儿园回家的那些下午。橘色的夕阳染红了整个小镇，天上的云朵也变成了锦鲤的鳞片，那条路真的好长啊，要经过镇上唯一的小庙，墨绿色的青苔总是妄想着从墙角的石头爬上红漆斑驳的高墙，我用手指划过在风中飘摇的漆块，就会有好多剥落下来，这样我就可以一边吸着淡淡的荷花香，一边看着尘埃在阳光下开出小小的花。然后我就走进了那条热闹的小街，矮矮的我把缀在奶奶裤脚的视线抬起，有点胖的奶奶当着我的"盾牌"，在她为我开出的小道里，望着四周的人群在我身边游着、涌动着。那时候的她，真的好高啊，高得挡住了我想看的那朵云，力气也好大哦，把我的手上捏出了一道道的红印，那时候的我，好心安，就这样走着，才不会被母亲所说的乞丐拐跑呢。

或许就是从那时起，奶奶开始以一种让我仰望的姿态，存在于我的心中，母亲会不时地讲起她的故事，于是她像一棵大树，越来越高大，枝叶浓密，荫庇着我敏感脆弱的心。

奶奶来自乌江边上的一座城，她的父亲是曾经的"地下党"，新中国成立后成为城中公安局的局长。泛黄的老相片里，那眉宇间与生俱来的英气，让我想象着那个年代的热血青年，在昏暗的地下室对着党旗暗暗宣誓的决绝，在电波的滴滴声中奋笔疾书的紧张。奶奶出生在抗战的尾巴上，童年里的硝烟弥漫是早已记得不真切了，奶奶说只记得有一段时间家里的气氛很紧张，总能看见父亲在厨房里烧着一些写了字的纸张，后来就听着电台里毛主席宣布新中国成立，父亲终于不再眉头紧锁。

我伏在奶奶的膝头，她摇着蒲扇送来凉爽的风，那些故事如涓涓溪流般汇成大河，在我眯缝着的眼前，无声地流淌。

听母亲说，当年的奶奶以全城第一名的成绩成为四川师范大学的委培生。八个人从山城到天府，虽颠簸却也是欢声笑语一片，年轻人因为有梦而快乐着。那个时候的大学生，是让人多么羡慕。那样的光环下隐匿着多少的汗水？我这才明白，小时候耳畔伴着我入眠的"赵子龙"、"薛宝钗"、"关羽"的故事怎么总也讲不完，放在墙角木柜里的书怎么总也数不清。

在那个年代，命运永远不是握在自己的手里。一笺批文，一个红戳，便能改变一切。毛主席说："农村是一个广阔的天地，到那里是可以大有作为的。"带着眷恋与不舍，离开读了三年的学校，奶奶来到那个陌生的村庄，成为一名代课老师。

至于奶奶是怎么看上我那个没什么知识文化的爷爷，一直是让我很费解的问题，那时候都是媒人介绍的婚姻，也许奶奶看重的是爷爷的那份朴实憨厚吧，这也是后来我慢慢领悟到的。爷爷得过肺结核，好不容易捡回一条命，却为了在农忙的时候帮奶奶分担一些，又累垮了，没过几天，便撒手人寰。那个时候，我的父亲才3岁，父亲的姐姐还只是一个刚刚学会烧火做饭的小女孩，而奶奶的肚子里怀着家中的幼子。这也注定了，奶奶的一生，要在奔波、劳累和病痛的折磨中度过。

奶奶是外乡人，是大学生，村子里的人没少给她脸色看。家里的田地总是离水井最远的，要一桶一桶地担上小山坡去浇水。村子的小孩会拿石头砸家里的门，嘲笑着没了父亲的三姐弟……人心的丑恶在那个时候压得人喘不过气来，奶奶能做的，只有拼命地干活，她不能让人瞧不起，她要为孩子撑起一片天。

唯一对他们好的，就只有善良的三叔公一家了吧。帮着晒晒谷子，挑挑水，孤儿寡母的不易，他们看在眼里，也无力做更多。

于是在若干年后的今天，我们一大家子总是会时不时地回去看看，帮着他们修起了三层小楼，同村的老人听着小楼落成的鞭炮声赶来祝贺，话语里的羡慕，眼神中流露出来的嫉妒，我看在眼里，渐渐明白了什么。这就是我的家族，在逆境里绝不妥协，他们用一种姿态接受那些明里暗里的欺辱，却把那些化作动力，暗自活出自己的尊严，当别人享受着短暂的"愉悦"的时候，猛然间才发现，原来那一家子早已过上了比谁都好的生活，而自己仍然在那个小小的村庄，面朝黄土背朝天，什么也给不起，什么也得不到。

再后来，教育制度开始改革，奶奶考上了第一批公办教师，从村里的小学调到镇上的学校。她接的第一个班是全年级最差的，自私的人心当然不会给一个初来乍到的老师多少机会。一年后，那个班级成为年级第一的时候，所有人都惊讶了，他们不知道，奶奶在晚上会工作到多晚，从每个孩子的作业里分析着他们的问题；他们不知道，奶奶走访过每个孩子的家，从自己微薄的薪水里拿出一部分，告诫那些贫穷的父母一定要让孩子读书；他们也不知道，当一个老师不仅仅要会传授知识，还要学会真诚地对待每一个学生，要让孩子感受到那份爱……耳濡目染间，我对教师这份职业心生敬畏，但我不曾立志能够成为一名教师，它太崇高，太遥远，它需要你灌注太多的心血，而我，是绝对做不到的，只会亵渎了它。

在我的印象里，奶奶的身体一直不好，走几步路就会出很多汗，气喘吁吁。天气一凉，就必须戴上各种各样的帽子，因为微微的风都会让她头痛。她坐车总是会很难受，胃里翻江倒海也只会紧紧捏着拳头，不吭一声。后来才发现，是得了脑瘤。等到开刀的时候，虽尽力补救，却也是落下了病根，全身瘫痪。那个时候我还小，不懂死亡，不懂奶奶为什么一看到我，眼睛就红红的。

"奶奶，奶奶，我回来了。"每次从我住的城市回到奶奶所在的那个小镇，我总是在巷口隔得老远就叫着奶奶。等我转过拐角，走进院子，就能看见奶奶坐在门口，尽力地放大声音说："奶奶在这。"

"奶奶，你好点了么。"

"好些了好些了，你考试了么？"

"考了啊，又是全班第一哦。"

"我们竞竞真棒，但奶奶怕是看不到我们竞竞念大学了。"

"谁说的，一定能看到的。"

奶奶望着我，不再说什么，这样的对话我总是笑着来掩饰自己，我不能难过啊，我要用我的快乐，让奶奶快些忘掉那些忧伤，经历了大半生的劳苦，我仍然希望轮椅上的她能安享晚年，纵然新爷爷一家在她瘫痪后总是把她当成一个包袱，纵然我总是浪费了一个又一个的周末没能去看她。我在心里暗暗地祈祷希望老天能在奶奶有生之年看到我事业有成，那个时候，我会放下一切，推着奶奶的轮椅带她去外面看看，或许我能做的很微薄，但是至少劳苦过后，她能够享受子孙承欢膝下的快乐，她能够享受所有的繁华。而如今的我只能独自看着那些风景，我能理解生老病死是人之常情，但我不能接受"子欲养而亲不待"的那份遗憾。心里面的悔，凝成泪，在它划过脸庞的时候，温热一片，冰冷一片。

每年清明节，我们都会回到那里去看望深埋在黄土下的灵魂，当我数着冥纸，看着石碑上刻着的名字，我们隔得那么近，却是你在里头，我在外头。冥纸旺旺地烧着，我开始释怀，如果病痛将你折磨，我愿意让你离去。那是一种疼痛深入骨髓，深入心脏，让人泪流满面，但是你能够解脱，所以我愿意。你的不舍，你的不甘，就让它随风而逝吧，我会驮着你的期望越飞越远，你在远方的挂念，就是那根细细的绳，纵然风雨飘摇，我也无惧。

在我的心里，你是那行至暮年的烛火，摇摇曳曳微弱的光，照亮我的世界，给我以最厚重的温暖，教会我成长，教会我坚强。当你熄灭的时候，我会寻着那淡淡的药草香，走向更广阔的天地，眼前，有一个火红耀眼的太阳，还有更加温暖的光芒。

【后记】

写下这些文字的时候，我已经成为一个在教室、食堂、宿舍间奔忙，在一摞摞复习资料中奋笔疾书的高三学子，那么多年，我以为自己早已看淡了奶奶的离世，早已变得成熟而有担当。但是，我错了，那份情始终在心的最深处，当我拂去上面薄薄的埃土，望着在梦里都会出现的影子，仍是苦涩一片。

我翻看着家里的老相片，父亲一杯一杯地喝着酒，跟我讲曾经的故事，这个像山一样沉默的男子，在此时与我坐在了一起，一起回忆那个我们日思夜想的人。我搜索着记忆碎片，努力地把一切串联起来，坚毅、隐忍、果决……我能想到一切美好的词汇，似乎都显得苍白。当年那个希望快快上大学完成奶奶心愿的小女孩，真的要去面对高考这个巨人了，她所背负的希望，有一部分来自天堂。

奶奶在我第一次去幼儿园的时候说："别人欺负我们竞竞的时候，一定要还手哦。"奶奶在我生病的时候教我要学会把药嚼碎了吃，奶奶说不要恨那些欺负过我们家的人，奶奶说自己会努力撑到最后……就是这样的一个人，陪伴了我的整个童年，而我最终没能见她最后一面，当我跪在她的身旁，握着她冰冷的手的时候，我看见了她没有闭上的嘴，她还有好多的话来不及说，就匆匆离开，留下我们还有随着时间的流逝逐渐褪色的记忆。

父亲说那一夜，我哭得很伤心，一个人缩在墙角淋着雨，童年的小伙伴拉着我的衣角，被我吓坏了，话语里满是心疼。是啊，我要哭，我要把这些泪都哭尽了，从此以后，在一场又一场的死亡中成长，学会珍惜，学会独自面对，学会一个人走在暗暗的巷子，学会在迷途中重新找到方向。

十分感谢，让我有这样的机会，把心里的话敲成铅字，让它以更独特的方式存在下去，那份情不变，而我在逐梦的路上，会走得更加坚定。

岁月无声，人世有言
——还原一段鲜为人知的历史

陈周颖｜浙江省仙居县城峰中学
指导老师｜张江滨

回忆过去的时候，岁月便像一条从远古而来的河流，穿过大街小巷淌过万家灯火，一直延伸到我的脚下，而记忆所及最远的地方，是乡下的老屋。童年的大部分时光，便是在那儿慢慢磨成了一杯醇厚馨香的热豆浆，如今呷一口，都回味悠长。

那把太师椅，那张雕花大床，那个喂养了几代人的旧炉灶……而印在脑海里最深刻隽永的，却是白壁上挂着的一张画像。画纸已经泛黄且脆弱不堪，几次水灾留下的圈圈水渍也都安然其上。画像上的那个人，却仿佛从没被岁月侵蚀过，不染风尘的年轻的脸上，有一双明亮且坚定的眼睛。

年幼的我总是踮起脚仰望着这画像，画中的人感觉似曾相识却又陌生。奶奶便走过来，抱起我，让我的目光能够与画像平行，我用手去摸，奶奶制止。

"这个叔叔是谁啊？"

"傻孩子，这个啊，是我的爸爸，也就是你的太公。"

"太公？"

小小的孩童不明白这中间究竟隔了多少个无法跨越的岁月，但她的心里，装满了对太公的好奇。她每天看着爷爷奶奶穿着粗布旧衣，迎着太阳日出而作日落而息，回家的时候裤腿上总是沾满了黄泥。但是画中的太公——奶奶的爸爸，却永远穿着即使在今日的农村也鲜有人穿的笔挺的西装，打着一丝不苟的领带，头发梳得整齐油亮。

"太公不种田吗？为什么他看起来和爷爷奶奶都不一样呢？"

这个问题小时候我问过无数次，而每一次，奶奶都深深地叹上一口气，然后悠悠地说："说来话长啊，这中间藏着多少故事哟。"我不依，打破砂锅地究根问底，奶奶总说："你还小，你还小。"

………

而现在，我已经长大。这十余年来，关于太公和祖辈的故事也一点一点地在我的眼前展开。仿佛一场大梦，直到今天依旧悠长。

19世纪末，赶上近代中国民族资本主义的初步发展，太公的父亲在上海投资经商小有所获，回乡后和大多数发财后的中国人一样，在家乡浙江省仙居县黄粱陈村购地置田，成家立业。1899年，太公作为陈家的最后一个孩子出生，取名陈叔熙。在他之前，已有四个兄弟姐妹：大哥陈叔楚，二姐陈月仙，三哥陈百熙和四姐陈绿仙。

富足的家庭环境使兄弟姐妹五人受到了良好的近代西式教育。而他们的父亲深知文化之重要，便竭尽全力引领孩子升学求教。16岁时，我的太公陈叔熙便进入了上海水产大学（今上海海洋大学）学习，接受了当时近代化的思想文化教育。当时中国深受帝国主义压迫，民族危机深重，民族意识也不断觉醒，太公愈发深知富国强民的道路之修远，以及青年人肩上的使命之沉重。1920年，带着为公为民的理想，太公收拾行囊，踏上了法兰西的土地。

五年之后，太公留学归来。

他回到了生养他的这片热土，可眼前乡民们的无知和愚昧让他忧心忡忡。如果一个民族的根基得不到雨水的浸润和新鲜养分的补充，就算上面的花再鲜艳也必定昙花一现，这个民族的独立和富强也是渺渺无望了。从自己做起，从身边做起，太公联合他的兄弟，在家乡办起了学校——仙居县黄粱陈小学。盖新房，上讲台，人手不够请教书先生，挨家挨户地宣传教育的重要性。学校开学典礼时，是那些年四方八邻最重要的一件大事。而那时的太公还只是20出头的小伙子，他有着凌云的宏愿，希望通过自己的努力让乡亲们都走上光明的道路。

黄粱陈小学在经历了将近一个世纪风霜的今天，仍矗立在当年太公选下的土地上，培养了一代又一代的人才，即使房子已经由黄泥房变成了今天的水泥楼房。但我仍记得，很久以前，太公亲手盖下的几栋教学楼，是很长一个年代里全村最好的房子。

1939 年，太公任浙江省新昌县法院的审判长，后来又回到家乡仙居县任议员。1950 年解放后，又任仙居下张乡乡长。太公的命运，这时还是一条壮阔却风平浪静的大河。没有人想到，这大河有一天会掀起万丈狂澜，直至河水逆流。

1949 年新中国成立，中国人民终于站起来了。这是中国历史的新篇章，也使中国社会发生了翻天覆地的变化。

伟大领袖毛主席在延安对斯诺就说过："谁赢得农民，谁就赢得中国。谁解决了土地问题，谁也就赢得了农民。"新中国成立后，为巩固政权，发展经济，一场轰轰烈烈的"土改"运动在新解放区以燎原之势蔓延开来。

1950 年中央人民政府颁布《中华人民共和国土地改革法》，宣布废除封建土地所有制，实行农民阶级的土地所有制。

民为邦本，本固邦宁。土改运动对于赢得民心，新生人民政权在农村的巩固，农村经济的恢复和发展，农村生产力的解放，起着巨大的作用。这一场运动乘历史潮流而来，浩大汹涌不可阻挡。可是，在这欢欣鼓舞和振奋人心的背后，一场悲剧也悄悄而来。

"土改"将农村人口划分为雇农、贫农、中农、富农和地主。为了使雇农、贫农和中农的土地得到保证，农村中开展了声势浩大的阶级斗争。被划分为富农和地主的人，做梦都没有想到他们接下来的命运。

仅仅只是因为在地方上拥有相对较多的房产和祖上一辈辈积攒下来的家族财产，我的太公和他的兄弟们都被扣上了"地主"的帽子。那时的他们，绝不会意识到这意味着多么残酷命运的开始。

太公和兄弟们不愿接受这样的命运，为何平日兢兢业业，帮助乡邻，从没有在乡里作威作福，却被批斗成剥削压榨的地主，更何况他们所受的教育已经完全使他们背离了封建地主阶级。

可是当时的人们早已被分得土地的喜悦冲昏了头脑。紧接着"土改"运动的，是一场更为残酷激烈的阶级斗争。当时村里甚至还有"有仇报仇，有怨抱怨"，"大家要怎样惩办，就可以怎样惩办"这样疯狂的宣传标语和口号。因为读过书，便是右派；因为留过洋，便是卖国贼；因为家业大，便是万恶的剥削者。

这样荒唐的划定在当时却得到了群众的支持和拥戴。人命在当时也变得轻如鸿毛。将太公一族全部划为"地主"后，地方干部和一些人未经上面审批便要将太公和兄弟枪毙。最终，因为德高望重，太公侥幸逃过了一劫，而他的大哥——陈叔楚却死在了枪口下。当时一起被枪毙的还有众多的同宗叔伯。事实上，他们都是为了家乡的发展呕心沥血的干部，但却因种种莫须有的罪名，成了枪下冤魂。当时更有规定，因土改被枪毙的死者家属不得举行一切祭奠追悼的活动，并且家属也一并被打上了"反革命家属"的标签。

"土改"开展时，太公最小的孩子——我的奶奶才6岁，太公老来得女，奶奶的哥哥姐姐都早已各自成家了，只有奶奶跟着太公一起生活。

那时候，太公太婆被"土改"干部们抓到区公所审问。常常是三天三夜回不了家。奶奶回忆，6岁的她一个人留在家中，不敢烧火煮饭，夜里不敢点油灯，怕有人发现将她抓走，甚至连听到乡下人家最寻常不过的柴门犬吠也浑身发抖，而父母生死未卜，对于年仅6岁的孩子，这种恐惧感已经足以烙印一生。

村里每天都开诉苦会、批斗会，一个个曾经受苦的农民登上台子，带着报仇雪耻的愿望批斗着"地主"们。"地主"跪在台上，太公也在其中，头戴着白纸糊成的二尺高帽，胸前挂着陈书罪行的木牌，那场面十分可怕。诉到高潮处，农民们群情激奋，拳打脚踢，棍棒齐上，惨叫哀号不绝于耳，仿佛一场关于正邪对抗的戏剧，最后邪不压正圆满结局。

太公素爱书画，家里收藏了不少名家画幅和瓷器物件，是太公的挚爱，其中还有张大千的作品。有一天，村干部带领着一群人冲进家里，一面叫嚣着"没收地主家财产"，一面便四处搜寻。他们扯下了挂在墙上的画幅，搬走了立在各处的瓷器。就在太公家门口，他们把所有的文字画幅堆在一起，一把火全部烧为灰烬，而那些瓷器，也都成了铺陈一地的碎片。"地主家留着这些干什么！"甩下一句话后，干部们扬长而去。

而太公，早已瘫倒在地。奶奶至今回忆道，家里的土地房产充公时，太公面无表情，他说："天下归公，应该的。"而那天，太公看着满地的灰烬和碎片，从不泛红的眼眶中流下了眼泪。而那些藏品的价值，今日已无法估量。

……

太公和太婆终究熬过了最艰难的那几年。在这几年中，兄弟姐妹生离死别，各奔天涯。太公的三哥陈百熙逃到台湾，从此天涯两茫茫。

性命总算保住了，他们庆幸宽慰。但是他们没有预料到的是，侥幸活下来的"地主"，因为未来阶级斗争的强调，作为"地、富、反、坏、右"的排头兵，"土改"仅仅是悲惨岁月的开始，而远非结束。

因为是"地主"，所以要给村里干活来"抵罪"，这是当时地方的规定。爷爷每年都必须为村里的每一个军属家庭挑去两担柴火，村合作社里的所有耕畜，都归爷爷奶奶放养。每天清晨天不亮，爷爷奶奶就要赶早把村里的每一条街道打扫干净。这些工作，爷爷奶奶一干便是十多年。

1958年人民公社化时期，生产队里分口粮。按规定农民每人每年可以分到300斤粮食，而爷爷奶奶却只能分到150斤的口粮。就这点粮食，当时要养活全家七口人，举步维艰。

对"地主"的打压和歧视，一直延伸到我的父辈。爸爸和姑姑在学校读书时，因为家里是"地主"，不能加入少先队员，不能担任班干部，而且学校规定"地主"家出身的学生不能升学。

这延伸了三代的"地主"帽给陈家带来了远超过三代的灾难。

1966年，"文化大革命"爆发。陈家十年来所经受的苦难又开始了另一个十年的重复。

1976年，"文革"的硝烟还未消散，太公积郁成疾过世，享年77岁。次年，太婆也因病去世。

这一代人的故事，终于在这里划上了句点。

前半生的灿烂辉煌与后半生的冤屈苦难组成了太公的一生。时至今日，奶奶每每回忆起他，还是会叹息着流泪。当年参与批斗太公太婆的人们大都离开了人世。村里有老人偶尔会回想当年的疯狂。"你叔熙太公是好人啊，是好人啊。"淳朴的农民感怀太公为家乡所做的一切，叹息太公所遭受的苦难，也找不到更多的语言来表达内心的情感，便只有这一句话来。

即使只这一句，陈家的所有后辈都已不尽宽慰了。

黑夜终究要黎明。

1978年，十一届三中全会召开，停止使用"阶级斗争为纲"这一口号，从那以后，陈家命运的篇章才重新翻开了另一页。

岁月的车轮碾过了一个世纪。2006年1月1日，中共中央废止了《农业税条例》，取消了农业税。这意味着在中国延续了两千多年的农业税正式成为了历史的尘埃。

爷爷和奶奶在人生的黄昏，见证了家族一天天拨开厚重的雾霭，踏向越来越明亮的前方。今天，我们家早已不再种地。乡下的老屋也在去年拆除，取而代之的是一幢气派的别墅。家从农村走进了县城，生活也从磨难走进了幸福。

时代给了陈家跌宕起伏的过程，今天的我或许没有办法深刻感知当年的命运多舛。但看着太公的画像时，他的目光仿佛穿越时空与我交汇，告诉我：岁月无声，人世有言。

我也知道，时间的洪流带不走曾经的苦难，但庆幸的是，这个世界真正的正义与高尚始终没有变。

【后记】

走过磨难，迎接新生

近代中国的历史，仿佛一部节奏极快却又气氛沉重的电影。它是黑白片，却夹杂了许多显眼的彩色；它是默片，却也充斥了炮火的震撼和求进的呼号。风风雨雨一个世纪，有太多的故事上演。

1915 年，新文化运动兴起，掀起了民族救亡、探求民主、科学的高潮。在这样的社会大背景下，一批仁人志士走上了留洋求学之路，太公也就是在这个时候踏上了西去法国的留学之路，一去就是五年。

尽管辛亥革命后民主共和观念深入人心，但在当时中国的农村，愚昧落后的封建思想文化仍然根深蒂固，教育、启蒙，就成为民族、国家新生的根基事业。

一所村小学，放眼中国，或许只是沧海一粟。但在一个村庄，一个经济落后的农村，却承担起全村厚重的期望，教育和文化，是改变人生命运的武器。太公明了其中的意义，虽人为年轻，却克服艰难，毅然办起了传播新思想新文化，启蒙民智的学校，并悉心呵护，其精神之可嘉，足以激励几代后人。时至今日，当年的小学早已踪影全无，但是从老人们偶尔的言谈中，仍能感受到他们对太公当年身体力行的创举的感激崇敬之情。

1949 年 10 月 1 日，新中国成立。

......

　　1950 年夏，中央人民政府颁布了《中华人民共和国土地改革法》，"土改"运动在占全国一半以上的新解放区展开。到 1952 年底，除部分少数民族地区外，全国已基本完成了"土改"，3 亿多无地或少地的农民分到了土地，至此，在我国延续了数千年的封建土地剥削制度彻底废除。在这场天翻地覆的大改组、大变革中，无数无地少地的农民一度获得了宝贵的土地，他们成了新政权的拥护者，也极大解放了农村的生产力。1952 年全国农村粮食产量比 1949 年增加了近一半。而原来处在农村社会中上层的地主、富农阶层则成为了这场社会大变革的牺牲品。

　　7 亿亩土地，296 万余头耕畜，3944 万余件农具，3795 万余间房屋，100 多亿斤粮食，这是《开国大土改》中公布的在建国初期整个"土改"运动中，以没收的方式进行再分配的总资产数目。陈家，也成了数据中的一份子。

　　经济上的"土改"，演变到后来思想的整风运动以及政治上的反右派斗争扩大化，逐渐形成了一场轰轰烈烈的阶级斗争，对地主阶级残酷的斗争。诉苦会，批斗会此起彼伏。这其中，地主划分的标准、财产没收的方式、批斗方式的残酷，有太多的地方值得商榷，又留下多少心酸的遗憾。

　　"文革"又将这条路走得更远更长。

......

　　1978 年，十一届三中全会的召开结束了这一片混乱不堪的岁月，政治路线的拨乱反正和工作重心的正确转移，停止了"阶级斗争为纲"的口号，中国，从黑暗中走向光明，在中国大地上，又有多少个在黑暗中的家庭，也看到了希望，走向了光明。

　　世纪的路，往前延伸；世纪的陈家，走过磨难，迎接新生；世纪的中国，更是昂首挺胸，踏上复兴之路。

那个带领我们走过风风雨雨的人

陈君仪 | 江苏省扬州市扬州中学
指导老师 | 申文惠

引子

中秋的夜。

家里的聚会刚刚结束，每个人都红着眼睛走出了已故外公的家。席间我们提到了外公，大家都颇有感慨，就多喝了几杯。醉醺醺地互相道别后，我和女儿决定徒步回家。

走到大院子的门口，想到这里再也不会有那个魁梧的身影在寒风中静静等待我们回家了，我不禁潸然泪下。

走在路上，女儿扯着我的风衣："妈妈，再讲点曾外祖父的故事给我听嘛，他到底是怎样的人啊？"

对于这个问题，我竟很难做出回答。

有勇有谋的新四军

外公一直很威严，小时候我甚至有点怕他。很多关于他的事情都是妈告诉我的。外公 1927 年出生，老家在江苏省兴化县永丰镇，家里属于中农户，六七岁时还上过私塾。后来战争爆发加入了游击队，算是一名新四军吧。很令人惊奇的是，原来连鸡都不敢杀的清秀少年，竟然敢藏身于草丛中给鬼子漂亮的一枪。

说起外公当兵，还真有不少惊险的事呢！有次在行军途中，他肚子突然疼了起来，走着走着就掉了队。眼看敌人就要来了，怎么办呢？他急中生智，钻进了芦苇丛的烂泥里，鼻孔里插上两根芦苇通到烂泥外面透气。就这样成功地躲过敌人后，又走小道赶回大部队。

廉洁奉公的卫生局长

战后回乡里，外公娶了表妹唐美荷，也就是我的外婆，1946 年他们的第一个女儿永兰——也就是我妈出生了。

解放后，外公本有机会去北京任职，可被有心人"抬举"为地主、少爷，这事只好作罢。1953 年外公携着女儿赴江苏省扬州市任财政局局长，后改任卫生局局长。安定下来后又将妻子接到身边，之后又添二女一子，分别起名为永玉、永仙、永扬。

可能是小时候上过私塾的缘故吧，外公一直很看重"仁义"二字。外公的弟弟曾说过："哥哥一个人养活了一大家子的人。"刚刚解放时外公每月有 72 元的工资，先拿出 10 元孝敬曾祖父是必定的。每隔几个月，老家那边来的亲戚都要借不少钱。家里有四个孩子要抚养，常常入不敷出。特别是"三年自然灾害"的时候，妈告诉我说，那时候他们连米饭都吃不饱，更不用提吃肉了。

除夕夜时，二姨、三姨还有抱着舅舅的妈围着外公说："爸爸，今年过年一定要让我们吃饱啊。"外公只好让外婆买个猪头回来。邻居见了外婆提着猪头道："你们还有钱买猪头啊？"意思是，还有

外公、外婆和他们的子女

欠她的钱没还。外婆回家后羞愤地大哭了一场，外公一气之下把那块家传的怀表给卖了，还清了邻居的钱。

可就在这种拮据的情况下，每每有战友前来，外公还是很热情地招待。他曾经将家里唯一的一张竹凉床卖了请客招待战友，家里面欠了许多债，直到他最小的儿子结婚前才还清。要是在现在，一个局长怎么可能会欠债二十几年？说出去都没人信。

外公这个卫生局长当得很辛苦。那时候做农村医疗的工作需要经常下乡，但不像现在这样有专车接送。外公每天一大早就在晨曦的沐浴下蹬着他那辆"二八"的自行车出发了，他骑着那辆自行车跑遍了扬州大大小小的乡镇，二十几年都一贯如此。扬州许多的乡镇卫生院就是在他的支持下才建起来的。后来外公的部下回忆说："想想局长那时候真的很不容易，他上台讲话时，我们在底下都可以看到他膝盖上的两个补丁……"

当卫生局局长的外公

几度风雨的强者

"妈妈，妈妈……"我回过神来，身旁的女儿有些担心地问道："妈妈你怎么不说话了？我都叫你好久了。"我打量了一下周围，一晃神竟然已经走到市中心文昌阁了。我对女儿说："想知道你曾祖父曾经被批斗的事吗？他就是在这里被批斗的……"我边走边和女儿讲述着那个混乱的年代。

"文革"的时候，外公被看成"当权派"。那时候我才5岁，只记得一大帮人闯进家里，押着外公到文昌阁前让他跪下。红卫兵还给他挂了一个牌子，牌子上写着："吴鹤桐——当权派"，名字上还打了个红色的大叉。接着进行所谓的"坐飞机"，又给外公剃了个"十"字头。几天后外公悄悄地去理发店剃了个光头，回家后故作轻松地对外婆说："这样也挺好，省了理发的钱。""四人帮"粉碎后，外公得以平反。

好景不长。那天，还是初中生的我放学回家，看到了这样一幅画面：外公将一本红头文件拿到阳台上，坐在老藤椅里，手微颤地戴上老花眼镜，在阳光下吃力地读着那文件，仔细地读了一遍又一遍。蓦然抬头，叹了一口气，又低头将文件抹抹平，小心收了起来。

那文件上写着："免去吴鹤桐扬州市卫生局局长的职务，提前离休。"

那一年邓小平提出了"干部队伍要年轻化、知识化、专业化"，那一天，阳光明媚得刺眼，那一瞬，我觉得外公突然老了。

但很快，乐观的他适应了新的生活，将原来投入在工作上的精力转移到了子女的教育上。他本来就很看重知识，对子女及孙辈的教导也很严格的。在他的影响下，我成为了一名医生，实现了像外公一样为医疗事业做贡献的梦想。

外刚内柔的老人

外公是个坚强的人。我高中时得了阑尾炎，外公请他以前的学生给我做手术。在手术室门口，外公紧紧握住我的手，我甚至能感觉到手心中隔着他的老茧传来的温暖。本以为接下来他会安慰我，说些"你不要紧张""没事的"之类的话，可他却操着一口乡音浓重的兴化方言说："你同我（wu）坚强些（xi），不许哭。"就这样，在我还没反应过来时，他就把我推进了手术室。受他的影响，我术后五天就上学了，当时切口缝线还未拆。

我本来以为外公一直是不近人情的，直到1994年的中秋节。那天，他最小的女儿，也就是我的三姨，去世了。我们一家人在疗养院哭成一片的时候，他大喝一声："不许哭！"独自一人转身上楼梯去了天台。过了一会儿，疗养院的院长走过来对我们说："你们快去陪陪老太爷吧，老太爷的血压已经很高了。"我上了天台，只见黑暗中一闪一熄的火星。好不容易戒了烟的他又抽烟了。当我走近外公时，他猛然一惊，慌忙地把什么塞进了衣服前襟的口袋里。借着昏黄的灯光，我依稀看见那张照片上三姨儿时甜甜的笑容和那照片上纵横的浊泪。是啊，教他怎么能不独自哭泣，怎么能不黯然神伤，那是他最心疼、最乖巧的小女儿啊。人世间最悲凉的，莫过于白发人送黑发人了。

心系民生的普通人

每年的大年初二，外公都打电话让已出嫁的女儿带着丈夫和孩子回娘家吃饭，尝尝他亲自下厨做的菜。2001年的大年初二也依然如此，虽然那时他已经感到身体有些不舒服。临近中午时，他就站在大院子门口等我们回家。我12点到达时，看到那寒风中魁梧的身影正咳嗽得厉害。他撑着陪我们吃完午饭，还是咳个不停。于是我和外婆陪他到邗江县人民医院，也就是现在的扬州市第四人民医院去挂水。

在挂水期间，外公和院长发生了争论。那时，邗江县被作为试点，准备把乡镇卫生院卖给个人，如果效果好的话就推广。外公坚决反对，说："医疗卫生是公共事业，应为大众服务，怎么可以卖给私人作为盈利的工具来运营呢？"院长说他"不在其位不谋其职"，是多管闲事了。外公一激动，发生心肌梗塞，抢救了二十多天就去世了。

我原来也怨他为什么不爱惜自己，管别人那么多事做什么，甚至也认为医疗卫生最终是要私有化而不同意他的观点。但事实证明了一切。乡镇卫生院私有化后，老百姓没有了医疗保障，政府现在又要以十倍甚至百倍的资金回购当初贱卖的卫生院。当我看到这条新闻时，才对外公当初的高瞻远瞩萌生敬意。

更让我吃惊的是，在外公的追悼会上，竟有400多名他的战友、同事自发地前来参加。平时他

外公在天安门

在身边的时候，我也没觉得他有多伟大、有多值得尊敬，直到那时我才发现外公在外界是一个多么德高望重的人。为什么这位已经没钱、没权的吴局长能吸引400多人自发前来同他做最后的告别？我想这应该全是因为他的那颗真诚待人的心吧……

拥有那个时代特有的淳朴——他就是我可爱的外公

走在广场上，耳边响起了热烈的舞曲，原来是一群老年人在跳广场舞。我突然想起自己唯一一次看到外公跳舞，不禁"扑哧"一笑。那天严肃古板的他，兴奋地跑回家对外婆说："美荷（hu）啊，我（wu）现在会跳舞了（nia）！我（wu）跳给你看啊。"

"亲爱的毛主席（左弓步，伸左手三次），我们心中的红太阳（右弓步，伸右手三次）……"现在仔细想来，那时候的干部真的很淳朴，上面领导要求什么，他们就做什么，哪怕他们平时再古板、再矜持，也会虔诚地大跳"忠"字舞。

我拐进静谧的小巷，一阵馥郁的桂花香扑鼻而来。这也是外公最喜欢的味道，他曾经在家门口前种了好几树桂花呢。女儿又问我"曾祖父到底是怎样的人"。

外公，你到底是怎样的一个人呢？那个智慧勇敢的小兵是你，那个清廉刚正的吴局长是你，那个卖家当请战友吃饭、有点大男子主义的是你，那个不准妻儿哭、自己握着女儿照片黯然垂泪的是你，那个每年春节屹立在寒风中、坚持等待儿女回家的是你，聪明的你、坚强的你、慈爱的你、看似严肃的你、偶尔糊涂的你、令人尊敬的你……外公，到底哪一个才是真正的你呢？

我无法判断。

但我知道，你一直是那个带领我们一家子走过风风雨雨、时代变幻的人。当我们撑不住的时候，你一直在我们的前方一点一点地向前挺进，用那魁梧的身影告诉我们，你一直都在。

今年是第十个没有你的中秋，我想你应该已经和三姨团聚，在天堂里守护着我们。你放心，虽然你已经不在了，但我也已经有这个能力接过你手中的担子，无所畏惧地将它放在肩头，并且也会用心教育下一个能扛起这个担子的人。

我抚摸着身旁女儿纤细的肩，暗暗下定决心。

小巷中月光将这一大一小的身影拉得很长，伸向无穷的未知。

【后记】

之前我曾多次听过家里人提起曾祖父，一直都觉得他很神秘。其实我对他的印象不是很深刻，因为他去世的时候我只有 5 岁。只依稀记得他是个慈爱的老人。

中秋节是三姨婆婆（就是我母亲的三姨）的忌日，今年中秋亲戚聚在一起吃饭的时候就提到了三姨婆婆和曾外祖父。听着他们谈话的内容，觉得曾外祖父的经历很符合今年历史写作大赛的主题"大时代中个体人物的命运"，就缠着母亲在回家的路上给我讲曾祖父的故事。

上文是以我母亲的口吻写的，主要的信息也是来自于她的口述。后来我采访了家里的其他亲戚，将得到的信息加以整理、编排、筛选，最后再上网搜索了一些曾祖父生活的那个年代的资料，这让我对这次写史有了充分的准备。

上文之所以会选择以我母亲的角度去写，一是考虑到可以省去不少辈分、关系的说明，二是因为母亲和曾外祖父一起经历过许多事，这样写可以让读者更身临其境一点。

以史为镜，可以明得失。在这次写史过程中我有不少收获。首先要说的是，如果没有这次经历，我就不会认识到曾祖父是一个这样至情至性的人，如果不了解他的故事，我也不会拥有这份作为他后人的骄傲。还有就是曾祖父的经历也让我从中体会出一些道理。比如，曾祖父因为邓小平提出的"干部年轻化"的政策在 53 岁时就离休，这可以看出改革不仅要流血，而且也不可能维护所有人的利益，有时甚至还会牺牲一部分人的利益。

曾祖父从中农子弟到当兵，再到当干部，遭批斗，也许他的经历很平凡，也许中国还有很多人像他一样，是那个时代淳朴的好干部、真真正正的共产党员，但我还是决定将他的故事写出来，一方面是为了纪念他，另一方面是为了告诉大家，在那个混乱的大时代，有许多像曾祖父这样的小人物，用自己的淳朴、真诚，激励了一代又一代的人。

大家都来聊家史

《八十年代的大学生》

张丽君 | 广东省东莞市东城初级中学

我们家的田就在村口，从镇上回来的人都会经过我们家的田地。那时外祖父的四个孩子在田里插秧，正忙得不可开交。这时，王老伯从镇上回来了，脸上笑开了花，对正在插秧的舅舅大喊到："小海，你考到大学了，通知书已经到了镇上啦！快，快去拿啊！"舅舅一听这话，扔下秧苗，急忙回家，衣服也来不及换，踩上单车就去了镇上。

《北方汉子，广西情》

刘镓煜 | 广西自治区南宁市三美学校

第二天，爷爷瞒着地委，冒着风险召开县革委会会议，讨论解决赵永禧书记一家困难的方案。这立即引起了革委会成员议论纷纷，一个走资派在"文革"中被批斗致死是死有余辜，怎么能谈帮助呢？一位县委干部首先向爷爷发问："现在赵书记这走资派身份上级还未定呢，怎么能帮助他呢？""我当时很镇定地回答说，赵书记走资派身份未定，我们就不能说他是走资派。他家人是老百姓，我们也是老百姓，尽管现在是'文革'，大家也总得吃饱饭吧，生活上的困难，我们应该帮助解决吧。"

《发黄的照片，巍峨的历史》

彭放 | 四川省成都市树德中学光华校区

照片里的人面目清秀、仪表庄严，一身军装包裹在站得挺直的身子上，双目注视前方。那时我年仅5岁，地点是老屋一间空寂的、被当作储藏间的旧书房。

那时的我正好奇地翻动着覆满灰尘的琐碎旧物，抱着如海盗寻找宝藏的心情探索着时光留下的属于过去的记忆。年纪尚小的我未曾想过这举动中的深远意味，而那无意识的充满着童稚情怀的举动却仿佛是受了某种暗示一般，等待在未来的哪个日子发出光彩。

《风雨伴他这样走过》

郑凯彬 | 广东省中山市实验高级中学

在我的生活中，爷爷总是会静静地一个人抽着烟，一缕缕烟气从空中腾起、婉转，他是那么的神秘，又是那么的亲切。从小到大我的耳边一直充斥着我家曾多么多么的辉煌——村里的万元户、村里现代化电器使用的状元户。而这一切辉煌都功归于我的爷爷。每个大人都能说出爷爷的精明能干、爷爷的勇敢敏锐、爷爷的辛勤劳动为我家带来的变化，但是每个人却又都说不出爷爷到底经历了哪些挫折，他的事业是如何开创的，他为之付出了多少。爷爷，是个迷一样的人。

《穷尽毕生为教育——记我的外祖父》

岳梦斐 | 山东省济南市山东师范大学附属中学

但他说："党的政策百姓能理解，但哪派正义邪恶咱普通人怎么能搞明白啊（当时著名口号：打倒刘少奇、保卫毛主席），只知道这是上层领导、中央的要求，必须得完成。"后来，林彪叛逃摔死的消息传来，犹如晴天霹雳。外祖父百思不得其解：毛主席的亲密战友、伟大的林副主席怎么可能叛国呢？可是，中央派系斗争的胜败百姓哪知？

就这样，外祖父的一腔热血抛洒在了错误的土地上，苦心工作几年取得的成果化为零，不但失去了头上所有的光环，而且进了学习班进行思想改造。

《人间正道是沧桑》

王冰倩 | 广东省深圳市布心中学

那一天，他跟一批"被打倒"的老战友一起，被人用绳子捆着，跪在地上等着批斗。这时突然进来了个年轻人。那人一进门，就高喊着老姥爷的名字，老姥爷一看那架势，心说：完了，今天非得给斗死不可。就低下头去不敢吭声。

年轻人过来，推搡、辱骂了他一会儿，其中不乏"李树藩，你老实交代！""你都干什么了？！"之类的句子。

过了一会儿，年轻人走了。老姥爷松了一口气，这时却发现：绳子松开了。

是啊，全县的中学生，有谁不认识老校长啊。老姥爷说，要真的给那么捆上一天，非完蛋不可。

只是再没见过那年轻人。

《太公太传奇的一生》

高婷婷 | 广东省云浮市邓发纪念中学

1937年，一场噩梦把一切安乐打碎了。粤北的初春总是潮湿，猎枪也怕打不出火。临近外出工作，太公太把猎枪拿出来用火烤干。邻居几个十六七岁的男孩跑过来看热闹。这时太公太因急事要离开几步，临走时再三叮嘱不可靠近。天意弄人，太公太前脚刚走，就听见"砰"的一声，惊恐的叫声随之响起。太公太立马掉头，只见一个男孩已倒在血泊之中。……

死去男孩的家庭一贫如洗。不知道他的死带给家人悲伤还是快乐？自1937年到1947年，男孩的家人整整索赔了十年！太公太本可以拒绝，但他是何其善良的人！出于内疚和同情，太公太一声不吭地赔掉了几乎所有的财产。

《外公的人生三部曲》

罗理 | 贵州省桐梓县第一中学

待我外公拿着这封信回到桐梓才得知：有几个人称泼妇的女造反派，拿着绳子和写好的黑牌子，到县医院抓外公时扑了空。她们回到新站后，又立即写出几幅大标语："有个刘少奇，就有个王光美；有个李智明，就有个段碧琴"。在苏和王的指使下，一伙人把外婆段碧琴抓去挂黑牌游街批斗。此时，从学校毕业刚分到新站区工作的胡大宇，对这伙人的作法持不同观点，说了几句公道话，也被戴上"反动公检法的铁杆保皇"的帽子，勒令其举着用稻草扎的刘少奇像游街示众。

《我的姥姥、姥爷》
夏凡｜江苏省无锡市第一中学

造反派呼喊着："快抢他们的车，把车烧掉！"此时的他目光决然地望着15辆车，耳边响着嘈杂的争执、打斗。他清楚自己是恐惧的，15个身无寸铁的部队小伙子握着"四不"的政策面对上百个近乎疯狂的手持棍棒的家伙，恐惧是必然的。但他在一阵阵心悸之余，努力使另一个神圣的意识占据自己，从而控制了自己——"这车是部队的，部队把它交给我，我得守住它"。他回顾四周，14个同伴眼中都闪着同样的灼灼光芒，大家的想法是一致的：拼死保车。

《祖父的一生》
李武豪｜北京市汇文中学

二叔有点恼，说道："东西没少拿，这次还假客气……"还没等二叔说完，外祖父就拿拐棍捅了他一下，示意他说话温和些，毕竟人家手里有枪。二叔也明白了，赔了个不是，恭敬地说："你说我们一大家子，这没了锅还咋过日子？"

"您好，看来您误会了，我们共产党不动老百姓一针一线，队里锅不够用了，队长让我跟老乡们借。"听到这，外祖父有点懂了，吩咐二叔给人家搬过去。没过多久，这锅又端回来了，还刷得挺干净。望着部队远去，祖父谈到："这群人能成事，他们不祸害老百姓啊……"

家 门

　　"家门"一度是个"封建"概念。家法、家教、家业等封建血缘关系怎能高于"一大二公"、高于"狠斗私字一闪念"呢？不过，在同学们的笔下，我们能够隐隐看出什么是"家门"的传承，什么是"家门"的荣耀。《人世沉浮，几度春秋》中的新盛泰鞋店兢兢业业富甲一时，《我那小小的医生世家》中悬壶三代造福一方，甚至《百年绝三师，千年空一叹》中方士三代也留下无数江湖逸事相传至今。《土地，土地》中的一句"老大，一根油条你我都一人一半，今日的祸我也替你分担"如何不让人感喟血浓于水！

人世沉浮，几度春秋
——记老字号"新盛泰"的兴衰

王喜麟｜山东省青岛市青岛大学附属中学
指导老师｜喻靖

"头戴盛锡福，脚踏新盛泰，身穿谦祥益，手戴亨得利。"

解放前老青岛，曾流传这样四句民谣。说的便是盛锡福、新盛泰、谦祥益、亨得利四个当时在岛城名声最响的老字号商铺。

民谣中第二句，"新盛泰"皮靴店的创始人就是我太姥姥的父亲，名叫胡秀章，字俊臣，1888年生于山东胶州河西村一农民家庭，是青岛开埠以后的第一代移民。

"我的父亲是个有志向的人，为人本分。才16岁他就从老家胶州来到青岛学徒，学的就是修鞋做鞋的手艺。从老家来时，父亲只背了一个铺盖卷，生活很艰苦。"太姥姥今年已经95岁高龄，但耳不聋眼不花，还时常做些手工活儿。在给我讲述那些往事时，还会和姥姥讲两句题外话——"不不不，当时应该是这样的……"——来订正一下姥姥记忆中的错误。

"新盛泰"——中山路上的新名片

"三年出徒后，1907年，19岁的父亲在胶州路开了一家修鞋店。爸爸把每一件活儿都做得极为细致。自然，由于他修鞋的质量过硬，口口相传，顾客盈门。慢慢赚得了第一桶金，又向人借了50两银子，在中山路中段最显著的位置开了一家名叫'新盛泰'的靴鞋店。"（"新盛泰"名字的来历：1911年，23岁的胡秀章先生在青岛市创建了"新盛泰"商号，"新盛泰"三个字是由清朝著名书法家王垿题写的——当时一批清朝遗老从北京到青岛居住，其中包括康有为。新盛泰三字的含义，"新"指的是日新月异，"盛"指的是兴盛，而"泰"则指的是泰和。）太姥姥停下来细细品了口热茶，那早已消散在岁月中的往事仿佛就在眼前。

"父亲与母亲姜仪德1906年结婚，相濡以沫，恩爱一生。两个人都自己亲手干活做鞋。当时生产各式男女皮鞋、皮包，还为部队生产枪套、武装带等。大概是因为爸爸一向货真价实、童叟无欺地诚信经营，创业之路皆是一帆风顺，水到渠成。父亲做的鞋，品质上乘，样式又新颖，怎能不受人喜爱呢？很快'新盛泰'就办成了当时青岛市首屈一指的靴鞋店。"

"生意兴隆了，便找了五六个伙计，帮忙做鞋，店里做的都是做工精良的高档皮鞋，主要是大公司、洋行和钱庄职员来定做，也就相当于现在的公司老板和企业白领。"太姥姥爽朗地笑起来，"那时候的经营模式，类似前店后厂。店里工厂作坊还没实现机械化，每一双鞋都是工人师傅纯手工做的，做一双鞋可是很不容易，一个师傅至少要潜心忙上十来天，才能做完。当年许多国外游客下船到青岛后，最爱逛的商店就是'新盛泰'，他们总要为自己和家人挑选几双喜爱的皮鞋带回国。那时，争穿'新盛泰'皮鞋成为一种时尚，丝毫不亚于如今的'爱马仕'皮包。1935年在华北铁路展览会上，'新盛泰'鹰球牌皮鞋荣获金奖。还曾获过华东地区金球奖呢。"太姥姥呵呵笑起来，脸上那由沧桑岁月刻下的皱纹变得更加清晰明显，眼睛和眉毛一样弯成了月牙，多么令人自豪的岁月，当年家族的辉煌，一幕幕尽现在眼前。

枪罢又炸弹——乱世创业实不易

1929年8月16日，繁华的青岛中山路上车水马龙，川流不息，市民和外地来青岛避暑的人游逛在各个商店中；老爷太太进出饭店酒馆；乞丐们向阔人伸出乞讨的手……傍晚时分，在喧闹的四方路口，突然响起几声清脆的枪声。一时间街头秩序大乱，人群四处奔散，附近派出所的警察吹着警笛匆匆赶到，但为时已晚，只见'新盛泰'皮鞋店内血泊中横躺着一具尸体。这显而易见的枪杀案，凶手是谁呢？

次日，各地报纸便开始纷纷报道，当时中国发行量最大的上海《申报》刊文："……自首共党王复元，16日下午6点25分左右，在中山路被暗杀，中三枪，当场殒命……"

王复元原是一名工人，1922年加入共产党，曾担任过中共山东省委的秘书和组织部长。1928年却叛变投敌，投靠了国民党。他对山东地下党的人员都很熟悉，因此他的告密，使得当时的中共山东省委重建即遭破坏，省委的重要领导人也一一遭到逮捕，并波及省内多地，影响十分恶劣。

"见形势险峻，当年的中共领导人周恩来便派中共中央特科中身怀绝技、有'神枪手'之称的张英到山东协助锄奸，并派王科仁等辅佐张英。"太姥姥回忆说，"他们通过检查信件寻觅王复元的行踪，得知王复元来到了青岛并将于8月16日晚乘火车离青，机不可失，于是张英与王科仁便暗中紧跟叛徒，寻找机会。当得知王复元会在16日晚上到我们店里取定做的皮鞋时，他们知道机会来了。"

"店铺算是一个较为封闭的空间，对实施计划比较有利。再加上当时已近傍晚，店里并没什么客人，正是一招锄奸的绝佳时机。于是，出于多种考虑，中共把除掉王复元的地点定在了'新盛泰'店中。"就在他试穿鞋子时，门外进来一个青年在柜台上打听鞋价。王复元作恶多端，时刻怀着戒心，把一只手伸进裤袋握住手枪。当两个人擦肩而过的一刹那，青年人快速掏枪，向他的后背"砰"地开了一枪，王复元应声倒地，怕他还未死，又朝头部开了三枪。此人正是王科仁。

"记得这么清楚是因为对于这一段历史，《人民日报》曾刊发了一篇文章《伍豪之剑》（伍豪便是周恩来的化名）专门做了回顾。而随着一声枪响，'新盛泰'名闻全国，大家都知道了有这么一家皮鞋店，曾配合中共为党锄奸。不过，这件事情给店铺也带来了不少的麻烦，父亲也是花了好大的气力才平息了。1934年、1935年父亲相继在济南，徐州开设了分号。除了连锁经营外，还搞多种经营。陆续成立了青岛华丰面粉厂，青岛华丰皮革制造厂，青岛华丰肥皂厂以及青岛华丰电料行商等多家企业。参股青岛阳本印染厂，青岛制镜厂等名牌企业。家庭正一步步走向辉煌。"

在动荡不安的时代，家境富裕也并非好事。太姥姥回忆道"解放前的一天，一个宪兵队翻译到店里面买鞋却霸道地想借官职赊账，让小伙计把鞋送到宪兵队里去，小伙计说：'下衙的不在家，我不能去送。'把他给拒绝了。这下惹恼了翻译，当天晚上宪兵队和派出所就派人到店里砸门，要把那个'胆儿大'的小伙计带回宪兵队去修理。父亲为了避免小伙计被抓去受皮肉之苦，就把他藏了起来。父亲安排我出面接待这一帮'不速之客'。他们在屋子里里外外搜了一遍，结果愣没找到人，就让我写了具结后（证明店里没有受任何损失）然后气冲冲返回了宪兵队。小伙计在父亲的保护下，才逃过一劫。"

除了这些"不速之客"的敲诈勒索，社会上的一些地痞无赖也是颇令人头疼的。在解放前夕的一段时间里，青岛多个资本家的店铺，都发生了店内爆炸的事故，通常是一个人把一个包裹状的炸药留在店里，然后就离开。为了防止这样的事发生在"新盛泰"店里，掌柜的曾经召集伙计们开会，吩咐只要看到有人在店里留下包裹就离去，无论是什么，一概都扔出门去。"结果还是差点出事了。"太姥姥说，"那一声巨响，我在距店门头两条街都听得见。怕是出什么事了，就急忙奔向店铺，等我赶到时，店已经关紧门子提前打烊了。我在门口敲门敲了许久，店里一个老伙计才把门闪开一个缝让我进去，几句话后我才得知我们家店里也发生了爆炸。幸好只有小伙计小李被轻微炸伤，已经送去医院，其他人都安定无事。"

"等我我舒了口气后，老伙计向我讲述了刚刚惊心动魄事情的来龙去脉。"

"当时，我记得老伙计脸色煞白，'刚才午餐过后，伙计们都围着留声机托着下巴专心听戏。这时候，一个人走了进来，他大概以为大家都没注意到他的登门，就悄悄放下一个礼盒一样的小包裹，然后就匆匆从店里离开了。但这一切恰巧被我看在了眼里，我想到前段时间掌柜的开会时说的话，觉得事情不妙，就叫小伙计小李赶紧把那包裹扔出去。小李当时还有犹豫，怕是客人遗留的物件，扔出去会不妥，但在我坚决要求下，他拾起包裹扔出店门去。果然不出所料，还没扔出店门口三级琉璃台阶，那个包装精美的包裹就炸开来，店里玻璃全被震碎了，小李被炸伤，对面药店外在街上玩的两个小孩子也被炸伤。'"太姥姥感慨到，如果当时老伙计没有发现包裹、小李晚扔一步，或是家里人都在店中，后果都是不堪设想的。

"还有一件事，让家里人记忆深刻。1948 年，正是解放前夕的动荡时期，国民党军队在全国范围展开了对共产党员的疯狂抓捕。我的小叔子是一名共产党的地下工作者，由于有一叛徒告密，指名道姓地透露了小叔子的名字，于是国民党开始四处搜捕他，小叔子向我们求助，大哥胡铭新就把他藏在了威海路231号自己的宅中长达半年。期间因为外人告密，先后有两次被登门以查户口的名义，进宅搜捕，这时小叔就到屋顶平台的高墙后面躲藏起来。我丈夫当时在太平路小学执教，所以后来就把小叔子转移到了学校教室的天花板上，白天教室里上课就丝毫不敢做声，到了晚上，我就悄悄潜进学校里，给他送饭，拿些保暖的衣服。就这样日复一日。直到1949年6月2日青岛解放，国民党势力退去，全部后撤台湾之后，这段风波才算平息下来。"太姥姥眉头微皱，向我们讲述着提心吊胆的半年艰辛，其间两个党派的恩怨带给个人的影响难以言表。

为长远计——教育立家思未来

太姥姥的父亲，信奉天主教，为人仁慈，性情温和善良，只要别人有求于他，他都会倾力相助。

"记得解放前孚德鞋厂（作为中山路的老字号，其名称经公私合营后一直保留到现在）的老板，因为皮革原料周转不开，还经常到我们店里找父亲求援。而父亲也总是慷慨相助。"对他人如此，对自己的子女更是要从长远计。

太姥姥的父母生育十个儿女，四男六女，是个名副其实的大家庭。"父亲总是说自己没有受什么教育，只上了两年的私塾，在后来的工作当中遇到诸多不便，深受其苦。所以，如今有了财力，一定要给孩子最好的教育，把我们培养成文化人，让我们成为栋梁之才。"太姥姥回忆着，柔和的语气里透出对父亲的敬佩、及对父亲所给予的教育的感激。

"从小，父亲就送我们兄弟姐妹十个去读书。"六个女儿中，四个都是毕业于北平辅仁大学的大学生（北平辅仁大学：后于1952年并入北京师范大学，现存有台湾辅仁大学）；四个儿子中，长子和次子也都是大学生，大太姥爷毕业于上海大夏大学商学院银行系，二太姥爷毕业于重庆复旦大学。

三四十年代的时候，家里能有这么多个名牌大学的大学生可是稀有之事。太姥姥父亲的十个子女中，多数人成为中专、中学教师，成为德才兼备、教书育人的祖国栋梁之才。他的家庭成为青岛市罕见的以诚信立家、以教育立家的大家庭。（摘自二舅姥爷手稿。）

　　"可惜的是等到三弟和四弟要上大学的时候，正逢解放，新中国刚成立，全国上下都人心惶惶的，三弟当时才 19 岁、四弟才 16 岁，也没心继续念书了，便参加了工作，一个到店里帮着父亲经营生意，另一个则学习财会，成了一名会计。要不然，我们家准又多出俩大学生来。"

　　太姥姥的父亲十分重视教育，坚信教育可以培养健全的人格、高尚的品格、多样的技能，坚信教育可以改变人的命运。因此，在对自己的子女培养教育的同时，他还热心投资助学，在"新盛泰"资金比较多的时候，太姥姥的父亲便回到老家，捐资建起了两所校舍。还为青岛中华基督教会开办的尚德小学（现青岛上海路小学）等多处学校捐赠了课桌椅。

　　"可别把店铺资本家都想成花钱大手大脚的阔人，父亲是穷人发家，所以除了在教育上舍得花大手笔，其他地方都是精打细算，非常俭朴。母亲常把'吃不穷，喝不穷，算计不到一世穷'的俗语讲给我们听。我们家庭在生活上和其他家庭并无什么大区别，只是不缺吃穿，而在当时，家中不缺吃穿已经是很不错了。每年最期待、最热闹的事，不言而喻，当然是过大年。过年的时候，父亲会把大师傅——也就是现在的厨师，请到家里做一桌丰盛的年夜饭，鸡鸭鱼肉，样样都不缺的。有些店里的工人要回老家和家人们一起过年，父亲就包个红包，给工人裁些新布做身新衣服，让他们体体面面地回去和亲戚们庆祝新年。学徒的小伙计便选择留下来在店里过年，父亲也大鱼大肉热情招待。"

　　"大人们都围桌包饺子，饺子里包进去些小银子、糖、枣或是年糕。代表着步步高升、财源广进等各种不同的对未来一年的美好憧憬。我们小孩子也为了讨个好彩头，个个吃得肚子圆圆的，期待发现圆滚滚的饺子'大肚子'中的宝藏。"拾起了童年的回忆，太姥姥又容光焕发，"吃完年夜饭，我们几个兄妹就去换上过年的新衣服，衣服都是些鲜艳喜庆的颜色，我们互相评价着对方衣服的样式，笑作一团。然后就穿着漂漂亮亮的新衣服，挨家挨户到亲戚家里拜年。给爸爸妈妈拜年的时候，每人给两个银元。收了压岁钱，个个兴奋又欣喜，就拿着钱一起上街，买零嘴儿、买鞭炮、买些逢年过节才有的各式各样的小玩意。最热闹的地方，应该数四方路的大广场了，耍猴儿的、变戏法的、拉洋片的，都颇为吸引小孩子的眼球，让我们凝神驻足看上好久。老青岛的大年，比现在的年味儿可重多了。"

前途未卜——去留两难间

1945 年，正计划把"新盛泰"商店发展到北京之际，太姥姥的父亲胡秀章先生病逝，时年 58 岁。临终前，胡秀章先生将在青岛台东办的华丰面粉厂分给了长子胡铭新，并把"新盛泰"的事业托付给自己的长子和三儿子。

"父亲刚去世时，家族企业经营的担子大部分是由大哥担起，在经营'新盛泰'的同时，大哥还用一部分资金自己办了一所私立的会计学校。二弟在青岛四中担任教导主任，后来省教育厅来视察工作，发现二弟是个人才，就把他调到了省教育厅。三弟则子承父业继续经营'新盛泰'皮鞋店，四弟当时还小，正在商业中专上学。其他的几个女姊妹都已经结婚出嫁，或是就业当了老师。起初家庭的生活还算平静，生意也做得不错。"

"1948 年下半年，我大哥胡铭新同其他民族资本家一样有过一段动摇不定和彷徨徘徊的阶段。正面临新中国的解放，国民党'共产共妻'之类的反动宣传，搅得大家都人心惶惶的，对未来将面对的形势和发展的道路琢磨不透，我们身边的很多民族资本家都选择了转移到台湾去躲避风头。为了保险起见，家里派二弟去台湾先行探路，进行了考察并购置了房产，准备转移资金和设备，开辟新的生产基地。"

"去台湾的方方面面都已经准备充分，可是，店里掌握核心技术的伙计们，家里老人和妻儿都在大陆，打起了退堂鼓，我们毕竟是属于商店作坊式的生意，没了这些懂得做鞋手艺的伙计，到台湾重新起家着实相当困难。再者，这家店怎么说也是胡家两代人辛辛苦苦打下的事业，就这样丢下从头再来，我们心里都舍不得。"在当时的形势，"新盛泰"将来面对的一切都是未知数，面前摆着两条路：要么像其他许多资本家一样，带着现有的资产、几个愿意跟从的师傅和家人一起，转移至台湾，一切归零重新开始。这样面对的将是新的生活，陌生的环境。对于当时已在大陆扎根的"新盛泰"，这算不上是什么好的选择。要么就留在青岛观望形势，一切看天安排。这个选择很冒险，心里都怕万一解放后真应了国民党的宣传，共产没收店铺和家产，前途未卜。整个家庭顿时陷入两难，在进退间徘徊着做不了决定。

"一天，五妹夫登门造访，来做动员工作。五妹夫是一名地下工作者，他先后几次向我们讲明建国后共产党对民族资产阶级的方针政策。考虑再三，我们终于选择了留在青岛，迎接解放。"太姥姥回忆说。

1952 年前后，各种报纸等刊物上开始刊登有关"公私合营"的内容，并频繁组织开会试探民心。太姥姥的大哥看形势不好就不再管理"新盛泰"，将皮件店全权托付给了三弟，三弟则不舍不弃一直悉心经营。

曲终人散——无限话凄凉

1956 年，国内资本主义工商业改造"公私合营"进入高潮，"新盛泰"这个曾经风云叱咤在岛城首屈一指的皮件店也未能摆脱得了合营的命运，被并入华东靴鞋皮件厂，走向公私合营。太姥姥的三弟失掉了父辈的事业，这个从前店里的掌柜的，变成了店里的一个普通的店员，给店里进进货。起初，靠拿在店里股份的红利还能维持生计。家里的三四处房产也都充了公。

到了 60 年代，阶级斗争接踵而至。

1964 年开展了一次阶级斗争展览会，会议的所谓目的就是启发人们对旧社会的思考，对资产阶级的批判。

"在会上，有曾在'新盛泰'工作的二人，违背良心出卖良知，摆出一个两米长的皮质长鞭，说是什么'新盛泰'虐待工人的工具！我当时在下面都听呆了，即诧异又气愤。身边几个同事知道'新盛泰'曾是我们家族的产业，都凑过来问我上面那两个人说的是不是属实，看我的眼神极其奇怪。我听着那两个人在那里一派胡言，却只能干生气，打掉了牙往肚子里咽，是哑巴吃黄连有口难辩啊。事后，家里人查起这鞭子的来头才知道，那其实是中信一个鞋店给马戏团定做的长鞭，压根就跟'新盛泰'没有半点关系！"讲到这段蒙受的不白之冤，太姥姥还是愤愤不平，情绪有些激动，"四弟在工商银行工作，行里组织参观展览会学习，参观完毕就回行讨论学习内容，有一个人就发出了质疑的声音：'那么长的鞭子，得多大的地方才能抽得起来啊。应该抡都抡不起来。'现在听来，这当然是实话。可当时，那个人就立马被打成了右派。这就是当时的背景，连自己的看法都不得发表。"

"批斗、抄家、剃阴阳头，搅得日日不得安宁。一天，我正在家中做饭，突然听到门口一阵嘈杂，我赶忙三步两步跑出厨房，就见着一帮红卫兵涌进屋子里。硬说家里有个金子做的水壶，然后把我和你姥姥赶了出去，二话不说把房间翻了个底朝天，家里有点值钱的东西便全部掠去。怕的还不是东西被掠去，而是掠去后还要被批斗，安上压榨劳动人民劳动力的帽子。提心吊胆的一天天生活，现在想起来还都觉得不寒而栗。"

在这一段无法言喻的时期，太姥姥的家族以及许多与其类似的家庭，他们的生活都在那段时期发生了天翻地覆的变化。

"新盛泰"在徐州的分店曾用人不慎，发生偷窃。太姥姥的大哥就解雇了那个实施偷窃的伙计。怎知那小伙计一直怀恨在心，借阶级斗争之乱，污蔑大哥通敌。大哥被打成了历史反革命，要求遣返回祖籍。由于考虑到回到老家都是熟悉的人，说不定会惹来更多是非。于是大哥投奔了自己在大乳山的儿子，决定在这个无人知晓的陌生城市隐姓埋名。后来他的儿子离开了乳山，只有他独自一人留了下来，据说最后在厨房做饭时心脏病突发，一头栽到在水泥地上，六十多岁客死乳山。

太姥姥二弟的妻子是当时青岛最好的语文教师，"整风反右"前，各级各地党委鼓动人们向党提意见，遂使不计其数的人遭受"请君入瓮"的命运，而太姥姥二弟的妻子就是其中一个。她由于当时认真地给党提了大量修改意见而被打为右派。太姥姥的二弟在省教育厅工作并且已经入党，很多人建议他和妻子脱离关系，以免受到牵连。但他坚决不同意，最后自动退党离开了教育厅，被下放到济南一个中学执教。

随着"文革"动乱，原本许诺的"公私合营"的持股分红也没了踪影。太姥姥的四弟在商业中专毕业后分到城建局，曾一度受到重用。可是在运动开始时，也同样因为出身问题被下放到一个偏远郊区的建材厂，沦为一名厂里的会计。其他的姊妹中有几个跟着先生去了北京、南京，波及略轻。而留在青岛的几个姊妹，不仅仅她们自己的前途受到影响，连她们的孩子也受到牵连，即使再优秀，再天资聪颖，他们的档案上也永远写着不公的六个字——"此生不予录取"。

每个时代都影响着时代中个人的沉浮，太姥姥的家庭原本祥和安静的生活也在这无法抗拒的洪流中顷刻间被冲垮了，支离破碎。而曾经是青岛市的名片之一的"新盛泰"更是曲终人散，从此被历史掩埋。

【后记】

2008 年，来自海内外的亲友再次汇聚青岛，一齐庆祝中国第一代民族资本家胡俊臣先生诞辰 120 周年。在宴会上，大家共同总结出艰苦创业、开拓创新、自强不息、厚德载物、博学多思、积德扬善的家族精神。

2012 年我先后拜访太姥姥、三太舅姥爷、二舅老爷，向他们询问这段已尘封近一个世纪之久的故事。老人们已经年迈，身子也一天不如一天，如果不是借这次机会，那段辉煌的家史可能将永远不为我们这一代代后人所知。

三太舅姥爷出生时正是家庭最繁盛之时，每每提到，他的眼中都闪出别样的光芒，除了讲给我听，还拿出了他一直用报纸包裹着的仔细收藏多年的文献给我参考。怎知道在我访问后的第五天，三太舅姥爷因胃出血，紧急住进了医院，而我也就没有机会听他再给我讲几则从前的事儿了。

在学习三大改造的时候我其实一直有个疑问：那些自己呕心沥血开创出的事业，民族资本家就是那样兴高采烈地交给了国家吗？看到自己的心血在一个个外行人手里混乱与凋散，民族资本家就是那样的甘之如饴吗？当然，我那个时候并不知道自己的家族还有这样一段历史，这样一段辉煌过后满是凄凉的岁月。

为写成这篇文章，我动员了三代人的力量以尊重和还原历史。不过，由于时隔已久，很多记忆都被时光蒙上一层纱幕，不再那么清晰了，兼之那段家史的见证者如今多已年迈，资料的搜集上也遇到了诸多的困难。于是，我用大量的时间去与我所认识的每一位长辈进行交流，从他们那里挖掘更多的历史细节，在倾听他们讲述的过程中确立了自己记叙的主线：最早一辈辛苦创业→在努力和机遇中走向兴盛→突逢历史变故前途未卜→走向衰败从此销声匿迹。在记叙的过程中我才发现原来我们家的"新盛泰"诉说的不仅是一个家庭的浮沉，它还是那一时期中国民族资本主义发展的一个缩影。它虽小，比不上北京的百年药号同仁堂，也比不上上海荣毅仁的申新，但也被深深打上了中国民族工商业兴衰史的烙印。

虽然，太姥姥家庭的经历，可能只是历史长河、时代浪潮中并不起眼的一个小小的组成部分，但它同样体现了大时代浪潮中个人命运的沉浮，它不仅仅是一个个体的例子，也代表了当时中国千千万万类似的家庭的故事。

在记录的过程中，我很天真地向长辈提出了我的疑问，他们无一例外都在苦笑之后一声长叹。随着交流的深入，我才明白那一声长叹的背后掩盖着多少无尽的凄凉！

"不合营，你也生存不下去。为什么？劳资纠纷不断。就是工人斗你，你也不能开除他，工人即使不干活也得发工资，企业原料不足、业务不足，国家把金融、原材料等全部控制好了，私营企业拿不到原材料，给你拿到的，也是价格两样的。工人的组织——工会已经成立，税务机构已经较完善了。我们已经是走投无路了，不要说厂里，连家里的钱都拿到厂里开支，到最后家都破产了，资本家风险压力很大。这样，资本家就没有什么内在的积极性了。"这是一位资本家对口述历史记录者桂勇的回忆，事已至此，除了把企业交给国家，我不知道类似我家这样的家族还能有什么别的选择！他们中的许多人也同样是用自己的双手，凭借着自己长久以来不懈的努力，从社会的底层慢慢积累、成长起来的，他们每一步的发展也同样遇到这样那样的困难，才最终创造了属于自己的辉煌。最终如此，怎么能不眼泪直流？倘若把企业交给国家能够换来家庭的宁静与平安，我想长辈们或许不至于一声长叹，因为凭借自己的能力，他们中的很多人也是能够有所作为的，但是作为一个特别的阶层，他们实是在劫难逃！

1966年北京同仁堂的乐松仁被迫害致死，时年仅60岁。同年，荣毅仁家里被抄，他和妻子杨鉴清同时被批斗，他本人的右手食指被打断，左眼因延误治疗而至失明，他的妻子被殴打成脑震荡，并且无医院肯给她治疗，他的独子荣智健被下放到四川凉山彝族自治州，一干就是八年。领头积极接受改造的人物尚且如此，何况一个"新盛泰"？我不知道和这些人物相比，大太舅老爷客死乳山究竟是幸运还是悲哀？

事业灰飞烟灭，人生瞬间被摧毁，一个时代里，多少人为历史的选择空落一声长叹！

2003年，财经作家袁卫东受柯达邀请，撰写一本关于柯达在中国的书籍，他在采访中意外发现了一个人——林希之。1949年28岁的林希之在广东汕头市德兴路86号一间简陋的化学实验室里研制成功中国第一张原始性氯素相纸，1953年林希之成立了中国第一家感光企业——汕头公元摄影化学厂。1954年私营的公元厂参加了公私合营，1969年10月48岁的林希之在被批斗中于自家楼梯下一个小黑屋里因病痛郁郁而终，1994年公元厂将彩色生产线转让给了美国柯达公司，2005年8月柯达宣布永久关闭公元厂。

在看到林希之的故居后，袁卫东写道："我想起一个月前，在罗切斯特飘雪的清晨，一行中国记者参观乔治·伊士曼故居的情景。传记中关于伊士曼故居的描述，都静静躺在那里，仿佛时间还停留在一个世纪前，充满风琴声的日子。而在房间里静静绽放的白色康乃馨和雏菊，让我莫名地感动。在那里，我感到的是对缔造者的感激、尊重。而在这里，是苦涩，是对历史惊人的遗忘和冷漠，甚至践踏……我深深悲情于这个梦的苦涩，它不是来自几乎30年后，公元被柯达收购，而是来自林希之所受的伤害。这是一代中国人的悲情。"

让人们悲伤的，其实是悲伤本身！

对于一个国家而言，任何一段经历，都是那个时候国民的共同选择，记得挪威戏剧家亨利·易卜生曾说："每个人对于他所属于的社会都负有责任，那个社会的弊病他也有一份。"因此，一代人的错误至少应该有三代人来共同承受，正为如此，所以我们才在进步，只是那些曾经为错误而无辜付出的人们，我们真的要遗忘么？

最终，我以"单干专家"冯志来的一首诗终结了我的追寻之旅：

大梦谁先觉，平生几相知。

孤鸿悲落日，众鸟觅栖枝。

风雪终有尽，落花恨无期。

浩然浙江水，曲折顺时移。

愿他们的付出及对他们经历的反思能为未来创造空间！

金簪雪里埋，柔水三世慨

陈颖莹 | 广东省佛山市顺德一中
指导老师 | 冯波

　　树丛散发着如海水般咸涩的味道，"韦森特"台风肆意地吞噬着东南沿海，制造着一片残喘的狼藉。枯坐房中的我，愣愣地凝视着眼前历史写作大赛的通知，一筹莫展，因为"历史"这个名词在我印象中一直都是个神圣而又抽象的概念，冷冰冰的，没有一丝温度。

　　突然间，斜躺在书桌上的笔记本闯入我的视线。找母亲聊一聊？说不定会有什么意想不到的收获。于是，我找到母亲，问道："妈，说说我们家族历史上，有没有什么值得书写的事情吧。"

　　泪滴般的雨珠兀自打在水锈斑斑的玻璃窗上，然后散开、坠落，划出一道道纵横交错的沟壑。母亲一怔，额头上几条雪白得突兀的眉毛紧紧一皱，看看我，

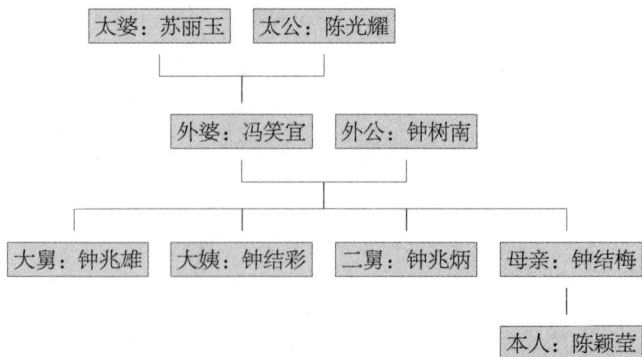

```
            ┌─────────────┬─────────────┐
            │ 太婆：苏丽玉 │ 太公：陈光耀 │
            └─────────────┴─────────────┘
                   └──────────┬──────────┘
                      ┌─────────────┬─────────────┐
                      │ 外婆：冯笑宜 │ 外公：钟树南 │
                      └─────────────┴─────────────┘
                              │
       ┌──────────────┬──────────────┬──────────────┐
┌───────────┐ ┌───────────┐ ┌───────────┐ ┌───────────┐
│大舅：钟兆雄│ │大姨：钟结彩│ │二舅：钟兆炳│ │母亲：钟结梅│
└───────────┘ └───────────┘ └───────────┘ └───────────┘
                                              │
                                      ┌───────────┐
                                      │本人：陈颖莹│
                                      └───────────┘
```

我家的人物谱系表

片言不发，便起身去找东西。未几，她拿出一本我从未见过的软皮抄。

这是一本线装的软皮抄。在岁月的侵蚀下，封皮已经渐渐泛黄，可是由于母亲的悉心保存，它竟纤尘未染。

当视线扫过右下角时，我发现了两个字迹娟秀的名字——"苏丽玉"、"冯笑宜"。后者我熟悉，那是我的外婆；而前者我却从未听说过。我将疑惑的眼神投向母亲，母亲说："那是你的太婆（即曾外祖母）。"我带着莫可名状的心情，小心翻开第一页，一幅泉水淙淙的工笔画映入眼帘，边上题着一首诗："说到辛酸处，荒唐愈可悲。由来同一梦，休笑世人痴！"我一边翻看着，母亲一边诉说着，一个个如水的故事层层荡开，在母亲那平静的心里又泛起阵阵涟漪……

唯有清泪泪千行

"本只想以文字寄情，无奈写到深处，却泪水潜下，那些凄凄惨惨戚戚的事无处埋葬，变成文字扰人，真真愚钝至极。罢，罢，罢！"

开篇第一句，字数寥寥，却触动我心房那最柔软的一块，字里行间透露出的太婆的一生，似乎是被泪水染浸的，但又无法用泪水洗去那铺陈满心的辛酸。

母亲告诉我，太婆当年是广州的西关小姐，她父亲（我的曾曾外祖父）曾在日本留学六年，在即将开始戎马生涯之前，决定将女儿许配给当时的望族——陈家二少爷（我的太公），一位黄埔四期的工兵生。但太婆却未曾料到，她以后的婚姻竟会是"未卜三生愿，平添一段愁"。而曾曾外祖父或许也从未想到，他这一时的决定竟会为自己女儿埋下一生悲剧的伏笔。

1937年，日寇的铁骑肆虐北平，太公撤退西南。以后直到1945年，神州大地风雨飘摇，多少人惨遭屠戮，生者也在经历着天各一方的离乱，没有一天太平。许多名门望族在这飘零的时代里毁于一旦，陈家也未能幸免。陈家太爷故世后，往日繁荣的深宅大院日渐凋敝，而徒具其表的陈家却被列为征集粮饷的大户。无奈之下，太婆便带着当时年仅9岁的女儿（我的外婆）东躲西藏，饱受流离之苦。颠沛的生活中，太婆将对生活所有的希望都寄托在女儿身上："女人是飘萍么？三春看又尽，何处寻根？只能寄托我的女儿，能扎根，幸福地生活。"太婆以裁衣、抄书及种种重负荷的杂活艰难地维持生计，把嗷嗷待哺的女儿拉扯成一个亭亭玉立的姑娘。暗淡的生活中，她天天都在祈祷着，祈祷上苍将她们所有的希望之门重重关上的时候，还能慈悲地为她们留下一扇窗户，让相依为命的母女能够熬到阳光明媚的那一天。

1945 年的 8 月，日寇的魔爪逐渐抽离神州大地，劫余的太婆终于看到了和煦的阳光照进生活的希望，却没有看到这阳光背后暗涌的乌云。

苦苦等待之后，太婆终于得到丈夫的消息：太公衣锦还乡，授衔少将。于是，太婆便带着女儿一起奔赴省城寻找丈夫，满心期待着相聚时的喜泪。岂料重逢时流下的不是喜泪，而是满眼苦涩的泪水！太公以为妻女早已死于战乱，已经另娶新妻并育下了一儿一女。为了保存自己的声誉，免受军纪处分，太公执意要与太婆离婚。最后，太婆放弃了丈夫的补偿，成全了太公的令名。离婚契约上，那鲜红的指印不仅按在离契上，更是重重地按在太婆的心上，这痛彻心扉的记忆，一辈子也无法抹去。事毕，太婆哭昏了过去。这一天，太婆在日记中写道："望着光耀（太公的名字）站在蒋介石身边一身戎装的照片，我哭了一整晚。我等了他整整八年，到头来我等到了什么？是一张无情的离婚契约，还是一位无情的丈夫？我本以为一夜白头只不过是飘渺的东西，原来它离我是这么近。"

1948 年，脱离磨难的中国旋即又陷在另一场战争当中。历史的车轮也许是在轮回中辗转的吧？节节败退的太公在赴任途中被乱枪打死，而最后扶柩理丧的竟是被他无情离弃的前妻——我那终身寡居的太婆。太公那位另娶的年轻妻子在得知丈夫的死讯后，便把两个孩子塞给娘家，自己又另嫁他人了。太婆却始终坚守着陈家媳妇的身份，不仅侍奉着陈家太爷最后纳的一个小妾——一个年龄比她还要小的名义上的"公婆"，还时常周济着太公那个靠搬运糊口、三餐不饱的弟弟。太婆在日记中记下了西湖月老祠的一副对联："愿天下有情人都成了眷属；是前生注定事莫错过姻缘。"接着她又写道："我们创造了一个月老，他手中拿着一条红线，谁被红线拴住，不管相距多么远，哪怕天涯海角，都恍若比邻，二人必然走到一起，相爱、结婚。"太婆始终都坚信这一点，尽管当初遭到丈夫无情的抛弃，她还是用心中宽怀的筛子滤去了所有的恨意。

与那个年代的大部分女人一样，太婆也是个小脚。这双小脚伴着她踏平了生活中无数的坎坷苦楚，也踏出了一片善良的胸怀。太婆骨子里是个读书人，只可惜生在一个旧式家庭，不重视对女儿的培养，所以没有机会接受正规、系统的教育，否则，她的人生完全有可能是另一番光景，或许她会成为一个才女也不无可能。许多年来，在繁重的家务之余，太婆总会打开那个残旧的书柜，读上几本自己最喜爱的书籍，尤其是《红楼梦》。读书之外，太婆还喜欢练习书法和国画，隶书、小楷写得工工整整，以致让人难以相信那是出自一个小脚老太之手。

太婆慈祥，似乎天生就有一种深入骨髓的佛性，我想那应该是一种完全发自真心的博爱。"天地之间，总会有个叫作'理'的东西在维系着世间的共和。"太婆写道。这是她对天地自然的一种朴素理解，也是她对人性良知的一种充满温情的理想。那时，太婆近旁居住的都是一群不幸的人：左边是失明的梁奶奶；右边住着三个孤儿，父亲战死，母亲自杀；对面是身怀遗腹子的钟太太。太婆经常扶着梁奶奶去寺庙里拜神，用自己不多的积蓄接济那三个可怜的孤儿。左邻右舍总亲切地称太婆"好婆婆"，有什么事，像断炊了、要办丧事了，一声"好婆婆"就会急切地、习惯性地喊了出来。这时，太婆总会抢出门外，看看自己能否出手帮忙。这一次，钟太太肚里的孩子眼看就要出生，而兵荒马乱的年头却找不到医生。紧急关头，太婆二话不说，镇静地为钟太太接生。孩子终于顺利、健康地降临人间，还认了太婆做干婆婆。

如果将太婆比作一种水，我想应该是海水。一如薛宝钗，虽身陷"没缘法转眼分离乍"的姻缘，她却总是慈善若水。是的，太婆是海水。再苦涩的泪，再深刻的痛，都被她那如大海般宽广博纳的心怀涤荡尽净。居善地，临善渊，与人善，不必威威惶惶于顺时之姿，亦不必瑟瑟靡靡于劣时之态。明镜如止水，波澜不兴的心境恰似光滑透彻的镜子，心怀怨恨，不如主动地像水那样去包容、去净化。

花自飘零水自流

接过母亲那本泪漫纸页的日记，外婆又用它续写着自己的一生。封面上，她在母亲名字的旁边写下了自己的名字——冯笑宜。

20世纪的中国，流行一个语义不明却杀气腾腾的词——"历史不清"。年轻的外婆就被既简单又复杂的词狠狠地折磨着。她每每被批判她的人诘问一个无法面对的问题："你是不是军阀的女儿？！"

是啊，自己怎么可能不是军阀的女儿？生身父亲，这是任谁也无法改变的啊！可是，外婆却从骨子里比任何人还恨自己的父亲，恨得甚至把自己的姓由"陈"改为了"冯"。她从内心深处不愿意承认有这么一位父亲，却又偏偏被人归为一类，视作敌人。"明明是有亲密血缘关系的父亲，却不得不要视他为陌生甚至厌恨的敌人，无奈啊无奈，到头来却发现在世人眼中我也是一个敌人！"彷徨与苦闷在她年少的心头层层累积，却无处倾诉，只能和着眼泪独自咽下。

历史就像一条滚滚的河流，呼啸着往前奔腾而去，再坚强的个体，在它的面前，都纤弱得如同蝼蚁。你想抽身逃离，这漫流的河水却无处不在，裹挟着你，拍打着你，让你内心惊惧、浑身疼痛。父亲不是早在生前就遗弃了自己么，怎么在死后还要这样长久地、无休止地折磨自己？外婆怎么也想不明白。不仅外婆一个人，恐怕那时好多好多人都想不明白，作为基本人伦的血缘关系，为何会在一夜之间成为一道挣扎不开的枷锁？

1952 年，住在省城广州的外婆经人介绍下嫁到顺德一个贫穷落后的小山村——西海，与世代务农的外公结婚。也许是不愿意再过少年时艰难困苦的生活，也许是母亲的遭遇让自己触目惊心，外婆宁愿过着平淡而安定的生活，因此甘愿从繁华的省城走偏远乡村。从广州到顺德的路上，映在外婆眼中的是渐渐的荒凉，而徐徐漫开在她脑海里的，却是以后如小河淌水般宁静的生活。这也是太婆对她的祝福与希望啊！

小河般平静的生活并没有持续多久，就被滚滚的洪流冲刷得一干二净，只剩下混乱、飘零、孤单，还有默默的忍受。

外婆没有看到一丝征兆，1957 年的反"右"运动便汹涌而来。为了证明社会主义事业正在遭受攻击，就需要挖出一大批"右派"，甚至在各单位强行摊派。为了完成指标，遂开始在群众中查阶级出身、查平日言行。当外婆对党的意见与她的出身联系在一起的时候，"右派"的帽子便如同一座无形的大山，重重地压在了这位身材瘦小的女人身上，避无可避。随之而来的，是来自工人阶级的监督与改造。

三年困难刚刚过去，外婆生下了我的母亲—— 一个不足四斤的婴儿。家里多了的不仅仅是一张嘴，更是一个挣扎在夭折边缘的幼小生命。微薄的收入已经不能维持全家人的生计，外婆便拖着单薄而劳累的身体在山野开荒，在贫瘠的土地上播撒下一颗颗求生的种子。那些荒年里的杂粮，竟被外婆做成了一家六口"丰盛"的三餐，成为那个饥饿年代里最温馨的回忆。

反"右"的潮水早已悄然退去，一家人也艰难地度过了饥饿的年头，生活似乎将会沿着平淡与温情继续，谁也不曾想"文革"会轰然而至，而且不断升级。厄运这怒不可遏的洪水又一次无情地吞噬着外婆，吞噬着这个原本就脆弱的家庭。

身为生产队队长的外公被抓走了，抄家的红卫兵拎走了太婆留给外婆的缝纫机头，攻击外婆的大字报密密麻麻贴满门窗。外公不断被拉去游街，天天挨打，之后又被强制去做矿工，最终染上了肺结核。"一年三百六十日，风刀霜剑严相逼。老天爷啊，为何您总给我贫瘠的土地，却从来不恩赐一点儿幸福的雨露？难道压迫就一定要顺从？我偏不！质本洁来还洁去，瘦弱的女子也能在这坍塌的时势里挺起不屈的身躯！"每一个字都写得那样苍健有力，我仿佛听到一个身材纤弱的女子在多舛的岁月里发着最震耳欲聋的、最不屈不挠的呐喊。

我母亲日渐虚弱，面黄肌瘦，不肯吃饭，而且哭闹不止，这在躲避红卫兵时给全家带了很大的麻烦。因为哭声一起，令人恐惧的脚步声便会紧随其来。村里很多人劝外婆丢下这个惹祸的女儿，可是外婆望着女儿一双清澈无辜的大眼睛，总会止不住地潸然泪下，她实在不忍心放弃自己的亲生骨肉啊，难道还要让这个无辜的女儿，再次遭受她外婆那样被亲人离弃的命运么？不，她绝不愿意。于是外婆咬咬牙，毅然将家里本就不多的全部积蓄，用来给我母亲治病。钱如流水般花光了，却始终没有找到病因，母亲的病也没有任何起色。而且属于被批斗的阶级敌人，也没有人愿意认真给母亲看病。绝望之下，外公对外婆说："算了吧，不如不要这个女儿吧，反正我们还有三个孩子。再说她又不是男孩，就算养活了，以后也没多大用处啊……"面对丈夫的劝说，外婆一言不发，只是决然地摇头。

后来经人介绍，外婆带着我母亲去县城找到了一位名医。原来，我母亲得的是肠胃病，所以才不肯吃饭、经常哭闹。吃了几副药后，母亲逐渐好转，外婆一直紧锁的眉头终于稍稍舒展。

带母亲回家时，外婆求熟人找了一辆顺风车。可是刚刚出了县城，司机就逼迫已经不属于"人民"阵营的母女俩下车。一生都不肯屈服的外婆竟然跪了下来，恳求司机行行好，捎带送下虚弱的女儿回去。然而苦苦的哀求换来的却是汽车远去的扬尘。外婆悲愤不已，又不愿意让女儿看到一个母亲的窘迫与尴尬，只好把心酸的泪水强行吞下，自己背起女儿，一步一步挪回了家。

"人世间的恶竟至如此，人性何以被一个时代扭曲得如此不堪？"当天的日记里，外婆只有这么一句话，一句简短明了却又内涵复杂的话。

不过，乌云不会总在头顶盘旋不散，明媚的阳光总有照进现实的那一天。挺直身躯等了这么多年，外婆终于等到了这一天。"文革"结束后，外公和外婆都被平反，不久以后母亲还考上了大学。"人不可能一直被乌云压住，对吧？越黑的乌云会换来越明亮的晴天。"外婆在这一天的日记里画了一个太阳，一个饱满的、散发着耀眼光芒的太阳。

1988年，外公罹患肺癌，两年后二舅又因抢劫入狱。双重的打击又在煎熬着这个饱经风霜的家庭。外公一直都在等待着看到儿子重新做人的那一天，因此不得不承受每年动一两次手术的巨大痛苦。他身体里的器官一点一点被摘去，但那苦苦等待儿子出狱的意志还在顽强地支撑着他。而更辛苦的则是外婆。她强拖着自己衰朽枯干的身躯，陪丈夫到省城看病。外公在病床上辗转，60岁的外婆就在病床边铺一床草席，陪伴丈夫度过一个又一个艰难的日与夜。只要稍能走动，外公就让外婆搀扶着，去到监狱里探望儿子。三人在铁门话别，总是泪水蔓延，连狱警都感动得流泪。每一次的挥别仿佛都是今生永诀。走出高墙，两个佝偻的身影相互倚靠着，缓慢挪动的脚步里，满是被命运折磨的屈辱，对生活无奈的叹息。

如今，外婆已经78岁了，身体依然硬朗，在老屋里与一只慵懒的白猫相依相伴，不时会来看我，找母亲聊天。外婆早已苍老，脸上千沟万壑，却丝毫不见哀伤，反而是历经沧桑之后的慈祥与豁达。我不知道外婆在老屋里怀抱那只小猫静静独坐时的心境，是在怀念已逝的丈夫，还是在追忆这蜿蜒坎坷的一生？我不知道，但我却总能被她那乐观坚强的云淡风轻所深深感动。

如果将外婆比作一种水，我想应该是溪水。一如林黛玉，可叹"一朝飘泊难寻觅"，一路上总遇到太多苦难的嶙石，但弱柳扶风的她意志却更加刚烈要强，骨子里只要"借得梅花一缕魂"，便能发出"强于污淖陷渠沟"那样铮铮有力的言语。如果这就是命运的韧性，那么每一次苦难，不过是阻挡溪流的一块石头，只会让看似疲惫的内心愈加焕发活力。在那一瞬间，柔弱的溪水不再是乱波漫流，而是化身为一把利剑，斩断一路嶙峋的顽石，磨平命运中所有突兀的荆棘。

世事漫涓随流水

当我看完外婆写下的最后一页时，发现厚厚的软皮抄还剩下几十页的空白。于是我不解地问母亲："妈，为什么你没有像太婆和外婆那样，在这本日记上继续写下自己的一生？"朝着窗外凝神的母亲转过头来，微笑说道："有什么好写的呢？该记得的、不该记得的都埋在脑海里了，死后就带着这些回忆一起入土吧。无论高兴还是悲伤，身后留下的终将是空白。个人的命运总会被历史的洪流吞噬，倒不如一切随它。就让世事漫涓随流水吧。"

看着母亲平淡的微笑，我的脑海里突然跳出一句《红楼梦》里的《好了歌》："古今将相在何方？荒冢一堆草没了。"是的么？难道真如疯跛道人说的，"世上万般，好便是了，了便是好；若不了，便不好；若要好，须是了"么？

我实在不相信母亲什么都没写，便一页一页往后翻。翻到最后一页，我终于看到了几个方正的钢笔字——"金簪雪里埋"。

"妈，这是什么意思？"我问道。

母亲笑了，眼睛眯成一双弯弯的月牙，说："呵呵，等你将来到社会上打滚，经历过风雨后，你就会知道了。"

我更加迷惑了。但为了继续采访母亲，我只好把这个迷惑暂时搁置了起来。"妈，那跟我说说你自己的经历吧！"我说。

母亲告诉我，她曾是一名语文老师，任教于西海小学。"当时我们村里只有几个人拥有高中学历，我就是其中一个。那时的高中学历要相当于你们现在的硕士学历了。后来我又去考大学，不知道翻烂了多少本书。"母亲骄傲地说。接着，她又不无遗憾地告诉我，家里实在太贫困，虽然自己已经考上了大学，却没有钱继续读下去。"高中毕业后，我就只好留在生产队干活。一年后，很幸运地得到了小学老师这份工作。"

当年的母亲在教学上很有一套，所教班的成绩往往排年级第一。生完我大姐后，休完产假的母亲返校接手一个成绩最差的班，经过她的调教之后便每次准排年级前二名。

"最大的遗憾是我不会说普通话！每次到普通话比赛就总是出丑。"母亲略有羞愧地说道。母亲读书时，还没有推广普通话的课程，所以她没有机会把普通话学好，等到年纪大了，再想纠正语音就已经很困难了。于是，她便在教学中琢磨出一个很聪明的方法，挑几名接受能力很强的学生，先教会他们拼音等基础知识，再让他们领读。几年下来，母亲出色的表现让她获得了"镇优秀教师"的荣誉。我多少感到惊讶，平时在我眼里只会家长里短、唠唠叨叨的母亲，当年竟然是那么的优秀！

"那后来为什么没有继续做老师呢？"我不解地问。

"还不是因为你呗！"母亲脸上堆满了笑。"养儿防老"的想法在那时还根深蒂固，爷爷看不起已经连续生了两个女儿的母亲，虽然嘴上没说什么，可是平日里却把所有的疼爱都给了我二叔的儿子，与对我两个姐姐的种种冷落形成鲜明对比。没办法，当年已经33岁的母亲决定放手一搏，再生一个。谁料造物弄人，也不知是注定还是巧合，这一胎又是个女孩。善良的母亲不忍心打掉，咬着牙，坚持让肚里的小生命来到了人间。1995年，那个险些消失掉的生命降生，那就是我。

当时政策规定，农村户口最多只能生两个女儿，否则就要被强制引产，而且还要罚款。身怀六甲的母亲天天都如履薄冰，四处躲避妇联的工作人员，因此不得不寄人篱下。躲在三叔婆那儿的时间里，母亲为了肚子里的我受尽了委屈。三叔婆待人有些刻薄，有时候甚至会很无情。她答应留母亲住下，但母亲每天都要为他们全家做好饭菜、洗衣服，忙时还要去田地里帮手，否则便会受到一阵数落。为了我能平安降生，已经有六个月身孕的母亲默默承受了这一切。可是每当夜深人静的时候，她还是会轻轻抚摸着圆圆的肚子小声啜泣。她不敢大声，害怕招来三叔婆的责备。

最后，母亲还是躲过了检查，平安地生下了我。"你不知道，之后家里被罚款3万块。当时的3万块啊，可相当于现在的30万！可为你花的这3万块，我觉得比30万还要值得。"母亲笑着说道。

今天的母亲说起这件事的时候，脸上是洒脱、温馨的笑；而当年这位三个女儿的母亲，为了照料一家人的生活，却只能忍痛辞去了那份让她引以为傲的工作，尽管学校几度邀请她回校复职。

"你觉得可惜吗？"我问道。"有什么可惜的？有了你们三个这么调皮的女儿，没有什么是可惜的啦！"母亲捏了一下我的脸蛋，继续说，"既然老天恩赐我这么一份幸福，我就要欣然享受。如果我当初执意要继续教书，恐怕现在就不会有你们几个这么乖巧的女儿了！工作上的得意可不等于家庭的幸福啊！"

现在，50 岁的母亲做了一名安稳的全职太太，闲时为自己裁上一件漂亮的衣服，与旧时同学聊聊天，或者帮忙照看一下邻居家的小孩子。而她最大的幸福就是做一顿好饭，然后看着三个女儿埋头把饭菜吃个精光。年少的我，仿佛也从母亲那里体会到了"失就是得"的古训。

如果将母亲比作一种水，我想应该是江水。一如史湘云，虽然芍药的芬芳掩不住寄人篱下的郁伤，她还是以"几缕飞云，一湾逝水"的心情静观风起云涌，反倒映衬出一份难得的自尊与刚强！于是才有了她女扮男装的洒脱，才有了风雪天里大嚼鹿肉的"真名士，自风流"。岁月如滚滚长江东逝，苦难的浪花终会随波而去，生活又复归大海般的深沉与宁静，只剩下头顶明净的霁月光风。

树丛咸涩的气味里似乎糅合了些许甘甜，台风的威力已减弱许多。窗上的雨珠，在夏天的空气里逐渐蒸发殆尽，水汽蒙蒙的玻璃重又透出最初的澄净。一如岁月的尘埃，虽然它总是沾染着你，让你或喜或悲，然而它总会掉落，就像外婆说的那样，"质本洁来还洁去"。我拿起笔，在软皮抄的封底画了一个东升的太阳，金灿灿的阳光正撒在茫茫的大海上。我给它配了一首诗：

说到辛酸处，荒唐亦如真。梦醒莫自叹，花明又一村。

【后记】

季羡林先生在《难忘的一家人》中曾写下这么一句话："在脆弱中有坚强，在简单中有深刻，在淳朴中有繁缛，在平淡中有浓烈。"我以为，用这句话来形容本文中的三位女性再合适不过。

在写作的过程中，我用手机录下了母亲所说的每一句话，仔仔细细地翻阅了那本弥足珍贵的软皮抄。我生怕会听漏一句话、看漏一个字。每一次重听录音，每一次翻看软皮抄，我都不禁为这三位女性可贵的品质所打动。

或许有人认为写历史，就应该写那些豪气冲天、铁骨铮铮的男子汉大丈夫，他们或前赴后继、建功立业，或鞠躬尽瘁、安邦定国。但我认为，历史洪流中那一个个看似平凡的女性——不仅女性，所有平凡的人们——都在岁月浮沉中推动着历史的进程。诚然，世界是由精英引领，却是由平凡的人们在创造着。所以我以家族的祖孙三代女性为题，写下了这篇文章。她们是千万普通人中再普通不过的了，她们身上所发生过的，所经历过的，在另外千万人身上都一再重复着。然而，对于她们自己来讲，所有的一切又何尝不是一段传奇呢？她们的岁月，又何尝不是历史大观园里的一草一木呢？

我愿将她们比作水，是因为她们品性如水。如水那样纳百川而不溢，居低位而不卑，利万物而不争。她们温情感性，满腹柔肠。但也恰恰是这种"柔"，穿过了蜿蜒漫长的岁月，穿过了坎坷崎岖的人生；也恰恰是这种感性，让她们在苦难面前哭泣，却又把泪水化作滚烫的热情继续前行！她们坚忍不拔，水滴石穿，一步一个脚印踏平着自己的人生。这是一种积蓄的力量，更是一种生命的韧性！她们的慨，是对生命的敬畏与感激，是对不公的愤怒与控诉；她们的慨，是对磨难的无畏与超脱，是对生活的希望与追寻！她们是水做的，可她们又不是水做的。

后来我在网上搜索了当初那句让我满腹疑惑的句子"金簪雪里埋"，原来"雪"谐"薛"，"金簪"比宝钗，本是光耀头面的首饰，竟埋没在寒冷的雪堆里，暗喻薛宝钗这凄苦而无力的命运。可是我想，只要骨子里是刚硬的，即使被埋没在冰冷的人世间，总会像金簪般放出独特的光彩。母亲是否也这样想？我暂时还不知道。或许等到这个世界让我经历足够多的事，我就会理解的。嗯，会有那么一天的。

感谢这次历史写作，让我有机会了解家族过去那一段段令人感慨万千的过往。"历史"这个名词在我眼里，似乎已不再那么模糊和遥远。你我身边的事，发生过的和正在发生的，不都是历史么？每个人都有资格去书写历史，更有资格去把握属于自己的历史。上帝创造了人类，却也只掌管着他们一半的命运，剩下的一半，毕竟还在我们自己手中。

土地，土地

王颖 | 江苏省扬州市扬州中学
指导老师 | 梅冬

一抔新土

越近年关，老周家的门头就格外热闹。

周登发看见妻子变难看的脸色，意料之中，还是去开了门。

进来一个同庄子的农民，又是来卖地。这些农民大都分为两类：一是家中实在田少人多，再勤恳也余不下粮；二是家中土地充裕，自己好吃懒做。

周登发答应买下那人的一亩半的土地，拿了现钱出来，打发了农民离开。妻子见人走远，开口就骂："又买！买了你种得完！"周登发无耐："家里不是人多么，更何况他们也要现钱来过年，到年关了，我不买他们的地，不是把他们逼死么。"妻子瞧了周登发手上的钱袋，越发气恼："家里的钱哪里不是一分一分卖掉粮食挣来的？外面多了那么些田，家里日子却过得紧巴，说出去都觉得好笑！"说完进了屋，狠狠甩上了门。

周登发无奈，这种争吵，每隔几天都要来一回。

冬日里入夜极冷，周登发多裹了件外衣，走在空荡荡的田埂上，还是冻得发抖，他清晰地听着牙齿碰撞的声音。

布鞋踩在冻硬了的土地上，每一步都直直的，周登发口中数着步数，呼出的白汽弥散在空中。转了弯，还是在这家的地上，沿着田埂继续走，一圈走了下来，周登发略略算了下，统共是有一亩半的大小，放下了心。

周登发瞅着这片夜色下的土地，仿佛看见了第二年秋天丰收的景象，到时遍地金黄，收了粮食卖掉，家里多了一份收入，日子也可以宽裕些。黑暗中，周登发的嘴角微微上扬，露出欣慰的笑容。

第二日，家中的花圃有了松过的痕迹，小女儿弯下腰，发现新鲜的土壤中埋下了一粒粒的种子。周登发带了弟弟周登宝和大儿子来到花圃旁，说道："这是那几家地里的土，咱们先试种，看看土质，再决定明年种什么。"周登宝笑道："大哥这几天晚上冒了天寒出去就是为这个？"周登发点头，摸着老大的脑袋："老大要记住，土地是咱农民的根，马虎不得啊。"

小女儿方才两三岁，听不出个所以然，只大略知道土地是个好东西，有土地，他们一家才有饭吃，才能把米借给别人，才能买得了物什。想着可以买东西，又高兴地蹦跶到别处玩了。

1950 年，那些新土，那些可以帮着农民过冬，那些承载着周登发希望的新土，将他和他的家人带入了苦难的深渊。

周登发和周登宝两家总共有六十几亩地，队里来了人，只说他们家的地超过了这边人家的平均数量，多出来的部分全部要充公，另外，根据多出来的亩数算，他们一家会被划分成半地主（富农）。

妻子趴在周登发的腿上只是哭，一直哭，声音越来越小，再没有劲力大声喊骂。

半根油条

半夜里，家里突然闯进了一群庄子里的农民，周登发、妻子、周登宝和孩子们都被这群人赶到了院子里。一部分农民留在了院子里，看着周登发他们，剩下的农民浩浩荡荡冲进屋子，厨房里的碗筷有的被抱走，有的直接被摔在了地上，房间里的脸盆架倒了出来，铜盆落在地上，发出金属的嗡鸣，不一会儿，又被人捡起，拎在手上出了门。小女儿才 4 岁，只以为自己在做噩梦，恐慌地躲在母亲身后，双手抓住母亲的裤腿，仍在不停颤抖。家里预备过年的咸鱼咸肉被提了出来，几个人哄上一分便没了。两三个人正扯着一团大红毛线，整齐放在箱子里的毛线，现在杂乱纠缠，那些人更加分不开，只得狠狠地骂。小女儿认得那团毛线，是母亲预备给自己织毛衣的，她刚想哭喊，母亲就已捂住她的嘴巴，她闷闷地叫了几声，在砸抢之声中，更加不可听闻。

领头的人拿了搜出的余粮钱，走到周登发跟前，弹弹纸钞："就这么点？"周登发配合地从地上站起，不发一言，他知道，这是要搜身。

那人从周登发的胳膊向下，一路拍打，没有任何收获，有些悻悻，看见周登发脚下的鞋子，顿时来了精神。周登发看着那人发亮的眼光，脱了鞋子，赤脚站在旁边的地上。那人倒提一只抖抖，什么都没有，一脚将另一只也踢远了。

那年的冬天，格外的寒冷漫长，一大家子十几口人，蜷缩在小小的房子里。

那群人来时，小女儿往里缩了缩，见他们要带走父亲，立刻和哥哥跑了出来。周登宝挡在他们的前面，对那群人说道："我哥哥身体已经不好，我代替他去。"周登发一把拽住周登宝，周登宝道："老大，一根油条你我都一人一半，今日的祸我也替你分担。你只照顾好嫂嫂和侄子们。"周登发双眼闪着泪光，看看孩子们，又看看妻子，松开了抓住周登宝胳膊的手。

周登发只能看着弟弟被那群人绑着，脱了外裤，站在冷水桶里。一盆一盆的冷水从周登宝的头顶浇下，伴随着哗哗水声的是人们高兴的呼喊。水桶里的周登宝，双腿发抖，浑身哆嗦，嘴唇也是青紫。到天亮时，周登宝才被人从冷水桶里捞出来，双腿已走不了路。

中午，周登发被抓了去，戴上高高的大帽子，和庄子里其他几个地主富农一起，拖到了搭好的台子上。大队干部涨红脸，把右手举得高高的呼喊："打倒地主阶级！""打倒万恶的地主分子周登发！"围观的人立即跟着呼喊口号，声浪阵阵，似要刺穿他的耳膜，他将头放的很低，身后的棍子便更容易敲在他头上，一下又一下，五官因疼痛而扭曲。

周登发被压制着，沿着队里划分好的路线走在村庄之间，头上的高帽尚未摘去，胸口还挂着"地主分子周登发"的大牌子。周登发不知道群众为何这么激动，吵吵嚷嚷，他也无心细听，就是这些人卖过地给自己啊，多么好笑。他喉头苦涩，咳嗽咳岔了气，脚步略一停顿，被人从后面狠狠推了一把，跟跄一大步。

一块烧饼

周登发一家，没有能够入社。

周登发会比平时起得更加早，他要去城里拉灰，回来为土地施肥。车内的灰沿着他走过的路慢慢洒下，流成身后地上的细细长线。车，他可以推得很稳，但他们家的土地被分在别人的田中间，连平稳直达的田埂都没有，拉灰的木车只能在土路上颠簸，像一个不听驯的小兽。

到了中午，周登发吃不了大食堂，又不愿耽误时间，每天早上在衣服里放一块黄烧饼，那烧饼由体温捂着贴身放了一上午，竟是温的。他就站在路边上啃，也不喝水。同一个庄子的人，每看到他灰旧的衣服前襟张着，都知道他怀里揣着块烧饼，必是今日的午饭，脸上便会挂着怪笑。不知从何时开始，"周登发"和"黄烧饼"联系在了一起，成为一个笑话。

当弟弟周登宝告诉周登发那些"地主"、"富农"也可以申请入社时，他却有些犹豫。他问弟弟："公社里的生产不是要换成工分？"弟弟点头，他想了下："这几年人民公社里的情况也不是太好，大家在一块，积极性都不高啊。我一样的种地，拿工分换到的东西却少了，日子不是更难过么。"弟弟指了指院子内的小侄女，说道："哥，你不入社，孩子上学怎么办？家里到现在还没通上水电，水可以从外面井里打，电怎么办？"

周登发最后还是打了入社申请书。

日子并没有好起来，自己的小女儿逐渐长大，作为富农的子女，她成分不好。平时在家门口玩就经常被歧视，每当知道大人们都告诫小孩，不要和自己的女儿这群人玩在一起的时候，周登发只能将哭泣的女儿抱入怀中安慰。周登发没有想到，自己入了社，孩子读书也只能读到小学，没有初中高中可念，更不用想分配工作。

周登发终究因为不甘心气坏了身子，1966年，"文化大革命"开始，"黑五类"被提出来重新批斗，周登发的病终是熬不过去，没等得及"文化大革命"结束，在1968年便撒手去了。临终之前，周登发把女儿叫到床边，看着自己最小的女儿，无力说道："我以为可以让你母亲、兄弟们过得更好，结果终是让你们跟着我受苦，是我害了你们。我们现在是穷，但穷……是好事……"他抬手帮女儿擦去眼泪："我有罪啊，不能看着你出嫁了……"周登发浑浊的眼中突然流下泪水，顺着脸颊滑落在枕巾上。抄家、批斗、嘲笑……这一件件事情历历在目，就像是昨天发生的，胸中闷闷的疼痛还是那么深刻。周登发声音哽咽："老七，只记住，一定一定要找最穷最穷的人嫁！"

小女儿哭倒在周登发床前，再抬眼时，周登发已驾鹤西去。

【后记】

在写这篇文章的时候有很多犹豫。第一便是题材，我选择了土地改革。在多数人的印象中，什么"地主"、"富农"这类名词，是在"文化大革命"的时候才出现。实则不然，中国近百年来总共有三次土地改革，第一次是抗日战争时期，实行地主减租减息，农民交租交息的土地政策。第二次是人民解放战争时期，第三次便是离现在最近的，也是规模最大、范围最广的1950年土地改革。周登发，也就是我的曾外公所经历的，正是第三次土地改革。然而"文化大革命"发生在1966年，远隔了整整16年。

"土地改革的完成，彻底摧毁了我国存在了2000多年的封建土地制度，促进了农业生产的迅速恢复和发展。解决了封建制下人身对土地的依附，给与人身自由，促进经济的发展，在一定程度上为我国社会主义现代化建设奠定基础。"这是网络上对"土改"主要意义的概述。"土改"的重要意义是不能否认的，没有彻底的"土改"，农民还是没有土地，地主仍然可以随便剥削，农村的生产力得不到解放，政权无法有效巩固。很多人都把地主的形象定义为"周扒皮"这一类恶霸混蛋。但实际上很多"地主"、"富农"都是通过劳动、智慧、努力挣下了自己的家产，由于在"土改"之中被错误地划定了成分，导致了自己乃至全家人一生的痛苦。

很多"地主"、"富农"的家当，在当时并没有被充公到大队，直接就被分掉了，一些器件至今仍在别人的家里。《长白山地区土改运动纪实》中写道："老头（李长胜）上山去捞柴火，和一个12岁的小姑娘谈了谈家庭经济情况（略），我问：'粮户（地主）有粮能不能向他要？'答：'他会给？'……'人家不会给的。我爹说瓜菜下来了，能凑合到瓜菜下来的时候。'问：'咱借他的粮吃好不好？他的粮放着也无用。'答：'我爹说，宁肯饿死也不能拉饥荒（借债）。'"一个天真无邪的小姑娘，尚且懂得借债要还的道理，因此"饿死也不能拉饥荒"，但"土改"工作队则教唆她去"借"——不好说"抢"——地主的粮食。在这里，我看到的是，几千年积淀的传统文明，社会道德，由于错误的领导，是如何在"土改"中遭到毁灭的。

第二个犹豫便是人物以及视角的选择，起初将曾外公周登发定为主人翁，还是不放心的。毕竟周登发这个人物太小，既不是参与长征的红军，也不是共产党的地下专员，更不是抗美援朝的英雄，充其量是一个受害者，但受害比他更严重的还大有人在。然转念又想，既然是受害者，便是真正经历过那段历史。中国的历史多是写帝王将相，小老百姓像是历史汪洋中的一粒细沙，渺小得无法找寻，孰不知，一粒细沙再小，也是来自于人来人往的沙滩之上。有人处，便有历史。曾外公一家，不过是那个时期一类人的小小缩影。这里，仅当我是用一粒沙代表了一片沙滩。

我用第三人称来写，写完自己都觉得像是写了一篇故事。无论这个故事是否能够打动人，那段历史都不再冰冷。那是已成历史的人和事，他们有语言，有泪水，有无奈，有神态……我想通过活生生的人事，警醒自己，警醒他人。

我写这篇文章不是为了喊冤平反，更不是为了批判，只是为了去揭露一段真相，还原一段历史。一个重大事件的发生，其影响必然有正面，有负面。不应该简简单单地怪罪个人，那个时代本就无人对错，只是迷茫无知罢了。但如果现在，我们仍在对待某些问题的态度上，轻易地下定义，从而将矛头指错对象，那便是悲哀了。

百年绝三师，千年空一叹

周岷科｜四川省成都市成都七中高新校区
指导老师｜赵东琳

我的老家位于眉山市仁寿县某山村。清朝末年，此地山清水秀，百姓安居乐业，一片安详与和谐，而我所要描述的历史，正是从这里开始。

辉煌

那是盛夏，烈日当头，高祖父像是往常一样，提上水桶往屋后走去，那是一片肥沃的土地，种满了各种各样的蔬菜，菜地的旁边有一个小小的坛神庙，那是当地所信奉的神仙之一，掌管生死祸福，当地人极为看重，修了间小庙予以供奉。往日路过，高祖父只需虔诚拜拜即可，而今日，却看见一位道人坐在庙中，痴痴地看着他，道人嘴唇干裂，头发花白，身上的道袍破旧不堪，轻声说道："水、水。"仿佛这两个字已用尽他全部力气，高祖父立刻提上水桶过去，道人喝了水，似是神志清楚了些，告诉高祖父自己是丈人山（"丈人山"为青城山古称）的道士，将前往城里为某位贵人家做道场。高祖父十分好奇，便问那道人会些什么法术，道人笑了笑，不予理睬，起身赶路，很快消失于山林之中，在高祖父正在为自己错失良机而懊悔之时，去发现道人刚刚坐的地方，留下了一本书。

高祖父把书放在怀里，迅速回到了家，开始翻阅起来，结果令高祖父大为高兴，清朝末年，道家书籍遍地都有，但其中不少假书，而高祖父所得的这一本，是全真教龙门派教内书籍，里面不光有龙门派擅长的内丹术，更有全真教及部分正一道书籍的目录，高祖父在那几天几乎花光了家里所有的积蓄，买到了市面上所有记录在书中的书籍，回家潜心阅读。

高祖父天资聪颖，每天忙完农活之后便回家看书，全心学习这一门有千年历史的学科，收效甚快。

约莫三年后，高祖父正式开坛，自号"端公"道士，为掌坛师，自制令牌，熟于口诀、精于炼丹，辅以符箓和相术。

由于高祖父得道书之事在左邻右里中广为流传，不少人请高祖父去做道场，看阴地，算天命，观风水，驱妖鬼，克煞星。这是高祖父最为辉煌的时期，名气甚至是传到了不少达官贵人耳里，在一次做道场之后，当地县令为了讨好他，甚至送了一块纯铜的罗盘给高祖父。

据传，当地无赖王某声称不信诸神，在一次做道场的过程中，王某冲进灵堂打断"奈何桥"，高祖父大怒，竟然活生生地让王某精神失常，徒手爬上了屋顶，呆坐其上，口中喃喃自语。此事之后，乡里不少子弟前来学道，高祖父收了一批天资较好的子弟，认真传授，时至今日，在当地做道场的道士中，几乎全是高祖父的徒子徒孙。

高祖父死前，自己选好了墓地，但由于时间久远，墓地位置已不可考。

落没

高祖父正式开坛时，我的曾祖父13岁。

曾祖父从小便对高祖父的"神通"产生了极大的兴趣，在曾祖父20岁立冠之时，高祖父正式地给了曾祖父一把钥匙，曾祖父打开那个柜子，里面是满满的书籍，符箓、相术、医理、炼丹、占卜分门别类的摆列其中，高祖父只是让曾祖父选一门，高祖父知道学而不精是大忌。像是很多人梦寐以求的那样，曾祖父选择了相术，相术包括印相、名相、人相、家相、墓相。墓相，指的就是传统意义上的风水。

曾祖父虽天资不高，但因为有高祖父的指点，也在墓相取得很大的进步，但是曾祖父知道自己技不如人，所以在掌坛师继承时，曾祖父选择了放弃，由高某来继承掌坛师位，自己则在一旁做些琐碎的工作。

高祖父死后，由高某来带领师哥师弟们做着高祖父的工作，曾祖父因为所学是相术，在平日做道场的过程中并不能起到太大作用，渐渐被高某排挤，日子也越来越难过，不过使用家里积蓄仍旧能够坚持下去，可是屋漏偏逢连夜雨，曾祖父抽起了鸦片，每日只顾躺在床上吸食鸦片，本就微薄的收入变得捉襟见肘，家里的积蓄也顶不住白花花的银子的外流，在烟瘾来犯之际，曾祖父打开了当时奉为宝物的柜子，将那些无数人梦寐以求的书籍打包卖给了鸦片贩子，那些玄妙的书籍被以极低的价格抛售，不知高祖父在天之灵什么感受。

抗日战争时期，国民党大肆抓壮丁补充军队人数，曾祖父没钱没势，自然被征召走，八年抗战，血流成河，曾祖父的部队在一次战斗中全军覆没，而曾祖父却当了逃兵，他把尸体上的鲜血抹在自己身上，趴在战场上一天一夜，直到日军打扫完战场离去，就这样，曾祖父逃回了家乡。

多年的战争，已经使曾祖父对于学到的相术记忆不甚清晰，更不用说辅学的医理和符箓了。曾祖父在家乡浑浑噩噩地混完了最后十几年的日子，但在这些时间里，他仍然没有让技艺失传。

湮灭

爷爷出生于 1924 年，家里一贫如洗。

当爷爷开始记事时，曾祖父便被抓走了，家里在几位兄长的帮助下渐渐有了起色。爷爷是幸福的，当他 12 岁时，被家人送进了私塾，开始接受正式的教育，后来日军全面侵华，私塾停了课，爷爷回到家里帮忙做农活，闲暇之时练练字，在父亲的印象里，爷爷写得一手极好的隶书，又过了几年，爷爷等到了当逃兵归来的曾祖父。

当时的爷爷并没有想过自己会因为归来的父亲改变自己的人生，直到有一天曾祖父问他学不学相术，他才知道，原来家里口口相传的规矩是真的，道家秘法惟有缘人可学，爷爷明白这是自己继承祖辈衣钵的机会，毫不犹豫地答应了下来，可是学习，并不是这么简单。

由于曾祖父卖掉了所有书籍，一切道义全凭记忆，而记忆难免有不清晰和疏漏之处，聪明的爷爷自然会发现这些漏洞并且加以追问，但是曾祖父却无法解答，所以虽然爷爷有家族三代中最好的天资，却因为书籍丢失，成为三代中掌握得最少的继承人，仅仅只会一部分相术、一点点的医理和符箓。

曾祖父死后，爷爷加入了高某的班子，此时的高某，已经是第三代掌坛师了。爷爷在他们当中并不出众，只能当一个配角，而这个配角所掌握的道术，也把我深深的震慑到了：

家乡的老人有个习惯，总喜欢先把自己的墓地定下来，爷爷一眼便看中了一块地，那块地长年滴着水，一年四季未曾断绝，被家乡人称为"长滴水"，按照传统选墓地的观念，墓地一定要干燥，像是这样潮湿的地必然是不能做阴宅的。而爷爷偏偏选了这块地，等到墓室搭建好，从墓室深处爬出两条金黄色的小蛇，爷爷笑道："双龙戏水，双龙戏水啊！"自此，那块地再也没有滴过水，反而变得十分干燥。后来才知道，风水分为寻龙、觅水、观砂、立向、定穴五步，而此地有双龙相斗，两条龙脉相互缠绕，风水形式极为复杂，建墓于此，即可强占龙气用以造福后人。

许多孩子小时候会长水痘，并且会传染。姐姐小时候长过水痘，急坏了三叔一家，正巧爷爷在，爷爷只是把姐姐拉到板凳上坐着，自己坐在姐姐面前，让姐姐把口水抹在右手的手指处，然后按住长水痘的位置，爷爷则在姐姐的左手上一边画着符，一边默念着口诀，结果第二天，姐姐的水痘便痊愈了，其中奥妙，已然不能知晓。

到了"文化大革命"时期，爷爷不得不停下自己的本行，而这一停，便是永远。

我出生于1996年，第一次见到爷爷是2001年，此时爷爷已然瘫痪，他常常念叨："七十三八十四，阎王不来自己去。"爷爷在七十三岁时瘫痪，从此再也无法拿笔、拿罗盘，我问爷爷："为什么你不在几位叔叔中选一个继承人？"爷爷说："我自己都没有学精，怎么教他们，就算我想教，祖上的规矩也不准啊。"

我问："祖上还有什么规矩？"

爷爷笑道："百年三师啊。"

我还想细问，爷爷却已被父亲推进里屋休息了。我父亲出来对我说："百年三师就是做这一行只能做三代人，赚死人的钱是损后人的，你看看高某他们家，觉得这一行来钱快，祖祖辈辈都在干，第四代了还敢做，现在妻离子散家破人亡了，我看他们还干不干这一行。"

爷爷走了以后，留下的遗嘱却是不要做道场，没有人知道爷爷是怎么想的，但也只有尊重他的意愿。

爷爷出棺是在早上四点半，夏季的天亮得早，远远的似乎已经看到了曙光，却发现逼近的只有乌云和狂风，送葬的队伍浩浩荡荡，沿山而行，仪式繁琐。乌云越发靠近，当爷爷的棺木推进墓室的一刹那，暴雨倾盆而下，我站在雨中注视着墓门缓缓被关上，看向天空，上天给了我们家族最后一个能够看透些许天机的人一场盛大的暴雨，算是对百年纷繁人世的祭奠，我正准备快步往家跑，雨却停了，阳光射向爷爷的墓碑，上面的雨水反射出金灿灿的光。

最后一个继承人走了，大地之上无数个地方正上演着这样的故事，道教在民间所留下的道术，随着时光这条长河缓缓逝去，空使我们这群后人无尽的想象，先人之术究竟是什么？

三炷轻烟之上，三清画像之前，不知是谁惋惜地说了一句：

"百年绝三师，千年空一叹。"

蝉鸣更盛，烈日如火，青城一片幽幽。

【后记】

7月28日，我坐上回乡的车。

自从爷爷去世后，我似乎再没有理由回到那一片土地，而今日似乎又有那么一丝契机，让我去探寻家族尘封的过去。

回去的路并不远，只需翻过一座山，平静的山村就安安静静地躺在山脚下。山上的路曲曲折折，四周是茂盛的森林，略显嘈杂的蝉鸣赤裸裸地洗涮着这个世界。我坐在车上，眼前掠过一抹又一抹的绿色，些许地方挂着白幡，宣告着那是一块宁静的墓地、墓地，又是墓地罢了。

一个小时的颠簸，车最后停了在一栋双层小楼房前，极其寻常的一座双层小楼，下面没有门，取而代之的是三卷卷帘门。我下车，敲了敲卷帘门，发出硕大的响声，然后门被拉开，出现一张老人的脸。这是我的么爷爷（四川话把最小称之为么），这是爷爷那辈里最后一位了，值得高兴的是，72岁的他身子还较为硬朗。我说出来访目的，他沉思了一下，然后递给我一张凳子，断断续续地说出那鲜为人知的故事：

"家里做这个做了至少有三代，可能往上还有，但肯定不是掌坛师……"

"最出名的肯定是我爷爷嘛，就是你高祖父，他是得了真传的，青城山的道士留的书给他，听我老汉（爸爸）说我爷爷那段时间跟疯了一样的，天天在屋头翻黄皮书……"

"书头写的啥子（什么）啊？这个我不晓得，见都没见过，我爸爸说好像是炼丹的……"

"会些啥子（什么）？会的多了！啥子驱鬼啊，捉妖啊，'端公'道士嘛，凡是跟妖魔鬼怪沾边的都干，屋头那个铜罗盘见过没有嘛，那个就是县太爷送你高祖的，晓得不嘛，还有，有时候也要整人，我爸给我说那年子有个不信神的，做道场的时候把'奈何桥'搞断了，那娃儿当场就被你高祖搞疯了，后头不晓得哪里去了，反正没见过了。"

"你高祖后头当老师嘛，教了很大一批徒弟，后头打仗的时候多半都拉出去死了，有几个屋头有点钱的还在，但是这帮人都没有学精的。你想嘛，学个两三年一大柜子的书哪个记得全嘛，还是只有看家头的人，如果你曾祖不抽大烟呐，可能还好点。"

"啊，抽，抽得还多，屋头一大柜子的书全被他拿出去卖了的，后头又去当兵，东西都搞忘完了，要不然你爷爷也不会只会那点点，搞得最后瘫痪。"

"其实你曾祖还是多有才的，当年几个老爷的墓全是他点的，他墓相学得很好，就是毁在鸦片上。"

"没死，没死。死了怎么教你爷爷啊，他当了逃兵的，把血抹在自己身上，趴了一天一夜然后跑回来的。"

"你爷爷啊？你爷爷聪明，还读了私塾的，可惜你曾祖教你爷爷教不清楚，书都丢完了，怎么教嘛。你爷爷最后就会点看墓，他的墓就是他自己看的嘛，双龙戏水哦，那么难点的墓都遭（被）你爷爷点了，说明你爷爷还是有点本事。还有，小娃儿长水痘你爷爷是可以治的，具体怎么搞我记不到了，去问你姐嘛。"

"我会不会？我哪里会嘛，家头规矩只能传一个。"

"百年三师，这个东西损后人，最多学三代的。"

从么爷爷家里出来，身上背负的责任似乎更重了一些，但却也变得无能为力了起来，无论家族长辈们过去是怎样参透这些玄学，怎样刻苦钻研这些现在称之为迷信的道术道法，自己终是没有机会了。

再回首已百年身

常思宇 | 黑龙江省齐齐哈尔市克山县第一中学
指导老师 | 刘春艳

戏子，在那个年代里，身份地位都怪怪的。从老百姓嘴里，喊你叫"唱戏的"；捧你的客，称你叫"角儿"。和同时期的大章班、全福班那些在皇城子里唱过戏的班子不一样，凤德班就是个土台班子，班子里也没有角儿。可以说庞家的族史与戏是有着千丝万缕的联系的，所以不得不提这个名不经传的小戏班。

清朝末年，是庞家最兴盛的时代。妈妈的太爷爷也是族史上最浓墨重彩的一笔。小的时候在姥姥家里，听得最多的便也是他老人家的故事，从记事那年起便清楚记得的那个名字——庞洪恩。

那个时候，庞家有三进大宅，进门前院是伙计，中间是正房，后院是祖坟。家里放牛放马种地。庞洪恩还是衙门里的人，用现在的话来讲他那工作叫秘书，外人称庞家有钱说"庞宅连床边都是金子镶的"。庞家宅子坐落在西河镇仁政村，宅主人庞洪恩最愿意干的事儿就是有闲暇时哼哼两句京戏，所以每逢丰收或者是过年过节都会请戏班来家里唱戏，凤德班也来过，一般都是大摆三天，每到这个时候庞家宅子总是围满了看客。

庞家兴旺一时，民国时期逐渐衰落。"财旺人不旺"，这是后来人对当时庞家的坊间评价。庞家的男丁都是英年早逝，庞洪恩在四十几岁的时候就得病去世了，家里边在衙门里做事的人没有了，自然对家业有影响，所以庞洪恩的去世也可以看作是庞家衰败的转折点。

我的太姥爷接管这一大摊子家业，却是不上手，和父亲比起来，自己也要叹气。他最和庞洪恩相像的，是也爱听戏，最常唱叨在嘴里的是《定军山》《击鼓骂曹》。由于家里不如以前富足，就不常请那些在当地唱得名号响的，于是凤德班成了庞家常客。太姥爷比他父亲更平易近人，于是和小凤德里的人关系更近些。

在庞家的历史里必须提及的一个人是太姥爷的好朋友——吹二哥（本姓应该是崔）。他做的是走街串巷卖糖葫芦的营生，这个人最大的特点就是像猴儿。吹二哥总是扛着扎糖葫芦的草把子，叫卖起来很有特点，喊得话都是有调子的："哎~红果~辘轳~着喂，糖呦~"要么就是爱编几句根本不顺嘴的顺口溜："糖粘红果牙粘舌，拿下红果果粘牙，吃了红果娃长大，娃为国啊娃为家。"吹二哥的糖葫芦卖得好跟说这些俏皮话也是有关系的。我在比较小的时候听过一段传统相声，说的就是这个老时候的叫卖，其中尤其提了卖糖葫芦的，是非常具有地域特色的文化。

吹二哥名字的由来是因为他能吹牛皮，一般的人没事都爱和吹二哥侃几句，吹二哥的嘴里都是瞎话，今天说自己是满洲贵族的后代，明天说抓进去的犯人早年间与他交过手，两人都是飞天浪里小白龙。听的人都知道这是编的，却也乐意听他扯，太姥爷就是其中的一个，就是买糖葫芦的时候听着听着就和吹二哥成了好朋友。吹二哥后来知道太姥爷是曾经金光闪闪的庞家的儿子，下巴差点没脱了臼，吓！这庞家的儿子真不像传说中的他老子！

太姥爷的一生中，对他最重要的人，不是太姥姥也不是他雷厉风行的父亲。他对姥爷说过，他一生中被人背后指着脊梁骨说衰落了庞家家业，只有一个人和他坦诚相待了一辈子，这辈子和他在一起最舒坦的，是个卖糖葫芦的。除了和吹二哥的这段友情，太姥爷的感情生活是非常单调的，他只是在娶太姥姥之前跟吹二哥说过他始终觉得小凤德里穿红衣裳的姑娘最好看，他看她就像看一朵牡丹。太姥爷在给姥爷说这些事情的时候，手里捂着一个暖茶壶，壶嘴里的热气从太姥爷的手指缝里溢出来，像是说尽了飘走了他心里所有的事儿。也许唱戏姑娘才是他的爱情，即使他一生都与太姥姥相敬如宾，即使他从来不想去和唱戏姑娘说一句话。

好像和庞家有关的人都免不了和戏扯上关系，太姥爷一日又叫小凤德的人来家里唱戏，叫吵吵着听不懂戏的吹二哥来看。吹二哥扛着草把子边卖边向庞宅来，路上也不忘与人相侃，还拿糖葫芦逗哭了一个小孩，这可不得了，这孩子是飞扬跋扈的王姓大流氓的小儿子。

吹二哥到庞宅时，戏都散了，只有凤德班的大班主还留在屋里和太姥爷说又有哪段是新戏。吹二哥走进里屋的时候，迈过高门槛就跪下了，身上沾的全是糖葫芦的碎糖衣，整个左脸都肿了，嘴里像是含着被打碎的牙齿，混着脏兮兮的眼泪含含糊糊地说了句："我，我挨打了。"吹二哥不能再做走街串巷的生意了，大班主念在和二位平时的交情上，拍板让吹二哥到小凤德。那时候唱戏的地位不高，谁愿意跟唱戏的一般见识啊，只好到戏班子里待着，唱不好戏就在后台候着，即使吹二哥从来就不喜欢唱戏，在太姥爷唱戏的时候也从来不爱听。

1945 年左右，苏联人来东北，东北人叫他们"老毛子"。他们来了是没干什么好事情的。这些老毛子到太姥爷家看见牛牵走牛，看见马骑走马，老毛子破了规矩，在庞家祖坟前杀牛见了血，老话讲不能在祖坟前见血，太不吉利，庞家也一直护着祖宗的坟。太姥爷的脸憋得都紫了直接就昏在地上，平时笑嘻嘻的吹二哥也哗哗的流眼泪。

这一病折腾了没有七天太姥爷就去世了，太姥姥始终都还安静的坐在太姥爷身边。去世那天，太姥姥穿着一件很美很美的旗袍，她从来没有穿过，也许她在等，等待有一天太姥爷能真心真意地看她穿一次，即使一辈子没有感情，但是，始终都是她，到死都守着他。这就是受封建思想根深蒂固的女子，就连爱情也封建了，不懂爱不知道爱。

太姥爷的去世，代表着庞家家业的彻底完结。即使留下两个儿子，但庞家终究成了普通的人家，姥爷的哥哥去参加解放战争，做了部队医生，后来没有回家去了宝兴县。姥姥 19 岁嫁给姥爷，姥爷在赵家当徒工给人纺麻绳。吹二哥一开始还喜欢到县里看姥姥、姥爷，后来年纪大了不爱笑了也不常来了，但是吹二哥还总是愿意带着妻子到太姥爷的坟前看看。

是的，他的妻子就是太姥爷曾经动心过的却没想过娶她的红衣姑娘，他们在戏班里萌生了一种同是天涯沦落人的酸楚与怜惜。站在太姥爷的坟前，红衣姑娘的表情和吹二哥是一样的沧桑，像是经历过我们家的变迁，吹二哥应该是给她讲了很多关于庞家的故事，其中，也一定会有太姥爷曾对她的欣赏。

在历史的浪潮中，庞家不停地奔波，不停地抓住浮板，怕被这波动的大潮打翻，却难逃世事变迁的命运。我在听到这些故事的时候，认为庞洪恩这个人是近乎偏执的，对待家业是这样，对待戏也是这样。我在一个崭新的时代里听到这些带着灰尘味道的历史，握着笔写下的每一句话都感觉是那么的神圣和神秘，像一扇千年不曾开启的木门，在吱扭吱扭的声音中缓缓地打开，让我看到，那百年前的庞家大宅，那些我从没有见过却与我血脉相通的人，又好像抬起头就看得到那时小凤德的门匾，好像听得到那年戏子温婉动人的唱腔，突然就想起那句，再回首已百年身。

人生几十年，是一场活色生香的大戏。张国荣主演的《霸王别姬》里有一句话这样说：人，得自个成全自个儿。对，人得靠自己成全。把一辈子活下来，其实追求的就是这个目标，自己要成全的东西不一样，所以活着的方式就千奇百怪。每一个人都有自己的心思叵测，从记事开始就盼望把自己歇斯底里的热情熔铸在人生的烈火情怀中，期望能引起人的共鸣，一同嘶吼在当年的少不经事里。

【后记】

庞家的家史在我以前的印象里是很零碎的，今天能够把它完整地写在这里，是对庞家曾经的一个总结，也是我对历史的一种敬仰。把这些材料记录下来后，我哑然，就好像是别人的故事，如此的能够触摸。

每一位给我讲述家史的亲人，他们都带着一样的表情，像是吃了美味的桃子的那种流连忘返，回忆每一口的味道。这样的他们美极了，在满是皱纹的脸上挂着浅浅的略带兴奋的笑容，有着饱经世事的沧桑和年少时的朝气与温婉，我第一次这样肆无忌惮地注视着我的长辈们，看着他们沉浸在过去的喜悦，看着他们为了一个名字一个地方一样东西闭着眼睛回忆的样子。做完最后一次口述记录后，我决定去西河，去看看是否还有一点庞家宅子存在的痕迹。坐上客车，选择了一个靠窗的位置，握住身边妈妈的手，我在想：马上踏上的，就是曾经庞家前辈耕耘过的地方。

我在6岁的时候，去过一次农村，再来到，已是12年之后的今天。到了镇上，由于我是第一次来这里，妈妈同意带我转转。今天周六，每到周六都会有一个大集，大集的地点是在十字街以南的大市场，卖同种类商品的聚集在一侧。集上的东西很便宜也有很多种类，比如说卖香烟、老母鸡或者小日杂的，这一天很多人都会拉脚车来卖货。很可惜的是，我们到镇上的时段，集已经散了。

我们开始往仁政村走，到了村子里，问过村里的老人，有听说过庞家宅子的，但是也只能比划出一个大致位置。我们顺着方向行走，当我真正站在庞宅曾经的坐落处时，宅院已变成一家家的民居，条件不好的盖得是土坯房，条件好的盖得是大砖房，房顶上还有太阳能。我虽无法再寻觅庞宅昔日的辉煌，也无法走进宅中用手去感受那里的一门一窗，但我已来过，我很满足。站在那些房子前，我心情是很复杂的，已是"沉舟侧畔千帆过，病树前头万木春"的景象，只有那些古老的百年记忆在苟延残喘着。当年姥爷带着家人搬到城里时，不慎遗失了大相集，而今日我又无法再拍到庞家的旧宅。在雪地里，我捏着冰冷的相机，给我曾经的亲人们深深地鞠了一躬。此行的目的虽然没有达到，但是我愿意把这个故事讲述出来，希望让人能看到更多的民间历史，保护地方文化遗产，宗法制至今带给我们的影响都无比深远，它指引我们去追根溯源，这种家族的传承已经深深嵌入中国人的骨髓里，数千年来已无法被替代或是磨灭。

从庞宅旧址准备往回走的时候，天上开始飘起了雪。妈妈带我去了屋奶奶家。屋奶奶家就是那种屋顶装了太阳能的砖房，她本人也穿着很是利索，精神面貌很好，小屋里烧得也很暖和。屋奶奶一拍炕沿说："来，丫头。快上炕头，都不知道炕啥感觉吧？"

我坐在热乎乎的炕头上，看屋奶奶纳鞋底，每一针刺下去的时候她都非常用力，特像个小伙子。这样的屋奶奶让人看着欣慰，这样的生活也平安喜乐，党给了农村好的政策，农村不再是贫穷的代名词。历史就是这样进步的，就是这样让人们吃饱穿暖的。

在县里寻访了很多亲人，又到镇上去看了看故地，我已经力求历史的完整与真实。无论年代多么久远，无论口述记忆是多么的主观，他都是人物的反映和时代的缩影，每一个留下过微笑和眼泪的人都是那么的传奇和富有诗意。我们百年后也会成为历史，成为被后人探寻的对象，我们留给他们的故事，必将带有警醒和责任的味道。如今，在祖国日渐强大的背景下，越来越多的人笑了，越来越多的人走在外国人面前腰杆硬了，这是"中国"二字的分量。尊重历史，做好现在，展望未来。愿我祖国巨龙腾飞，愿我人民平安喜乐。

我那小小的医生世家

修钰颖 | 山东省青岛市青岛大学附属中学
指导老师 | 孙晓云

　　我的老家坐落在胶东半岛的一个小山村，虽然是穷山僻壤，却出了不少读书人。据统计仅是恢复高考以来，已经有一百多人考上了大学。我的爸爸兄弟姊妹四人在 80 年代时就先后考上大学，在当地曾经轰动一时。要知道当年考大学可真是千军万马过独木桥，能考上的人少之又少，一家四个孩子都能考上大学，怎么说都是奇迹。如今，我的爸爸在大学工作，大姑姑在省京剧院工作，小姑姑在深圳自己创业，伯父大学毕业后回到家乡做了一名医生。

　　每次回老家，在和老家人聊天时，很多人都会夸我们家孩子有出息，村里的一些老人，经常会在称赞时提起我的曾祖父，说我们是医生世家，老辈子修来的福分，积下的阴德，照点着后人这么有出息。要说是医生世家，其实主要是因为我们家里从曾祖父算起，出了三代医生：我的曾祖父、爷爷和奶奶，还有我的伯父和伯母。每每回到老家，经常会听爷爷奶奶讲起我们的家世，虽然普普通通，却也不乏让人感慨之处。今天不妨就说说我的家里人做医生的故事吧。

一代老中医——曾祖父

　　我的曾祖父出生在上个世纪初，自小家庭虽不富裕，但也算是温饱能够满足。这主要得益于曾祖父的外祖父是个大户人家，一直资助曾祖父一家的结果。

老辈子讲究门当户对，我们家祖上不是什么大户，原本不可能攀上个大户人家。说来也巧，在高祖父（曾祖父的父亲）五六岁的样子，一次随其父亲拜访友人，可爱的高祖父得到了友人的喜欢。其时恰逢友人的妻子已有身孕，于是双方指腹为婚，如果友人的妻子生女孩，就嫁给高祖父。如果生男孩，则让两个孩子结为干弟兄。后来友人的妻子生了女儿，双方就交换了生辰帖子。女方长大后就嫁给高祖父成了我的高祖母（曾祖父的母亲）。

在高祖父年少的时候，其岳父就一直供其念书。高祖父书念得不少，然而没有考取什么功名，倒是学会了批八字算卦，于是乎家里常常门庭若市，尤其是过年过节，人们闲来无事，特别喜欢批八字算命，家里更是人来人往。高祖母百劝不听，一气之下带着我的曾祖父回到娘家，于是曾祖父就在其外祖父家长大。

好在曾祖父不像他的父亲，不仅天资聪慧，而且用功好学，后来曾祖父考入莱阳师范学堂（莱阳师范学校的前身）读书。这在当时是很少有的，这也是曾祖父的幸运。毕业后，曾祖父就回乡当了一名教书先生。曾祖父的教学是出了名的严厉，学生完不成作业或者不好好学习，经常遭到曾祖父的尺戒，有顽皮捣蛋者常被杖肿了手。曾祖父的学生中迄今还活着的年长者每每提起自己的老师还是充满了敬畏。

曾祖父最终没有一直做先生而改行成为了一名中医，是因为在过去的年代，战争频频，农村地区缺医少药，时常瘟疫流行。曾祖父总共有 13 个孩子，因病夭折了好几个，最终活下来 3 个。为了保住剩下的孩子的命，曾祖父决定弃教从医。从此曾祖父拜师学医，遍览了很多医学著作。特别是在学习针灸时，经常在自己身上实验，有时候还在自己的孩子身上试验，结果一个孩子从活泼变成了痴傻，还未成年就去世了。这成了曾祖父一辈子的愧疚，每每想起这个孩子，他总是泪流不止。对医学的执著，使曾祖父很快成为一位名医，十里八乡无人不晓。解放后曾祖父就到了乡卫生院工作，慕名前来看病的老百姓络绎不绝，很多疑难病症都被他治好。

曾祖父看病有两点成了习惯：一是对谁都是热情尊重，无论老幼。他说对病人的尊重和热情是医生最基本的素质，可以使病人紧张的心情放松，有利于治病。二是从不接受病人请吃。一个原因是因为过去都很穷，请客吃饭是件困难的事；另一个原因是曾祖父曾经到一个病人家里给人看病，主人热情地要做手擀面招待曾祖父。因为女主人眼神不是太好，在擀面时，竟把小孩子刚刚拉出的一个小屎块当成小面团揉进了面里。过去吃面食是很难得的事，所以曾祖父不好当面指出，但死也不留下吃饭。从此，不管怎样也不再接受病人请吃。

曾祖父作为一个有名的中医，给他带来了荣耀，但最终也给他带来了厄运。"文化大革命"时，曾祖父成了牛鬼蛇神，经常挨批斗，或者陪人挨斗。那时候曾祖父没有了笑声，整天唉声叹气。加上此时糖尿病在身，越发心情郁闷。在一次陪斗后，曾祖父支走了家人，一根细绳将自己命悬门框，结束了一代名医的生命，终年 60 岁。

曾祖父去世给家人带来了生活的艰辛。剩下曾祖母、我的爷爷和奶奶，还有我的大姑姑和伯父两个牙牙学语的孩子，那时我的父亲还没有出生。家里顿时陷入了困境。我的爷爷因为受曾祖父的牵连也经常被批斗。曾祖母经常骂曾祖父，看这一家老少可怎么过啊。逝者已去，骂又有什么用呢？曾祖父不堪受辱而死，撇下一家老少，终究曾祖母也没有原谅他。后来我的父亲和小姑姑又来到了世上，家里的生活也见好转。曾祖母还是经常骂曾祖父，没有出息的老东西，看看现在多好，老修家两个孙子两个孙女，老东西凭着福不享。是啊，曾祖父绝望地离开这个世界，没有福气活到今天，离我们今天的幸福生活擦肩而过，是这个家庭的不幸，也是他的遗憾。

"文化大革命"不光夺去了曾祖父的生命，家里老祖宗留下的文物古董陶瓷之类也未幸免。曾祖母曾经和奶奶一起把很多古书放在水缸里泡烂，做成了烧火纸，一些古董被砸碎扔到了野外。用曾祖母的话说，活命比什么都重要。可以卖掉的东西，曾祖母都变卖掉，换来的钱曾祖母都用来买好吃的给孙子和孙女。她常说孩子长好身体比什么都强，有人在就有未来。这一点也影响到了奶奶，在后来的艰苦岁月里，奶奶从不把东西看得重要，孩子的身体比什么都重要。

农村赤脚医生——爷爷和奶奶

曾祖父 13 个孩子中最终活下来的男孩就是我的爷爷。爷爷也就成了家里的独苗苗，受到了曾祖父的百般宠爱。然而爷爷的童年却是不幸的。爷爷 4 岁时，亲生母亲就去世了。前面提到的我的曾祖母实际上是爷爷的继母。爷爷的亲生母亲死得很惨。当年日本鬼子到村里扫荡，一大家子人跑到山里躲避。估计鬼子走了后，爷爷的生母就着急回家，结果发现躲鬼子时匆匆埋藏的粮食和其他的东西都被鬼子搜走了，失去东西的很多本家人怀疑是爷爷的生母偷走的。于是民兵们把她抓起来百般拷打。也许是为了证明自己的清白，已经怀孕几个月的她在一次被拷打后，回家喝下用来做豆腐的卤水死去了，留下了可怜的爷爷。据说曾祖父在外得到妻子死讯匆匆赶来，看着可怜的孩子还在摇晃母亲要饭吃时，号啕大哭。

解放后整改土地给自己的母亲迁坟时，看到母亲的遗骨里有一个胎儿的遗骨，已经是赤脚医生的爷爷也和当年自己的父亲一样号啕大哭，尽管母亲的模样或许他都很模糊了。

就在爷爷9岁时，曾祖父终于续弦了，于是曾祖母（爷爷的继母）嫁到了家里，成了爷爷的母亲。曾祖母也是地主家的大小姐，婚后无子女，后来丈夫因病去世。有人就做媒介绍给曾祖父，曾祖母坚持要看看孩子。据说爷爷小时候聪明可爱，曾祖母看到后很喜欢，这才答应改嫁的。曾祖母视爷爷为亲生儿子，疼爱有加，爷爷也视曾祖母是自己的亲母，多年后晚辈竟不知两人非亲生母子，直到曾祖母去世后，这个秘密才被揭开。

由于曾祖父是医生的缘故，爷爷也被村里培养成赤脚医生，爷爷自然是跟曾祖父学了不少，曾祖父是手把手地教会爷爷很多，爷爷逐渐成了一名中西医结合的赤脚医生，在村里看病慢慢有了名气，周围村的人有不少也来找他看病。曾祖父看到子承父业，着实为爷爷高兴。

奶奶的出身远比爷爷要好，可谓根正苗红。曾外祖父早年参加了革命，后来因为受伤回到了村里，成了革命退伍残疾军人，并当了邻近五个村的书记。奶奶在婚前也是村里的赤脚医生，经常到乡里的卫生院学习，于是被在医院工作的曾祖父看好，托人介绍给自己的儿子。原本两个赤脚医生也见过面，两下有些好感，于是就把亲定了下来。后来爷爷在生产队劳动时，被农机打断了腿，奶奶的娘家人不是很愿意，趁机要求两人断绝来往。年轻气盛的奶奶坚持要嫁给爷爷。就这样，在出嫁时，不是新郎牵马让新娘坐在马背上，而是新娘牵马让新郎坐在了马背上。

因为娘家不愿意，奶奶结婚时几乎没有给什么陪嫁。而且在爷爷结婚之前，曾祖母给爷爷定了一桩亲事，但爷爷坚决不同意。由此，在爷爷奶奶婚后，曾祖母没少难为奶奶。好在曾祖父和爷爷对奶奶都很好，奶奶也就释然了。婚后的奶奶不再是赤脚医生，和其他农村妇女一样，天天务农和操持家务，还利用夜晚绣花、做衣服挣点零钱补贴家用。由于奶奶能干，家里的日子算是较先前好一点。以后有了孙子孙女，曾祖母对奶奶也看得顺眼起来，一家人其乐融融，生活虽艰苦却很幸福。

然而好景不长，就在曾祖父去世后不久，阶级斗争在村里轰轰烈烈地开展，爷爷经常被拉去陪斗或挨斗。有一次，爷爷实在是不堪忍受批斗，居然想到了自杀，跟奶奶流着眼泪说，希望自己死后奶奶改嫁，给孩子找个好父亲。奶奶忍不住批评了爷爷几句，爷爷居然冲动得真要出去。已经有点懂事的二儿子（也就是我的爸爸）从炕上跳到爷爷身上，紧紧搂住爷爷的脖子，哀求爷爷不要走。

吵闹声惊动了曾祖母，她怒斥了爷爷，爷爷表态不会做傻事。曾祖母哄好孩子，并要求奶奶做好饭吃，家里才算是平静下来。

爷爷在儿科和妇科确实有些独到之处。病得很厉害的人，爷爷给开几副草药就能治好，尤其是小儿癫疯的毛病，爷爷给一点中药，服下去立马见效。还有针灸，什么腰疼腿疼牙疼，爷爷几针扎下去，病人的病痛就会减轻很多，所以找爷爷看病的人很多。爷爷也不收什么钱，但过年时总有人带着礼物来答谢。

爷爷奶奶这一代医生做得不完整，但却是中国历史上难得的一代赤脚医生。如今"赤脚医生"这个词早就不存在了。然而作为那个时代的产物，确实发挥过很好的作用，据说曾经是世界上农村医疗的典范。

乡镇医生——伯父伯母

我的伯父是家里的长子，比爸爸大两岁。他家里的第一个男孩自然很受宠爱。据说当年曾祖父格外喜爱，一回到家就要抱孙子，逗孙子玩。宠爱的结果使伯父很顽皮，经常惹父母生气。然而有曾祖母的保护，伯父即使闯了祸也没有谁敢随便惩罚。倒是曾祖母也不糊涂，管教还是要有的。所以伯父犯错误时，受到的惩罚往往是被曾祖母罚站。曾祖母去世后，伯父没有了保护伞，再调皮惹祸的结果就是被爷爷奶奶体罚，尤其是奶奶，经常用烧火棍揍伯父的屁股，直到伯父认错为止。有一次，伯父为了逃避挨打，向门外跑，被奶奶顺手从锅里拿起一块熟地瓜打在身上，地瓜落地后变成了扁地瓜，于是乎伯父赚了一个

"扁地瓜"的外号，至今还被经常提起，成为家里的笑话。

小时候的调皮也许是聪明的表现，长大的伯父却变得沉稳了好多，学习也很有长进。或许是受家庭的影响，伯父在考大学的时候选择了报考医学，天遂人愿，考上了滨州医学院——山东省一所不怎么出名的医学院。

大学毕业的去向成了伯父的痛，因为学习成绩尚不错，有了可以留城市的机会，这在上个世纪90年代初是件不容易的事，伯父毅然决然选择了回老家，自己是长子，理应回家照顾父母。然而回到老家后他没有留在县城，而是被分到了离县城较远的乡镇医院，做起了乡镇医生，从此再也没有离开乡镇医院。

虽然现在国家比以前有了很大的进步，但是农村依然是看病难。老百姓舍不得花钱治病，基本是小病不治，大病拖着，难治的病等着。伯父深知农村的老百姓需要什么样的医生，也许是多年的乡镇从医经历使他对所有的病号温情有加、耐心细致，经常下乡到农民家里为人看病。伯父是科班出身，医术自然不浅，找他看病的人总是很多，如今也成了医院的副院长。用奶奶的话说，也算是为家里争了光。一些老人似乎又想起了我的曾祖父，说伯父真像当年的曾祖父。

【后记】

家庭是社会的缩影。我们家的经历在我看来，很多变迁无不受到社会的影响，打上了时代的烙印。在感受历史的时候，得到更多的是对后人的启示。

从我们家庭来说，有三点很重要，也算是我们的家训：

一是要勇敢地面对困难，什么时候都不能丧失信心和勇气。我的奶奶经常教育我们，无论碰到什么困难，一定要勇敢地活着。好好活着比什么都好。我的曾祖父和亲曾祖母都曾经和社会抗争，然而却选择了自杀。他们的死，似乎自己是解脱了，然而给家庭带来了无尽的苦难。我的爷爷曾经一度动摇，也差点做了傻事。看到今天的美好生活，现在他也一直感念着奶奶在关键时刻帮助他树立了战胜困难的勇气。困难总是会过去的，办法总比困难多。

二是要重视教育。我们家虽然普普通通，但是能够改变命运的力量，说来还是教育。奶奶经常说起过去供孩子们念书时的困难，也经常得意于自己当年的抉择。虽然吃过很多的苦，如今苦尽甘来，有说不尽的幸福。

三是要重视孩子的身体。奶奶一直敬佩曾祖母，很大的一点就是在困难的时候要让孩子吃好，身体长得健康。奶奶常说，东西都是身外之物，孩子长好了比什么都好。教育后人不要看重金钱和物质，要重视健康和品格。

我们的家世告诉了我，国家的富强和社会的稳定对老百姓来说是多么的重要。曾祖父的13个子女只有3个活了下来，那是因为国家积贫积弱，老百姓缺医少药，朝不保夕。即使曾祖父弃教从医，也没能从挽回孩子们的生命。"文化大革命"更使我们普通的家庭雪上加霜。每每回忆这些，奶奶总是对邓公充满了感激，是他的改革开放政策改变了中国的面貌，也改变了我们家庭的面貌。所以，我们也要倍加珍惜我们国家来之不易的稳定和改革开放建设的成果，建设好我们的国家，实现中华民族的伟大复兴。我们老百姓将会得到实实在在的实惠。

身出名门磨难多
——外婆的家族回忆录片断

叶婉婷 | 广东省广州市华南师范大学附属中学新世界学校
指导老师 | 陈渝仙

　　为了更好地探寻历史，在写作中获得对身边的历史、人生的感悟、记录和认知，近日，我特意采访了已80高龄的外婆。通过她一生中的生活片断，我对家族的历史有了更深的了解，也将书本上的历史知识与现实生活更密切地联系了起来。

　　我：外婆，您好！我经常听人说妈妈不像本地人，看您也不像，您祖上有外省人吗？

　　外婆：我祖上是地地道道的广东东莞厚街人，只是我亲外婆是湖南人。另外，我外公还给我续了七个外婆。

　　我：湖南这么远，当时交通又不方便，为什么您的外婆会嫁来广东呢？

　　外婆：当时我外公是清朝的一个小官吏。他出差到湖南偶然看到外婆和她奶妈在楼阁绣花，一见钟情，于是上门提亲。外婆的父亲同为清朝官吏，他担心广东是蛮荒之地，人不守信用，就不肯答应。我外公滴血发誓，以后绝不会再娶其他侍妾，所以外婆就这样嫁来了广东。当时由于外婆的父亲官位比外公高，为娶回外婆，外公还借了高规格的迎亲队伍远赴湖南娶亲。

　　我：您除湖南外婆外，为什么还会有另外七个外婆？

　　外婆：我外公和外婆婚后生了一个儿子、一个女儿后，外公就违背誓言，娶了一个侍妾。外婆的父亲气得革掉女婿的官职，并带了外婆回娘家。但外婆看在一双儿女的份上，苦苦哀求，最后还是回来。这样，外公越发得意，一发不可收拾，又娶了六个。我就有了八个外婆。

我：外婆，从您外婆的家史看来，您妈妈也算是官家小姐，怎么会嫁去东莞厚街河田农户呢？

外婆：这话说来话长，可能是因为与祖上迷信风水有关吧！当时，我几个外婆生的女儿结婚后，年纪轻轻就守寡。一个姐妹嫁去东莞南坑，16岁出嫁，18岁守寡；一个姐妹嫁去东莞桥头，16岁出嫁，19岁守寡，还有两个也好不了多少。外婆担心妈妈和她姐妹一样的命运，千挑万选，挑中我父亲。看中的是我爷爷家里9个儿子，人丁兴旺，父亲是爷爷的第七个儿子。当时家中开设有杂货铺、酿酒坊等，每个儿子负责一样。

我：在这么殷实的家庭，您的童年生活应该无忧无虑吧？

外婆：不是，我妈妈也没有逃脱早早丧偶的魔咒。不过我还有一个姐姐和一个哥哥，但是在我出生四十多天，父亲就去世了，当时还不到30岁。父亲尸骨未寒，他的兄弟就起了歹心想霸占家产。其中六伯和八叔借了别人100两银子做生意，诬赖是我父亲生前借的，要妈妈还，后被债主告上衙门。

我：您妈妈怎么处理这事呢？

外婆：衙门两次让官差传讯妈妈，刚好这两个官差以前在外公手下做事，没有难为我妈妈。第三次官差又来的时候私下跟我妈妈说："官府几次传你你不上堂，再不上堂官司就算输。"后来妈妈在她娘家叔叔陪同下一起去听审。

我：官司赢了没有？

外婆：我妈妈说，记得当时状词内容是告我父亲"夫妇携银养儿育女"。当时我妈妈因悲痛听不真切，她的叔叔给了官差一碰银子，要求再读一遍，妈妈终于听出破绽。诉状上所写的借钱日期，我妈妈尚未嫁给我父亲，父亲家里尚未分家，家道兴旺，何来借钱养儿育女。然后当场回家取来结婚庚帖，推翻状词内容，打赢了这场官司。

我：您父亲去世后，你们孤儿寡母怎么过日子？

外婆：母亲靠着父亲留下的果园和出租田地拉扯我们长大。她很要强，从不让我们给人看低。好像姐姐出嫁的时候，为了不让男方看低，母亲给的是全副嫁妆，珍珠都是用一箩箩装的。当时的人还替她担心，你嫁女儿这么风光，花这么多钱，到时候拿什么娶媳妇呀？母亲非常豪气地说："你们怎么娶的媳妇我就怎么娶，不会少你们一样。"

我：按照你们家的情况，"土改"的时候，成分应该被算为地主了吧？

外婆：没有，因为父亲留下的田产没剩多少了，东莞河田外庄的果园被三伯霸占去了。东莞横岗的田地，临解放前两年，母亲不知道什么原因，全送给了租田地的农户。她自己扶持哥哥做生意，经常香港内地两边跑。当时去香港不像现在，要坐船去，风高浪大，既辛苦也危险。但是我们家生活倒还好，基本没受什么苦。

我：外婆，平常看您不像大字不识一个的家庭妇女，您读过书吗？

外婆：小时候，家里请的私塾老师教，我读了一年私塾后转了去河田的河阳小学读书。这个小学是当时有钱的乡绅办的，请的都是外地来的老师、校长，教育水平很高。小学毕业后，我报考了东莞虎门中学，但那时刚好解放，家里已经没钱了。很多人都说我浪费学费，只有我的老师欣赏我的聪明，支持我报考，说真的没钱的话，学费由他付，当时的学杂费加起来要110斤米。

我：您考上了吗？

外婆：我以优异的成绩考上了，还记得当时的作文题目是"为什么来报考虎门中学"。

我：以前读书和现在有什么不同吗？

外婆：私塾的差别大。上学要先拜孔子的画像，用的是毛笔，要自己磨墨。有的同学很淘气，经常用墨把其他同学弄成大花脸。学习《三字经》《千字文》等，课堂上背不出书要挨先生的板子。

我：您一直在虎门中学读到毕业吗？

外婆：没有。在虎门中学读了一年，终因家里供不起就辍学了，跟着哥哥在厚街做小贩。后来嫁来虎门，在虎门搬运公司缝纫组工作。再后来就辞职回家带小孩，之后又去了街道办家属组做一些编织、拣草的活。做了一段时间，因为家中小孩多病，还是辞工回家了。以后就没有出来工作，都是在家里一边带孩子一边做点手工活。比如缝衣服、纺麻绳之类的度日。

我：您读过书，也有能力，但为了家庭和孩子，任劳任怨地付出了自己的一生，您后悔吗？

外婆：没有，从来没有想过这个问题。因为儿子和女儿——也就是你的舅舅、姨妈、妈妈都非常懂事、上进。你的舅舅 16 岁报名参军，立志报效祖国。退伍之后进了虎门文化站工作，经过几年的努力拼搏，把文化站的工作搞得有声有色。虎门文化站被评为全国先进单位，他本人也荣获全国先进工作者称号，作为代表在人民大会堂发言。你的姨妈 14 岁就响应国家"知识青年上山下乡"的号召，去了东莞大岭山国营农场。你的姨父是个军医，曾在中越战场上出生入死、救死扶伤。回到地方后，沐浴改革开放的春风，带领东莞市虎门富民服务公司从一个默默无名的小乡镇企业成为广东省著名商标企业、中国十大服装批发市场。你妈妈和另一个姨妈也从事自己喜欢的工作、生活幸福。作为一个母亲，我感到非常的欣慰。

　　我：外婆，谢谢您给我讲述了这一段精彩的历史。

　　采访完外婆，我的心里久久不能平静，外婆的一生经历了抗日战争，中国解放……见证了中国几个重要时代的历史和变迁。虽然历经坎坷，但可喜的是，外婆在逆境中艰难前行，最终迎来了新中国。目睹新中国的诞生、发展和富强，过上了幸福的生活。对比历史，反思我们这一代，沐浴改革开放的春风，几乎是在蜜罐中长大，在这么好的条件下，更应该认真学习，志存高远，为祖国的强盛和发展，为建设一个和谐文明的社会而努力，共同创造更美好的明天。

【后记】

　　唐太宗曾言："以铜为镜，可以正衣冠；以人为镜，可以明得失；以史为镜，可以知兴替。"为了更好地完成这次中学生历史探究活动，我精心准备了采访内容，带着了解旧中国的风俗人情的想法，以及对比旧社会，新中国又有什么变化等疑惑，前往外婆家，对外婆进行采访。

　　通过外婆对祖上和自身历史的回忆，我对新旧社会有了更深刻的认识，为新中国骄傲和自豪的心情油然而生。这次活动我经历了背景资料查阅、拟订采访提纲、采访、整理笔记、写作编辑等一系列过程。它不但让我的沟通能力、写作技能有了质的飞跃，更让我清晰地认识到中学生在新时代应该充当的角色和使命。我们应当勇于承担历史赋予的社会责任，了解历史，总结经验教训，更好地探索未知世界，掌握未来，牢牢记住，以史为镜，珍惜今天！

路

张樾 | 江苏省扬州市扬州中学
指导老师 | 张娟娟

写在前面

我家没有光荣的战争烈士，没有名声显赫的知识分子，没有家财万贯的大富大贵，也没有成就斐然的科研人员，您要看到的只是普通人的历史，其中有欢笑，有泪水。

这段文字，除了一些适时的对话，全部是由采访与老材料连成的真实故事。历史作文，首先要是历史，其次才是文章。

一夜败落——国军抢劫惊魂

1949年4月的金陵由于战乱不断，加之12年前惨绝人寰的屠杀，早已不复古时的繁华，然而六朝古都毕竟难掩雍容，混乱也催生了这里的无限商机。

王企美刚刚听完梅兰芳的戏，穿着长至膝盖的西服，戴着圆筒礼帽，执着手杖哼着小曲迈上十几级的台阶，跨过高高的门坎，回到了家中。

这个人是我的曾外祖父，我外婆王永凤出生于1939年，是家里的老三，今年才9岁。这一家人几年前从宝应县搬到了南京，开了一家名叫"正祥绸布庄"的店铺，由于我曾外祖母的悉心打理，生意极其兴隆。

新中国成立，共产党执政几乎已是大势所趋，这两天街上穿行的国民党军渐多，不由得让人担心，各家各户只有关严门窗求得心理安慰。可害怕的总是躲不过，这天夜里，外婆睡得正香，一阵喧闹抢砸声惊醒了她，来不及逃脱的她被一个士兵卷在铺盖里扔到地下，把床肚里以及房间其他角落的值钱物品全部掳走了，这个宅子里的其他地方也是这样，甚至外婆耳朵上的金耳环也被粗暴地拽下，抢走了。

万幸，这次洗劫并没有造成人员伤亡。

这一轮抢劫似乎是国民党战败逃往台湾前最后的嚣张，人人都想乘最后的机会发一把横财，可就是这股余焰夺走了王家的生计。生意陷入困境，世道日渐混乱，曾外祖母终于无法忍受这里的兵荒马乱，决计回到宝应曹甸去，曾外祖父在那里开了一家小店，可没过多久就无法维持，又只身回到了南京。

艰苦生活——解放初期的痛

当时家里已经有七个子女，全靠曾外祖母一人供养，可以想见生活之艰难。"那个年代周围的人家连一两个男孩上学都供养不起，更别提是女儿了，可我母亲却咬牙坚持让我们七个兄弟姊妹全部上学，为了我们的品德也为了圆她自己一个梦。她种着几亩薄田，一有空闲就编草席预备冬天的时候卖，还卖烧饼，捡人家田里挖剩的萝卜，一天只能睡几个小时。这样的生活持续着，母亲劳累得只剩皮包骨头。"外婆说这段时叹了许多气。或许是为了报答母亲，这七个的成绩还一个比一个好，都先后考上了当地最好的初中曹甸中学，可眼看曾外祖母如此辛苦，大姐二姐先后故意考差，坚持退学，回家帮忙务农。

"那时最揪心的就是学校让交学费的时候，我们都知道家里穷，根本就不好意思开口，但母亲都会主动给我们学费，一张一张破烂的毛票数得好好地给我们，每次分完钱后她自己的口袋里只剩下几个分币了。"

但即使是贫穷如此，一家人的精神文化生活却不曾泯灭在饥饿中。如果一家人在一起，每天晚上二舅爹爹都会拉二胡，外婆唱歌……

外婆想到这里笑着说："当时我们乡还有些贫困补助，按家里的贫困程度是绝对够标准领取了，但考察的人看到我家里'歌舞升平'的，坚决不给发了。我们虽失望，但如果把补贴和唱歌相比，恐怕还是会选后者。"

"我母亲告诉我们，那个年代虽然物质上是贫穷的，但只要有精神上的富足，没什么坎是过不去的。"这也是我最钦佩曾外祖母的地方，虽然自身文化水平不高，却能给予子女如此积极的人生观。

饿——"大跃进"与人民公社化运动的记忆

1958年"大跃进"和人民公社化运动时外婆19岁，由于土地公有化，自耕田没有了，改为集体劳动，还可以吃公社食堂。

"我还记得第一天吃公社食堂的情景，食堂里挤满了人，大部分人像我一样由于饥饿，看见饭菜就满眼放光，我一次性吃了四碗饭，不停地往嘴里塞，最后撑得啊都走不动路！"外婆激动地描述着。

鉴于这种情况，可想而知，食堂只维持了不到一星期就关门了。后来的情况更悲惨，一家八口人每天只能领五两六钱的口粮，几乎无法维持生计，到处有人饿死，一百多人的公社里就饿死了十几个。

"一百多斤的田产报八百多斤，明明穷得要死还非要打肿脸充胖子，搞'浮夸风'、'共产风'，国家要给补贴也死活不领。"说到这里，外婆既愤慨又无奈。

这时外婆和两个哥哥只好放弃宝应高中，选择免费的师范为家里减少负担。

那时还有件趣事。"都说师范是国家补贴的，我们以为会吃得好些，甚至一人买了一个小瓷碗去装饭，没想到第一天看见高年级的同学都抱着大盆大桶去食堂，我们再一看，原来食堂里供应的都是几乎见不到米的稀汤，我们赶紧也学别人，买了盆子回来装'饭'。"

即便这样，师范还是维持不下去了。她上二年级时，食堂停饭了，外婆只好打道回府，当起了代课老师。

难言的辛酸——"文革"二三事

1965年春天，经过三年自然灾害的折磨，26岁的小学教师外婆依然未婚，即使每月只拿18元工资，她也深深地继承了曾外祖母的精神，非常认真负责，受到学生、家长的一致好评，因此媒婆频繁上门为勤劳优秀的外婆介绍对象。这一天媒婆又上门来说媒了，这次说的是聋哑学校学校的校长郭廉义。几次见面后双方感觉不错，外婆也想嫁人后可以多补贴娘家，就嫁给了外公，继续做小学教师。嫁到钱家沟去同年，大舅出生，1967年二舅出生，又两年后，我妈妈出生。

作为"臭老九"的知识分子，两人工资本来就少，再加之土改前曾是地主家二少爷的外公骨中已深深地浸入地主家的习气，家中一穷二白，可他却坚持请各种人回来吃饭，即使是地痞无赖要来吃，外公也从不拒绝，还让人多吃些，一如从前地主家要养上许多食客。如此，补贴家用的希望也破灭了。

"我真是气死了，家里几个小孩饿得面黄肌瘦，我拼死拼活地教书还要种地，他从来不种，还要花钱给这些人吃饭！"现在说起来，外婆还是义愤填膺的。

然而这一习惯也曾带来一定好处，1967年，"文化大革命"的阴风刮进了宝应县，曾外祖母作为地主余孽是必然要被批斗的，一次外婆也在场。

"他们让我念稿子，我就念：'郭守诚，作为地主，欺压百姓……人面兽心……一无是处……'念完才有人告诉我，批的就是我老婆婆家，吓死我了。后来的环节就是群众揭发，一个老太婆上去说：'这个太太人好啊，当时家里揭不开锅了去找她，她就施给我们米，儿子找不到事做，也是老太太安排的……'批斗员一看，赶紧换人，结果其他群众说的也都大同小异，一场批斗会硬生生地成了赞扬会。我从此明白做善事还是有用的，后来你外公再那样，我虽然不太高兴，也就睁一只眼闭一只眼了。"

曾经的善举让曾外祖母和外公逃脱了"文革"时期惨绝人寰的批斗，但几年前从南京待不下去灰溜溜回来的曾外祖父就没这么幸运。他曾经的商人背景被人挖出来批斗，随后天天被逼迫在街上捡鸡粪鸭粪之类的。妈妈还记得那时小孩子编出来的关于曾外祖父的歌谣："企美大爷美，企美大爷俊，企美大爷掏大粪……"据说他年轻时真是十分英俊，可在我妈的印象里面他和这个字眼已经没有半点关系了，是生活的刀刻在了他的脸上。

更有些可怜人每天脖子上要挂上几十斤的牌子游行示众，戴用铁皮做的沉重的高帽子，很多人人不堪羞辱就疯了，甚至自杀，但"文革"的血刃至少没再伸到这个不幸的家庭里了，也算不幸中的万幸。

当然，外婆也遭遇过可怕的事。有一次她在学校值夜班，会议室里有一个毛主席的石膏像就放在最高的桌子上，这时有一只野猫溜进来撞到了桌子上，这一撞不得了，居然把石膏像撞倒在桌子上，头给磕掉了。"我当时吓得冷汗直冒，要知道前几天刚有一个人因为毛主席像悬挂的位置总被阴影遮住而被批斗了，我赶紧找糨糊想把头黏上去，手抖得厉害，粘得也不牢，过了几个星期，有一个干部在这间屋子里开会，他一时激动，一拍桌子，'毛主席'的头就齐刷刷地掉下来了，那个人吓得当即就跌坐在地上不说话了。后来"革委会"的人找我调查，我心跳得厉害得不得了，却故作镇定地告诉他估计与那个干部无关，来来往往的人都有可能把它碰掉。后来这事不了了之，那个干部也没有被批斗。以防万一，这件事过了三年才敢告诉你外公。"

恐惧与饥饿疲累捆绑着那个时代的大多数人，让人喘不过气来，时至今日，外婆仍对此记忆犹新。

曙光与希望——"文革"结束后的日子及改革开放

1978年改革开放带来的改变也影响了钱家沟。虽然贫穷的状况由于外公的过于大方而没有太大好转，但人们至少不再提心吊胆了。

"从前家里的茅草屋顶一到下雨天就漏雨，要不停地用大盆小盆接着，否则连床都会湿掉。"妈妈对小时候家里的情况记忆犹新。

后来好不容易才四处借钱起了三间房，为了省砖头砌墙时还是横一块竖一块起出的空心墙，实在没钱建瓦屋顶，只好又用好些的茅草铺铺。

妈妈的记忆几乎全部和吃有关，每天编麻绳换梨吃、偷吃悬在梁上的柿子、去别人家喝喜酒撑得走不动路、去池塘里捞小鱼小虾、在父亲请客时眼馋地看着客人吃肉自己却只能流口水……这是饥饿与贫穷给她留下的特殊记忆，如今回忆妈妈却是满怀欣喜的，富有富的乐，穷有穷的乐。

这是 1972 年的全家福，从左至右，从上到下依次是外婆、妈妈、外公、二舅、大舅。两个舅舅穿着为了拍照片借来的衣服，每个人胸前都别着一个毛主席像章。

这以后大舅、妈妈相继上了技校，二舅考入了吉林大学，家里的经济状况开始好转。

外婆也终于不用再担负抚养子女的重任，毅然决定与性格不合的外公分居，她现在拿着退休金参加各种老年活动，过得十分滋润。外公则把书画方面的兴趣爱好发扬光大，参与编了很多书画集，当然，他乐于助人和热爱政治生活的习惯也丝毫不减，三年前外公不幸由于脑溢血身亡，大家都很悲伤。

大舅二舅因改革开放，国家经济的发展受益最大，他们相继做了外贸生意，如今规模也已不小，我家里虽说不算富，也算是幸福安康了。

"现在这种日子以前真是想都不敢想，有这么好的房子住，大鱼大肉的吃着，热了有空调，冷了有暖气，还有电视电脑可以看，时代在变化呀。"外婆用由衷感激的语调说道。

说着，外婆打开妈妈新给她买的播放器，开始问我一些操作问题，悠扬的歌声从小小的喇叭里传出，飘荡在明亮温暖的家里。

"有生之年过上这种日子也值了。"外婆又补充道。

【后记】

采访外婆与妈妈是让我觉得很开心的工作，因为她们在讲述的时候总是穿插着各种各样好玩的故事与人们闹出的笑话，他们从来不过分地诉苦，即使是真的苦难到极致的年月在她们的嘴里也能听出些许乐趣。这就是一直活在她们心中的乐观精神决定的，也是我所最为钦佩的。

同时外婆也提到："从前的人们对日本侵略者的罪行是十分清醒并深恶痛绝的，可现在的人们似乎淡忘了这种耻辱，甚至南京大屠杀纪念日等一些特殊的日子不见一点报道。"这充分反映了如今教育的缺失与漏洞，一个国家，一个民族，一个人必须要牢记历史，只有从历史中学习经验吸取教训，才能脚踏实地以至于仰望星空。

从前与外婆虽然关系亲密，但交流也仅仅限于家庭琐事，可这次采访使我吃了一惊。身边的看上去普普通通的老人背后居然有如此艰苦绵长的故事，而我作为外孙女却从未想过要向这方面进行挖掘，简直是太粗心了。人人都有历史，都有自己的故事，只是平常我们都自诩为忙人，从不肯坐下来细细听一听，想一想。

历史老师说过我们学习历史现在只是"history for students（灌输历史知识）"，可真正的历史学习应是"history with students（自主探究历史）"，进而到"history of students（形成自己的历史观）"。那时我没太在意，可通过这次有意义的探究，我逐渐明白了这一点，也发现了历史学的乐趣所在。

真正的历史不只是存在于教科书中的生硬的只言片语，也不是几张老照片就能囊括的，而是活生生的记忆与经历，是与我们每个人息息相关的。同时，学习历史也不是很多人所理解的年代、人物、主要事件一通狂背然后应付考试这样浅薄，而是要真正地、认真地去从历史中汲取精华，应用于当今的生活。

如今这种甚至不存在于从前人幻想中的生活是来之不易的，这不仅是党领导的功劳，更是每一个像我们家这样的在苦难中不屈不挠，用乐观向上的精神为自己、为民族开创未来的普通家庭的功劳。作为如此幸福的一代，我们更应懂得感恩，只有发自内心感谢前人的艰苦劳动，才能真正珍惜如今所拥有的一切。

历史是由千千万万的个体堆砌成的，每一个个体在其中都微不足道但又至关重要，这也就是历史的伟大之处。

大家都来聊家史

《烟云飘沉三百年》

王心宇｜福建省福州市福州第一中学

祖先告诉我没有什么是不可能的，一个逃难出身的人，最终竟可以依凭双手打拼创造一个有着三百多年积淀的大家族。

祖先告诉我没有什么是值得畏惧的，在向前的历史车轮面前，即使旁人还在踌躇犹豫，但历史最终会赞颂那些直面最后黑暗的人儿。

祖先告诉我没有什么是值得悲伤的，百年老店的结业，何尝不是破茧新生。美丽的蝴蝶经结茧的无闻和破茧的痛苦，振翼的那刻收获美丽。

《边疆之花》

方安琪｜河南省郑州市外国语学校

我不禁会想，外公外婆是太过达观，乐知天命，以致如斯，淡忘了生命中一切不快之事。

自小在石河子八一毛纺厂的老厂区里长大，我见过那些如同我外公外婆一样的老人们，他们往往笑得平静慈祥。夏日里，我曾在他们每个人的怀里腻歪过，享过他们蒲扇带来的清凉。似我一般大的孩童们，蓬勃似芳草，笑也如春阳。那么，是不是再贫瘠的穷山恶水里，也总会有那么一小片角落，安静地开出灿烂的花？

《沉寂了三代的过往》

柳雨婷｜广东省广州市第六中学

他审案是采取"一呼二吼三过关"的方法，尽量保护他们，因为他知道这是典型的"文字狱"，很多乱说乱讲的人，根本不是坏人，只不过他们文化水平和政治见识不高，响应了上面的号召，一通口无遮拦的胡说乱骂而已。一呼是：大声呼喝把某某犯人带上来；二吼是：大吼要犯人想清楚，该说的说，不该说的再不要乱讲；三过关是：把握好时机，看到差不多了，既能保护住自己不被别人指责成包庇袒护犯人，又不能逼着犯人交代得过多，连推带骂的叫"滚下去"。遇到绝食抗争的，他往往一面送饭，一面口中大声呵斥："你这个冥顽不化的东西，竟然开公以绝食的方式与党和人民为敌，抗拒交代问题和改过自新，还不趁早吃饭？"

《父与子"反目成仇"》

张逸杰｜广东省深圳市布心中学

第二天，太叔公刚刚起床，就被他儿子绑了起来，他儿子流着泪说："爹，对不起了！"就把他绑起来，押去劳动。太叔公一脸惊愕的表情，但没说什么，只是叹了一口气。在路上，人们纷纷猜测："咦？怎么地主仔去斗地主了？""噢，他已经被改造成新人了吗？"随后几天的批斗大会上，太叔公的儿子也几次批斗起自己的爸爸来，还天天押他爸爸去劳作。他的表现让村里的人惊讶不已，随后他努力地改变自己的形象：批斗地主，积极劳动。过了一个月，村农会的主席也被他的"思想觉悟"感动了，去跟他谈了话，表扬了他的进步，并在批斗大会上对全村人说："他现在已经被改造成新人了，以后大家就是同志了。"掌声响起，但他此时心里充满的更多是伤感，是无奈。

《金门往事》

杨宜恩｜广东省广州市华南碧桂园学校

爸爸妈妈很努力地打工，赚了不少钱，但等到自己开厂的时候却遇上了"非典"（那时是2003年，"非典"出现后许多人都不敢出门）。那时妈妈刚好怀了妹妹，生意又不好做，我们家再一次面临经济危机。我们不能再找别人借钱了，毕竟已经借了很多钱。爸爸妈妈租了一个五层楼的小公寓（一楼是仓库，二楼是加工厂，三楼是办公室，四、五楼是卧房）。我记得很清楚，那房子里面好多老鼠，老鼠会爬墙，还会咬人，所以半夜爸爸出去的时候会用东西把我盖起来，免得我被老鼠咬。

《历史的接力，生命的接力》
郑雨宁 | 山东省青岛市青岛大学附属中学

如今，凭着妈妈的记忆，我们又来到了这栋老房子的旧址。只是，一幢幢高楼大厦早已湮没了从前的痕迹，这次故地重游却再也看不出老房子存在过的任何迹象。但我望着那鳞次栉比的高楼，仿佛仍能看见那曾经引人注目的大房子，矗立在那儿，等着下一代人来延续它所经历的故事。

《那些年那些事》
梁雅婷 | 广东省云浮市邓发纪念中学

如此大的动作，人们也猜到了要发生什么事，华人之间也互相通知。国人们决定，与其被人屠杀，不如及时反抗。于是，大家拿起刀、棍就出发了，太公也参与在内。天还没亮，清晨五六点钟便开始了厮杀。有的马来人已经起床，有的还在木棚里睡觉。20分钟后，死了很多马来人。太公他们把尸体推入江中。

随后，英国殖民政府派军队来镇压奋起反抗的华人，在血腥的镇压中，许多华人惨遭杀害，跑掉的华人不得不躲藏起来。太公在这次劫难中又一次幸运地活了下来。

大赛评委

高　毅　　北京大学历史学系主任、学术委员会副主席、法国革命史国际委员会常委

沈志华　　华东师范大学终身教授兼国际冷战史中心主任

马　勇　　中国社会科学院近代史研究所研究员，中国社会科学院研究生院教授、博士生
　　　　　导师，中国现代文化学会副会长兼秘书长

秦　晖　　清华大学人文社会科学学院历史系教授、博士生导师

杨念群　　中国人民大学清史研究所副所长、教授、博士生导师

陈　新　　浙江大学人文学院历史学系教授

朱学勤　　上海大学历史系教授、上海和平与发展研究中心主任

樊建川　　商人，抗战、"文革"物品收藏家，建川博物馆馆长

赵亚夫　　首都师范大学历史学院教授、全国历史教师教育专业委员会理事长

姬秉新　　西北师范大学教育学院教授、博士研究生导师，综合文科教育研究所所长

齐　健　　山东省基础教育课程研究中心主任兼齐鲁师范学院教师教育学院副院长、教授

黄牧航　　华南师范大学历史文化学院教授、硕士研究生导师

李惠军　　上海市晋元高级中学特级教师、上海市普陀区"李惠军历史工作室"领衔人

王　雄　　江苏省扬州中学历史特级教师、全国历史教师专业委员会常务理事

郭富斌　　西安中学历史特级教师，全国历史教师教育学会常务理事、副秘书长

魏恤民　　广东省教育厅教研室历史教研员、中国教育学会历史教学专业委员会理事

张汉林　　北京市西城区教育研修学院历史教研员、全国历史教师教育学会常务理事

何成刚　　教育部基础教育课程教材发展中心副研究员，全国历史教师教育学会常务理事、
　　　　　副秘书长

夏辉辉　　广东省东莞市教育局教研室历史教研员、全国历史教师教育学会理事

钱　钢　　香港大学新闻及传媒研究中心中国传媒研究计划主任、上海大学和平与发展研
　　　　　究中心研究员

张典婉　　台湾资深媒体人、《太平轮1949》作者、《联合报》两届报导文学奖得主

第二届全国中学生历史写作大赛获奖名单

一等奖：（8名）

陈彰宁　江苏省无锡市第一中学《上东山》

王　颖　江苏省扬州市扬州中学《土地，土地》

邓　丹　广东省佛山市顺德一中《永远的追忆——我的曾祖母》

王喜麟　山东省青岛市青岛大学附属中学《人世沉浮，几度春秋——记老字号"新盛泰"的兴衰》

邢珂嘉　广东省广州市华南碧桂园学校《飘》

陈颖莹　广东省佛山市顺德一中《金簪雪里埋，柔水三世慨》

高　明　山东省济南市山东师范大学附属中学《为了牵着你的手》

清城中学直播历史小组　广东省清远市清城中学《新浪微博直播历史＃清远5·12特大洪灾＃》

二等奖：（15名）

钟晓晴　广东省中山市实验高级中学《追求幸福的人》

徐一丁　山东省济南市山东师范大学附属中学《三舅公的"右派"人生》

陈丽莎　山东省济南市山东师范大学附属中学《站在精英教育金字塔底层的孩子们》

王婷娴　江苏省扬州市扬州中学《那段青春里的夜行歌》

陈艺灵　广东省清远市清城中学《被一场水灾改写的历史》

施沛然　广东省清远市清城中学《爷爷的"官"道》

吴　懿　上海市上海交通大学附属中学《被饥饿笼罩的一生——大时代下外婆的命运》

冯宝枢　广东省东莞市虎门外语学校《人生非戏——伯公的风雨岁月》

田芳宁　江苏省无锡市大桥实验学校《我爷爷的奋斗史》

李俊娴　宁夏自治区银川市银川一中《伊人走过——记姥姥经历的历史》

刘　丹　江西省赣州市赣州中学《电影——岁月的留声机》

邓云溪　安徽省安庆市第一中学《烽火余生》

谭小炫　广东省佛山市顺德一中《我的知青岁月——大姑妈的口述史》

辛钰菲　山东省青岛市第二十四中学《人性，超越国界闪烁着光辉——记一段不一样的中日历史》

黄婧怡　福建省福州市第一中学《平淡记忆——70后的生活往事》

三等奖：（30名）

徐兆锴　广东省广州市华南师范大学附属中学《走过历史》

周岷科　四川省成都市成都七中高新校区《百年绝三师，千年空一叹》

张伊旻　四川省成都市树德中学光华校区《我的全家福》

彭　竞　四川省成都市树德中学外国语校区《赠与我太阳的烛火》

钱智坚　广东省东莞市第二中学《伯爷的战争》

贾斯琪　山东省济南市山东师范大学附属中学《曾外祖母坎坷的一生》

张卓君　山东省济南市山东师范大学附属中学《沂蒙山的儿子》

夏文璐　山东省济南市山东师范大学附属中学《我的外公和山东曲艺》

成施晓　北京市潞河中学《时光踩过的路》

徐　彬　北京市潞河中学《我家住房和生活的变迁》

陈周颖　浙江省仙居县城峰中学《岁月无声，人世有言——还原一段鲜为人知的历史》

胡怡雯　江苏省无锡市大桥实验学校《所谓人生》

修钰颖　山东省青岛市青岛大学附属中学《我那小小的医生世家》

周子琪　山东省青岛市青岛大学附属中学《开往春天的列车——爷爷的足迹》

王心宇　福建省福州市福州第一中学《烟云飘沉三百年》

陈林丹　广东省清远市清城中学《用小水电打造幸福家园》

常思宇　黑龙江省齐齐哈尔市克山县第一中学《再回首已百年身》

励洲蓬　浙江省宁波市效实中学《在风雨飘摇中踽踽前行》

杨玉超　广东省广州市第六中学《回到生根的黄土》

陆梦婷　江苏省无锡市锡山高级中学《爷爷奶奶的知青事——我不曾知道的历史》

陈佳芊　江苏省无锡市锡山高级中学《坎坷人生，不甘平庸》

张　樾　江苏省扬州市扬州中学《路》

王雨婷　江苏省扬州市扬州中学《乱世中的抉择》

杨可欣　江苏省扬州市扬州中学《时间的味道》

陈君仪　江苏省扬州市扬州中学《那个带领我们走过风风雨雨的人》

曲　越　广东省惠州市实验中学《那些年，父亲用过的名字》

温勇辉　江西省赣州市赣州中学《这是一种抹不去的伤痕》

吕　政　浙江省嵊州市嵊州中学《一心报国的老兵》

叶婉婷　广东省广州市华南师范大学附属中学新世界学校《身出名门磨难多——外婆的家族回忆录片段》

李钰姗　上海市华东师范大学附属第一中学《"支内"二三事》

优秀奖：（49名）

陈灿成　广东省肇庆市第一中学《我家三叔的股票投资》

郑晓霖　广东省中山市实验高级中学《平凡的家庭，历史的缩影——姑婆一家与香港过去的五十年》

郑凯彬　广东省中山市实验高级中学《风雨伴他这样走过》

何　思　江苏省无锡市锡山高级中学《大饥荒·大洪水·大迁徙》

王冰倩　广东省深圳市布心中学《人间正道是沧桑》

柳雨婷　广东省广州市第六中学《沉寂了三代的过往》

张丽君　广东省东莞市东城初级中学《八十年代的大学生》

郭　浩　陕西省凤翔县凤翔中学《爸爸的奋斗史》

施　维　江苏省扬州市扬州中学《半个世纪的遗憾》

刘镓煜　广西自治区南宁市三美学校《北方汉子，广西情》

方安琪　河南省郑州市外国语学校《边疆之花》

邓怡晨　江苏省无锡市锡山高级中学《从合肥到无锡的跨越》

彭　放　四川省成都市树德中学光华校区《发黄的照片，巍峨的历史》

李秋实　四川省成都市树德中学光华校区《山坳里的"三线往事"》

张逸杰　广东省深圳市布心中学《父与子"反目成仇"》

赵子瑄　山东省青岛市第二十四中学《红军背后的慈母情怀》

李佳欣　辽宁省沈阳市外国语学校《回不来的无声对白》

杨宜恩　广东省广州市华南碧桂园学校《金门往事》

栗　萱　山东省青岛市开发区第一中学《姥姥的记忆》

郑雨宁　山东省青岛市青岛大学附属中学《历史的接力，生命的接力》

周楚楚　浙江省宁波市效实中学《流浪者之歌》

韩雪玙　宁夏自治区银川市育才中学《母亲的一路花开》

战柯宇　山东省青岛市青岛大学附属中学《那是我不能忘的梦啊》

游佳星　重庆市鱼嘴职业高中《那属于爷爷的峥嵘岁月》

李　叶　江苏省扬州市扬州中学《那些年，我们一起在内蒙的日子》

梁雅婷　广东省云浮市邓发纪念中学《那些年那些事》

高婷婷　广东省云浮市邓发纪念中学《太公太传奇的一生》

岳梦斐　山东省济南市山东师范大学附属中学《穷尽毕生为教育——记我的外祖父》

毛润琳　北京市汇文中学《上学的路》

鲁嘉颐　江苏省扬州市扬州中学《他们的大学之路》

崔峻铭　山东省青岛市青岛大学附属中学《他乡即故乡》

黄力鹏　黑龙江省齐齐哈尔市克山县第一中学《太爷爷的关东路》

孙杰小组　山东省济南市山东师范大学附属中学《听老人讲过去的故事》

周　栩　湖北省宜昌市第十三中学《听长辈讲那过去的故事》

杨子钊　广东省东莞市厚街中学《偷渡那些事》

罗　理　贵州省桐梓县第一中学《外公的人生三部曲》

唐子阳　北京市十一学校《外祖父回忆三年饥荒》

夏　凡　江苏省无锡市第一中学《我的姥姥、姥爷》

范书城　江苏省扬州市扬州中学《爷爷从军记》

梁奕彤　广东省广州市铁一中学《在艰苦劳动中成长》

曹天心　江苏省无锡市大桥实验学校《在那遥远的地方》

单英杰　山东省青岛市青岛大学附属中学《知识改变命运》

张诗滢　山东省青岛市青岛大学附属中学《总是关山旧别情》

李武豪　北京市汇文中学《祖父的一生》

谢　理　上海市控江中学《人生就是奋斗》

孙唯瀚　北京四中《新启蒙年代的北京四中》

刘　烨　广东省揭阳市真理中学《真理中学的抗战岁月》

陈逸君　广东省东莞市东莞中学松山湖学校 《二十年的艰苦卓绝》

谢诗琴　广东省东莞市东莞中学松山湖学校 《记忆爱情》

第二届全国中学生历史写作大赛指导奖

最佳指导奖：（15 名）

邓建英｜广东省清远市清城中学

清城中学直播历史小组《新浪微博直播历史＃清远 5·12 特大洪灾＃》施沛然《爷爷的"官"道》陈林丹《用小水电打造幸福家园》

张娟娟｜江苏省扬州市扬州中学

张樾《路》王雨婷《乱世中的抉择》杨可欣《时间的味道》施维《半个世纪的遗憾》李叶《那些年，我们一起在内蒙的日子》

喻　靖｜山东省青岛市青岛大学附属中学

王喜麟《人世沉浮，几度春秋——记老字号"新盛泰"的兴衰》郑雨宁《历史的接力，生命的接力》战柯宇《那是我不能忘的梦啊》崔峻铭《他乡即故乡》

梅　冬｜江苏省扬州市扬州中学

王颖《土地，土地》王婷娴《那段青春里的夜行歌》

冯　波｜广东省佛山市顺德一中

陈颖莹《金簪雪里埋，柔水三世慨》谭小炫《我的知青岁月——大姑妈的口述史》

孙晓云｜山东省青岛市青岛大学附属中学

修钰颖《我那小小的医生世家》周子琪《开往春天的列车——爷爷的足迹》单英杰《知识改变命运》张诗滢《总是关山旧别情》

邱　亮｜江苏省无锡市大桥实验学校

田芳宁《我爷爷的奋斗史》胡怡雯《所谓人生》曹天心《在那遥远的地方》

孟　伟｜山东省济南市山东师范大学附属中学

高明《为了牵着你的手》陈丽莎《站在精英教育金字塔底层的孩子们》夏文璐《我的外公和山东曲艺》

那晓筠｜江苏省无锡市第一中学

陈彰宁《上东山》夏凡《我的姥姥、姥爷》

雷云松｜广东省广州市华南碧桂园学校

邢珂嘉《飘》杨宜恩《金门往事》

刘　强｜江苏省无锡市锡山高级中学

陆梦薇《爷爷奶奶的知青事——我不曾知道的历史》何思《大饥荒·大洪水·大迁徙》邓怡晨《从合肥到无锡的跨越》

雷官斌｜福建省福州市第一中学

黄婧怡《平淡记忆——70 后的生活往事》王心宇《烟云飘沉三百年》

吴浪思 | 广东省佛山市顺德一中

邓丹《永远的追忆——我的曾祖母》

谭秀贞 | 山东省青岛市第二十四中学

辛钰菲《人性，超越国界闪烁着光辉——记一段不一样的中日历史》赵子瑄《红军背后的慈母情怀》

刘　娜 | 北京市潞河中学

成施晓《时光踩过的路》徐彬《我家住房和生活的变迁》

优秀指导奖：（56 名）

钟令彩 | 山东省济南市山东师范大学附属中学　高明《为了牵着你的手》

刘　刚 | 广东省中山市实验高级中学　钟晓晴《追求幸福的人》

张耀彬 | 山东省济南市山东师范大学附属中学　徐一丁《三舅公的"右派"人生》

陈菲媲 | 广东省清远市清城中学　陈艺灵《被一场水灾改写的历史》

彭　禹 | 上海市上海交通大学附属中学　吴懿《被饥饿笼罩的一生——大时代下外婆的命运》

储　涛 | 广东省东莞市虎门外语学校　冯宝枢《人生非戏——伯公的风雨岁月》

高英姿 | 宁夏自治区银川市银川一中　李俊娴《伊人走过——记姥姥经历的历史》

曾丽芳 | 江西省赣州市赣州中学　刘丹《电影——岁月的留声机》

陈文贞 | 安徽省安庆市第一中学　邓云溪《烽火余生》

廖耀良 | 广东省广州市华南师范大学附属中学　徐兆锴《走过历史》

李　继 | 四川省成都市树德中学光华校区　张伊旻《我的全家福》

牟洪兵 | 四川省成都市树德中学外国语校区　彭竞《赠与我太阳的烛火》

黄续梅 | 广东省东莞市第二中学　钱智坚《伯爷的战争》

王　醒 | 山东省济南市山东师范大学附属中学　贾斯琪《曾外祖母坎坷的一生》
　　　　　　夏文璐《我的外公和山东曲艺》

侯新磊 | 山东省济南市山东师范大学附属中学　张卓君《沂蒙山的儿子》

张江滨 | 浙江省仙居县峰中学　陈周颖《岁月无声，人世有言——还原一段鲜为人知的历史》

刘春艳 | 黑龙江省齐齐哈尔市克山县第一中学　常思宇《再回首已百年身》

张碧荣 | 浙江省宁波市效实中学　励洲蓬《在风雨飘摇中踽踽前行》

龚敏芝 | 广东省广州市第六中学　杨玉超《回到生根的黄土》柳雨婷《沉寂了三代的过往》

刘仲夏 | 江苏省无锡市锡山高级中学　陈佳芊《坎坷人生，不甘平庸》

申文惠 | 江苏省扬州市扬州中学　陈君仪《那个带领我们走过风风雨雨的人》

张天琴 | 广东省惠州市实验中学　曲越《那些年，父亲用过的名字》

谢芳青 | 江西省赣州市赣州中学　温勇辉《这是一种抹不去的伤痕》

尹正陶 | 浙江省嵊州市嵊州中学　吕政《一心报国的老兵》

陈渝仙 | 广东省广州市华师附中新世界学校　叶婉婷《身出名门磨难多——外婆的家族回忆录片段》

赵东琳｜四川省成都市成都七中高新校区　周岷科《百年绝三师，千年空一叹》

樊　阳｜上海市华东师范大学附属第一中学　李钰姗《"支内"二三事》谢理《人生就是奋斗》

雷晓蕾｜广东省肇庆市第一中学　陈灿成《我家三叔的股票投资》

周丽丽｜广东省中山市实验高级中学　郑晓霖《平凡的家庭，历史的缩影——姑婆一家与香港过
　　　　去的五十年》郑凯彬《风雨伴他这样走过》

许　珍｜广东省深圳市布心中学　王冰倩《人间正道是沧桑》张逸杰《父与子"反目成仇"》

黄颂茵｜广东省东莞市东城初级中学　张丽君《八十年代的大学生》

张　洁｜陕西省凤翔县凤翔中学　郭浩《爸爸的奋斗史》

卓艳婷｜广西自治区南宁市三美学校　刘镓煜《北方汉子，广西情》

林　聪｜河南省郑州市外国语学校　方安琪《边疆之花》

胡海蓉｜辽宁省沈阳市外国语学校　李佳欣《回不来的无声对白》

李付堂｜山东省青岛市开发区第一中学　栗萱《姥姥的记忆》

陈　瑛｜浙江省宁波市效实中学　周楚楚《流浪者之歌》

袁宏伟｜宁夏自治区银川市育才中学　韩雪玙《母亲的一路花开》

贾淮中　石宗荣｜重庆市鱼嘴职业高中　游佳星《那属于爷爷的峥嵘岁月》

何军池｜广东省云浮市邓发纪念中学　梁雅婷《那些年那些事》高婷婷《太公太传奇的一生》

侯晓燕｜山东省济南市山东师范大学附属中学　岳梦斐《穷尽毕生为教育——记我的外祖父》
　　　　孙杰小组《听老人讲过去的故事》

赵枝刚｜四川省成都市树德中学光华校区　彭放《发黄的照片，巍峨的历史》李秋实《山坳里的
　　　　"三线往事"》

郝秀丽｜北京市汇文中学　毛润琳《上学的路》

盛宏意｜北京市汇文中学　李武豪《祖父的一生》

方云华｜江苏省扬州市扬州中学　鲁嘉颐《他们的大学之路》

周丽娟｜黑龙江省齐齐哈尔市克山县第一中学　黄力鹏《太爷爷的关东路》

郭广秀｜湖北省宜昌市第十三中学　周栩《听长辈讲那过去的故事》

郭华英｜广东省东莞市厚街中学　杨子钊《偷渡那些事》

金　华｜贵州省桐梓县第一中学　罗理《外公的人生三部曲》

魏　勇｜北京市十一学校　唐子阳《外祖父回忆三年饥荒》

张一桢｜江苏省扬州市扬州中学　范书城《爷爷从军记》

黄丽梅｜广东省广州市铁一中学　梁奕彤《在艰苦劳动中成长》

徐　雁　张冀皖　赵雨婷｜北京四中　孙唯瀚小组《新启蒙年代的北京四中》

刘仕敏｜广东省揭阳市真理中学　刘烨《真理中学的抗战岁月》

黄筱安｜广东省东莞市东莞中学松山湖学校　陈逸君《二十年的艰苦卓绝》

王继敏｜广东省东莞市东莞中学松山湖学校　谢诗琴《记忆爱情》

第二届全国中学生历史写作大赛组织奖

最佳组织奖：（10 名）

江苏省扬州市扬州中学

山东省济南市山东师范大学附属中学

山东省青岛市青岛大学附属中学

广东省清远市清城中学

广东省佛山市顺德一中

江苏省无锡市锡山高级中学

江苏省无锡市大桥实验学校

江苏省无锡市第一中学

广东省中山市实验高级中学

广东省广州市华南碧桂园学校

优秀组织奖：（15 名）

四川省成都市树德中学光华校区

江西省赣州市赣州中学

福建省福州市第一中学

山东省青岛市第二十四中学

北京市潞河中学

黑龙江省齐齐哈尔市克山县第一中学

浙江省宁波市效实中学

广东省广州市第六中学

安徽省安庆市第一中学

上海市上海交通大学附属中学

广东省东莞市虎门外语学校

宁夏自治区银川市银川一中

广东省深圳市布心中学

广东省云浮市邓发纪念中学

北京市汇文中学

（京）新登字 083 号

图书在版编目（CIP）数据

最熟悉的陌生人 / 李远江编著 . —北京：中国青年出版社，
2013.7

（课本上不说的历史；2）

ISBN 978-7-5153-1841-7

Ⅰ . ①最… Ⅱ . ①李… Ⅲ . ①作文 – 中学 – 选集

Ⅳ . ① H194.5

中国版本图书馆 CIP 数据核字（2013）第 184362 号

责任编辑：谢肇文
封面插图：孟凡萌
装帧设计：瞿中华

出版发行：中国青年出版社
社址：北京东四 12 条 21 号
邮政编码：100708
网址：www.cyp.com.cn
编辑部电话：（010）57350420
门市部电话：（010）57350370
印刷：三河市君旺印装厂
经销：新华书店

开本：710×1000　1/16
印张：25
字数：390 千字
版次：2013 年 8 月北京第 1 版
印次：2013 年 8 月河北第 1 次印刷
定价：40.00 元

本图书如有印装质量问题，请凭购书发票与质检部联系调换
联系电话：（010）57350337